五华年鉴

WUHUA YEARBOOK

2019

《五华年鉴》编纂委员会 编

方志出版社
Publishing House of Local Records

图书在版编目（CIP）数据

五华年鉴. 2019/《五华年鉴》编纂委员会编. ——北京：方志出版社，2019.12

ISBN 978-7-5144-4026-3

Ⅰ. ①五… Ⅱ. ①五… Ⅲ. ①五华县—2019—年鉴 Ⅳ. ①Z526.54

中国版本图书馆CIP数据核字（2019）第272737号

五华年鉴（2019）

编　　者：《五华年鉴》编纂委员会
责任编辑：罗　滔

出 版 者：方志出版社
地址 北京市朝阳区潘家园东里9号（国家方志馆4层）
邮编 100021
网址 http://www.fzph.org

发　　行：方志出版社图书经销中心
电话（010）67110500

经　　销：各地新华书店
印　　刷：梅州程江彩色印刷厂有限公司

开　　本：787×1092　1/16
印　　张：24.25
字　　数：560千字
版　　次：2019年12月第1版　2019年12月第1次印刷
印　　数：0001～2000册

ISBN 978-7-5144-4026-3　**定价**：200.00元

《五华年鉴》编纂委员会

顾　　问：吴　晖

主　　任：朱少辉

副 主 任：罗丽思

成　　员：周铁伟　陈群添　张云中　龙谨平　江锦城　徐德兴
温定基　李文伟　邹志轩　黄国标　黄永响　田爱平
严兰芳　曾清华　赖伟胜　曾繁泼

《五华年鉴》编辑部

主　　编：曾繁泼

副 主 编：黄培邦　钟定云

编　　务：李惠霞　张丽芬　何伟婷

摄　　影：张炳锋　张育光　古木真等

编辑说明

一、《五华年鉴（2019）》（以下简称本年鉴）以马克思列宁主义、毛泽东思想、邓小平理论、“三个代表”重要思想、科学发展观、习近平新时代中国特色社会主义为指导，坚持辩证唯物主义和历史唯物主义的立场、观点和方法，着重全面、系统、准确地反映五华县2018年度自然、政治、经济、文化和社会等方面的基本情况。

二、本年鉴采用分类编辑法，在编目下设分目，分目下设条目，以条目为表现内容的基本形式。编目与分目标题使用不同字体、字号，条目标题一律以黑体字加【 】号。正文设特辑、2018年五华县大事记、县情概览、政治、法治、军事、经济、教科文体、社会生活、各镇概况、名录、文献选编等12个编目，约56万字，彩页20版。

三、本年鉴采用的文稿，均由五华县各有关单位专人撰写或提供资料，并经单位主要领导审定。统计数据采用法定计量单位，主要统计数据经供稿单位与统计部门核对。有些对应指标数据在上年卷刊出后做了调整的，本卷里不再说明，且由于统计口径不一，个别数据可能不一致，使用时应以五华县统计局《五华县统计年鉴（2018）》为准。

五华县地图

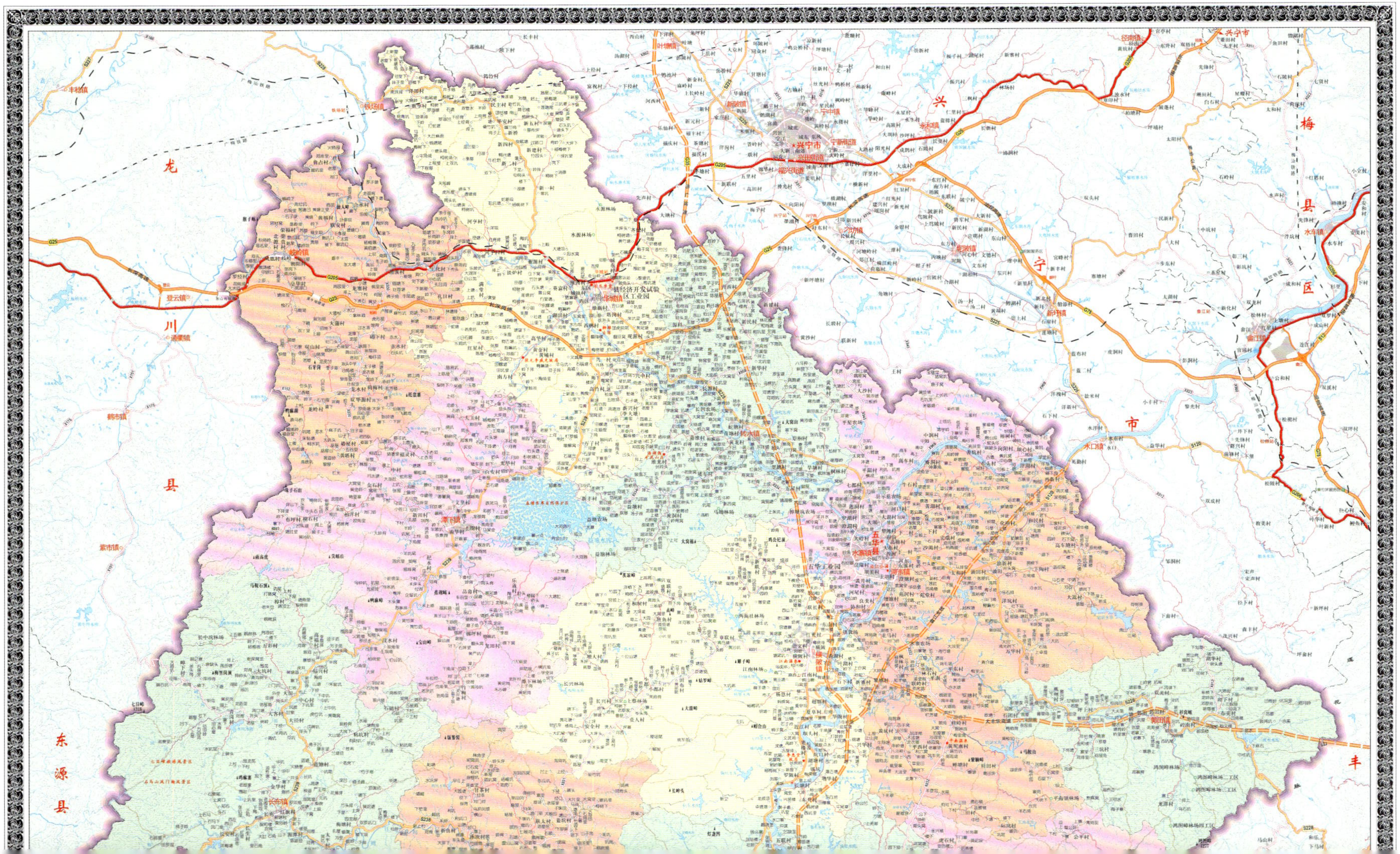

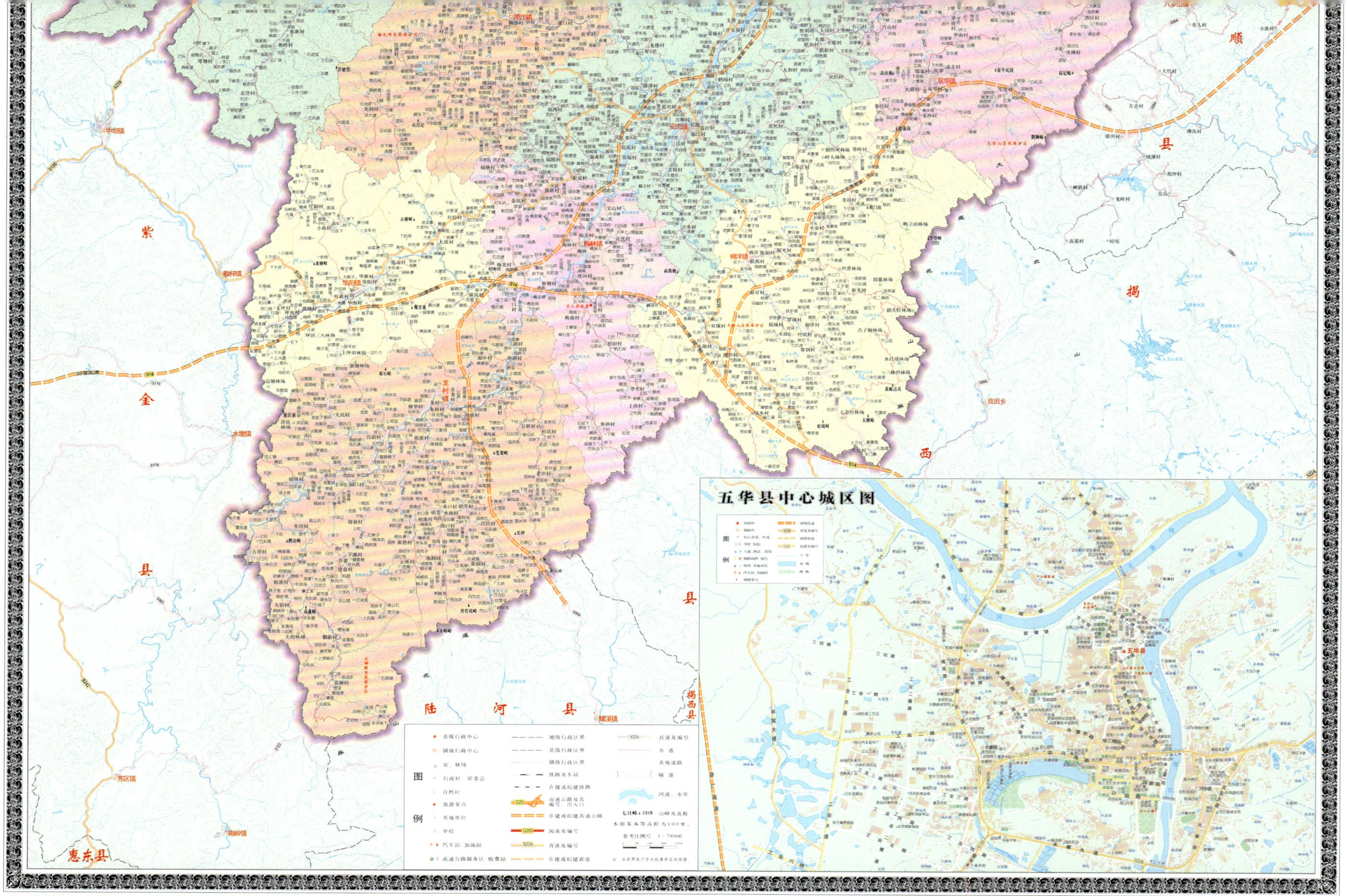

五华县国土资源局　广东省地图院　合编　　地图编制：欧小娥　　审校：曾清华 张建国 叶东升 陈善强

审图号：粤S（2014）102号　2015年5月

五华县地图

五华县国土资源局　广东省地图院　合编　　地图编制：欧小娥　　审校：曾清华　张建国　叶东升　陈若强　　审图号：粤S（2014）102号　2015年5月

2018 数字五华

SHUZIWUHUA

土地面积3237.8平方千米

年末户籍总人口152.41万人

年末常住人口109.12万人

地区生产总值153.3亿元

第一产业增加值30.3亿元

第二产业增加值33.84亿元

第三产业增加值89.16亿元

人均地区生产总值14051元

农业总产值53.21亿元

耕地面积41096公顷

工业总产值59.61亿元

固定资产投资89.12亿元

社会消费品零售总额104.97亿元

外贸进出口总额1.38亿美元

实际利用外资349万美元

地方财政一般预算收入9.02亿元

地方财政一般预算支出75.78亿元

城乡居民储蓄存款210.26亿元

城镇居民人均可支配收入21399.5元

农村居民人均可支配收入12921.4元

卫生医技人员3765人

卫生机构床位3907张

2018年1月5日，广东省委农办主任陈祖煌（前排左二）到五华县转水镇调研新农村连片示范建设情况

2018年3月20日，梅州市委书记谭君铁（中）到岐岭镇荷梅村调研乡村振兴发展情况

2018年3月20日，梅州市委书记谭君铁（左三）在广州番禺（五华）产业转移工业园污水处理厂控制室考察污水处理厂运行情况

2018年7月3日，梅州市委书记谭君铁（中）到五华河东生态工业小镇调研

2018年7月20日，五华县委书记、县长吴晖（右一）到龙村镇湖中村兰花种植基地调研

2018年8月6日，五华县委书记、县长吴晖（中）到安流镇胜利村走访贫困户

2018年11月16日，五华县代县长朱少辉（中）到华城镇城镇村走访贫困户

2018年11月28日，五华县委书记吴晖（前排右二）、代县长朱少辉（前排左二）率队到珠海考察乡贤企业

2018年1月9日，中国共产党五华县第十三届委员会第六次全体会议在县党政大楼召开

2018年3月28日，五华县学习贯彻习近平总书记重要讲话精神暨全国“两会”精神大会在县党政大楼召开

2018年8月3日，中国共产党五华县第十三届委员会第七次全体会议在县党政大楼召开

2018年9月10日，五华县在水寨中学体育馆举行振兴山区教育暨庆祝2018年教师节大会

2018年4月25日，2018年中国足球协会女子甲级联赛开幕式在五华县体育场举行

2018年4月24日，梅州辉骏足球俱乐部有限公司董事长周辉权为梅州辉骏女子足球队出征中甲授旗

2018年9月29日，为期3天的梅州首届客家音乐节在五华县长乐文化广场举行，其间吸引10万多名市民与游客前来游玩体验（影传国际供稿）

2018年11月21日，五华县提线木偶传习所参加“第七届木偶皮影中青年技艺传承展演暨国际木偶皮影历史传承与当代发展研讨会”

2018年12月1日，以“探足球之源，游球王故里”为主题的“2018中国·梅州五华美景里程骑跑铁人两项赛暨第二届国际半程马拉松赛”在五华县奥林匹克体育中心开跑。该赛事吸引来自全国各地以及法国、英国、韩国、肯尼亚等11个国家和地区的3800多名骑跑运动员及爱好者参加

广州番禺（五华）产业转移工业园污水处理厂投入运行

河东绿色生态工业小镇加快开发建设

2018年12月15日，落户广州番禺（五华）产业转移工业园的广东南凌电器公司举行投产庆典，正式投产

五华县科技孵化园

五华县电子商务产业示范园

经过水质净化后的五华县老河道公园

五华县镇村生活垃圾分类中转站

转水镇花园式污水处理厂

龙村镇水口村一河两岸美景

转水镇黄龙村广东汉光超顺农旅园获评国家AAA级旅游景区

华城镇城镇村党建长廊

双华镇矮畲村红色主题公园

五华县长乐大桥

县城滨江公园一角

目　录

特　辑

大 事 记

县情概览

政　治

法 治

军　事

经　济

教科文体

社会生活

各镇概况

名　录

文献选编

特　辑

五華年鑒

2019

政府工作报告

——在五华县第十五届人民代表大会第三次会议上

2018年1月11日

五华县人民政府县长 吴 晖

2017年工作回顾

一年来，县政府深入学习贯彻党的十九大精神，坚持以习近平总书记对广东工作的重要指示批示精神为统领，认真贯彻落实中央和省、市各项决策部署，在县委的正确领导下，团结带领全县广大干部群众，抢抓“两大振兴政策”机遇，聚焦产业和项目，铆足干劲加快发展、下大力气加强治理，扎实推进“一核两区三组团”建设，较好地完成了县十五届人大二次会议确定的各项目标任务。在2016年度振兴发展评估考核中，我县获得全市第一的好成绩。预计2017年，全县实现地方生产总值152.9亿元、比增6.5%；一般公共预算收入8.16亿元、比增18.3%，增速居全市第一；固定资产投资128亿元、比增32%，增速居全市第一；规上工业增加值10.8亿元、比增6.5%；社会消费品零售总额97.7亿元、比增8%。

一、坚持重实体兴实业，工业经济持续增长

园区平台不断壮大。投入11.1亿元，加快园区征地拆迁、土地平整和基础配套设施建设。广州番禺（五华）产业转移工业园完成征地1550亩、平整1000亩，园区污水处理厂和污水管网一期建成运营，打通了工业一路、三坑路、工业二横路南段等断头路，兴业一路、工业六路等道路提升工程加快推进，初步形成“七纵五横”的园区路网。充分发挥产业园区建设投资公司作用，为园区建设和产业发展融资8.5亿元。扎实开展园区企业用地、厂房清理整治，共清出闲置用地3.28万平方米，盘活厂房4.38万平方米。河东工业区完成征地1200亩，平整800亩，完成主供水管网铺设，首期起步区道路建设全面动工。安流工业园、华城工业园分别完成征地870多亩、300多亩，项目引进、土地平整和园区规划建设扎实推进。全年园区预计完成固定资产投资24.5亿元、规上工业增加值5.3亿元、税收1.5亿元，分别比增16.1%、30%、68%。

工业发展提质增效。大力实施创新驱动发展战略，完成科技研发支出1.9亿元，五华科技孵化产业园获批“国家级科技企业孵化器培育单位”，成功认定广东省院士专家企业工作站，建成县科创大厦，引进华南理工大学工研院等一批科研院所进驻。辉骏科技、万山土壤认定为省工程技术研究中心，宝汇环保、康奇力药业、井得电机、冠华传导认定为市工程技术研究中心，产值5亿元以上工业企业实现研发机构全覆盖。大力实施新一轮工业企业技术改造，实现工业投资及工业技改投资项目入库20家（次），完成工业投资52亿元、技改投资23.1亿元，分别比增13.2%、10.2%。积极支持企业融资上市，富胜实业、客都天润实现“新三板”挂牌。金融扶持实体经济力度加大，金融机构存贷比增至38%。全力支持企业开展进出口业务，实现外贸进出口总额1.2亿美元。加快电子商务产业发展，入驻电商大厦服务机构和企业51家、建成“农村淘宝”村级服务站105个，实现电子商务线上交易额3亿多元，我县被认定为“省级电子商务进农村综合示范县”。

服务企业水平不断提升。全面落实省“实体经济十条”，深化暖企服务，做好企业降成本工作，对辉骏科技等12家企业股权投资4.8亿元，为21家中小微企业发放助保贷风险基金1.3亿元；为香雪制药等8家企业降低用地成本5780万元；为明珠星等8家企业发放1445万元的物流补贴；通过售电服务的方式降低15家企业约200万元用电成本；为仁隆电子、隆华塑胶等企业节约用工成本约300万元。加大企业促建促产力度，凯达共享单车、冠华杭萧钢构、启辰云数据等9个项目实现投产，香雪药业、润兴生物、南凌电器等14个项目动工建设，新增规上工业企业10家、高新技术企业2家。

招商引资态势良好。深化与广州市番禺区、广州开发区等的产业共建，承接4个总投资7.3亿元产业梯度转移项目，完成3个总投资7亿元产业共建项目。大力实施“乡贤回乡投资兴业”工程，精心挑选符合产业布局的项目，全年新签约落户项目21个、计划总投资224.2亿元，其中引进爱能森清洁能源站等计划投资10亿元以上项目10个，引进工业项目8个。成功举办第五届世界客商大会五华系列活动，计划总投资275.5亿元的32个“三个一批”项目顺利签约、动工、竣工。

二、持续扩大有效投资，发展基础不断夯实

交通建设成效显著。投入39.6亿元，加快交通路网建设。兴华高速公路提前3个月建成通车，丰华、华陆高速五华段实现全线动工。琴江生态景观大道基本实现全线通车，完成汕湛高速华阳互通至龙村连接线和兴华高速横陂出口至环城大道东延线段、S238线周江至安流段升级改造工程，G355线华阳至安流段、长乐大道、环城大道东延线、工业大道北延线、X003线金坑至龙村段、周江冰坎至华阳新田公路、郭田至双华公路等一批交通公路项目加快推进。完成农村公路硬化160公里。385个行政村实现通客运班车。

水利能源设施加快建设。投入6.5亿元加快水利基础设施建设，18宗山区中小河流治理工程基本完成，完成转水、双华等6宗村村通自来水主体工程，92个省定贫困村集中供水工程全面启动。革命老区及原中央苏区水土流失治理一期工程全面完工，治理崩岗39个。县水土保持科技示范园顺利通过国家中期评估考核。全面推行“河长制”，全县 27 条河流共设县级河长 6 名、镇级河长 45 名、村级河长 294 名。梅蓄电站项目和两个移民安置区建设稳步推进。

电力信息化设施不断完善。投入 1.4 亿元加快供电设施建设，大力实施新一轮农村电网改造升级工程，新建或改造配变 96 台、台区 117 个，新建 10 千伏中压线路 280.2 公里，110 千伏周江狮潭输变电工程基本建成。完成转水、岐岭、周江镇私网有线电视整合。原中央苏区农村超高速无线局域网应用试点扎实推进，基本完成 412 个村设备安装调试；新增 4G 无线基站 422 个，新建光网端口 4.3 万个，基本实现城区、乡镇、行政村光纤宽带、4G 网络信号全覆盖。

三、统筹推进城乡建设，人居环境逐步改善

县城扩容提质步伐加快。完成中心城区和琴江新城控制性详细规划编制。投入 9.7 亿元，加快中心城区和琴江新城建设，完成下坝堤、增塘堤一期、华兴中（南）路、富通路、苍兴路等堤路建设改造，县城水寨片区内涝整治和河东北堤、琴江公园二期、滨江公园、黄基山休闲公园一期、生活垃圾无害化处理减量厂一期等公共配套设施基本建成或投入使用，华兴东路、布新南路、大湖堤、琴江新城地下综合管廊、足球文化公园一期等一批市政项目扎实推进。顺利通过“国家卫生县城”创建技术评估，成功创建“广东省县级文明城市”。

中心镇辐射带动能力有效增强。大力推进华城、安流、龙村镇“六个一”项目建设，华城镇金山市场、前和市场、环城大道及状元大道升级改造，安流镇圩镇内涝整治、司前街、S120 线和 S238 线圩镇段改造，龙村镇圩镇农贸市场等一批市政项目基本建成，宝盛花园二期、南国花园等一批高品质住宅小区加快建设。完成 S120 线锡坑、夏阜、横陂圩镇段改造，建立 16 支圩镇市政管理队伍，强力推进圩镇“六乱”整治，圩镇整体形象和管理水平不断提升。

新农村建设有序推进。完成 27 个县级美丽乡村示范点规划编制，河东高榕、岐岭荷梅等一批美丽乡村建设成效凸显。全域推进农村人居环境综合整治，完成 35%自然村整治任务，建成转水黄龙、华城环城街等镇村生活垃圾分类中转站和转水、岐岭等镇级污水处理设施，村级污水处理设施建设启动实施。深入推进“六个一百”工程，打造了华城新一村、城镇村等良好村风民风孕育工程示范点。强力推进 92 个省定贫困村社会主义新农村示范村创建，完成 580 个自然村村庄规划编制和 459 个村民理事会组建，基本完成“三清三拆三整治”任务，转水镇“5+2+3”省级新农村连片示范村建设初显成效。

四、做好绿水青山文章，生态优势更加凸显

农业经济稳步发展。粮食安全责任制有效落实，全县粮食播种面积 84.5 万亩，总产 34.3 万吨。大力培育茶叶主导产业，新种茶叶 5110 亩，全县茶叶种植面积达到 3.2 万亩。加快“一镇一品、多村一品”建设，新种水果 12665 亩。引进种植了广州生长地高山红薯、梅州福悦南薯、广东新谷树夏威夷坚果等农业新品种。新增农民专业合作社 145 家。华阳镇被认定为“省级蔬菜技术创新专业镇”。“七畲径茶”“大田柿花”被评为国家地理标志产品。棉洋华顺富硒绿茶获评为粤茶杯特等金奖。“焕兴”金柚、“访业”三红柚、“福善楼”绿茶、“九霖”单枞茶被评为省名牌产品，“彩云”百香果、“云溪圣峰”茶叶等14个农产品被评为省名特优新农产品。种植烤烟面积1.16万亩，收购干烟叶3.25万担。完成4.08万亩高标准基本农田建设任务，农村土地承包经营权确权登记颁证工作基本完成。全年预计实现农业总产值59亿元，比增5%。

生态建设持续发力。深入开展“县城周边三万群山森林围城工程”，实施“公路沿线三十万群山绿化工程大行动”，完成碳汇造林7.6万亩、森林抚育42.7万亩，建设生态景观林带25公里，建成乡村绿化美化示范点7个。深入开展森林防火“严防严管严打”专项行动，切实加强林地管理和森林资源管护。深入抓好重点环境问题整治，综合防治大气、水、土壤污染，空气质量优良率、饮用水源地水质达标率分别达96%、100%。

旅游产业加快发展。双龙山旅游景区一期、益塘水库美景驿站一期建成开业，新丰寨农旅园、五华客天下文化旅游产业园红色旅游区建成开园，南沣山养生养老生态园、热矿泥温泉山庄升级改造等旅游项目加快建设。全年接待游客610万人次、旅游总收入43.5亿元，分别比增14.5%和15.4%。

五、致力改善民生福祉，社会事业协调发展

精准扶贫深入推进。完善扶贫工作例会制度和“以奖代补”机制，着重抓好产业帮扶、资产收益脱贫、农村“三变”、电商扶贫、金融扶贫、就业帮扶和“三保障”兜底帮扶，广东汉光超顺现代农旅园、广东贵澳农旅扶贫产业园、南方电网光伏发电扶贫等一批帮扶项目有效实施，全县累计下拨帮扶资金10.4亿元，完成70%相对贫困人口脱贫任务。

文教卫体全面进步。新建180个村级文化广场，实施了长乐学宫、狮雄山塔、李惠堂旧居、古大存故居等文物维修保护工程。成功举办首届全国采茶戏艺术展演暨学术研讨会，五华采茶戏代表广东省参加中国戏曲文化周展演，《月照城乡》获得省第十三届艺术节戏曲类剧目三等奖。加快创建“广东省推进教育现代化先进县”，全面完成教育强镇复评，设立教师继续教育中心，县特殊教育学校、技工学校一期建成招生，县第三幼儿园、教师进修学校完成搬迁改造。成功举办美景里程骑跑挑战赛等13场大型群众体育赛事，新建改建足球场12个，获得市级以上足球比赛冠军13个。横陂足球小镇入选全国首批运动休闲特色小镇试点项目。县体育局被评为“2013—2016年度全国群众体育先进单位”，端本中学等3所学校被评为“全国校园足球特色学校”，河东中学等9所学校被评为“广东省校园足球推广学校”。加快“卫生强县”创建步伐，深化医疗卫生体制改革，县中医医院外科住院大楼建成使用，县人民医院门急诊医技住院综合大楼、精神卫生中心住院大楼、疾控中心业务大楼及安流、华城镇中心卫生院升级改造项目动工建设；19间乡镇卫生院标准化建设和360间村卫生站公建规范化建设基本完成。创建“全国基层中医药工作先进县”通过专家评审。计生服务管理机制逐步完善，全面二孩政策稳妥实施，人口计生各项指标实现了年度目标。

民生实事基本完成。城乡居民基本养老保险基础养老金、城乡居民基本医疗保险、低保人均补差、困难残疾人生活补贴等17项补助标准不断提高。培训各类劳动力13216人，转移就业13251人，新增城镇就业人员

5963人，城镇失业人员再就业3882人。县城生活垃圾无害化处理率达到100%，农村生活垃圾有效处理率达到90%。新建8个社区残疾人康园中心。完成社区矫正中心规范化建设。完成10个文化驿站（台）建设。新建改造10个山洪地质灾害易发区自动气象站。基本完成2062户农村危房改造、4756户削坡建房边坡整治任务。100套保障性住房建设、842套棚户区改造全面实施。完成177公里县乡公路安全生命防护工程。

社会管理不断加强。大力开展消除人居泥砖危房、商品混凝土等“十大专项整治”和县直机关干部回乡联村、基层服务效能提升等基层治理“十项重点工作”，城乡建管秩序不断规范。完成148个“平安村居”创建，加强精神障碍患者排查管控，认真做好矛盾纠纷化解，信访维稳形势持续好转。深入开展“双禁双打”专项整治，我县获得群众安全感调查全省第一的优异成绩。严格落实安全生产责任，加强城市风险点危险源排查管控，完成党的十九大等重大安保维稳任务。实现农贸市场食用农产品快速检测全覆盖，餐饮单位建成“阳光厨房”1443家。完成华阳镇火灾隐患重点地区整治。积极争创省级“法治先进县”，实现公共法律服务县镇村三级全覆盖。

各项事业协调发展。县残疾人康复中心、残疾人职业培训基地建成使用。完成县、镇、村（社区）三级复退军人服务体系建设。机关事业单位养老保险改革稳妥推进，社保“五险”收入达4.9亿元。顺利完成村级换届工作。成功举办纪念古大存同志120周年诞辰系列活动。安流镇红山村荣获“全国文明村”。双华中学被评为“广东省依法治校示范校”。县公职律师事务所、华城司法所分别荣获“广东省第三届法律援助工作先进集体”称号。民宗外侨、对台事务、妇女儿童、畜牧兽医、征兵、统计、方志、档案、物价、供销、应急、人防、打私、保密、住房公积金等社会各项事业全面进步。

六、加强政府自身建设，行政效能明显提升

改革力度不断加大。完成鸿图嶂国有林场改革，城市执法体制改革、县农信社改制组建农商行工作扎实推进。商事制度改革有效实施，新增各类市场主体6047户。大力推进“一门式一网式”政府服务模式，着力打造便民服务3.0版，13个撤并镇片区管理服务中心建成使用。深化投融资体制改革，充分发挥各融资平台作用，融资到位资金15亿元。完成农房抵押贷款试点工作，累计投放农房抵押贷款1.3亿元。

政府职能有效转变。全面落实县委决策部署，自觉接受县人大依法监督和县政协民主监督，32件县人大议案建议、41件县政协提案全部办复。推进“两学一做”学习教育制度化常态化，深入开展党的十九大精神学习培训。扎实开展改进机关作风、优化政务环境活动，干部作风进一步转变。推进法治政府建设，完善政府法律顾问机制，办理行政复议案件18宗、行政诉讼案件32宗。落实全面从严治党责任，加强党风廉政建设，严厉查处违法违纪案件，加大涉农领域腐败问题排查整治力度。强化重点领域审计监督，完成审计项目38个。

各位代表！一年来所取得的成绩，是市委、市政府和县委坚强领导的结果，是县人大、县政协和社会各界监督支持的结果，是省市有关单位、广州市、番禺区大力帮扶和全县上下共同努力的结果。在此，我代表县人民政府，向全县人民，向中央、省、市属驻五华单位、驻五华部队，向所有关心支持五华发展的港澳台同胞、海外侨胞、外出乡贤以及社会各界人士，表示衷心的感谢并致以崇高的敬意！

各位代表！在看到成绩的同时，我们也清醒地认识到，我县经济社会发展还存在不少困难和问题。一是经济总量小，人均GDP水平低，发展不平衡、不充分的问题较为突出；产业结构还处于较低水平，工业主导产业不突出；二是土地、人才、创新、资金、环境等要素制约仍然突出，交通、水利、电力、信息等基础设施还不够完善；三是城镇化水平低，城镇辐射带动能力不强，城乡规划建设管理水平有待提高；四是农业农村发展滞后，农产品品牌化、规模化、专业化水平不高，农民收入持续增长乏力，农村“脏乱差”现象仍然突出；五是脱贫攻坚任务艰巨，就业、就学、医疗、文体等民生事业发展离群众要求还有一定差距；六是一些政府工作人员攻坚克难的锐气不足、责任担当的意识不强，推进法治政府、服务型政府建设还存在不少薄弱环节。对此，我们将高度重视，采取有力的措施认真加以解决。

2018年目标任务

2018年，是贯彻落实党的十九大精神的开局之年，是决胜全面建成小康社会的攻坚之年，是实施“十三五”规划承上启下的关键之年，做好今年的工作意义重大。我们必须坚持以习近平新时代中国特色社会主义思想为指引，坚定发展信心、凝聚发展共识，面对困难破难攻坚、不甘落后奋勇争先，努力实现更高质量、更有效率、更加公平、更可持续的发展。

今年政府工作的总体要求是：深入贯彻落实党的十九大和习近平总书记对广东工作的重要指示批示精神，按照中央经济工作会议和省委、市委、县委全会的部署，坚持稳中求进工作总基调，积极践行新发展理念，围绕高质量发展要求，紧扣社会主要矛盾变化，深化供给侧结构性改革，大力实施创新驱动发展战略，持续扩大有效投资，统筹城乡协调发展，推进生态文明建设，着力保障改善民生，全力构建“一核两区三组团”科学发展格局，努力实现生态富民强县新目标。

今年经济社会发展主要目标是：全县生产总值增长7.5%左右，一般公共预算收入增长15%以上，固定资产投资增长25%以上，规上工业增加值增长11%，社会消费品零售总额增长8%，城乡居民人均可支配收入增速与经济增长基本同步，节能减排降碳约束性指标完成上级下达的年度计划。

为实现上述目标，我们重点抓好如下八方面的工作：

一、深化供给侧结构性改革，推动经济提质增效

筑好产业发展平台。加快广州番禺（五华）产业转移工业园扩能增效步伐，继续开展闲置厂房、土地清理整治，完成750亩历史遗留零散地块征收和2300亩租转征工作、平整500亩以上，加快推进集中供热项目和污水管网工程建设，推进罗湖、黄井等5个安置区建设，完善兴业一路、兴业大道等4条道路市政配套设施，加快工业六路、兴业一横路等5条道路建设和红木产业园首期市政道路建设。全面加快河东工业区建设，完成征地拆迁1500亩、平整1000亩以上，抓好综合服务中心、标准化厂房和供水、排污、供电设施建设，加快华兴东路延长线和起步区范围路网、粤台自行车产业园路网建设，推进油田、油新等5个安置区建设，全面启动河东工业区绿色能源科技小镇建设。统筹抓好南北部产业发展，华城工业园完成征地拆迁400亩、平整200亩以上，安流工业园完成征地拆迁1000亩、平整500亩以上，推进能源大道、安发大道等基础设施建设，抓好企业引进落户工作。

大力振兴实体经济。严格落实省“实体经济十条”措施，推动县领导挂钩联系服务企业和企业降成本系列措施“双落实”。推进产业转移园香雪制药首期、中农批二期、红木产业园首期生产性厂房等15个项目，河东工业区富鑫通精密机械、如翼五金机电、共享经济产业园等9个项目，华城工业园冠华杭萧钢构二期、神牛摄影2个项目，安流工业园华南物流园、博森新能源2个项目加快建设投产。大力发展五金机电、自行车产业、装备制造业、制酒制药等主导产业，做大做强辉骏集团、富胜实业、长乐烧等龙头企业。大力发展民营经济，推动老窖酱油、米醋、石雕等传统产业加快转型升级。推进电子商务进农村，加快电子商务产业发展和“农村淘宝”村级服务站建设。做好“四上”企业培育入库工作，新增规上工业企业9家、资质等级建筑业和房地产企业7家、限额以上批零住餐企业10家、规上服务业企业10家。

提升对外开放水平。抢抓省委统筹珠三角和粤东西北一体化发展的机遇，主动加强与广州市番禺区、广州开发区的产业合作共建。建立在外乡贤企业“一对一”跟踪服务机制，大力实施“乡贤回乡投资兴业工程”，全年新引进项目计划投资额100亿元以上，其中投资超10亿元带动能力强、集约化水平高、综合效益好的项目2个以上，引进自行车整车装备企业1家以上。加快建设总部经济基地，引导1家以上甲级建筑企业、1家房地产企业和4家其他类型的总部企业回迁五华。精心组织企业参加外经贸活动，提升外经贸工作水平。

二、深入推进创新驱动发展，增添振兴发展活力

推进工业发展创新。加快建设科技孵化产业园，引进一批创新创业企业，建设研发平台，争取认定国家级科技企业孵化器。培育发展科技型企业、高新技术企业，在资金、技术、项目、人才等要素方面给予重点扶持，新增国家高新技术企业2家以上，争取实现产值亿元以上企业研发机构全覆盖。用好股权资金和技改政策，鼓励企业增资扩产、技术改造、设备更新及智能设备应用，实现工业投资及技改投资项目入库15家（次）以上。

推进人才发展创新。大力实施人才新政12条，加快人才发展平台建设。依托县技工学校，鼓励实行校企合作，着力培养一批符合本土企业发展的实用性专业技能人才。依托科技孵化产业园，深化与科研院所、高校的合作，培养和引进科技创新团队、企业高层次人才，带动企业创新发展。依托县教师进修学校，全面实施中小学教师全员培训，鼓励教师学历提升。开展招才引智活动，大力引进本地籍优秀人才和急需紧缺人才，为五华加快振兴发展提供人才支撑。

推进体制机制创新。加快政府职能转变，全面深化行政审批制度、事业单位分类改革，继续推行“互联网+政务服务”模式，加大事项权限下放力度，扩大物料流转、网上审批等应用范畴，打通服务群众的“最后一公里”。

继续深化商事制度改革，实施企业“多证合一”、个体户“两证整合”登记模式，放宽市场准入。加强事中事后监管，推进“双随机一公开”监管和社会信用体系建设，营造公平有序的市场环境。鼓励发展住房租赁市场，促进房地产市场平稳健康发展。

推进财税金融创新。瞄准中央和省财政政策发力点，积极争取省四大政策性基金、广东原中央苏区绿色发展投资基金支持。加强重大投资项目、重点企业和重要环节的税收管理，规范税收征管模式，挖掘增收潜力。严格执行《中华人民共和国预算法》等财税管理法规，进一步规范“收支两条线”管理，强化国库集中支付。全面实行镇账县管，利用信息化手段提升财政资金监管水平。成立并发挥交通、水务、园区、市政四大国有企业集团作用，积极参与基础设施建设。盘活国有资产资源，积极争取政策性优惠贷款，确保完成5亿元~8亿元融资任务。充分发挥助保贷基金作用，提升金融服务实体经济水平。鼓励企业利用资本市场做大做强，做好企业在主板上市的前期培育辅导工作，新增1~2家企业实现“新三板”上市。积极防范化解金融债务风险，完成农信社改制组建农商行工作。

三、加快重点基础设施建设，增强经济发展后劲

抓好交通公路项目建设。全力保障丰华、华陆高速五华段无障碍施工，积极谋划丰华高速西延至河惠莞高速五华至紫金段和兴华高速樟树塘互通连接线项目；争取“双龙”高铁在我县设站，做好“高铁新城”规划建设工作；加快推进五华通用机场规划建设。围绕打造山区绿色交通示范县目标，实施高速公路出入口绿化提升工程，完成长乐大道、S228线布美至分水坳段、S239线潭下至杞水段和长布至水口山段等干线公路提升改造，推进郭田至双华公路、X003线梅林优河村至黄砂村段、S223线潭下上围至安流完塘段等10段重点经济路网建设改造，抓好热矿泥益生湖旅游专线公路支线新建工程、双龙山景区旅游公路等旅游公路网建设，启动G238线绕县城段新建工程、S228线油田至布美段改建工程、岐岭至潭下至周江县域西部南北干线公路改建工程前期工作。推进“四好农村路”建设。全面启动县中心枢纽汽车站迁建。

抓好水利能源项目建设。加快山区中小河流治理和村村通自来水工程建设，推进县城自来水厂扩建工程。启动实施县城污水处理厂三期及污水收集管网工程，完成周江、华阳等9个镇污水处理厂及配套管网建设。全力支持配合益塘水库引水工程建设，实施桂田水库引水渠道维修加固工程。完成县水保站新址建设。继续实施革命老区及原中央苏区水土流失治理二期工程，完成“五沿”崩岗治理任务。加快梅蓄电站项目建设，推进库区大面积征地和主体工程及附属设施建设，建成三坑、断掌凹两个移民安置区。

抓好电力信息化设施建设。完成110千伏的转水枫林输变电工程和安龙线技改工程建设，加快推进110千伏的县城室内GIS变电站、河东变电站、油田输变电工程和35千伏的新桥、双华输变电工程建设，规划建设1座500千伏输变电工程。规范农村电网管线建设，完成新一轮农村电网升级改造、年度基建配网工程和92个省定贫困村电网改造任务。抓好原中央苏区农村超高速无线局域网建设应用，新增4G基站430个，新建光网端口2万个，逐步改造现有铜缆网络。完成有线电视私网整合工作。深入实施“互联网+”行动计划，建成五华电子政务云数据中心，形成大数据产业链。

四、推进城乡协调发展，建设美丽宜居五华

加快城区扩容提质。完成华兴东路建设，升级改造下坝老河堤路、宏达路、园新路、华园路等市政道路，建成运行县垃圾减量厂、完成县城生活垃圾处理场提升工程、启动建设县第二生活垃圾处理厂和水安路横街市政公用养护中心。完成新华市场、西河市场升级改造。加快推进客天下片区、寨下坝片区、犁滩片区综合开发和市政基础设施建设，不断增强城区综合承载力。巩固“国家卫生县城”创建成果，启动创建全国县级文明城市，不断改善县城文明宜居环境。

加快琴江新城建设。完成布新南路、黄井西路、增塘堤二期、老水安路、长兴路等堤路建设改造，推进琴江新城地下综合管廊和次干道路建设，启动联增大道、联增大桥建设。推进琴江新城安置区建设和增塘堤板块开发，加快建设自行车体育公园一期、足球文化公园二期，启动水安市场、琴江新城污水处理厂一期建设，建成一批宜居商住项目。

加快镇域发展步伐。大力实施中心镇“六个一”工程，完成华城镇华新街改造和府前公园建设、安流镇琴江西岸沿江大道和安顺大桥建设、龙村镇圩镇商业街升级改造和金龙文化体育活动中心建设等一批项目，加快征储一批产业发展用地、建设一批高品质住宅小区。立足资源禀赋，加快规划建设一批绿色工业、生态文化旅游、现代农业等特色小镇，重点推进横陂足球小镇、河东自行车工业小镇、华城狮雄山秦汉遗址光影文化特色小镇等示范项目建设，以点带面推动各镇创建1个以上特色小镇；按照“以奖代补”方式支持各镇完成1条圩镇街道升级改造项目，推动各镇实现均衡发展。

五、实施乡村振兴战略，着力解决“三农”问题

加快发展现代农业。高标准建成一批农业产业园、科技园、休闲农业旅游园，打造安流楼光、横陂红光等一批田园综合体。大力培育茶叶主导产业，新增种植茶叶5000亩以上，组织全县茶商茶农举办一场大型茶博会。推进“一村一品、一镇一业”产业发展，新增种植果蔬1万亩以上。新增农业龙头企业10家以上、农民专业合作社20个以上，创建省级名牌产品3个以上。依托中农批、汉光超顺等平台，大力发展农产品仓储、冷链物流等产业，拓宽农产品销售渠道。推进农村土地制度和集体产权制度改革，推动农村土地有序流转。

大力发展旅游产业。抓好游客服务中心建设，推进热矿泥温泉山庄升级改造和五华客天下文化旅游产业园、益塘水库美景驿站、双龙山旅游景区、南洋山养生养老生态园等旅游项目建设，加快新丰寨、汉光超顺、贵澳等现代农旅项目发展。加大革命史迹修缮开发保护力度，传承红色基因，深入挖掘红色文化资源，打造一批党性教育和革命教育基地。整合旅游资源和旅游线路，加强与周边地区合作，探索建立互为旅游目的地的客源互送机制。

抓好脱贫攻坚工作。围绕“两不愁、三保障、一相当”目标，压紧压实脱贫攻坚责任，全面开展产业、资产收益、金融、基建和就业等扶贫措施，落实教育补助、住房改造、医疗保险及低保五保补助政策，提高贫困群众自我发展能力，确保建档立卡贫困人口全部实现稳定脱贫。及时更新完善扶贫大数据平台信息，加大扶贫资金监管力度，建立贫困人口长效稳定脱贫机制，努力实现“小康路上一个都不能掉队”。

推进新农村建设。抓好省定贫困村新农村示范村创建，确保22个省定贫困村示范先行村和转水“5+2+3”省级连片示范村全面建成新农村示范村。深入开展农村人居环境综合整治，全面推进面上村“三清三拆三整治”，完成545个自然村村庄规划编制，加快1236条自然村雨污分流和污水处理设施建设，抓好4个特色示范镇、23个示范村、297个面上村美丽乡村项目建设，确保年底完成90%的自然村环境综合整治任务。加强规划管控，规范农村建房管理，严厉打击非法占河、占路、占耕、占林乱搭乱建行为。围绕“产业兴旺、生态宜居、乡风文明、治理有效、生活富裕”要求，深入开展乡村振兴“五联创”活动，着力培育良好乡风民风。

六、加快生态文明建设，全力守护绿水青山

抓好生态林业工作。完成5.6万亩森林碳汇重点生态工程、20公里兴华高速五华段生态景观林带完善提升工程和琴江公路沿线1500亩林地景观提升工程建设，加快推进星湖岭和天云岭县级森林公园建设。完善防火隔离带和林火视频监控系统等防火设施，严防森林火灾发生。加强林地管理，从严打击乱砍滥伐、违法占用林地等破坏森林资源行为。

打好污染防治攻坚战。全面实施“琴江河水变清”三年行动计划，推进县城水环境提升工程。压实“河长制”责任，加强水资源保护、水污染防治，依法整治侵占河道、超标排污、非法采砂等违法行为，确保全县河流水质常年达标。狠抓大气、土壤污染防治，大力推进主要污染物总量减排和废弃矿井土地复垦工作，规范企业排污行为，完成黄标车淘汰任务，确保环境质量持续改善。抓好全国第二次污染源普查，配合做好梅州市创建国家环保模范城市工作。健全生态文明制度，加大环保执法力度，全面完成中央环保督察反馈问题整改。

加强国土资源管理。实行国土空间开发保护制度，严格落实生态保护红线管控。加强耕地保护，完成3.31万亩高标准基本农田建设、1776亩垦造水田任务。持续抓好非煤矿山、黏土类砖厂整治和地质灾害防治，扎实推进削坡建房边坡整治。突出用地保障，做好“三旧”改造、闲置土地处置、土地储备出让、用地指标争取等工作，完成3500亩土地储备任务。

七、切实保障改善民生，共建共享美好生活

发展科教文体事业。全力争创“广东省推进教育现代化先进县”，完成开放大学教学大楼建设，规划建设琴江新城初级中学。推进幼儿园规范化建设，抓好中小学校“穿衣戴帽”工程，完成华城镇禾岭小学扩建工程。积极推进民办教育，启动远恒佳教育城、壮壮幼儿园建设。不断提升教育教学质量，推进校长职级制和公办教师“县管校聘”改革。实现村级文化广场全覆盖，推进农村文化俱乐部、文化驿站建设，加快规划建设图文博等为一体的文化综合体。全面普及群众硬笔书法艺术，积极争创“广东省硬笔书法名城”。推进球王文化产业园、元坑足球发源地遗址公园建设，规划建设中外足球学校。办好男足、女足中甲主场赛事，促进全民健身活动。

推进健康五华建设。完成县精神卫生中心

住院大楼、疾控中心业务大楼、“120”医疗急救指挥中心和水寨镇卫生院新址建设，加快推进县人民医院门急诊医技住院综合大楼和安流镇中心卫生院升级建设，规划建设县精神卫生中心急诊大楼。支持社会办医，推进康泰精神病院新址建设。深化医药卫生体制改革，促进公共卫生服务均等化。加强重大疾病防控，深入开展爱国卫生运动。严格执行计划生育“一票否决”制度，加强妇幼健康和计生服务能力建设，促进人口健康发展。

办好十件民生实事。一是提高特殊群体生活保障水平。城镇、农村低保对象最低生活保障人均补差水平分别从每月457元、206元提高到503元、228元。特困人员基本生活标准不低于全县最低生活保障标准的1.6倍且不低于全县现行特困人员基本生活标准。孤儿基本生活最低养育标准集中供养水平从每人每月1450元提高到1560元、分散供养水平从每人每月880元提高到950元。城乡低保对象政策范围内基本医疗救助比例达到80%以上，建档立卡贫困人口政策范围内基本医疗救助比例达到80%以上。困难残疾人生活补贴标准从每人每年1800元提高至1890元，重度残疾人护理补贴标准从每人每年2400元提高至2520元。全县建档立卡贫困人口100%实现脱贫，人均可支配收入达到7365元以上。二是加大培训就业力度。扶持创业500人、城镇就业4300人、失业人员再就业3800人。协助园区企业招工3600人。对符合条件参加职业技能晋升培训、法定劳动年龄内的省内外城乡劳动者按规定给予补贴，提升2000人次就业技能水平。三是提高边远地区学校教师生活补助。鼓励引导人才向边远贫困地区流动并长期从教，农村边远地区学校教师生活补助从每月人均不低于900元提高到不低于1000元。四是改善困难群众居住条件。完成贫困户危房改造建设任务。建成300套保障性住房。完成352套、推进628套、启动555套棚户区建设。完成250户贫困残疾人家庭无障碍改造任务。五是提高医疗卫生保障水平。职工基本医疗保险基金年度累计最高支付限额从9万元提高至10万元，职工补充医疗保险年度累计最高支付限额从27万元提高至28万元。职工医疗保险住院起付线一级医院从450元降低至200元、二级医院从600元降低至450元、三级医院从800元降低至650元；城乡居民医疗保险住院起付线二级医院从500元降低至450元、三级医院从800元降低至650元。城乡居民大病保险起付标准从1万元降为8000元、报销比例从70%提高为75%；城乡五保供养对象、建档立卡贫困人员起付标准从2000元下调至1000元，报销比例从80%提高至85%，不设年度最高支付限额。城乡居民养老保险基础养老金最低标准从每人每月120元提高至130元。扩大家庭医生签约服务人群，实现家庭医生签约服务覆盖率达30%以上、重点人群达60%以上。完成县中医医院升级建设一期和华城镇中心卫生院升级建设。动工建设县妇幼保健计划生育服务中心大楼。免费为12652名农村妇女实施“两癌”检查。六是增加教育体育公共资源供给。镇中心以上学校全部实施校园网提速工程，普通教室配备多媒体教学设备；教学点实现30%以上。建设城乡15分钟健身圈，为省定贫困村配建一套8件以上器材的健身路径。建成足球文化公园体育场、县曲棍球基地。完成县生态技工教育创业园二期和华城职业技术学校扩建工程，完成水寨中学、田家炳中学、琴江中学、华东中学等学校足球场标准化改造。七是巩固提升人居环境。全县92条省定贫困村基本建成新农村整洁村。完成2017年度5宗、开工建设2018年度14宗村村通自来水工程。完成先水河、栋新水、优河3宗山区中小河流治理和3619户高风险削坡建房整治任务。加强全县27条688公里主要河流日常管护，建立河长制“互联网+”监测网络。建设县环境质量生态自动监测网络。完善全县旅游景区指示标识牌设置，建成5座旅游公厕。完成15个小水电自供区接管工作。建成30个森林消防瞭望台、300个以上森林消防蓄水池。63座镇村垃圾中转站全面建成运营。八是改善交通基础设施条件。建成周江冰坎至华阳新田公路。完成G355线华阳至安流段升级改造和琴江大桥、五华大桥改扩建工程。完成100公里新农村示范村自然村道路硬底化、200公里农村公路安全生命防护工程、35公里未通客车行政村窄路基路面拓宽改造工程。完成水寨、河东、转水、横陂、华城、安流城乡公交一体化建设，实现全县95%行政村通客运班车。建成2个立体停车场、70个充电桩和1个集中充电站。九是健全社会矛盾纠纷化解机制。支持各镇人民调解委员会聘请专职人民调解员，实行“以案定补”制度，加强调解组织规范化建设，调解成功率不低于97.5%，“民转刑”案件比2017年下降10%。完成县应急应战指挥中心建设。十是增加农民农业生产补助。对全县204.12万亩省级以上生态公益林进行补偿，按规定提高每亩补偿标准。对拥有耕地承包权的种地农民（含农场职工）进行直接补贴，补贴面积不少于34万亩。增加政策性农业保险保费补贴险种、扩大保险覆盖面、提高保障标准，其中水稻保险参保率达到80%以上，每亩每造保费从20元提高到40元、保额从400元提高到800元。

抓好社会管理工作。扎实开展以禽畜养殖污染防治、农村建房安全整治、火灾隐患安全整治等规范城乡建管专项整治行动，持续开展县直机关干部回乡联村等基层治理重点工作。全面压实安全生产责任，强化应急管理和重点行业领域安全生产攻坚。加强食品药品监管，保障群众饮食用药安全。加强初信初访办理，切实控制信访增量、减少信访存量。推进综合性法治教育基地、基层司法所业务用房规范化和社区矫正+安置帮教“阳光之家”建设，完成法治建设“四级同创”任务。推进县国防教育培训基地和公安、消防、武警战训基地建设。抓好公安基层所队标准化建设，健全社会治安防控体系，保持对涉黑涉恶涉毒违法犯罪行为的严打高压态势。建立精神病人管护机制，实现“平安村居”全覆盖，全力打造“平安五华”。

发展社会各项事业。推进质量强县建设，加快培育一批品牌商标、国家地理标志产品。加强低保五保动态管理，加大企业职工“五险”征缴力度。加强殡改管理，完成县殡仪馆升级改造。推进水寨镇大岭公益性生态公墓建设，启动结水界、青溪公墓山建设。加快建设县残疾人托养中心、镇级精神障碍社区康复站和华城镇区域性敬老院，推进第二批特困人员供养服务机构公建民营供给侧改革。完成县离退休干部活动中心改建。加快县委党校迁建。建成华城粮食储备仓库。完成网络舆情惠民服务平台建设。进一步做好民宗外侨、对台事务、民兵兵役、双拥共建、畜牧兽医、气象、档案、统计、方志、供销、人防、打私、保密、住房公积金等各项工作。

八、深化民主法治建设，打造廉洁高效政府

着力建设法治政府。深入推进“七五”普法，加强政府法律顾问队伍建设，抓好行政复议和应诉工作。主动接受县人大法律监督，支持县政协开展各项履职活动，认真办好人大代表议案建议和政协委员提案。完善信息公开制度，主动接受社会和舆论监督，确保权力在阳光下运行。

着力建设廉洁政府。增强“四个意识”，严守纪律规矩，深入开展“不忘初心、牢记使命”主题教育。运用好监督执纪“四种形态”，持之以恒纠正“四风”。扎实开展扶贫领域腐败和作风问题专项治理，严惩发生在群众身边的腐败问题和不正之风。抓好监察体制改革，加大对行使公权力公职人员的监察力度。强化公共资金、国有资产、国有资源等重点领域审计监督，推行领导干部履行经济责任情况审计全覆盖。

着力建设高效政府。持续深入学习宣传贯彻党的十九大精神，推动习近平新时代中国特色社会主义思想在五华落地生根、结出丰硕成果。发扬“马上就办、办就办成”作风和“钉钉子”精神，强化责任担当，提升政府执行力。认真贯彻落实“三个区分开来”和容误免责机制，为改革者撑腰、为干事者鼓劲，打造一支勇于担当、敢闯敢干的干部队伍。

附：

名 词 解 释

1. 七纵五横：七纵指广州番禺（五华）产业转移园内进城大道、三坑路、工业一路、工业二路、工业三路、工业四路、工业五路；五横指广州番禺（五华）产业转移园内工业一横路、工业二横路、工业三横路、工业四横路、工业大道。

2. 实体经济十条：即省政府出台的《广东省降低制造业企业成本支持实体经济发展若干政策措施》，主要从降低企业税收负担、降低企业用地成本、降低企业社会保险成本、降低企业用电成本、降低企业运输成本、降低企业融资成本、降低企业制度性交易成本、支持工业企业盘活土地资源提高利用率、支持培育制造业新兴支柱产业、支持企业开展技术改造等10个方面支持实体经济发展，推动企业做大做强。

3. 河长制：指由各级党政主要负责人担任河长，负责组织相应河湖的管理和保护工作，主要任务是加强水资源保护、防灾减灾体系建设、河湖水域岸线管理保护、水污染防治、水环境治理、水生态修复、执法监管等。

4. 六个一百：指开展送百场电影戏剧下乡、讲百场道德讲堂、评百名感动五华先模、评百个文明好家庭、评百名好媳妇、评百名好少年活动。

5．三清三拆三整治：三清指清理村巷道乱堆乱放，清理房前屋后垃圾、卫生死角，清理沟渠池塘溪河淤泥、垃圾；三拆指拆除危旧房、废弃猪牛栏及露天厕所茅房，拆除乱搭乱建、违章建筑，拆除非法违规商业广告、招牌等；三整治指整治垃圾、整治污水、整治水体污染。

6．三变：指资源变资产，资金变股金，农民变股东。

7．便民服务3.0版：指建成县、镇、村（社区）三级公共服务中心（站），是公共服务下沉的1.0版；设立撤并镇片区管理服务中心，是服务升级的2.0版；在全县推行物料流转机制，并将县卫计、民政、社保等5个单位的印章下放至镇级公共服务中心，是优化政务服务的3.0版。

8．人才新政12条：指加快人才发展涉及的健全党管人才领导体制和工作格局、落实领导班子和领导干部人才工作目标责任制、大力培养创新创业人才、大力培养本土企业经营管理人才、大力培养实用技能人才、大力培养社会事业人才、大力引进本地籍优秀人才、大力引进急需紧缺人才、重点建设科技孵化产业园、支持建立企业重点实验室等研发机构、解决人才后顾之忧、建立人才激励机制等12项内容。

9．四大政策性基金：指广东省对省级原有15项政策性基金进行清理整合，组建广东省基础设施投资、创新创业、产业发展、农业供给侧结构性改革四项基金。

10．四好农村路："四好农村路"是习近平总书记于2014年3月4日提出的，要求进一步把农村公路建好、管好、护好、运营好，逐步消除制约农村发展的交通瓶颈，为广大农民脱贫致富奔小康提供更好的保障。

11．特色小镇：指聚焦特色产业和新兴产业，集聚发展要素，不同于行政建制镇和产业园区的创新创业平台。

12．田园综合体：指集现代农业、休闲旅游、田园社区为一体的特色小镇和乡村综合发展模式，是在城乡一体格局下，顺应农村供给侧结构性改革、新型产业发展，结合农村产权制度改革，实现乡村现代化、新型城镇化、社会经济全面发展的一种可持续性模式。

13．两不愁、三保障、一相当：指稳定实现农村贫困人口不愁吃、不愁穿，义务教育、基本医疗和住房安全有保障，基本公共服务主要指标相当于全省平均水平。

14．四级同创：指法治城市、法治县（市、区）、法治乡镇（街道）、民主法治示范村（社区）"四级同创"活动。

在县委十三届七次全会第一次全体会议上的讲话

（2018年8月3日）

五华县委书记　吴晖

这次会议的主要任务是：以习近平总书记重要讲话精神统揽五华工作全局，按照省委十二届四次全会和市委七届五次全会的部署要求，总结运用“大学习、深调研、真落实”的工作成果，立足省情市情县情变化，深入分析我县面临的新形势新任务，研究部署当前和今后一个时期重点工作，坚持生态优先、推动绿色发展，坚定信心加快建设“工匠之乡·宜居五华”。

党的十九大胜利闭幕后，县委第一时间组织传达学习，先后召开县委十三届五次、六次全会，深入学习贯彻习近平新时代中国特色社会主义思想、党的十九大、习近平总书记参加十三届全国人大一次会议广东代表团审议发表的重要讲话，以及省委、市委全会精神。前段时间，县委坚持问题导向，确定由15位县党政领导牵头调研当前需着力破解的12个重点难点课题。承担这些课题任务的县领导和相关单位均高度重视，精心组织，深入调查和分析问题，着力研究对策办法，形成了一批调研成果。提交这次全会审议和征求意见的“3+N”系列文件，也是这次“大学习、深调研、真落实”的成果之一。“3+N”系列文件中，3个实施意见是主文件，其余8个子文件为具体的三年行动计划，包括精准脱贫、污染防治、防范化解重大风险、农村人居环境综合整治、打造山区绿色交通示范县、振兴山区教育、建设健康五华、培育发展生态富民产业等，每个方案均明确了2018年、2019年、2020年具体的工作举措和目标任务。出台“3+N”系列文件主要是基于当前抓重点、补短板、强弱项的考虑，以后根据发展的需要，“N”还将不断调整或增加。

下面，结合这次全会的主要任务，我讲三点意见。

一、学深悟透贯彻习近平总书记重要讲话精神，以改革开放再出发的新担当新作为，奋力开创五华工作新局面

习近平总书记重要讲话精神，明确了广东新时代新担当新作为，是习近平新时代中国特色社会主义思想的重要组成部分，是广东践行习近平新时代中国特色社会主义思想的路线图，是广东落实党的十九大精神的任务书。我们要按照省委、市委全会的部署要求，在贯通思想体系、把握世界观方法论、坚持问题导向上下功夫，学深悟透贯彻习近平总书记重要讲话精神，进一步明确“要什么、弃什么、谋什么、干什么”，以新思维新视野落实新时代新担当新作为。

（一）持续抓好大学习，牢牢把握习近平总书记重要讲话精神实质

“四个走在全国前列”“当好两个重要窗口”的要求，与总书记对广东提出的“三个定位、两个率先”“四个坚持、三个支撑、两个走在前列”等一系列要求一脉相承，是完全贯通的逻辑关系，体现了深刻的战略思维、创新思维、辩证思维。总书记敏锐把握世界经济发展的新趋势，针对我国经济已由高速增长阶段转向高质量发展阶段这一特征在广东尤为明显的实际，依据广东经济大省、产业体系较全面、市场发展较成熟、转型升级较先行等条件，把“四个走在全国前列”的历史性任务落到广东身上。更为重要的是，“四个走在全国前列”坚持问题导向，目标指向都是体制机制、格局体系，为广东改革再出发指明了方向、明确了重点。我们要持续通过大学习，牢牢把握习近平总书记重要讲话精神实质，把深入解读、深刻理解、深远谋划、深度落实作为自己的人生追求、工作常态、行动自觉，推动总书记重要讲话和一系列重要指示精神在五华大地落地生根、开花结果。

（二）持续抓好深调研，聚焦问题短板找准工作目标任务

省委全会强调，必须树立与新发展理念相适应的区域发展理念，并提出了建设“一核一带一区”区域协调发展新格局，明确实行差别化的政绩考核制度，对重点生态功能区和农产品主产区的县不再考核地区生产总值指标，明确梅州为生态功能区；市委全会提出，要建设生态功能区先行地，当好绿色发展引领者，这些理念和形势的变化为我们带来了巨大的发展机遇。

我县地处粤北山区生态屏障、原生生态系统保存良好，是国家级农产品主产区。五华历届县委、县政府都非常重视生态建设和绿色发展，特别是近年来通过以最严厉的措施抓好林业生态管护，以最坚决的态度实施琴江河水变清三年行动计划，以最迅速的行动推进污染防治基础设施建设，绿色生态发展的理念深入人心，绿色生态已成为我们最大的优势和潜力所在。

我们在看到自身优势和发展机遇的同时，也要看到存在的问题和挑战。这次省委全会提出十个方面问题和市委全会提出八个方面问题，在五华同样存在，有的甚至还比较突出。比如，把“绿水青山”转化为“金山银山”的机制和路径尚未有效形成，经济发展质量和效益不高，产业结构不合理，科技创新的驱动力不强，高新技术产业和企业规模小、实力不强；营商环境离构建现代化经济体系还有较大差距，推动全面深化改革任重道远；乡村振兴任务艰巨，城乡发展不平衡不协调，县域南部、北部差距大，特别是农村地区基础设施滞后；群众关心关切的交通基础设施、教育、医疗等民生短板问题突出，农村贫困面广、量大，脱贫攻坚任务繁重；环保设施建设欠账大，环境承载力不强，生态资源保护利用率不高；社会治理和风险防控仍需进一步提升，信访总量长期高位徘徊，历史遗留积案化解难，基层矛盾纠纷易发多发；党的建设还存在不少薄弱环节，党员领导主体责任意识和八个本领亟需

提升，干部队伍主动担当作为精气神不足，基层组织与全面进步、全面过硬的要求还有较大差距，等等。上述这些问题，亟需在今后的工作中认真加以整改。

（三）持续抓好真落实，以新时代新担当新作为谋求新发展

按照省委和市委全会的部署要求，县委结合前期“大学习、深调研”工作成果，在认真剖析县情、广泛征求各方意见建议的基础上取得了一致共识，一致认为要正视当前发展中存在不平衡不充分的问题，贯彻落实好新发展理念，延续深化、完善提升目前的发展思路。据此，县委常委会提出：

把县域发展定位优化提升为“工匠之乡·宜居五华”。“工匠之乡”的提法，融入了我县深厚悠久的工匠文化精神，符合当前的时代需求，这种提法既体现五华人“硬打硬、实打实”的地域文化精神，又表明要把先进装备制造业、建筑行业、红木产业、石雕工艺、口腔健康等产业打造为主导产业的信心和决心。坚持 “宜居五华”的提法，既保持了发展规划的稳定性和连续性，也突出县委始终把提高群众幸福感、满意度作为工作目标的价值追求。

保持“全力加快振兴发展、全面提升治理水平”的工作主线不变。近年来，县委坚持一手抓产业促发展，一手抓治理保稳定，经济社会各项事业取得了明显进步。这次省委全会强调北部生态发展区要以富民为导向发展县域经济，提出要把广东打造成为最安全稳定、最公平公正、法治环境最好的地区；市委全会也强调要大力发展生态富民强市产业、建设高水平的平安梅州和法治梅州。这充分说明，“全力加快振兴发展、全面提升治理水平”的工作主线符合省委、市委全会的部署要求，仍然需要我们在当前和今后一段时间紧抓不放、一抓到底。

丰富完善“一核两区三组团”发展战略的内涵要义。从近年的发展实践来看，“一核两区三组团”的发展战略找到了我县优势和短板矛盾转化的关键所在、促进了城乡协调均衡发展，对标省委、市委提出的以功能区为引领的区域发展新战略。县委认为“一核两区三组团”的发展战略在今后一段时期仍具有较强的指导实践意义。与此同时，县委通过认真研究省委全会提出的“九大重点任务”“一核一带一区”区域发展新战略，以及我市建设粤东北重要生态功能区、推进“一区两带六组团”所蕴含的规律要求，认为要围绕“绿色交通是先导、富民产业是核心、城镇建设是支撑、乡村振兴是保障、生态保护是根本”的发展思路，丰富完善我县“一核两区三组团”的内涵要义：一是把“一核”打造成为县域高质量发展的支撑，推动20平方公里中心城区建成区的精细化管理和更新改造、有序开发建设琴江新城3平方公里起步区，推动县城提质增效和适度扩容，探索河东、转水、横陂3镇全域与县城水寨联动发展，引导人口和产业向县城适度集聚，使其成为产城融合示范区；二是把“两区”打造成为绿色生态富民强县产业发展的引擎，按照绿色生态产业园区的功能定位，以广州番禺（五华）产业转移园争创省级高新技术开发区、河东工业区建设绿色生态工业小镇为目标，加大土地、资金、人才、技术等要素保障力度，推进园区绿色化改造、企业循环式生产、产业绿色化发展，把“两区”打造成为产业发展的集聚平台和强力引擎；三是把“三组团”打造成为统筹城乡均衡发展、培育生态绿色产业、推动乡村振兴

发展的舞台，在全域推进人居环境综合整治的基础上，以“一镇一业”为抓手，推动以华城、安流、龙村为中心的“三组团”发展，串珠成链打造“生态富民环带”。其中，以华城为中心的区域发展组团，依托华城镇深厚的历史人文底蕴规划建设农旅特色小城镇，重点发展休闲农业、历史文化旅游业，带动促进岐岭镇制酒业、潭下镇特色农业发展；以安流为中心的区域发展组团，依托安流镇商贸物流重镇的基础和交通条件的改善规划建设现代农业产业园，重点发展农产品深加工、现代服务业、商贸物流等产业，带动促进棉洋镇茶叶、周江镇口腔健康产业，以及双华镇和郭田镇生态休闲产业发展；以龙村为中心的区域发展组团，依托抽水蓄能电站规划建设绿色生态旅游基地，重点发展绿色能源、红色文化、生态观光旅游等产业，带动促进华阳镇果蔬种植、梅林镇红色旅游、长布镇生态旅游发展。

二、聚焦关键重点，持续发力、久久为功，围绕生态优先、绿色发展的总要求推动五华改革发展稳定各项工作

时刻牢记“四个走在全国前列”“当好两个重要窗口”是总书记对广东的殷殷嘱托，牢牢把握改革开放关键一招，传承改革开放先行者“杀出一条血路”的勇气和担当，努力走出一条生态优先、绿色发展的新路子。

（一）深入推进创新驱动发展，建立健全推动经济高质量发展的体制机制。深化供给侧结构性改革，坚决破除一切不符合高质量发展要求的体制机制和管理方式，推动我县经济发展质量变革、效率变革、动力变革。

构建创新发展的动力机制。对照省市创新发展“八大抓手”的任务要求，推动科技创新、工业创新。加快国家级科技孵化产业园、省级众创空间、县技工教育创业园、电商产业示范园等创新平台建设，打造集“众创空间—孵化器—加速器—产业园”为一体的全孵化链条。建立科技投入稳定增长机制，发挥科技创新奖励资助基金作用。鼓励企业与高等院校、科研院所加强合作，加快口腔医疗科技研发中心、环保智能家电工程研发中心等项目建设，促进科技成果转化。落实“人才新政12条”，着力引进一批企业家人才、创新创业人才、客家文化创意人才、实用技能人才，为产业发展提供人才支撑和智力支持。制定出台生物医药、先进装备制造等产业政策，着力在培育产业上体现五华特色。

构建质量技术标准的引领机制。围绕建设质量强县，实施质量比对提升工程、优质品牌培育工程、对标达标专项行动，打造一批名牌产品、驰名商标和地理标志产品。严厉打击假冒伪劣，强化质量标准门槛准入，倒逼企业产品质量技术提升。深化质量标准体系改革，重点加快一批质量检验检测中心建设。建立农产品标准化生产和质量安全监测体系，推进农业标准化示范区建设。

构建鼓励创新的工作机制。创新完善县直机关和镇级考核评价办法，突出对生态建设、环境质量、公共服务、乡村振兴等方面的考核，加快形成推动高质量发展的考核指标体系、统计体系和绩效评价体系。借鉴外地改革经验，积极开展“微改革”“微创新”。依托原撤并镇片区管理服务中心，延伸拓展服务功能，打造集服务群众、维护稳定、推动发展为一体的区域治理平台。用好网上办事大厅，打造集资质管理、信息发布、竞价交易、监督评价等功能于一体的网上“中介超市”。深化预算体制改革和税收制度改革。

（二）大力培育发展生态富民产业，夯实推动经济高质量发展的基础。坚持以富民为导向，树立产业生态化、生态产业化的理念，积极参与全省、全市产业分工，统筹推进绿色低碳新型工业、现代农业和现代服务业发展。

培育发展绿色低碳新型工业。以绿色低碳为重要标尺，引领和推动产业结构优化调整，推动实体经济发展。搭建好产业平台，按照现代绿色生态产业园的理念，抓好两个工业园区征地拆迁和路网、供水、供电、排污和绿化等基础设施建设。围绕建设绿色生态工业小镇，加快推进河东绿色生态产业园安置区、综合服务中心、标准化厂房、能源科技中心等项目，以及黄塘水库公园、污水处理管网和绿化美化等配套设施建设。落实“去降补”措施，强势推进闲置土地清理清查和僵尸企业处置工作，为新兴产业腾出发展空间。培育好主导产业，推动先进装备制造业、制酒制药、家居建材等产业实施绿色化改造，重点扶持行业骨干企业向产业链和价值链高端攀升，打造若干具有较强竞争力或区域竞争优势的龙头企业。实行“一项目一对策”，加大促建促产力度，确保全年实现8家企业新动工、10家企业新投产。大力弘扬工匠精神，扶持建筑行业、石雕工艺、口腔健康等重点税源和成长型企业，增资扩产、拓展市场、提升品牌。探索金融服务实体经济的有效模式，帮促康奇力、辉骏科技、万山土壤等企业实现“新三板”挂牌或主板上市。提高招商引资质量，更新产业招商规划和指导目录，着力引进绿色低碳、科技含量高、附加值大的产业项目。强化合同履行、到位资金、形成固投等情况跟踪考核，大幅提高项目落地率。围绕变补企业为补产业、变补规模为补科技、变补产品为补配套、变补生产为补消费“四变四补”，研究制定出台适应绿色发展导向的招商引资政策。

大力发展现代农业。立足国家级农产品主产区的功能定位，通过“集一、接二、连三”的发展模式，着力构建“1+X”现代农业发展格局。重点打造茶叶主导产业，出台茶叶产业发展扶持奖励办法，扶持奖励茶叶基地建设、品牌创建、精深加工、经营主体培育。在现有龙村丁畲嶂、棉洋松岗嶂、双华雷公坪等9个上规模茶园的基础上，新增种植面积1万亩以上，新建标准化加工厂房2家以上，培育创建省级茶叶名牌产品5个以上，推动茶叶产业规模化、产业化、品牌化。办好首届茶博会，拉促全县茶叶种产销升级。做强做大特色农业，推广实施“一村一品、一镇一业”工程，引进培育岐岭南薯、生长地高山红薯、长布夏威夷坚果等一批新型特色农产品，推动茶亭岗金柚、大田柿花、周江百香果、华城南药、潭下鹰嘴桃等一批传统农产品创建地理标志产品和省级品牌。充分利用土壤肥力及环境质量调查成果，引导群众精准种植农产品。培育发展农业新业态，推动现代农业与旅游、文化、康养、体验等产业融合发展。培育壮大一批新型农业经营主体和职业农民队伍，推广“龙头企业＋合作社＋农户”经营方式，重点打造汉光超顺、贵澳农业、天庄农业等现代农业产业园。加快农村电子商务培训、物流、服务站点、农产品营销和供应链等建设，形成“县有中心、镇有基地、村有站点、户有店铺”支撑体系，提升电商助农水平。

培育发展现代服务业。把现代服务业作为生态富民产业体系的重要内容，着力发展文化创意、商贸物流、体育休闲、教育培训等现代服务业。提升现代服务业的供给能力，建立“四上”企业培育台账，支持服务型企业发展。依托粤东·中农批、五华红木、益华·全球购、建材批发、汽车4S城等产业项目，大力发展生产性服务业。强化工业设计、金融服务、电子商务、现代物流等生产性服务业对先进制造业的支撑作用。打造一批旅游综合体，加快推进五华客天下、热矿泥山庄、双龙山景区、南沣山养生养老生态园等重点旅游项目建设，动工建设游客服务中心、益塘水库美景驿站二期，加快客都天润生态旅游等项目建设，打造一批四星级以上民宿和农家乐。加快旅游基础设施建设，规划建设旅游公路，建成旅游驿站、生态停车场、汽车营地、标识标牌等一批配套设施建设，制定出台酒店、餐饮等规范化服务标准。成立五华县旅游协会，举办好首届客家音乐节、“潭下桃花节”“益塘荔枝节”“旅游摄影大赛”“广东五华美景里程骑跑两项赛”“畅游五华”及其他乡村旅游活动。

完善交通水利等重要基础设施。精准谋划实施一批交通、水利、电网等基础设施项目，补齐基础设施短板。打造山区绿色交通示范县，跟进“双龙”高铁线路走向并争取在我县境内设站，保障服务在建的丰华高速五华段、兴汕高速五华段无障碍施工，争取兴华高速樟树塘至潮莞高速连接线和五华至东源高速公路项目列入省级规划。加快升级改造一批国省道干线公路，推进华阳至周江、郭田至双华、潭下上围至安流完塘等一批重点经济路网建设。推进“四好农村路”项目建设，尽快解决个别自然村未实现道路硬底化问题。加快推进城乡公交一体化和公路客货运站场建设，启动县中心枢纽汽车站和安流汽车站迁建工作。加快农田水利设施建设，高质量完成高标准农田建设、垦造水田、山区中小河流治理、村村通自来水、水土流失和崩岗治理任务。加快推进梅州（五华）抽水蓄能电站项目建设，完成库区大面积征地、“三洞两路”、业主营地、移民安置区征地拆迁和建设任务。加快与县域发展相匹配的电力通信能源建设，推进输变电工程建设，启动基建配网工程，完成省定贫困村电网改造任务。落实新一轮省信息基础设施建设三年行动计划，加快第五代移动通信、城乡光纤等高速宽带网络建设，打造“数字五华”“智慧城市”。推动能源结构转型，加快城市充电桩、充电站建设。

（三）立足县域区位条件改善，加快形成全面开放新格局。发挥我县作为西出珠三角、南下潮汕揭、北上赣南闽西交通枢纽的区位优势，加强与外出乡贤、商会组织的沟通联系，主动融入粤港澳大湾区建设，深化与潮汕揭、赣南闽西毗邻地区的交流合作，积极参与“一带一路”建设。

主动对接粤港澳大湾区的辐射带动。认真研究即将出台的粤港澳大湾区规划纲要，积极参与产业分工和区域经贸合作，深化与广州番禺对口帮扶的合作交流机制。发挥世界客商大会、商会组织、工商联等社团组织作用，加强与粤港澳等地工商业界、投资促进机构、社团、知名客商的沟通联系，深化与粤海集团等境外实力企业的合作，推动更多社会力量到五华投资兴业、参与公共基础设施和新农村建设。

加强与周边区域的交流合作。加强与汕潮揭、赣南闽西等毗邻区域的沟通对接，促进交通、旅游、环保、治安等领域的交流合作，积极融入沿海产业带。发挥县域内“四横两纵”的高速路网优势，科学规划设置农产品物流中心。发挥足球文化纽带作用，加强中外足球合作，坚持走出去、引进来，推动对外开放交流。

扶持外经贸企业转型升级。支持辉骏科技、仁隆电子、井得电机等外经贸企业扩大自主品牌出口。积极参与“一带一路”建设，组织各类企业参加各类交易会、经贸洽谈会、展销展览会。大力支持企业运用阿里巴巴等电商平台，提高电子商务综合运用水平。发挥县创新创业孵化器和产业园优势，构建跨境电子商务贸易生态和综合服务体系，帮助企业提升开拓国际市场能力。

打造最优营商环境。落实机构改革任务，深化“放管服”改革，加快转变政府职能，推进“数字政府”建设，深化“马上办”“一门式一网式”政务服务改革。清理规范行政事业性收费，降低制度性交易成本。实施“照后减证”、商事登记全程电子化等措施，提升企业和群众办事便利度。建立公共信用信息服务平台，完善守信联合激励和失信联合惩戒机制。

（四）推进法治平安建设，营造共建共治共享的社会治理格局。以网格化管理为主要载体，以法治建设为主线，驰而不息精准推进基层治理，织密织牢社会风险防控网，为高质量发展赢得稳定的时间和空间。

深入推进平安五华建设。严密防范、坚决打击各类邪教活动、境外势力利用宗教进行渗透破坏和非法宗教活动，深入开展涉恐隐患排查整治专项行动，坚决维护国家政治安全。扎实开展扫黑除恶专项斗争，加强对重点地区、行业、领域日常监管，全面排查核实涉黑涉恶线索，严厉打击涉黄赌毒、涉众型金融诈骗、涉盗涉骗等群众反映强烈的违法犯罪活动，深挖细查严处涉黑涉恶案件背后腐败问题。加强公安派出所、交警中队“五小工程”、执勤执法装备、科技信息化应用等基层基础建设，全力推动公安基层所队建设提档升级。推进社会治安防控“铸盾”行动以及“雪亮工程”建设，构建立体化信息化社会治安防控新体系。落实“党政同责、一岗双责、齐抓共管、失职追责”安全生产责任，从根本上提高安全发展水平。

加快城乡社区治理体系建设。发挥基层党组织领导核心作用，制定镇政府社区治理权责清单和村（社区）委会协助政府工作事项清单，推动资源、服务、管理下放基层。开展以村民小组或自然村为基本单元的村民自治试点，创新探索村（社区）治理方式。健全完善村民理事会，推动基层群众性自治组织规范化建设。

全面提升依法治理水平。巩固全国法治先进县成果，开展依法行政示范单位创建活动。加大“七五”普法力度，发挥蒲丽顶、长乐公园等法治宣传教育阵地作用，加快综合性法治教育基地建设。深入推进法治创建活动，抓好法治镇和民主法治村（社区）创建工作。加快构建县、镇、村三级公共法律服务体系，打通服务群众“最后一公里”。坚持依法化解社会矛盾，全面落实“以案定补”，加强人民调解组织网络和保障机制建设，深化信访工作制度改革，完善矛盾纠纷多元化解机制。提高运用法治思维、法治方式推进改革发展稳定各项工作的能力和水平。

（五）全面实施乡村振兴战略，推动城乡一体化发展。按照“产业兴旺、生态宜居、乡风文明、治理有效、生活富裕”的思路要求，以特色小城镇、特色小镇和美丽乡村建设为抓手，因地制宜、循序渐进，以城带乡推动乡村振兴，加快城乡融合发展。

加快推进乡村振兴综合改革工作。制定出台乡村振兴实施意见和改革方案。抓好财政涉农资金整合长效机制建立和连片规模开展农地整合整治，完成国家扶持村级集体经济发展、农民住房财产权抵押贷款和农村“三变”改革试点任务，探索新型农业经营主体培育发展、农村集体产权和土地等制度改革。全面建强基层党组织，把选优配强基层党组织带头人作为首要任务，统筹选派优秀干部到红色村、贫困村、软弱涣散村、集体经济薄弱村担任第一书记，形成强大的“头雁”效应，以基层党组织引领重点项目建设、乡村振兴、精准脱贫等重点工作。以乡村振兴“五联创”活动为载体，激励调动基层干部的积极性和创造性，带领广大群众投身乡村振兴事业。

深入推进人居环境综合整治。全域推进以“三清三拆三整治”为主要内容的农村人居环境综合整治，建成11个镇级污水处理设施，组织实施好2039个自然村污水处理设施建设，以及63个镇村生活垃圾分类中转站和24个镇级生活垃圾填埋场整改工程。连线连片推进村巷道路硬化、饮水安全工程、通讯电视网络、公共服务平台等一批公共基础设施项目，整体提升村容村貌。分梯度、分类型创建干净整洁村、美丽宜居村、特色精品村，先行打造一批可复制可推广的美丽宜居村。完成农村危房、泥砖房改造，强化农村宅基地建设管理，全面开展规范农村建房专项整治。建立健全农村建设规划和生态宜居长效管护机制，将建设规划、卫生保洁、公共设施维护、文明乡风等内容纳入村规民约，激发群众在乡村振兴中的内生动力。

推进特色小镇、特色小城镇建设。加快推进华城、安流、龙村等中心镇“六个一”项目建设，形成支撑乡村振兴发展的特色小城镇。采取“以奖代补”方式鼓励各镇有序推进基础设施建设，提升公共服务均等化水平。充分挖掘红色资源、人文底蕴和生态禀赋，通过实施产业导入、孵化培育、市场开拓和错位发展，打造一批体育运动、文化休闲、生态旅游和现代农业特色小镇。

推进中心城区优化提质和适度扩容。围绕功能设施完善、城市文明塑造、管理精细化等方面做好文章， 着力提升县城宜居内涵。做好提质增效文章，中心城区以优化提升功能布局为重点，组织实施好大湖堤升级改造、华兴东路、犁滩片区和寨下坝片区综合开发等城建项目建设，完善堤、路、桥、园等市政配套设施。树立海绵城市理念，坚持科学谋划、循序渐进，推进排水、排污和地下管网体系建设改造。创新经营运作模式，稳步推进城中村改造。琴江新城以建设市政道路、供水供电、绿化亮化、地下综合管廊等基础设施为重点，合理布局城市综合体和产业项目，形成滚动开发的良性循环。做好绿化美化文章，以水寨大道、进城大道、琴江生态景观大道等项目为样板，采取分步推进、逐年实施的方式，每年组织对一批街道、堤路进行绿化美化亮化升级改造，打造“一街一景”，不断丰富县城的绿化美化内涵，立足一段时期努力把县城建设成为花园城市。做好文明塑造文章，在成功创建省级文明城市的基础上，持续加大软硬件建设投入，持续深化拓展群众性精神文明活动，推进创建全国卫生城市和文明城市工作。做好精细化管理文章，针对城区管理中存在的交通拥堵、城中村脏乱差、建筑工地施工不规范、摊贩占道经营等问题，开展“规范城乡建管十大专项整治行动”，探索长效管理制度机制，不断提升精细化管理水平。

（六）坚决打好打赢三大攻坚战，夯实全面建成小康社会的基础。增强责任感和紧迫感，制定出台三年行动工作方案，采取超常规办法措施，集中精力打好打赢三大攻坚战。

打好打赢风险防控攻坚战。加强对各领域风险隐患的梳理排查，建立动态监测预警机制，将各类风险消灭在萌芽状态。开展互联网金融风险专项整治，突出打击非法集资、校园放贷，主动治理小额贷款、融资担保等地方类金融机构不规范经营行为，及时清除风险隐患点，如期完成农信社机构改制组建农商行工作。强化地方政府债务风险评估和预警指标硬约束，确保不发生区域性金融风险。严格落实房地产市场调控政策，持续开展房地产市场专项整治行动。建立定期研判信访案件工作机制和信访积案化解考核机制，着力抓好征地拆迁、矿产资源开发、地质灾害、精神病患者等风险隐患防控。

打好打赢精准脱贫攻坚战。精准实施帮扶措施，全面开展产业、资产收益、金融、基建和就业帮扶，落实教育补助、住房改造、医疗保险及低保五保补助政策，建立贫困人口长效稳定脱贫机制。注重发展长效稳定脱贫产业项目，规划建设一批扶贫产业基地、扶贫产业园，以及旅游扶贫、电商扶贫、光伏扶贫等特色产业扶贫示范村，确保每个镇有1个扶贫产业基地、每个有劳动能力相对贫困户至少有1个扶贫产业项目带动。健全完善帮扶工作机制，坚持扶贫工作例会制度、通报制度、“回头看”制度。建立书记遍访贫困对象机制，县委书记带头遍访贫困村或脱贫任务重的非贫困村，镇党委书记和村党组织书记遍访贫困户，做到底子清、情况明。健全考核问责问效机制，集中解决扶贫领域“四个意识”不强、责任落实不到位、作风不严不实、资金使用管理不规范等问题，严肃查处搞形式主义、官僚主义的问题。以省委巡视组反馈的扶贫资金使用规范性问题整改为抓手，规范扶贫资金的使用监管。注重激发内生脱贫动力，把扶贫同扶志、扶智相结合，采取生产奖补、劳务奖补、以工代赈等形式，形成勤劳致富、脱贫光荣的良好导向。

打好打赢污染防治攻坚战。着力解决群众身边的突出环境问题，推动我县生态环境质量实现根本性改善。突出打好碧水攻坚战，全面落实河长制工作，管好“两河六库”，抓好水源地保护、优良水体保护、污水处理设施建设、工业集聚区水污染整治、入河排污口规范化管理等主要任务，全面提升水环境质量。坚决打赢蓝天保卫战，围绕主要污染物总量减排，推进禁止露天焚烧、施工工地管理、“散乱污”企业整治、高污染燃料禁燃区监管等工作，实施重点节能工程，大力发展园区循环经济，持续保持优良大气环境质量。扎实打好净土防御战，抓好土壤污染状况调查，掌握土壤污染状况。健全矿产资源勘察、开发监督管理长效机制，抓好非煤矿山、黏土类砖厂整治，建立矿山生态环境恢复治理机制。深入开展各类环保专项行动，抓好固体废弃物处置。抓好林业生态建设。持续开展以“绿满五华”、县城周边三万群山绿化提升、高速公路沿线200公里复绿等为重点的绿化造林工程，加快水寨星湖岭、河东天云岭等一批森林公园建设，实施最严厉的森林防火管控措施，守住山青、天蓝、水清、地洁的底线。

（七）深入推进精神文明建设，为高质量发展提供强大精神动力。以培育和践行社会主义核心价值观为主线，深化城乡文明“三级联创”，挖掘红色文化资源，活化弘扬传统优秀客家文化。

巩固扩展文化阵地建设。整合公共文化设施，规划建设好“图文博”文化场所，管好用好农家书屋、村级文化活动广场，建成覆盖县、镇、村三级的公共文化服务体系。抓好社会主义核心价值观主题公园示范点建设，开展手绘道德“文化墙”、户外公益广告设置等活动。

传承利用好红色文化。高标准建设好县级新时代红色文化讲习所，县直单位和镇、村要按照“六有”标准，把道德讲堂升级改造为“新时代红色文化讲习所”和“新时代文明实践中心”。深入开展“铭记光辉历史、传承红色基因”的革命文化教育，抓好红色革命遗址的保护和开发利用，分期分批修缮119处革命史迹，重点加快古大存故居、德公祠、中央苏区（五华）历史博物馆、红色革命历史体验馆等红色教育基地建设。

活化弘扬传统优秀客家文化。深入开展先进文化精品创作、传承、传播系列活动，引导和鼓励民间文艺团体参与公共文化服务。组织举办书画、摄影、影视、文学等作品展，开展五华提线木偶戏、五华采茶戏等非物质文化遗产传习和各类群众喜闻乐见的文化展演活动，丰富人民群众精神文化生活。

（八）坚持以人民为中心的发展理念，切实解决好群众所急所需所盼。稳妥推进民生项目提标扩面，在幼有所育、劳有所得、病有所医、老有所养、住有所居、弱有所扶上不断取得新进展。

办好人民满意的教育。制订出台振兴山区教育三年行动工作方案，组织实施好学位扩容行动、乡村教育提升行动、公平保障行动、质量提升行动、强师兴教行动“五大行动”，不断提升我县教育教学水平，真正实现教育大县到教育强县的转变。实施学位扩容行动，结合计划生育新政实施、县城扩容提质及城镇化进程，加快琴江新城幼儿园、凤凰城幼儿园、奥园幼儿园等一批幼儿园建设，推进三坑安置区小学和幼儿园、华城镇禾岭小学、县第一小学等13间小学的新建和扩建工程，规划建设琴江新城中学、远恒佳学校，完成县技工学校、职业技术学校扩建工程，不断增加各阶段学位资源供给。实施乡村教育提升行动，加强乡村小规模学校和寄宿制学校建设，完成大都中学、双华中学、华阳中学等边远山区学校的标准化改造；以深化“三通两平台”工程为重点，全面改善农村学校办学条件。实施公平保障行动，全面落实国家“两为主、两纳入”要求，完善随迁子女入学机制，认真办好五华县特殊教育学校，健全特殊教育专业支撑体系，不断提高公共服务水平。实施质量提升行动，建立以校为本、校际联动的教研制度，搭建县内优质教育资源共享交流平台，推动学科教学与信息技术深度融合，大力发展特色教育，全面提高教育教学水平。实施强师兴教工程，推进中小学教师“县管校聘”管理改革，严格落实教师准入制度，加强师风师德建设，优化教师队伍结构，强化师资能力素质培训，实施教师学历提升工程，全面加强教师队伍建设。

全面振兴五华足球。实施振兴足球十年

规划，不断完善足球运动基础设施，倡导全民足球运动，推动足球运动发展。全力扶持梅州客家足球俱乐部、辉骏女子足球俱乐部建设，助力男女两支中甲职业球队扎根五华、早日成功冲超。依托国家级运动休闲足球特色小镇、足球文化公园、现代足球科技馆、元坑足球发源地遗址公园、自行车体育公园及中外足球学校的规划建设，加大足球体育休闲项目和各类足球品牌赛事开发力度。深入推进足球“三进”、官方民间学习考察和球员实训，串联发展教育、旅游、会展、康养、文创相关足球产业，不断拓展延伸足球产业链条。用好县青少年足球发展基金，撬动更多社会资金推动青少年足球事业发展。创建一批全国青少年校园足球特色学校和省级校园足球推广学校，提升青少年人才训练水平、做好青少年足球人才保护，为足球发展提供人才支撑。

加快建设健康五华。制订出台建设“健康五华”三年行动工作方案，重点加快推进县人民医院三级综合医院标准化升级建设，县中医医院、妇幼保健院、县第二（安流）和第三（华城）人民医院改扩建工程，大力支持民营医院发展，打造以“以县级医院为龙头、镇级卫生院为枢纽、村级卫生站为网底”的三级诊疗服务网络，改善群众就医环境。深化医药卫生体制改革，推进分级诊疗、家庭医生签约服务和医联体建设，促成县第二人民医院（安流）与知名医院、第三人民医院（华城）与市人民医院联合办医，带促我县医疗卫生服务能力提升和人才队伍建设。加快县慢病站建设，做好重大传染病防控及特殊群体医疗救助。巩固“全国基层中医药先进县”创建成果，传承发展中医药事业。完善县镇村三级食品安全监管体系，提升食品药品安全保障水平。

构建多层次的社会保障体系。围绕把为民造福的事情办好办实，扎实做好“十件民生实事”，抓好就业服务体系和低保、医保等保障制度完善，增加保障性住房供给，建立实施租购并举的住房制度，支持符合条件的农业转移人口在县城落户安居。完成县殡仪馆升级改造和镇级公益性生态公墓建设，实现遗体火化全覆盖。发展残疾人事业，加强残疾康复服务，完成县残疾人托养中心建设和第二批特困人员供养服务机构公建民营供给侧改革。

三、落实全面从严治党责任，营造风清气正政治生态，打造新时代新担当新作为的党员干部队伍，为新时代改革发展稳定提供坚强保证

坚决贯彻落实新时代党的建设总要求，全面推进党的政治建设、思想建设、组织建设、作风建设、纪律建设，把制度建设贯穿其中，深入推进反腐败斗争，不断提高党的建设质量，努力把全县各级党组织锻造得更加坚强有力。

（一）*旗帜鲜明讲政治抓政治*。坚守政治忠诚，坚决维护习近平总书记核心地位、维护党中央权威和集中统一领导，不断强化“四个意识”，坚定“四个自信”。坚持理性认同和情感认同相融合，持续深入学习习近平新时代中国特色社会主义思想和党的十九大精神，牢牢把握精神实质，认真解决一些基层组织学习教育逐层递减问题。要严肃政治生活，以党章为根本遵循，按照新形势下党内政治生活若干准则要求，着力增强党内政治生活的政治性、时代性、原则性、战斗性，下大功夫破除“圈子文化”“码头文化”。严明政治纪律和政治规矩，坚决反对“七个有之”，切实做到“三个决不允许”，从“查、调、清、纠”四方面着手，坚决全面彻底肃清李嘉、万庆良恶劣影响。紧盯官商勾结新特点，规范政商交往行为，健全领导干部联系服务企业和常态化沟通机制，构建亲清新型政商关系，久久为功营造风清气正的良好政治生态。

（二）牢牢把握意识形态工作主动权。建立县镇党委（党组）会议第一议题学习习近平新时代中国特色社会主义思想制度，坚持和完善党委（党组）中心组学习、专题学习和自学制度，健全领导带头上讲台、讲党课制度，落实党员干部全员轮训制度。压实意识形态工作责任，加强意识形态阵地建设管理，定期排查各类意识形态阵地风险隐患，注重互联网管控，严防“街头政治”，坚持正确的政治方向和舆论导向不放松，牢牢掌握意识形态工作的领导权管理权主动权。各级领导干部要在原则问题上、大是大非问题上立场坚定、旗帜鲜明、敢于亮剑，决不能爱惜羽毛、做“老好人”。

（三）全面加强党的基层组织建设。制订出台加强党的基层组织建设三年行动计划实施方案，聚焦党支部职责，推动基层党组织建设全面进步、全面过硬。把政治建设摆在首位，发挥党的政治优势和组织优势，严肃党内政治生活，抓好“三会一课”制度落实，提高党支部民主生活会、组织生活会和支部主题党日活动质量，提升基层党组织的社会号召力。加强基层党组织的全面领导，推动基层党组织规范化建设，强化基层党组织在同级组织中的领导地位，加大基层党建引领基层治理力度，健全党建带群建、民主协商、社会组织参与等制度机制，以党建促脱贫攻坚、乡村振兴。加强基层党组织带头人队伍建设，选优配强基层党组织书记，对全县412个村党组织书记履职情况进行全面摸底排查，对不合格的坚决进行撤换调整，全面加强基层党组织书记的培养、管理和监督。发挥党员先锋模范作用，大力实施党员先锋工程，提高发展党员质量，明确党员先进标准，开展党员教育培训，营造学习先进、争当先进的良好氛围。强化基层组织保障，持续开展县直机关干部回乡联村活动，发挥好回乡联村干部“六员”和第一书记作用，进一步推动党建资源下沉到农村基层。从今年至2020年，每个村（社区）每年平均将投入包括办公经费补助、村党组织服务群众经费、党建工作经费等在内的总计不低于18万元的各类经费，增加在职行政村“两委”干部补助人数，补贴的标准也将逐年提高，村一级要发挥好政治引领作用，管好用好这些工作经费，真正把这些经费用在为民服务上。

（四）以正确用人导向激励广大干部担当作为。贯彻落实新时代党的组织路线，鲜明树立鼓励干部担当作为的用人导向，把好干部选出来、用出来、管出来、带出来，让敢担当善作为的干部有舞台、受褒奖，让不作为慢作为的干部让位子、摘帽子。加强年轻干部培养选拔力度，建设一支高素质专业化年轻干部队伍。严格执行《党政领导干部选拔任用工作条例》，严把选人用人关口，落实干部选拔任用工作纪实制度。扎实开展选拔任用过程倒查，对“带病提拔”相关责任人进行处置，依规处理行贿买官人员。坚持严管和厚爱相统一，落实“三个区分开来”，为担当作为的干部撑腰鼓劲，让广大干部轻装上阵，撸起袖子加油干。

（五）坚定不移正风肃纪反腐。坚持问题导向，综合施策、保持定力、寸步不让、见底见效，坚决把全面从严治党引向深入。建立县委常委会会议定期研判正风反腐机制，健全领导干部谈话提醒常态化机制，动态分析全县政治生态情况。加强对领导干部特别是“一把手”的日常监督，严格执行省委“六项规定”，建立完善“一把手”动态廉政档案，盯紧政治问题与经济贪腐相互交织问题，严查“窝案”“串案”。坚持以点带面，深化运用监督执纪“四种形态”，形成纪律监督、监察监督、派驻监督、巡察监督四个全覆盖的权力监督格局，突出重点人、重点问题、重点领域，使全体党员和公职人员都处于严密监督之下。建立涉及“七个有之”问题线索先行处置机制，凡有政治、组织、廉洁问题反映的必查必核，重点要加大工程建设、土地开发、国资国企等重点领域腐败问题的查处力度。认真做好巡视“后半篇文章”，专题研究中央第十二巡视组和省委第九巡视组反馈意见的整改落实工作，逐条对账、真改实改。深化政治巡察，突出关键少数，查找政治偏差，扎实开展常规巡察、村级巡察及巡察“回头看”活动，着力提升全覆盖质量，持续形成震慑。全面实施基层正风反腐三年行动方案，聚焦解决扶贫领域违纪违法、黑恶势力背后“保护伞”、落实惠民政策中的“微腐败”等突出问题。坚决打通正风反腐“最后一公里”。驰而不息纠正“四风”，坚决纠正特权思想和特权现象，严肃查处表态多、调门高、行动少、落实少等形式主义、官僚主义问题，深入清理整顿违规发放津补贴、违规收受红包礼金、办公用房超标等问题，确保中央八项规定精神在五华落地生根。

同志们！我们要勇于担当、主动作为，带领全县广大干部群众，更加紧密地团结在以习近平同志为核心的党中央周围，紧扣“全力加快振兴发展、全面提升治理水平”的工作主线，坚持生态优先、推动绿色发展，大力推进实施“一核两区三组团”发展战略，全力加快建设“工匠之乡·宜居五华”，努力为我省实现“四个走在全国前列”、当好“两个重要窗口”做出积极的贡献！

大事记

五華年鑒

2019

大 事 记

1 月

5日，广东省委农办主任陈祖煌一行到五华县转水镇专题调研省级新农村示范片建设工作。

9日，中国共产党五华县第十三届委员会第六次全体会议在县城召开。

15日，五华县监察委员会成立并举行挂牌揭幕仪式。

31日，五华县社区矫正管理局挂牌成立。

2 月

6日，中国共产党五华县第十三届纪律检查委员会第三次全体会议召开。

27日，五华县防范打击制毒犯罪工作现场会在龙村镇召开。

是月，全长3.5千米的河东北堤建成通车，滨江公园建成并向市民开放。

3 月

7日，广东省妇联副主席许红一行到五华县安流镇开展调研工作。

13日，五华县召开创建全国县级文明城市动员大会，正式启动创建国家县级文明城市工作。

20日，五华县创新创业协会成立。

4 月

2日，五华召开全县领导干部大会，梅州市委常委、组织部部长杜敏琪出席会议并宣布省委关于中共五华县委主要领导职务调整的决定：吴晖任中共五华县委书记。

13日，广东省司法厅副厅长梁震带队到五华县调研司法行政工作。

16日，广东省老区建设促进会常务副会长林华景率调研组到五华县调研老区贫困村创建社会主义新农村示范村情况。

19日，五华县举办首届中小学生万人硬笔书法现场大赛。

5 月

9—10日，广东省政府办公厅粤东西北办专职副主任白井文率队到五华县调研指导对口帮扶和产业共建工作。

11日，广东省人力资源和社会保障厅副厅长杨红山率队到五华县技工学校进行调研指导工作。

18日，“中央苏区（五华）历史博物馆”在五华县梅林镇奠基动工。

是月，五华县华顺富硒绿茶获评“广东

十大好春茶”。

6 月

5 日，五华县被评为“全国法治县(市、区) 创建活动先进单位”，是梅州市唯一获评的县（市、区）。

6 日，北京健康促进会常务会长张幼亮率队到五华县考察红色文化资源传承保护情况。

21 日，广东省住建厅副厅长蔡瀛带领督导组对五华县建筑质量安全监管和施工扬尘治理工作进行督导检查。

7 月

3 日，五华县获得“广东省硬笔书法名城”荣誉称号。

10 日，广东省文明办副主任刘海斌率队到五华县督导文明校园建设工作。

11 日，以“智慧新警务、护航新发展”为主题的 2018 五华公安警察开放日暨显性用警启动仪式在五华县长乐公园举行。

8 月

3 日，中国共产党五华县第十三届委员会第七次全体会议在五华县党政大楼召开。

26—27 日，广州市番禺区区长陈德俊率番禺区党政代表团到五华县考察对口帮扶工作，并召开番禺 · 五华对口帮扶及精准扶贫工作联席会议。

是月，五华县入选国家电子商务进农村综合示范县名单。

9 月

10 日，五华县振兴山区教育暨庆祝 2018 年教师节大会在水寨中学体育馆举行。

13 日，五华县首届国家机关“谁执法谁普法”履职报告评议会在县公共服务中心三楼大会议室召开。

15 日 20 时至 16 日 18 时，受台风“山竹”影响，五华县普降大到暴雨，局部大暴雨，极大风速达到 10 级，棉洋镇、龙村镇出现大面积停电现象，全县停电 37877 户。

17 日，梅州市委书记陈敏深入五华县双华镇、龙村镇，实地察看群众受灾情况，检查指导救灾复产工作。

20 日，五华县召开第四次全国经济普查动员暨单位清查培训会。

27—28 日，五华县首届口腔产业博览会暨健康口腔义诊公益活动在五华县技工学校创业孵化园举行。

29 日，为期 3 天的首届梅州客家音乐节在五华县长乐文化广场举行。

30 日，五华县举行 2018 年烈士公祭活动。

是日，五华县红色文化讲习所在蒲丽顶森林公园革命烈士纪念园正式挂牌揭幕，五华县新时代文明实践中心和梅州市党史教育基地一并挂牌揭幕，并举行开讲系列活动。

10 月

21 日，广东省五华县华城商会成立。

31 日，五华县召开全县领导干部大会。宣布市委关于五华县人民政府主要领导职务调整的决定：朱少辉任中共五华县委委员、常委、副书记，提名为五华县人民政府县长候选人；吴晖不再担任五华县人民政府县长职务。

11 月

9 日，五华县第二届电商节暨农产品展销会在县技工学校隆重开幕。

15 日，广东省副省长黄宁生率省有关部门负责同志先后到五华县奥体中心、五华县横陂足球小镇等地调研。

28 日，番禺区五华县对口帮扶联席会议在番禺区举行。

12 月

4 日，五华县在长乐公园举办“尊崇宪法、学习宪法、遵守宪法、维护宪法、运用宪法”为主题的国家宪法日集中宣传活动。

5 日，水利部水土保持司司长蒲朝勇、副调研员尤伟，珠江水利委员会水保处处长陈文贵，省水利厅副厅长孟帆、水保处处长丁力一行到五华县开展水土保持综合调研工作。

11 日，五华县人民检察院荣获全国检察机关“集体一等功”授牌仪式在该院举行。

11—12 日，梅州市委书记陈敏到五华县调研重点项目建设和脱贫攻坚工作。

13 日，广州市人民政府港澳事务办公室主任、外事办公室主任、党组书记刘保春率调研组到五华县调研指导产业帮扶工作。

27 日，梅州市五华县“客家菜师傅”工程暨“个十百千”创新创业活动正式启动。活动吸引 50 多家市、县、镇餐饮企业参加。

28 日，广东汉光超顺蔬菜产业园（梅州五华安流基地）举行开园仪式。

29 日，五华农村商业银行正式挂牌营业，五华县农村信用社成功改制农商银行。

县情概览

五華年鑒

2019

基本地情

【位置面积】 五华县地处广东省东部、韩江上游，位于北纬23° 23′ ～24° 12′ 、东经115° 18′ ～116° 02′ 之间。县域版图略呈三角形。东南界丰顺、揭西、陆河，西南接东源、紫金，西北邻龙川，东北连兴宁。县境东起郭田照月岭，西止长布鸡心石，南起龙村登畲香炉山，北止华城新桥洋塘尾。东西宽71.59千米，南北长87.99千米，总面积3237.8平方千米。

【地质、地形、地貌】 五华地质较复杂，主要有侵入岩、喷出岩、砂质岩、石灰岩、花岗岩等五大类岩石构成山地、丘陵、盆地等三大地貌类型。全县山地占49.1%，丘陵占41.3%，河谷冲积平原占5.4%，盆地占4.2%。

盆地　西南东三面群峰矗立，地势逐渐由西南向东北倾斜。地形分为西部山地盆地区（北起玳瑁山，南至南琴江，西自白云嶂、七目嶂，东止马凹，包括潭下、长布、周江、华阳、横陂西部和岐岭、华城、转水的南部，横陂、安流的西部，龙村、梅林的北部）；东南山地丘陵区（梅江河谷平原以南，琴江谷地以东，包括棉洋、双华、郭田和龙村、梅林、安流、河东的一部分）；北部丘陵区（梅江和五华河谷地北部，包括岐岭和华城、转水、水寨的一部分）和中部河谷平原区（包括琴江、五华河沿岸狭长的河谷地带，和梅江五华县境河谷平原。琴江河谷平原南起梅林北部，北至河东河口，包括梅林、安流、横陂、河东、水寨大坝的一部分；五华河谷地西起蓝关，东止水寨大坝，包括岐岭、华城、转水、水寨大坝的沿河两岸；在琴江和五华河汇合处，是面积较大的水寨平原）。

山脉　境内山脉多属东北至西南走向，主要有莲花山脉、西部山峰和北部低山组成。全县有海拔千米以上的山峰31座，其中最高山峰为县西部的七目嶂（1318米）。

河流　县内河流属韩江流域琴江水系，集雨面积在10平方千米以上大小河流98条。主要河流有琴江河（古名右别溪），集雨面积2871平方千米，五华河（古曰兴宁江、县前河），集雨面积1832平方千米。两河在水寨河口相汇，东流出境经兴宁、梅县，至大埔三河坝汇合，注入韩江。

【建置沿革】 五华史称长乐。北宋熙宁四年（1071）置县，称长乐县，县治长乐镇（今华城），归广南东路循州管辖。南宋绍兴十九年（1149）迁县治于七都九龙冈（今水寨镇七都村）。元世祖至元二十九年（1292）复县治于长乐镇。明洪武属惠州，清雍正属嘉应州。民国3年（1914）易名五华，县治长乐镇改称华城，属潮循道。1949年新中国成立，属兴梅专区；1952年属粤东行政区，1954年始，县治从华城迁至水寨至今。1956

年属汕头专区；1965 年属梅县地区；1988 年后属梅州市。

【行政区划】 五华县辖水寨、河东、转水、华城、岐岭、潭下、长布、周江、横陂、郭田、双华、安流、棉洋、梅林、华阳、龙村 16 个镇，412 个村民委员会，7390 个村民小组，34 个居民委员会。

【气候、物候】 五华地处粤东丘陵地带，北回归线横跨县境南端，属亚热带季风性湿润气候，雨水丰富，夏秋温热多雨，冬季较短，开春较早，日照时间长，光能充足，农作物生长期长，一年三熟，四季宜耕。主要气象灾害有洪涝、干旱、低温霜冻、寒露风、倒春寒等。

2018 年气候特点是：气温偏高，降水偏少，日照偏少。年平均气温 22.0℃，比历年平均气温偏高 0.5℃；年降水量 1328.1 毫米，较历年平均偏少 13.3%；年日照时数 1814.8 小时，比历年平均偏少 2.7%。

【水土资源】 五华县地下水全靠降雨下渗积存而成，地下水常年为 5.29 亿立方米。过境年径流量 13.03 亿立方米。每平方千米土地水资源量为 80.5 万立方米，每亩耕地占有水量 5212.54 立方米。全县可利用水量为 8.67 亿立方米，其中蓄水 2.68 亿立方米、引水 5.39 亿立方米、提水 0.6 亿立方米。需水量 5.22 亿立方米，其中农业需水 4.56 亿立方米，工业需水 0.02 亿立方米，人、畜、生活需水 0.64 亿立方米。水力资源丰富，理论蕴藏量 13.81 万千瓦，可开发量 9.94 万千瓦。

【矿产资源】 五华矿物资源品种多。境内有各类金属矿物 34 种，其中含有色金属 12 种（钨、锡、铋、钼、铜、铅、锌、铝、钴、钛、锰、铁），贵重金属 2 种（金、银），稀有金属 20 种（镧、铈、镨、钕、钐、铕、钇、钆、铽、镝、钬、铒、铥、镱、镥、钽、铌、铍、锆、铷）；还有非金属矿物 19 种（石灰石、重晶石、萤石、水晶石、独居石、电气石、钾长石、云母、石墨、耐火石、石英石、玻璃石、方解石、蛭石、石棉、瓷土、稀土、煤、大理石），矿点 97 处。其中钨矿、钼矿达国家标准一级一类；萤石矿属世界一级品；钾长石储量和质量均居全省首位；瓷土含铝多，含铁少，储量大，质量上乘，其中尤以郭田、河东油田为最；油田矿泉水单日井涌量 1662.68 吨，其游离二氧化碳、偏硅酸、锶和锂含量以及矿化度均达国家《饮用天然矿泉水》（GB8537—87）标准；全县温泉有 4 处，开发利用 3 处，其中转水维龙汤湖热矿泥，经专家鉴定含有人体所需的 60 多种微量元素，被誉为“天下第一奇”。

【动植物资源】 五华动植物种类繁多。境内有各种兽类 20 多种，禽类 100 多种，两栖爬行类 50 多种，各种植物 1000 多种。珍稀动物有国家一级保护动物云豹、蟒蛇、五爪金龙、黄腹角雉、白颈长尾雉、鹰和国家二级保护动物穿山甲、小灵猫、大灵猫、白鹇（省鸟）等。珍贵树种有泡桐、水松、穗花杉、油椤树、落羽杉、观光木、刺桫椤、吊皮椎、山桐子、将军树、三尖杉、南方红豆杉、粘木、红椿、伯乐树、野龙眼等，其中有国家一级保护植物——桫椤，分布在省级自然保护区七目嶂区内粗石坑，群落面积较大，数量可观，有大小近百棵，其中一株高 9.1 米，冠幅 20 多平方米，誉称“桫椤王”。

优良树种主要有杉树（面积 1.02 万公顷，蓄积量 28.92 万立方米）、湿地松（面积 0.65 万亩，蓄积量 22.42 万立方米）。果树主要有妃子笑、黑叶、桂味、糯米糍品种荔枝，茶亭岗沙田柚，大田果合柿，双华板栗，棉洋桃驳果、全和阳桃、转水水晶柚、中兴冬蜜梨等。野生药材颇丰，有 255 个品种，经专家学者鉴定有 237 种，其中列为国家重点普查的 143 种，药用价值较高的 129 种。

【旅游资源】 五华历史悠久，人文积淀厚重，是世界球王李惠堂的故乡，也是原中央苏区县。境内文物古迹众多，有华城狮雄山秦汉遗址、长乐学宫、狮雄山塔、李威光故居、双华英烈庙、横陂李惠堂故居、转水荣槐楼、安流镇兰芳楼等省级重点文物保护单位 8 处，市级重点文物保护单位 11 处，县级重点文物保护单位 67 处。其中，狮雄山秦汉遗址被列为广东省“八大大遗址”之一。民间艺术斑斓，主要有木偶戏、采茶戏、竹马舞、春牛舞、花朝戏、民歌、狮舞、龙舞、八音乐班、杂耍等近 20 个群众喜闻乐见的传统文艺品种。其中提线木偶被列入全国优秀非物质文化遗产，竹马舞、石雕、采茶戏、锣花舞、长乐烧制酒工艺和下坝迎灯等 6 项被省政府列入全省非物质文化遗产保护项目,列入市级非物质文化遗产保护项目 4 项、县级非物质文化遗产保护项目 41 项。五华土特产丰富，极具市场优势。岐岭长乐烧酒，被评为国优产品，畅销省内外；华城细核荔枝、大田柿花、棉洋桃驳果、转水红柚，历为名品；绿茶、板栗、老红酒、巴戟酒、三黄鸡、酿豆腐、特级豉油、白芒坝花生、新桥腐竹、龙村腊蔗、双华巴戟、益塘荔枝、长布土茯、茶亭冈沙田柚，以其独特的风味和功用，为世人所称道。五华还被省列为水果、南药、紫胶、烤烟生产基地，产量、质量均居全省前列。素有“工匠之乡”的美誉，造型美观的金木雕、小巧精致的竹编工艺、雄浑古典的石雕，久负盛名。五华交通便利，国道 205 线、广梅汕铁路穿梭而过，建成的高速公路有梅河高速、汕湛高速五华段和兴华高速，规划建设的有大丰华高速以及兴汕高速五华段，全县“四横两纵”的“两高”交通建设架构，外联内畅的综合交通体系正在加快形成。“山、水、泥”旅游独具特色，景点有被誉为“粤东明珠、物种宝库”的省级自然保护区七目嶂；有四季花果飘香、湖光潋滟的国家 AAA 级旅游景区、国家水利风景区——益塘水库旅游景区；有集休闲娱乐、农业观赏和理疗保健于一体的国家 AAA 级旅游景区——汤湖热矿泥山庄等。

【民族、人口】 县人多属汉族，还有蒙古族、壮族、回族、满族、瑶族、藏族、苗族、彝族、布依族、维吾尔族、侗族、土家族、白族、朝鲜族、佤族、高山族、塔吉克族等少数民族。旅居海外华侨 13 万多人，港澳台同胞 29 万多人。2018 年年末，全县总人口为 1524090 人，其中，非农人口为 490155 人，农业人口为 1033935 人，常住人口为 1091241 人。

2018年年末五华县行政区划一览表

表1

镇名称	村民委员会名称	村委会(个)	村民小组(个)	居委会(个)
水寨	员瑾、河尾、罗湖、犁滩、协和、良美、黄井、大岭、大布、上坝、坝美、大沙、高车、善坑、平湖、中洞、榕树、岗阳、坝心、澄湖、大湖、七都、莲洞	23	449	4
河东	走马、增塘、苑河、苑堂、澄塘、东溪、太和、沙渴、宝瑞、下村、下一、高榕、下二、黄湖、河口、牛石、赛洞、布头、礤坑、三田、桂田、蝉塘、桂岭、罗塘、林石、枫林、联岭、平东、黎塘、黄坑、平西、黄泥寨、油新、下陶、浮湖、礤新、洋坑、万华、油田、化裕、和民、大嵩、高车塘	43	555	3
转水	畲维、维龙、益塘、新丰、畲荷 、黄梅、青西、下潭、五星、青塘、长源、流洞、蛇塘、新华、新民、三源、黄龙、矮车、里塘、旱塘、枫林塘	21	425	1
华城	满堂、红星、高华、南方、兴一、城镇、董源、铁炉、葵富、兴中、新兴、高竹、万子、齐乐、维新、维西、湖田、西林、观源、塔岗、城东、黄埔、黄金、河子口、河亭、新二、新建、新四、民主、新一、新五、华安、新亭、洋田	34	1160	3
岐岭	罗经、朝阳、皇华、北源、荣贵、合水、凤凰、荣福、黄福、龙寨、联安、清溪、孔目、王化、鲁占、黄塔、塔星、龙岭、华源、荷梅、龙水、大蒲、双山、礤下、赤水	25	504	2
潭下	杞水、南华、文里、福灵、模石、竹梅、龙田、乐道、品畲、汶水、上围、光华、新田、柏洋、布坪、锡坪、大玉、百安、中村、金石	20	315	1
长布	石础、蓝塘、长生、长安、琴塘、栋岭、横江、粘坑、金华、北洋、栋新、太平、源潭、梅塘、红旗、嶂下、大客、大径、大坑、福兴、高礤、五彩、樟村、青岗、中心	25	270	2
周江	新良、甘茶、龙堵、狮潭、兰鱼、黄华、冰坎、早成、蓝坑、联太、黄布、溪口、良宁、良头、红源、增洞、利洋、桂子、龙洞、三河、利河、中兴	22	399	2

续表 1

镇名称	村民委员会名称	村委会(个)	村民小组(个)	居委会(个)
横 陂	东山、新联、石下、章联、西湖、横陂、崇文、江南、超群、杨恩、红光、联长、华阁、夏阜、新寨、叶湖、近江、湖塘、长塘、增华、坑口、兴华、坝头、老楼、罗陂、东升、田布、长兴、安全、斑鱼、桐树、双联、贵人、增大、小都	35	569	3
郭 田	湖华、磜下、碇南、龙潭、横塘、三坑、石团、布美、双光、郭田、坪上、蕉州	12	249	1
双 华	黄径、禾沙、大陂、军营、冰塘、苏区、华拔、华南、竹山、虎石、福全、华东、公平、双华、矮畲、富美	16	254	1
安 流	学园、大九、双福、吉程、樟潭、龙楼、福龙、福陂、福华、完塘、三江、低坑、洑溪、东礼、福江、半径、半田、吉水、万塘、龙中、蓝田、福西、学少、青江、葵樟、五联、楼江、里江、长江、文葵、福岭、红山、联新、双径、大和、大同、联和、丰联、胜利、上布、河沿、石门	42	789	4
棉 洋	群星、荣华、洛阳、新光、中新、琴江、红星、美光、竹坑、罗城、福城、联西、美田、葵岭、黎洞、棉洋、阳光、平安、绿水、唐纯、桥江、溜砂、水湖、双璜、富强、大光	26	674	2
梅 林	新成、福新、福塘、新塘、黄沙、上磜、华光、招田、三乐、尖山、金坑、梅北、梅南、梅林、琴口、优河、梅东、宣优	18	417	1
华 阳	高塘、红洞、莲高、社径、太坪、叶新、小拔、坪南、华阳、华南、华新、大拔、陂坑	13	329	1
龙 村	梧溪、公联、杜坑、睦贤、龙村、金龙、樟华、塘湖、三湖、洞口、大坑、湖中、宫前、潭溪、石溪、柏溪、新艳、云溪、南洞、南中、水口、水南、兴民、黄洞、营田、老田、硝芳、南口、留畲、先河、吉祥、榕溪、翻新、黄狮、登畲、大梧、下滩	37	596	3
合 计	全县辖 16 个镇，412 个村民委员会、7390 个村民小组，34 个居民委员会			

说明：2014 年 1 月，原属七峯径林场管理的大光、径顶自然村增设为棉洋镇大光村

2018 年社会经济发展概况

【经济发展概况】 2018 年，五华县实现生产总值 153.3 亿元，同比增长 3.1%，其中第一产业增加值 30.3 亿元、第二产业增加值 33.84 亿元、第三产业增加值 89.16 亿元，同比分别增长 4.8%、1.3%、3.5%。地方一般公共预算收入 9.02 亿元，地方一般公共预算支出 75.78 亿元，同比分别增长 10.5%、12.5%。

【农业】 2018 年，五华县农业经济稳步发展。全年实现农业总产值 53.21 亿元，同比增长 6.19%。现代农业成效初显。以茶叶为主导的“1+X”现代农业产业体系逐步形成，全县新增种植茶叶 400 公顷、新增种植水果 533.33 公顷，汉光超顺（安流）蔬菜产业园建成开园。加大力度培育发展农业新型经营主体，全县新增省级农业龙头企业 6 家，新发展农民专业合作社 78 家，新增注册家庭农场 33 家。加强农业特色品牌培育创建，新增 5 个“省名牌农产品”。松岗嶂、大地农业、俊丰园 3 家企业被评为省级“菜篮子”基地，华顺富硒绿茶获评“广东十大好春茶”，汉光超顺（黄龙）农旅园入选“广东十佳最美农田”。种植烤烟 642.87 公顷，收购干烟叶 1350 吨。粮食生产和安全责任制有效落实，华城粮食储备库完成建设，全县粮食播种面积 54310 公顷，总产量 33.33 万吨。

种植业　2018 年，全年粮食总产量 33.33 万吨，比上年增长 1%。其中：稻谷 30.48 万吨，增长 2%；甘蔗 22281 吨，增长 7.3%；烟叶 2698 吨，增长 11.3%；花生 7509 吨，增长 3.3%；大豆 1060 吨，下降 54.6%；茶叶 3297 吨，增长 55.1%；水果 78721 吨，增长 7.1%。

林业　2018 年，全县林业完成新造林面积 5366.67 公顷，林木蓄积量累计 750.56 万立方米。全县共有自然保护区 11 个，县级森林公园 2 个，面积 4.74 万公顷。

畜牧业　2018 年，全县肉类总产量 57687 吨，同比增长 2.1%，其中猪肉产量 38110 吨，同比增长 2.9%。生猪年末存栏 356710 头，比上年下降 5.5%，牛年末存栏 40950，比上年下降 2.8%。

【工业】 2018 年，五华县工业经济稳步提升。用足用好省“实体经济新十条”等政策，扩能增效方面为 36 家企业争取资金 883 万元，科技创新方面为 7 家企业获得奖补资金 527.4 万元，对 2 家企业股权投资 9000 万元，为 20 家中小微企业发放信贷风险补偿基金贷款 1.6 亿元，通过售电侧改革为 28 家企业节约用电成本超过 300 万元。加大企业促建促产力度，精荣华硕电脑首期、富胜数字电视等 9 个项目建成投产，红木产业园生产性厂房、香雪制药首期等项目正加快主体施工。全力做好“育上规、保规上”，新增规上工业企业 8 家。大力支持企业开展进出口业务，实现外贸进出口总额 13800 万美元。全县全部工业总产值 59.61 亿元；完成工业增加值 14.9 亿元，负增长 4.4%。其中：规模以上工业企业 50 家，实现总产值 22.87 亿元，负增长 1.9%，实现增加值 4.91 亿元，负增长 4%。全年规模以上工业企业实现销售收入 22.4 亿元，比上年下降 7.8 %，实现利润总额 0.3 亿元，下降 63%。全年主要工业产品产量：发电量 1.78 亿千瓦时；涤纶纤维 6574.5 吨；饮料、酒 2606.6 千升；中成药 2987 吨。全年工业用电量 2.87 亿千瓦时，增长 16%。全县资质等级以上建筑企业 22 个，实现建筑业总产值 61.6 亿元，增长 21.8%，建筑质量进一步提高。

【园区建设及招商引资】 2018 年，五华县产业平台不断夯实。投入 12.9 亿元，加快园区征地拆迁、土地平整和基础配套设施建设。广州番禺（五华）产业转移园兴业大道、工业一路等市政配套设施基本建成，园区内通外联路网全面形成，污水管网基本覆盖园区建成区，建成区面积扩至 10 平方千米，被授予“广东省四星级服务园区”。河东绿色生态工业小镇拉开建设框架，完成起步区部分道路建设和污水管网铺设，3 栋标准化厂房主体建成。充分发挥县工业集团公司作用，为园区建设和产业发展积极融资。有效激活低效能企业，利用闲置厂房引进落户益华控股、元芯实业、奕联实业等项目。科技孵化产业园加快建设，5 栋加速器已建成，人才公寓、综合大楼完成主体建设。县电子商务创业孵化基地获评“国家小型微型企业创业创新示范基地”。5 家企业入选国家高新技术企业认定名单，康奇力等 3 家企业新认定为省工程技术研究中心，明珠星等 4 家企业新认定为市工程技术研究中心，全县认定科技型中小企业 16 家。“众创汇”获批“广东省众创空间试点单位”。积极组织企业参加“梅州市第一届工业设计大赛”，辉骏科技和海宴酒业分别获得产品组、概念组金奖。成功举办第四届“华炬杯”粤东西北地区创新创业大赛梅州（五华）赛区比赛。大力实施新一轮工业企业技术改造，实现工业投资及工业技改投资项目入库 15 家（次）。五华县创业孵化中心建成使用，“客家菜师傅”工程暨“个十百千”创新创业活动开展得到广泛好评。深化与广州市番禺区的产业共建，承接 10 个总投资 49.3 亿元产业梯度转移项目，完成 5 个总投资 14.8 亿元产业共建项目。深入实施“乡贤回乡投资兴业”工程，充分利用各种商会、协会、推介会等平台，广泛开展招商宣传推介，全年新签约落户项目 26 个，其中引进投资 10 亿元以上项目 4 个，引进工业项目 19 个。

【固定资产投资】 2018 年，五华县完成固定资产投资 89.12 亿元，比上年负增长 1.3%。其中，交通投资 23 亿元，负增长 26.5%；工业投资 18.35 亿元，增长 47.1%，其中技改投资 0.71 亿元，负增长 75.5%；房地产投资 11.21 亿元，负增长 22.2%；其他投资 36.55 亿元，增长 13.7%。

【基础设施建设】

交通建设　2018 年，五华县投入 19.2 亿元推进交通基础设施建设，丰华、华陆高速五华段征地拆迁扎实有效推进。完成 S228 线布美至分水坳段和 S239 线潭下至杞水、长布至水口山段路面改造工程建设，G355 线华阳至安流段升级改造、长乐大道建设、琴江大桥和五华大桥扩建工程以及华周公路等11条国省道和县乡公路建设改造加快推进。完成107千米自然村道路硬底化、65千米未通客车行政村窄路基路面公路拓宽改造、680千米农村公路安全生命防护工程建设。2018年，全县交通运输、仓储和邮政业实现增加值4.25亿元，比上年增长1.9%。各种交通运输方式完成货物量19.29亿吨，增长4.4%，完成旅客周转量5.2亿人千米，增长6.3%。2018年年末，全县民用汽车拥有量10.1万辆，比上年增长17.8%。其中：个人汽车拥有量8.9万辆，比上年增长15.5%。全县公路通车里程3610.43千米，其中：高速公路通车里程153.63千米。公路密度为每百平方千米111.5千米。

水利电网建设　2018年，五华县投入6.9亿元加快水利设施建设，完成年度中央苏区及“五沿”崩岗水土流失治理工程，县城自来水厂扩建工程和污水管网收集工程全面启动，25宗村村通自来水工程和省定贫困村集中供水工程加快建设。攻坚克难，全力推进梅蓄项目建设，涉及电站建设用地全部完成征收，三坑安置区移民房建设和校舍、村委会等公共设施基本完工，断掌凹安置区首期房建工程基本完成。投入1.6亿元加快供电设施建设，110千伏周江狮潭输变电工程建成投运，110千伏转水枫林输变电工程和安龙线技改工程顺利实施，完成新一轮农村电网升级改造和59个基建配网工程建设，小水电自供区和趸售村接管工作有序推进。

网络通信建设　2018年，五华县网络基础能力不断提升，新增4G基站414个、光网端口6.7万个。大力推动大数据在政务服务、城市管理、社会治理等领域应用，建成运营五华电子政务云数据中心。

【生态宜居环境建设】

城区建设　2018年，五华县稳步推进城区扩容提质。中心城区更新改造和琴江新城建设拉开架构，完成大湖堤、水安路横街等9条市政道路提升改造和长乐文化广场、老河道公园湖水净化工程等6项市政项目建设，琴江新城地下综合管廊及其控制服务中心加快建设，足球文化公园棚户区改造、黄井安置区建设扎实推进。“两美”行动全面展开，“国家卫生县城”创建成果有效巩固，“全国县级文明城市”创建全面启动。城市执法体制改革不断深化，县环卫所被评为“全国住房城乡建设系统先进集体”。

镇域建设　2018年，五华县中心镇“六个一”项目加快建设，华城镇状元大桥、状元公园等项目建设稳步推进，安流镇司前街、长江大桥等完成建设改造，龙村圩镇临时农贸市场建成使用。各镇圩镇道路升级改造有序推进，农村建房管理秩序不断规范，全县共拆除375宗5.2万平方米违法建筑。

乡村振兴　2018年，五华县加快实施乡村振兴战略，推进农村人居环境整治，“三清三拆三整治”有效实施，镇村生活垃圾分类中转站投入运营19座，24个镇级生活垃圾填埋场整治全面铺开，11个镇级污水处理设施试通水运行，43个村级污水处理站开工建设。完成1125个自然村庄规划编制。省定贫困村创建新农村示范村成效初显，“一村一品、一镇一业”建设扎实推进，重点打造龙村镇大梧村“三清三拆三整治”、河东镇黎塘村生活污水处理、岐岭镇荷梅村乡风文明、转水镇黄龙村观光农业、横陂镇西湖村产业帮扶、华城镇葵富村产业发展、龙村镇三湖村现代农业创新等示范村。

生态建设　2018年，五华县大力推进“森林碳汇、森林进城围城、生态景观林带、乡村绿化美化”林业四大生态重点工程建设，完成碳汇造林5366.66公顷、森林抚育18420公顷，完成琴江公路可视范围102.93公顷、兴华高速五华段89.8公顷生态景观林带提升工程和郭田至丰顺八乡交界处公路81.67公顷沿线绿色廊道建设工程，完成41个乡村绿化美化任务。大力开展“红线行动”，严厉打击各类破坏森林资源违法行为。森林防火责任有效落实，森林防火基础设施不断完善。

国土资源管理　2018年，五华县持续抓好非煤矿山、新型材料墙体砖厂整治，严厉打击违法用地行为。加强耕地保护和地质灾害防治，全力推进垦造水田，完成1633.33公顷高标准基本农田建设、10.61公顷拆旧复垦任务。扎实抓好第三次全国国土调查、闲置土地处置、批而未供“去库存”、“三旧”改造等工作，完成土地收储37宗67.81公顷、土地出让62.45公顷。

【旅游业】　2018年，五华县积极推进“美丽五华、人文五华、活力五华”等“旅游+”发展项目，全力加快构建“五华生态文化旅游产业带”致力打造全域旅游新业态。建成县级新时代红色文化讲习所和“铭记光辉历史·传承红色基因”体验馆，古大存故居、德公祠等红色旅游项目完成修缮，南洋山养生养老生态园、热矿泥温泉山庄、双龙山旅游景区等旅游项目建设有序推进，成功举办首届梅州客家音乐节等活动。全年接待游客710万人次，比上年增长15.92%，旅游业总收入51.02亿元，比上年增长16.79%。

【商贸·财税】　2018年，国内消费品市场稳定发展，全县实现社会消费品零售总额104.97亿元，同比增长9.8%。外贸进出口总额1.38亿美元，同比增长9.6%，实际利用外资349万美元，同比下降61.31%。

五华县推进商贸物流产业发展，粤东农批、益华全球购等项目加快建设，成功举办第二届电商节暨农产品展销会，建成16个镇级电商服务中心、300个村级电商服务站，实现电子商务线上交易额7.3亿元，五华县被认定为“2018年国家级电子商务进农村综合示范县”。在横琴跨境说打造五华优品O2O体验馆，跨境说粤东总部项目落户五华。

全县财政收入增长较快，地方一般公共预算收入9.02亿元，同比增长10.5%；地方一般公共预算支出75.78亿元，同比增长12.5%。国家税务总局五华县税务局组织税费收入17.99亿元。

【金融·保险】　2018年，金融业快速发展，存贷款余额实现同步较快增长。至年末，全县国家银行各项本外币存款余额289.70亿元，同比增长5.4%。城乡居民储蓄存款余额210.26亿元，同比增长7.5%。各项本外币贷款余额124.81亿元，同比增长19.8%。人民保险保费收入6322万元，同比增长20.5%；人寿保险费收入10826万元，同比增长1%。

【教育·科技】　2018年，五华县扎实推进“广东省教育现代化先进县”创建，出台振兴山区教育三年行动方案，大力实施中小学教师学历提升工程，三坑移民安置小学新建和兴华中学教学楼改建基本完成，华城职业技术学校建设加快推进。水寨中学等6间学校被评为“全国青少年校园足球特色学校”，高级中学等 13 间学校被评为“省级青少年校园足球推广学校”。2018 年全县教育财政拨款 19.78 亿元，比上年增长 7.65%。全县普通中学 53 所，在校学生 68677 人，减少 1.81%，其中：高中学生 22927 人，减少 10.87%；职业中学 1 所，在校学生 1134 人，减少 47.28%;小学 159 所，在校学生 98179 人，增长 1%。适龄儿童入学率 100%，与上年持平；小学毕业生升学率为 100%，与上年持平；初中毕业生升学率为 100%，与上年持平，高中毕业升学率 97.6%，与上年持平。在 2018 年高考中，全县入省 3B 线以上人数达 7854 人，入围率为 82.5%，入本科线以上人数 2257 人，入围率 23.7%。国家专利申请总量 572 件，比上年增长 36.2%；专利授权量 284 件，增长 9.5%。

【文化·体育】 2018 年，五华县文化事业欣欣向荣，公共文化设施不断完善，新建村文化广场 138 个、村综合性文化服务中心 179 个、农村文化俱乐部 15 个，李惠堂旧居、狮雄山塔、长乐学宫完成修缮，大眉山古道入选南粤古驿道重大发现。县图书馆被评为国家一级图书馆。荣获“广东省硬笔书法名城”称号。完成清康熙二十六年《长乐县志》校点整理并重印出版发行。全年送戏下乡演出 196 场次，送影下乡 4944 多场。图书馆现有藏书 22.22 万册,进馆读者 39.8 万人次，图书流通量 17 万册次，县城文化广场演出 12 场次。有调频广播电台 1 座，有线电视台 1 个，有线电视站 9 个，卫星电视地面接收站 1 个，有线电视用户 6.7 万户。广播、电视人口覆盖率 98.6%。

2018 年，五华县体育事业亮点纷呈。全年组织举办县级大型群众体育赛事 10 场次，健身活动 10 次，指导镇村级品牌赛事 13 项，开展校园足球三级联赛 495 场次。梅州辉骏成功冲超并夺得中甲女足联赛冠军。五华 U10、U11 男足和 U13 女足勇夺“省长杯”冠军。五华 U17 足球队代表广东夺得全国青少年足球超级联赛“恒大杯”亚军。成功承办梅州市棕榈客家杯“一带一路”国际足球邀请赛，精心筹划承办好四国女足锦标赛。群众体育活动蓬勃开展，共举办骑跑铁人二项赛暨第二届国际半程马拉松赛等大型群众体育活动 16 次。足球科技馆建成开馆，县曲棍球基地基本建成，足球特色小镇初具规模。全县各类注册登记体育协会 25 个，新增武术协会、徒步协会，会员约 6345 人，对比上年同期增长 15%，成立 8 个乡镇足球协会（长布、华城、水寨、龙村、横陂、周江、转水、岐岭），社会体育指导员 3380 多人，同比增长 2.8%

【卫生健康】 2018 年，五华县医疗事业健康发展。“卫生强县”建设扎实推进，县精神卫生中心住院大楼投入使用，县疾控中心业务大楼、水寨镇卫生院新址建设基本完成，县人民医院门急诊医技住院综合大楼、县妇幼保健计划生育服务中心大楼加快建设，第二人民医院（安流镇中心卫生院）升级建设顺利推进，乡镇卫生院标准化建设和村卫生站公建民营规范化建设全面完成。医药卫生体制改革不断深化，医联体建设、分级诊疗制度建设加快推进，华城镇中心卫生院与梅州市人民医院建立紧密型医联体。五华县成功创建“全国基层中医药工作先进单位”。至年末，全县拥有卫生机构 43 个，床位 3907 张。各类卫生技术人员 3765 人，其中执业医师 759 人，执业助理医师 809 人，其他 2197 人。

【三大攻坚战】 2018 年，五华县坚持稳中求进，三大攻坚战有新进展。1．重大风险有效防范化解。积极稳妥处置化解在重点项目建设中的各类矛盾纠纷。“中心+网格化+信息化”作用有效发挥，对各领域风险的排查化解和监测预警得到加强，重大精神障碍患者排查管控工作扎实开展。全力防范化解金融风险，扎实有效打击防范非法集资工作。五华农商行实现挂牌开业。有效防范化解处置政府隐性债务风险。2．脱贫攻坚工作深入推进。进一步落实干部包户责任人“五包”责任，严格执行县、镇、村三级扶贫例会、遍访贫困对象制度，着重抓好产业帮扶、资产收益扶贫、金融扶贫、公益性岗位就业帮扶和“三保障”兜底帮扶，南方电网光伏发电等一批帮扶项目有效实施，有劳动能力贫困户发展种养产业 3.6 万项。9.3 亿元扶贫资金使用监管得到加强。至 2018 年年底，全县 96.3%建档立卡贫困人口实现预脱贫。3．污染防治工作不断加强。高质量完成中央、省环保督察交办案件整改。加大工业企业废气污染防治力度，加强扬尘污染和超标排放车辆整治，深入抓好油气回收改造、禁止露天焚烧秸秆等工作，空气质量不断改善，全年县城空气优良率 98.3%。全面落实河长制管护责任，大力实施河道保洁、畜禽养殖污染、水浮莲清理等专项行动，抓好水源地保护，琴江、五华河省市考核断面水质优良率和饮用水水源地水质达标率 100%。实施土壤污染防治，遏制非煤矿山和砖厂违法取土破坏生态行为，推进水土流失整治和生态修复，全县土壤环境质量总体优良。西山建筑垃圾弃土场建成使用，企业固体废物和医疗废物处置不断规范。

【民生改善】

社会管理 2018 年，五华县持续开展规范城乡建管“十大专项整治”，城乡建管秩序不断提升。“扫黑除恶”专项斗争深入开展，禁毒整治持续深化，社会治安联防体系不断完善，五华县获“飓风 2018”“梅安 2 号”全市考核“双第一”。全面推进依法治县，五华县获“全国法治县（市、区）创建活动先进单位”称号，华城镇西区社区被评为“全国民主法治示范社区”。狠抓食品药品重点领域监管，全县实现食品药品安全零事故。积极化解社会矛盾纠纷，全县信访形势总体平稳。安全生产形势稳中向好，全县未发生较大以上生产安全事故。

社会保障 2018 年，五华县参加城乡居民医疗保险的人数 116.89 万人，比上年下降 0.28%。参加农村养老保险的人数 45.53 万人，增长 0.17%。至年末，全县 32820 人参加失业保险，增长 4.25%；参加基本养老保险的职工人数 48371 人，增长 31.67%；参加工伤保险人数 37813 人，增长 4.74%；有 33175 名离退休人员享受社会养老保险，增长 4.56%。全县享受最低生活保障的困难群众 38231 人，其中城镇 396 人、农村 37835 人。2018 年有五保 4092 人，其中：在院集中供养 238 人，分散供养 3854 人；发放医疗救助资金 5450.5325 万元，救助 106654 人次（其中精准扶贫建档立卡人口因病住院救助 8958 人次、救助资金 1581.5685 万元）。

【人民生活】 2018 年，五华城乡居民收入进一步增加，生活水平稳步提高。全县常住居民人均可支配收入 15907.7 元，同比增长

7.7%，扣除价格因素，实际增长5.9%。其中：城镇居民年人均可支配收入21399.5元，同比增长5.9%，扣除价格上涨因素，实际增长4.1%；农村常住居民年人均可支配收入12921.4元，同比增长7%，剔除价格因素，实际增长5.2%。

2018年五华县国民经济和社会发展统计公报

2018年，在县委、县政府的正确领导下，全面贯彻落实习近平新时代中国特色社会主义思想和党的十九大精神，认真学习贯彻习近平总书记对广东重要讲话精神，坚持稳中求进工作总基调，贯彻新发展理念，落实高质量发展要求，聚焦产业和项目建设，大力推进实施“一核两区三组团”发展战略，努力克服经济下行压力增大带来的不利影响，确保全县经济社会平稳健康发展，人民生活水平不断提高，社会事业取得新进步。

一、综　合

经省、市核定，初步核算，2018年全县实现生产总值（GDP，下同）153.3亿元（当年价，下同），比上年增长3.1%，其中第一产业增加值30.3亿元，增长4.8%，拉动GDP增长0.9个百分点；第二产业增加值33.84亿元，增长1.3%，拉动GDP增长0.4个百分点；第三产业增加值89.16亿元，增长3.5%，拉动GDP增长1.8个百分点。第一、二、三产业增加值占生产总值比重由2017年的19.9∶23.2∶56.9调整为2018年的19.8∶22.1∶58.1。县内人均生产总值14051元，比上年增长2.9%。

2018年末全县总人口为1524090人，其中城镇人口为490155人，占总人口的32%；乡村人口为1033935人，占总人口的68%；男性人口为793794人，女性为730296人，性别比为108.7%。常住人口为1091241人，常住人口城镇化率为35.91%，比上年末提高0.69个百分点。出生率为13.69‰，比上年下降3.33个千分点；死亡率为7.33‰，比上年提高1.37个千分点；自然增长率为6.36‰。

2018 年年末五华县人口数及构成情况表

表 2

指　标	年末数（人）	比重（%）
全县总人口	1524090	100.0
其中：城镇	490155	32
乡村	1033935	68
其中：男性	793794	52
女性	730296	48
其中：0–17 岁	443618	29
18–34 岁	467044	31
35–59 岁	431846	28
60 周岁及以上	181582	12

据抽样调查，2018 年，梅州居民消费价格比上年上涨 1.7%。分类别看，食品烟酒类价格下跌 0.3%，衣着类价格上涨 1.4%，居住类价格上涨 2.6%，生活用品及服务类价格上涨 0.7%，交通和通信类价格上涨 0.5%，教育文化和娱乐类价格上涨 1.7%，医疗保健类价格上涨 6.6%，其他用品和服务类价格下跌 0.1%。商品零售价格比上年上涨 1.4%。

全县个体工商注册 5983 户，增长 19.39%，注册资金 19.64 亿元，增长 41.2%，从业人员 76176 人，增长 15.4%；私营企业 1387 家，增长 43.3%；注册资金 97.53 亿元，增长 53.2%；从业人员 39715 人。年末城镇登记失业人员 3856 人，负增长 1.4%；城镇登记失业率 2.5%。

二、农业

2018 年全县农业总产值 53.21 亿元，比上年增长 4.75%。全年粮食总产量 33.33 万吨，比上年增长 1%。其中：稻谷 30.48 万吨，增长 2%；甘蔗 22281 吨，增长 7.3%；烟叶 2698 吨，增长 11.3%；花生 7509 吨，增长 3.3%；大豆 1060 吨，下降 54.6%；茶叶 3297 吨，增长 55.1%；水果 78721 吨，增长 7.1%。

2018 年五华县主要农产品、畜产品产量和牲畜存栏头数情况表

表 3

指　标	单位	2018 年实绩	比上年增减（±%）
谷物	吨	307315	1.5
其中：稻谷	吨	304824	2.0
花生	吨	7509	3.3
大豆	吨	1060	–54.6
甘蔗	吨	22281	7.3
烟叶	吨	2698	11.3
木薯（鲜）	吨	26088	–7.5
茶叶	吨	3297	55.1
水果	吨	78721	7.1
肉类产量	吨	57687	2.1
其中：猪肉	吨	38110	2.9
生猪年末存栏头数	头	356710	–5.5
牛年末存栏头数	头	40950	–2.8

全年肉类总产量 57687 吨，比上年增长 2.1%，其中：猪肉产量 38110 吨，比上年增长 2.9%；生猪年末存栏 356710 头，比上年下降 5.5%；牛年末存栏 40950 头，比上年下降 2.8%。

三、工业和建筑业

2018 年全县全部工业总产值 59.61 亿元；完成工业增加值 14.9 亿元，负增长 4.4%。其中：规模以上工业企业 50 家，实现总产值 22.87 亿元，负增长 1.9%，实现增加值 4.91 亿元，负增长 4%。

2018 年五华县工业主要产品产量情况表

表 4

产品名称	单位	2018 年实绩
发电量	万千瓦时	17848
塑料制品	吨	6574.5
饮料酒	千升	2606.6
中成药	吨	2987
涤纶纤维	吨	10931

全年规模以上工业企业实现销售收入 22.4 亿元，比上年下降 7.8 %，实现利润总额 0.3 亿元，下降 63%。全年工业用电量 28739.9 万千瓦时，增长 16%。

全县资质等级以上建筑企业 22 个，实现建筑业总产值 61.6 亿元，增长 21.8%，建筑质量进一步提高。

四、固定资产投资

2018 年全县完成固定资产投资 89.12 亿元，比上年负增长 1.3%。其中，交通投资 23 亿元，负增长 26.5%；工业投资 18.35 亿元，增长 47.1%，其中技改投资 0.71 亿元，负增长 75.5%；房地产投资 11.21 亿元，负增长 22.2%；其他投资 36.55 亿元，增长 13.7%。

2018 年五华县固定资产投资及其增长速度情况表

表 5

名　称	本年实际（万元）	上年同期（万元）	比上年增减（±%）
固定资产投资总额	891173	903238	−1.34
交通业	230051	313055	−26.51
其中：高速公路	178954	184794	−3.16
工业投资	183542	124740	47.14
其中：技改投资	7070	28842	−75.49
房地产业	112090	144022	−22.17
其他投资	365490	321421	13.71

五、交通、邮电和旅游业

2018 年全县交通运输、仓储和邮政业实现增加值 4.25 亿元，比上年增长 1.9%。各种交通运输方式完成货物量 19.29 亿吨，增长 4.4%，完成旅客周转量 5.2 亿人千米，增长 6.3%。

年末全县民用汽车拥有量 10.1 万辆，比上年增长 17.8%。其中：个人汽车拥有量 8.9 万辆，比上年增长 15.5%。

年末全县公路通车里程 3610.43 千米，其中：高速公路通车里程 153.63 千米。公路密度为每百平方千米 111.5 千米。

积极推进“美丽五华、人文五华、活力五华”等“旅游+”发展项目，全力加快构建“五华生态文化旅游产业带”致力打造全域旅游新业态。2018 年共接待游客 710 万人次，比上年增长 15.92%，全县旅游业总收入达 51.02 亿元，比上年增长 16.79%。

六、商业、外贸、财政

2018 年全县实现社会消费品零售总额 104.97 亿元，比上年增长 9.8%。社会消费品零售总额中，按行业分：批发业为 22.53 亿元，增长 5.3%；零售业为 77.46 亿元，增长 11.3%；住宿业为 1 亿元，增长 15.4%；餐饮业为 3.98 亿元，增长 7.1%；按城乡分：城镇实现零售总额 74.68 亿元，增长 10.3%，农村实现零售总额 30.29 亿元，增长 8.5%。

全年外贸进出口总额 13800.1 万美元，比上年增长 9.6%，外贸出口总额 11661.6 万美元，其中“三资”企业出口额 2916.6 万美元，增长 34.65%；一般贸易出口 8744.5 万美元，增长 16.2%。实际利用外资实现 349 万美元，下降 61.31%。

地方一般公共预算收入实现 9.02 亿元，比上年增长 10.5%；地方一般公共预算支出为 75.78 亿元，增长 12.5%。

七、金融

金融业快速发展，存贷款余额实现同步较快增长。2018 年年末，全县国家银行各项本外币存款余额 289.70 亿元，比上年年末增长 5.4%。城乡居民储蓄存款余额 210.26 亿元，比上年年末增长 7.5%。金融机构本外币贷款余额 124.81 亿元，比上年年末增长 19.8%。

八、教育、科技、文化、卫生和体育

2018 年全县教育财政拨款 19.78 亿元，比上年增长 7.65%。全县普通中学 53 所，在校学生 68677 人，减少 1.81%，其中：高中学生 22927 人，减少 10.87%；职业中学 1 所，在校学生 1134 人，减少 47.28%；小学 159 所，在校学生 98179 人，增长 1%。适龄儿童入学率 100%，与上年持平；小学毕业生升学率为 100%，与上年持平；初中毕业生升学率为 100%，与上年持平，高中毕业升学率 97.6%，与上年持平。在 2018 年高考中，全县入省 3B 线以上人数达 7854 人，入围率为 82.5%，入本科线以上人数 2257 人，入围率 23.7%。“广东省教育现代化先进县”创建扎实推进，出台振兴山区教育三年行动方案，大力实施中小学教师学历提升工程，三坑移民安置小学新建和兴华中学教学楼改建基本完成，华城职业技术学校建设加快推进。水寨中学等6间学校被评为“全国青少年校园足球特色学校”，高级中学等13间学校被评为“省级青少年校园足球推广学校”。

国家专利申请总量达到572件，比上年增长36.2%；专利授权量284件，增长9.5%。

年末全县共有调频广播电台1座，有线电视台1个，有线电视站9个，卫星电视地面接收站1个，有线电视用户6.7万户，广播、电视人口覆盖率为98.6%。送戏下乡演出196场次，送影下乡4944多场。图书馆现有藏书22.22万册，进馆读者39.8万人次，图书流通量17万册次。县城文化广场演出12场次，公共文化设施不断完善，新建村文化广场138个、村综合性文化服务中心179个、农村文化俱乐部15个，李惠堂旧居、狮雄山塔、长乐学宫完成修缮，大眉山古道入选南粤古驿道重大发现。县图书馆被评为国家一级图书馆。荣获“广东省硬笔书法名城”称号。

医疗卫生事业有新的发展，卫生技术人员队伍不断壮大，医疗设备日益先进，医保网络逐步扩大，防范意识不断提高。年末全县拥有卫生机构43个，床位3907张。各类卫生技术人员3765人，其中：执业医师759人，执业助理医师809人，其他2197人。出生率13.7‰，死亡率7.3‰，自然增长率6.4‰。

年末全县各类注册登记体育协会25个，新增武术协会、徒步协会，会员约有6345人，对比去年同期增长15%，成立8个乡镇足球协会（长布、华城、水寨、龙村、横陂、周江、转水、岐岭），全县社会体育指导员共3380多人，增长2.8%；全年组织举办举办县级大型群众体育赛事10场次，健身活动10次，指导镇村级品牌赛事13项，开展校园足球三级联赛495场次。擦亮“球王品牌”，发展足球产业：五华奥体中心惠堂体育场已于2019年1月1日投入使用，并举办梅州市首届客家杯足球邀请赛开幕式；国家运动休闲特色小镇（五华横陂足球小镇）已完成征地66.67公顷，已建成4个足球场，足球学校2栋、运动员公寓7栋、自主品牌研发部主体工程已完工；梅州辉骏提前一轮夺得中国足球协会女甲联赛冠军成功冲超，创造梅州足球历史；梅州客家以11胜7平12负积40分的成绩排在中甲积分榜第9名，比去年前进3名；五华U10、U11男足和U13女足勇夺“省长杯”3个冠军；五华U17足球队代表广东夺得全国青少年足球超级联赛“恒大杯”亚军；五华“构筑新球王人才洼地”项目连续两年入选省“扬帆计划”；五华正在申报全国全民健身运动模范县。

九、环境和安全生产

2018年年末全县有环境监测站1个，环境监测人员16人。共有生活污水处理厂16座；垃圾处理站30个，其中：县城12个，乡镇18个。全县城市环境基础设施建设总投资1270万元，“三同时”项目环保投资179707万元。全年城区空气质量优良以上353天。

全年林业完成新造林面积8.05万亩，林木蓄积量累计达750.56万立方米。全县共有自然保护区11个，县级森林公园2个，面积4.74万公顷。

全县共发生各类生产安全事故1起，死亡人数6人，各类事故直接经济损失110万元。道路交通安全事故死亡人数 5 人。

十、人民生活与社会保障

城乡居民收入进一步增加，生活水平稳步提高。据抽样调查，2018 年五华县全体常住居民人均可支配收入 15907.7 元，比上年增长 7.7%，扣除价格因素，实际增长 5.9%。其中：城镇常住居民人均可支配收 21399.5 元，增长 5.9%，扣除价格因素，实际增长 4.1%。农村常住居民人均可支配收入 12921.4 元，增长 7%，扣除价格因素，实际增长 5.2%。

年末，全县参加城乡居民医疗保险的人数 116.89 万人，比上年下降 0.28%。参加农村养老保险的人数 45.53 万人，增长 0.17%。年末，全县 32820 人参加失业保险，增长 4.25%；参加基本养老保险的职工人数 48371 人，增长 31.67%；参加工伤保险人数 37813 人，增长 4.74%；有 33175 名离退休人员享受了社会养老保险，增长 4.56%。

全县享受最低生活保障的困难群众 38231 人，其中城镇 396 人，农村 37835 人。现有五保 4092 人，其中：在院集中供养 238 人，分散供养 3854 人；发放医疗救助资金 5450.5325 万元，救助 106654 人次（其中精准扶贫建档立卡人口因病住院救助 8958 人次、救助资金 1581.5685 万元）。

注：

1. 本公报各项统计数据为初步统计数。

2. 公报中县内生产总值、各产业增加值及各业总产值绝对数按现行价计算，增长速度按可比价格计算。

3. 公报中运用的有关价格指数来源于市统计局物价调查科的反馈数据，仅供参考。

4. 从 2011 年开始，纳入规模以上工业统计范围的工业企业起报点标准从年主营业务收入 500 万元提高到 2000 万元（新口径）；固定资产投资统计的起报点标准从计划总投资 50 万元提高到 500 万元（新口径）。2012 年四季度，国家统计局实施了城乡一体化住户调查改革。2013 年起按照新的调查口径对外发布城乡一体的居民人均可支配收入和分城镇、农村常住居民人均可支配收入数据。由于新老调查方案在调查范围、调查对象、城乡划分标准、样本抽选、计算和汇总方式、指标口径等方面变化较大，改革后新口径数据和旧口径数据存在不可比的差异。从 2015 年起“地方公共财政预算收入”更名为“地方一般公共预算收入”。

5. 本公报中各项指标对比基数，均为上年《五华县统计年鉴》公布的统计数。

6. 数据来源：本公报中城镇新增就业、登记失业率、社会保障数据来自县人力资源社会保障局；财政数据来自县财政局；公路、旅客和货物周转量等数据来自县交通局；外贸进出口、外商直接投资等数据来自县商务局；国际互联网用户、邮电业务总量等数据来自县邮政及通信部门（单位）；旅游数据来自县旅游局；金融数据来自县人民银行；教育数据来自县教育局；科技成果、专利数据来自县科技局；艺术表演团体、博物馆、公共图书馆、文化馆、广播、电视和电影数据以及报纸、期刊、图书数据来自县文广新局；体育数据来自县体育局；人口出生率、死亡率、自然增长率，卫生数据来自县卫计局；户籍人口及非农人口来自县公安局；低保、社会救助、社会组织数据来自县民政局；环境监测数据来自县环境保护局；林业数据来自县林业局；其他数据来自市、县统计局和国家统计局梅州调查队。

政　治

五華年鑒

2019

中国共产党五华县委员会

主要会议和活动

1月9日上午，中国共产党五华县第十三届委员会第六次全体会议在县城召开。县委书记范宜军代表县委常委会作工作报告，县委副书记、县长吴晖就经济工作作专题讲话。全会审议通过《中国共产党五华县第十三届委员会第六次全体会议决议》《县委常委会抓党建工作情况报告》。

1月23日下午，五华县委书记范宜军主持召开县委常务会议，学习贯彻中共十九届二中全会、中央纪委和省纪委、市“两会”精神。

2月5日下午，五华县委书记范宜军主持召开县委常委会，传达全国和全省扫黑除恶专项斗争电视电话会议精神、省“两会”精神以及有关文件精神。

2月13日上午，五华县委书记范宜军，县长吴晖率队看望春节坚守岗位一线环卫工人和执勤交警，为他们送去新春的祝福和衷心的感谢。

2月28日上午，五华县委常委会召开会议传达学习中央和省委有关通知精神，研究部署全县坚决全面彻底肃清李嘉、万庆良流毒影响工作。县委书记范宜军主持会议。

4月2日上午，五华召开全县领导干部大会，宣布省委关于县委书记任职的决定：吴晖任五华县委书记。市委常委、组织部部长杜敏琪参加会议并讲话。

4月3日上午，五华县委书记、县长吴晖采取不做方案、不设路线、直插现场、不开座谈会的方式，专程到龙村镇调研，着力解决长期制约龙村镇发展的瓶颈问题。

4月6日上午，五华县委书记、县长吴晖到县森林防火指挥中心调研指导森林防火工作，并先后到潭下、长布等镇督查森林防火各项工作落实情况。

4月22日上午，五华县委书记、县长吴晖率队到棉洋镇溜沙村督导华陆高速公路征地拆迁工作，强调各级各部门要充分发挥党员领导干部的示范带动作用，落实主体责任，敢于担当善于作为，形成工作合力，严守纪律，全力服务重点项目建设，造福当地百姓。

4月25日下午，五华县委书记、县长吴晖主持召开县委常委会，传达学习习近平总书记在庆祝海南省建省办经济特区30周年大会上的重要讲话精神、在博鳌亚洲论坛2018年年会上的主旨演讲精神和中共中央国务院关于支持海南全面深化改革开放的指导意见等，以及省市有关会议精神。

5月7日，五华县委书记、县长吴晖主持召开县委常委会议，传达学习全省乡村振兴工作会议精神，强调各级各部门要按照产业兴旺、生态宜居、乡风文明、治理有效、生活富裕总要求，补齐短板狠抓抓产业，全力推动五华县乡村全面振兴。

5月8日，五华县委书记、县长吴晖带头垂范，采取不打招呼、不做方案、直插现场的形式，专程到水寨镇七都村突击检查精准扶贫工作，通过“问”“核”“查”，深入了解掌握脱贫攻坚工作是否做“真”做“实”。

5月9日，五华县委书记、县长、县三防总指挥吴晖率队深入到镇村一线，重点检查防汛应急准备工作。他强调，各级各部门要切实提高政治站位，进一步强化以人民为中心的理念，压实主体责任，强化应急准备，牢牢掌握防汛主动权，全力保障广大群众的生命财产安全。

5月10日，五华县委书记、县长、县委全面深化改革领导小组组长吴晖主持召开县委全面深化改革领导小组第一次会议，传达学习省委、市委全面深化改革领导小组会议精神，审议五华县落实中共十九大精神实施重大改革任务工作方案和2018年改革工作安排。

6月1日，五华县委书记、县长吴晖率党政学习考察团前往大埔县，学习考察大埔新农村建设、乡村旅游、红色村建设和红色遗址保护等工作的先进经验和工作成效，借智借力推动五华实现高质量发展。

6月6日，在梅林的公务活动结束后，县委书记、县长吴晖冒着大雨前往龙村镇洞口村洞口水文站察看汛情，并到睦贤水库检查防汛准备工作。

6月19日，五华县委书记、县长吴晖采取不打招呼不做方案，直插现场的方式，深入到挂钩企业广东富胜实业股份有限公司，实地察看企业固废处置情况，约谈企业法人代表。

6月26日，五华县委书记、县长吴晖率队到水寨镇、河东镇走访慰问部分老党员、困难党员，切实把党的关怀与温暖送到老党员手上。

7月21日，五华县委书记、县长吴晖率队到周江镇调研，强调要认真挖掘历史人文资源，传承好红色文化，活化资源利用，发展好健康产业，加快建设社会主义新农村幸福美丽家园。

8月9日下午，全县推进巡视整改工作动员会议召开，县委书记、县长吴晖对推进巡视整改工作作出全面部署，县委副书记、政法委书记傅国强主持会议。

8月22日，五华县委、县政府领导班子召开巡视整改暨全面彻底肃清李嘉、万庆良恶劣影响专题民主生活会。市委常委、常务副市长李远青率市督导组组长、市委组织部副部长卓利清到会指导并作点评。县委书记、县长吴晖主持会议。

9月5日，五华县委书记、县长吴晖主持召开县委书记专题会议，专题研究巡视反馈意见整改落实工作及扫黑除恶专项斗争工作。

9月27日下午，县委书记、县长吴晖率队到首届梅州客家音乐节活动举办地长乐文化广场现场调研筹备和安保工作。

9月30日，五华县举行2018年烈士公祭活动。县委书记、县长吴晖、县人大常委会主任邓伯锦、县政协主席叶天泉等县领导参加活动。

10月17日，五华县在县党政大楼大会堂召开全县乡村振兴工作会议。会议由县委副书记、政法委书记傅国强主持，县委书记、县长吴晖出席会议并作强调讲话。

10月17日，全县领导干部党章党规党

纪教育学习班开班。县委书记、县长吴晖作纪律教育专题报告。

10月25日，五华县委办办文办会股党支部组织生活会在河东镇高榕村新时代红色文化讲习所召开，县委书记、县长吴晖，县委常委、县委办公室主任宋学希等县委办办文办会股党支部全体党员同志参加生活会。

11月8日上午，五华县委书记吴晖，县委副书记、代县长朱少辉专门率队调研工业重点项目工作，现场办公解决实体经济发展中碰到的问题。

11月29日，五华县委书记吴晖专程率队对骑跑两项赛事活动准备情况进行检查。

11月30日，五华县委书记吴晖到挂点的龙村镇湖中村，向全体党员宣讲习近平总书记考察广东重要讲话精神。

12月17日，五华县委书记吴晖率队专项调研梅州市第一届棕榈·客家杯“一带一路”国际足球邀请赛开幕式暨足球科技馆、红色体验馆开馆仪式筹备工作。

12月26日下午，唱响新时代·迈向新征程——2018五华县“迎新年·颂党恩·展新貌”大合唱活动决赛在五华县高级中学举行。县委书记吴晖出席活动并为获奖代表队颁奖。

12月28日下午，县委书记吴晖率队到敬老院、慢病站、儿童福利院等福利机构，突击检查福利机构的日常运营工作。

中共五华县委员会2018年度领导名录

县委书记：范宜军（任至3月）
吴　晖（4月任）

县委副书记：吴　晖（任至10月）
朱少辉（10月任）
傅国强

县委常委：梁英浩　钟光振
张爱芳　宋学希
曾光华　王忠泽
王建华（12月任）
詹庆东　黄春雷

县委办公室工作

【理论学习】 2018年，县委办从适应新形势下办公室工作需要出发，突出抓好全体干部职工的政治思想和业务知识的学习，深入学习贯彻习近平总书记重要讲话精神，认真学习贯彻中共十九大和中共十九届二中、三中全会精神，以及省委、市委、县委全会精神，充分发挥参谋助手、组织协调、政务服务、督促检查和后勤保障等职能，创新机制，扎实工作，有力保证和促进了各项工作的高效运行，推动办公室“三服务”工作水平再上新台阶。

【政务服务】 2018年，县委办树立“县委的指示就是我们的工作方向、县委的需要就是我们的工作重心、县委的要求就是我们的工作任务、县委的满意就是我们的工作标准”意识，进一步强化“工作需要就是上班时间”工作理念，超前思维，科学谋划，勤勉工作，乐于奉献。充分发挥以文辅政作用，认真撰写审核重要会议、重要活动的讲话、汇报、总结、经验材料等200余篇，定期向《客都论坛》报送综合性材料4篇。认真办好《五华政研》，为县委科学决策提供参考，使领导能够从不同角度掌握上情、了解外情、知晓内情。严格岗位责任制，严把文件收发、审核、签批、印发、保密等关口，规范印发流程和范围，做到件件分类登记、备案，确保收发及时、传达准确、落实及时；全年共登记、传阅中央和省、市各类文件204份，印发县委、县委县政府文件40份，县委办文件17份。严谨周密、认真细致地组织好每一次会议和活动，全年组织承办上级领导考察调研、县委全会、县“两会”、县委常委会、书记专题会以及县委各种工作会议、调研活动250场次。据统计，全年接待部、省、市领导和港澳台胞约200批次5000多人次。机要、保密等工作稳妥有序开展。

【督查督办】 2018年，县委办继续完善督查督办工作机制，研究制定《关于进一步加强督查督办工作推动决策部署落实的实施意见》，不断创新督查工作方式方法，坚持查实情、说实话、提整改、敢较真，推动县委决策部署和重点工作、重点项目得到有效落实。1.重点围绕县委决策部署抓好督查落实。围绕县委、县政府2018年度65项重点工作和会议决定事项进行跟踪督查，并实行每月一督查一通报制度，全年共编印《督查通报》11期，有力推动各项重点工作按计划有序推进；第一时间归纳汇总会议决定事项和县委主要领导调研提出的工作要求，以《督办通知》的形式进行跟踪督办，全年共下发《督办通知》15份，立项督办会议决定事项84小项，落实61小项，正在跟进23小项。2.认真抓好上级交办事项和领导批示交办事项的督办落实。按照“严格程序、确保质量，及时办结、按时上报”的原则，认真办结上级督查部门交办的督查事项，全年共办理上级督查部门交办的事项35项，办结率100%；按照“登记、立项、交办、督办、反馈”的工作流程，认真办理县委主要领导的批示和交办事项，全年共办理县委书记批示件223件，截至12月底，办结202件、办结率90.6%，切实做到“事事有落实、件件有回音”。

【综合协调】 2018年，县委办围绕全年工作目标，突出抓大事、抓关键，搞好综合协调。1.服务好县委领导，坚持原则性与灵活性相结合，及时向县委领导汇报情况，听取指示、领会意图，协调力量、统筹安排领导会议、调研、来人接待等工作，确保县委领导之间的工作联系保持顺畅。2.协调好部门、乡镇之间的工作，充分发挥上传下达的作用，统筹协调好各镇、各单位，对日常事务性工作，进行周密安排、科学调度，做到环环相扣、上下衔接，防止出现纰漏；对全局性重点工作，发挥好参谋部、指挥部的作用，做到统揽全局、协调各方，科学摆布、全面落实。3.广泛联系服务群众。坚持做到“眼观六路、耳听八方”，从群众的来信来访中，发现问题、分析问题、推动部门落实解决相关问题，为人民群众解难，替县委、县政府排忧。通过增强协调能力，改进协调方法，充分听取方方面面的意见，掌握各个层面的情况，使各项工作安排更加科学合理，各个部门更加默契协调，有力推进各级、各部门工作高效运转。

【后勤保障】 2018年，县委办狠抓后勤保障工作，坚持从实际需要出发，本着节俭、实效的原则，严格遵守中央八项规定精神，切实加强对车辆维修、加油、机关大院环境卫生、基础设施建设等重要环节的监控与管理，进一步改造优化机关大院环境，拆除破旧房屋并进行绿化美化，落实大院卫生保洁制度，确保大院内保持整洁美观；及时更换或维修损坏的办公设施设备，确保办公室机关正常运转。强化机关大院安全防范工作，把机关大院和车辆运行作为安全管理重点，抓好机关大院内的车辆和外来人员的管理，规范公务用车的日常管理，营造机关大院良好的办公环境。

【挂村帮扶】 2018 年，县委办从讲政治的高度，扎实做好水寨镇黄井村精准扶贫工作，落实县委办 46 名干部职工挂钩帮扶 78 户贫困户的工作责任，组织包户干部职工到村开展送温暖、走访慰问贫困户等活动。帮助贫困户改善生活居住条件、扶助贫困家庭解决孩子教育等问题。认真落实产业帮扶项目，增加贫困户的收入。认真做好黄井村软弱涣散党组织整顿工作，健全完善党支部“三会一课”等各项规章制度，有力提升村支部的凝聚力和战斗力；全面落实“创卫”、“创文”网格化管理工作责任，按照创建标准认真做好挂扶的水寨镇大布村东方、红云、红日、永红、团结等村民小组的环境卫生、健康和文明教育宣传等工作。

【队伍管理】 2018 年，县委办坚持把干部队伍管理作为加强办公室自身建设的大事来抓，努力造就一支政治合格、业务精湛、品德高尚、能担重任的干部队伍。要求每位办公室同志严以律己，在各方面当好表率，工作上高标准，生活上严要求，做到以身服人、以德服人、以能服人，以良好的工作效能，带动机关效能建设，以良好的工作作风，带动机关的作风建设。积极创造公平、和谐、平等的竞争环境，使办公室同志都能够准确定位自己，各尽所能，各展所长，各得其所，让大家工作有干头、有劲头、有奔头。加强对党员干部“八小时以外”活动的监督管理，教育干部职工加强纪律约束，使大家自觉遵守党纪国法和各项规章制度，正正派派做人，踏踏实实做事，耐得住寂寞，经得起考验，树立良好的形象。通过坚持不懈地加强自身建设，办公室整体工作基本达到“常规工作滴水不漏，日常工作百密而无一疏，突发工作不留遗憾”要求。

【规范运作】 2018 年，县委办认真执行《县委办制度汇编》，坚持创新机制、强化管理，推进办公室工作规范运作。充分利用信息化平台，大力推进信息化办公，对非涉密呈阅表，采用平板电脑或手机签阅的形式，实现各类公文高效准确快速传达到各位县领导手中。坚持推行无纸化会议，有效节约行政成本，大大提高会议的行政效率。严格按照坚持整顿和改进文风会风，进一步精简会议、文件，规范文件签收印发和办会程序。

【党廉建设】 2018 年，县委办坚持严守党的政治纪律和组织纪律，全面贯彻落实党风廉政建设责任制，提高党员干部依法行政和廉洁勤政水平。严格执行重大决策“必须由领导班子集体决定”的规定。完善机关财务制度，严格财务审批程序、支出范围和权限严格遵守中央八项规定，保持清正廉洁爱岗敬业、勤俭节约的工作和生活作风，注重培养健康生活情趣，自觉抵制不良风气，提高防腐拒变能力。

（钟科）

县委办公室 2018 年度领导名录

主　　任：宋学希

常务副主任：彭云洪

副　主　任：薛灼龄
吴明辉
黄柳宗（10 月任）
县纪委派驻组长：温木新

组 织 工 作

【政治建设】 2018 年，中共五华县委组织部以政治建设为统领，围绕坚持和加强党的全面领导，推动全面从严治党向纵深延伸。按照省、市、县委工作部署，按照时间节点，不折不扣、坚决全面彻底肃清李嘉、万庆良恶劣影响，开展组织排查和相关干部档案审核工作，通过组织召开肃清李嘉、万庆良恶劣影响专题组织生活会和巡视整改暨全面彻底肃清李嘉、万庆良恶劣影响专题民主生活会等形式，派出 17 个督导组对各镇、县直各单位专题民主生活会进行全程督导，党员领导带头，示范教育全县党员干部牢固树立“四个意识”，严格遵守政治纪律、政治规矩。持之以恒建设党内政治文化。推行每月 1 次主题党日活动，各级党组织组织党员学习党章、重温入党誓词、参观红色文化教育基地等，建设积极健康的党内政治文化。

【干部教育培训】 2018 年，中共五华县委组织部聚焦新思想，突出思想政治教育，重点抓好中共十九大精神、习近平新时代中国特色社会主义思想、习近平总书记在参加十三届全国人大一次会议广东代表团审议时重要讲话和考察广东重要讲话精神以及肃清李嘉、万庆良恶劣影响的集中学习培训，举办研讨班、轮训班和专题培训班 12 期，培训干部 2580 人次，引导党员干部牢固树立“四个意识”、坚定“四个自信”、践行“两个维护”的高度政治自觉、思想自觉和行动自觉，提高干部政治站位；举办革命传统教育培训班 6 期，不断提高党员干部党性修养；举办乡村振兴培训班 5 期，助力乡村振兴和脱贫攻坚；全面加强和规范 16 个镇党校建设，全覆盖培训（社区）“两委”干部 2500 多人、基层党员 3.8 万多人。

【干部队伍建设】 2018 年，中共五华县委组织部认真贯彻落实县委《关于营造风清气正政治生态建设新时代新担当新作为干部队伍的实施意见》，突出政治标准，制订《关于实施“选人用人工作规范化行动年”计划的工作方案》，推动选人用人工作不断规范，进一步鲜明树立鼓励干部担当作为的用人导向，着力打造政治过硬、担当作为的干部队伍。从严加强干部日常监督管理，注重畅通监督渠道，注重完善信箱、电话、信访、网络等干部监督举报平台，全年收到来信、来访、来电等信访举报件 27 件，对 20 人次开展提醒谈话。认真落实五华人才新政“12 条”，加强人才引进和人才培育，全年引进急需紧缺人才 31 名，为五华创新驱动发展提供人才保障。

【基层党组织建设】 2018 年，中共五华县委组织部对照省、市加强党的基层党组织建设三年行动计划，制定《五华县加强党的基层组织建设三年行动计划实施方案（2018—2020 年）》，按照“规范化建设”“组织力提升”“基层党建全面进步全面过硬”三个主题，细化为八大任务、32 项具体措施，扎实有序推进。以规范化建设为抓手，扎实开展农村党组织达标创优活动，升格打造一批基层党建示范点，推动基层党组织全面提质增效。大力加强村（社区）“两委”班子队伍建设，注重选拔党性观念强、公道正派、致富带富能力强、协调能力强的党员担任村（社区）“两委”干部，全面清理曾受过刑事处分的村（社区）“两委”干部。在全县精准甄别25个软弱涣散村（社区）党组织，全覆盖安排县领导挂点整顿，认真选好挂点整顿责任人、县直单位帮扶工作队和第一书记“三支队伍”，持续精准整顿软弱涣散基层党组织。从提高“两个覆盖”质量上下功夫，全年新建“两新”组织党组织10个；在事业单位中挑选水寨中学、兴华中学、高级中学和“两新”组织中挑选辉胜达、明珠星等10个党支部，全力打造“有得看、有得听、有得学”党建示范点。督促指导河东、华城、周江、双华、棉洋、梅林等6个年会制试点镇开好党代会。强化党建工作的督促检查，建立组织部部务会成员挂钩基层党建工作制度，成立县党建工作督查组，采取每月一督查的方式，对全县16个镇党委和446个村（社区）党建工作进行一轮全覆盖式的督查指导，压紧压实基层党建责任，进一步提高各领域基层党建质量。

【全县基层治理】 2018年，中共五华县委组织部持续开展县直机关干部回乡联村活动，全县选出120个村作为回乡联村点，选派431名干部作为回乡联村工作队员，其中30名干部担任所联系村第一书记，认真履行党建工作指导员、社情民意信息员、村级班子监督员、矛盾纠纷调解员、美丽乡村建设员、乡村振兴助力员等“六员”职责，帮助联系村加强基层组织建设，助推乡村振兴发展。扎实开展扫黑除恶专项斗争相关工作，围绕“打击把持基层政权、操纵破坏基层换届、垄断农村资源、侵吞集体资产的黑恶势力”等4个方面，重点治理党员干部涉黑涉恶问题，对政治上不合格、经济上不廉洁、能力上不胜任、工作上不尽职的“四不”书记坚决及时撤换调整，扎实做好安流镇蓝田村和龙村镇黄狮村、湖中村等3个村干部涉恶基层党组织的整顿工作，完成4名涉恶村干部的清理和补选工作，完成龙村镇黄狮村村委班子的补齐工作，坚决铲除黑恶势力滋生土壤，优化基层发展环境。

【巡视整改工作】 2018年，中共五华县委组织部坚持把抓好巡视反馈意见整改工作作为一项重要工作，聚焦职能抓好牵头负责整改任务的落实。成立巡视整改落实工作领导小组，多次召开部务会专题研究整改工作。对照中央、省委巡视反馈意见，认真梳理汇总出9个问题，提出22项具体的整改措施，明确牵头单位、责任单位和完成时限，制订《县委组织部落实巡视反馈意见整改落实工作方案》，从严肃政治纪律彻底肃清李嘉、万庆良恶劣影响，坚持政治标准加强干部队伍建设，突出政治功能加强基层组织建设，强化政治责任机制促整改到位四个方面抓好整改落实。

【组织部门自身建设】 2018年，中共五华县委组织部严格落实组织生活制度，组织部机关干部深入学习中共十九大精神、《习近平谈治国理政》（第一、二卷）和习近平总书记系列重要讲话精神，坚定组工干部理想信念。召开由全县各镇组织委员、县直各系统负责党务工作的领导（干部）和全体组织部干部参加的专题学习会议，认真传达学习宣传习近平总书记考察广东重要讲话精神。

结合纪律教育学习月活动，强化法治教育，在组织系统召开“深刻吸取林存德案教训”专题组织生活会，教育引导全县组工干部从林存德反面案例中深刻吸取教训，执行好省委组织部《全省组织系统廉政建设禁限清单》《关于进一步加强全省组织系统廉政建设的若干措施》两个文件有关规定，提高依法办事意识，自觉遵守政治纪律、组织纪律和廉洁纪律。结合部务会成员挂钩指导基层党建工作，组织部干部定期深入基层大力开展党建调研活动和党建督查指导工作，扎实有序开展“向组织部长说句心里话”谈心谈话活动。抓好组织工作的宣传，积极向省、市组织部报送组工信息26篇，向“共产党员网”上传评论文章和心得体会60多篇。

（古善贵 魏敏丽）

中共五华县委组织部2018年度负责人名录

部　　长：钟光振

常务副部长：严彩忠

副 部 长：黄永响 曾繁活

张伟雄 邹总根

2018年全县党组织、党员基本情况统计表

表6　　　　单位：个、人

<table>
<tr><th colspan="4">项目</th><th>数量</th><th colspan="4">项目</th><th>数量</th></tr>
<tr><td rowspan="14">党组织</td><td rowspan="8">基层党委</td><td colspan="2">合计</td><td>35</td><td rowspan="8">党组织</td><td rowspan="8">党支部</td><td colspan="2">合计</td><td>1143</td></tr>
<tr><td rowspan="7">其中</td><td rowspan="2">县委</td><td rowspan="2">1</td><td colspan="2">县直</td><td>340</td></tr>
<tr><td colspan="2">乡镇</td><td>803</td></tr>
<tr><td rowspan="2">局党委</td><td rowspan="2">3</td><td rowspan="5">其中</td><td>行政村</td><td>430</td></tr>
<tr><td>社区</td><td>37</td></tr>
<tr><td>镇党委</td><td>16</td><td>镇机关、企事业单位</td><td>179</td></tr>
<tr><td>村、社区党委</td><td>14</td><td>“两新”组织</td><td>145</td></tr>
<tr><td>工业园区非公有制企业党委</td><td>1</td><td>其他</td><td>12</td></tr>
<tr><td rowspan="6">党总支部</td><td colspan="2">合计</td><td>33</td><td rowspan="6">党员</td><td colspan="3">总数</td><td>46020</td></tr>
<tr><td rowspan="5">其中</td><td>县直机关、企事业单位</td><td>19</td><td rowspan="2">其中</td><td colspan="2">正式党员</td><td>45376</td></tr>
<tr><td>行政村、社区</td><td>8</td><td colspan="2">预备党员</td><td>644</td></tr>
<tr><td rowspan="2">镇机关、企事业单位</td><td rowspan="2">3</td><td rowspan="3">新发展</td><td colspan="2">总数</td><td>480</td></tr>
<tr><td colspan="2">男</td><td>358</td></tr>
<tr><td>“两新”组织</td><td>3</td><td colspan="2">女</td><td>122</td></tr>
</table>

信访工作

【简况】 2018年，五华县信访局认真贯彻落实中央、省、市、县有关信访维稳工作的决策部署，切实把信访维稳工作抓紧抓好，通过抓思想认识提高、抓社会不稳定因素排查、抓初信初访受理办理、抓领导包案责任落实、抓信访积案化解、抓重点人员稳控、抓《广东省信访条例》宣传、抓信访工作督查考核，确保全县社会秩序和谐稳定。全年群众到县上访325批689人次，与上年同期398批806人次相比，批次和人数分别下降18.3%、14.5%；到市上访97批257人次，与上年同期95批511人次相比，批次上升2.1%，人数下降49.7%；到省上访57批116人次，与上年同期36批97人次相比，批次和人数分别上升58.3%、16.4%；进京上访4批9人次，与上年同期1批1人次相比，批次和人数分别上升300%、800%，但在国家、省、市重大活动期间或特殊时期，全县未发生群众聚集到市到省进京上访事件。

【矛盾纠纷排查化解】 2018年，五华县信访局紧紧围绕社会矛盾的新情况新特点，切实加强经常性排查与特殊时段和重大节庆活动期间的排查，对排查出来的矛盾纠纷及时交办各镇各部门化解好稳控好，特别是每月汇总出来的不稳定因素，全部落实包案领导，明确责任单位、责任人调处化解责任，切实把矛盾纠纷化解在基层，消灭在萌芽状态。全年排查出不稳定因素710宗，结案655宗，稳控55宗。

【初信初访受理办理和信访积案化解】 2018年，五华县信访局围绕县委、县政府重点工作安排，全力做好初信初访受理办理和信访积案化解工作，专门印发《五华县开展“加强初信初访受理办理，加大信访积案化解”活动的实施方案》《五华县关于开展“创建文明接待窗口、做群众满意接谈员”活动的方案》《关于印发〈五华县2018年信访积案化解交办表〉的通知》等文件，要求各镇、县直相关单位认真抓好初信初访按时办结和信访积案化解工作。通过县信访局加强信访业务指导和督查督办工作，全县完成年初既定的工作目标：各镇各单位能够严格落实首办责任制，强化初信初访受理办理，落实镇党委专职副书记和分管领导专抓制度，及时受理群众来信来访，做到第一时间研究解决，第一时间办结回复，把问题解决在首办环节，有效防止初信初访转化为重复信访和越级信访，从源头上减少重信重访和信访积案的发生；各镇各单位高度重视信访积案的化解工作，投入大量的人力、物力、财力，采取切实可行的措施，千方百计化解一批制约五华县发展的信访积案，全年化解张某珍、李某涛、张某文等信访案件214宗，县交办给各镇信访积案34宗，办结31宗，未办结3宗，办结率91.2%，实现县提出的信访积案化解率达到80%以上的要求。

【信访矛盾化解“四大攻坚战”】 2018年，五华县信访局按照《2018年广东省信访工作要点》要求，着力打好房地产、集资融资、农村农业、劳动社保、环境保护等重点领域，部分军队退役人员、民办代课老师、离任村干部等重点群体，信访积案、疑难复杂案件、“三跨三分离”案件和历史遗留问题等重点问题，多次重复到省进京人员仍未息诉罢访的重点人员方面的四大攻坚战，集中排查出涉及“四大攻坚战”中的信访案件62宗，交办给相关镇、相关单位落实化解，同时制定《五华县开展信访矛盾化解攻坚专项行动工作方案》，印发给各镇、各单位实施。各镇、各相关单位按照《五华县开展信访矛盾化解攻坚专项行动工作方案》要求，扎实开展攻坚工作。全年排查化解信访矛盾59宗，化解率95%。

【转送信访案件和信访专案办理】 2018年，五华县信访局及时组织指导各镇、县直有关单位规范办理中央巡视组、中央扫黑除恶第8督导组、省委巡视组转送信访案件和国家、省、市专案，各镇各相关单位高度重视，做到主要领导亲自抓，分管领导具体抓，落实包案领导、专人负责制度，集中力量及时规范办理中央巡视组、中央扫黑除恶第8督导组、省委巡视组转送信访案件和国家、省、市交办专案。全年国家、省、市交办五华县信访专案18宗，按时办结18宗，办结率100%；中央巡视组转送信访案件30宗，按时办结30宗，办结率100%；中央扫黑除恶第8督导组转送信访案件125宗，按时办结125宗，办结率100%；省委巡视组转送案件47宗，按时办结47宗，办结率100%；市、县纪委转送信访案件12宗，按时办结12宗，办结率100%。

【接访下访制度】 2018年，五华县实行县领导接访下访制度，县领导于每月15日、30日轮流在县综治信访维稳中心接访群众，受理来访群众反映的诉求，并每月不少于2次到挂点镇下访约访群众，协调及时就地解决群众合理诉求，帮助解决生产生活实际困难，并督促检查挂点镇信访维稳工作落实情况，组织协调处理疑难复杂信访问题。全年县领导在县综治信访维稳中心接访群众42批，解决问题40宗。

【督查督办】 2018年，五华县信访局每月安排两组信访案件督查组对各镇、县直相关单位的信访工作进行督查督办，对相关镇、相关单位的存在问题责令限期整改，并将督查督办情况以每月一通报的形式进行通报，有效推进信访工作。

【强化信访事项受理办理质量】 2018年，五华县信访局为切实规范信访事项的受理办理程序，提高信访事项的受理办理质量，成立2个信访事项受理办理质量控制指导组，负责指导全县信访事项的受理办理。各镇、县直有关单位在向信访人送达受理告知、书面答复之前，须将《信访事项受理告知书》或《信访事项不予（再）受理告知书》、《信访事项处理（答复）意见书》及《送达回证》等文书材料送县信访事项受理办理质量控制指导组负责人审核把关后，才能向信访人作出和送达相关文书材料，以及在梅州市信访业务管理系统按时上传录入相关文书材料及附件，有效提高信访事项的受理办理质量。

【诉访分离】 2018年，五华县信访局充分利用五华县访前法律工作室的功能，认真做好诉访分离工作，对涉法涉诉信访事项进行访前甄别和科学分流，推动涉法涉诉信访事项依法依规处理。属于信访部门受理范围的，转由接访人员接谈、受理和转办；不属于信访部门受理范围的，由律师进行法律解释，并积极引导上访者走司法程序，通过法律维护自身合法权益，减少不必要的重复来信来访。全年五华县访前法律工作室接访和引导群众 132 批，其中调解化解结案 41 宗，法院立案处理 20 宗，通过疏导解释息访 68 宗。

（田其标）

五华县信访局 2018 年度负责人名录

局　长：钟彩扬

副局长：温平康　周焕光

机构编制管理

【机构改革工作】 2018 年，五华县机构编制委员会办公室（以下简称五华县编办）贯彻落实中共十九大和中共十九届三中全会精神，进一步做好五华县深化机构改革工作，切实提高政治站位，强化责任担当。1.学深悟透机构改革精神和决策方案。召开多次专题学习会议深入学习贯彻中共十九大、中共十九届三中全会精神和《中共中央关于深化党和国家机构改革的决定》《深化党和国家机构改革方案》《广东省关于市县机构改革的总体意见》等文件精神。2.研究部署全县机构改革工作。10 月 19 日，成立中共五华县委深化机构改革工作领导小组。11 月 26 日，发出《关于报送单位机构编制人员信息的通知》，对全县党政机构的机构设置、人员配备、职能职责进行全面摸底清查，同时会同组织部门，对全县党政机构的领导职数和配备情况进行清查核实。12 月 3 日，按照中央深化党和国家机构改革协调小组办公室的通知和粤机构改革办〔2018〕40 号文要求，在县委的统一领导下先行一步，特事特办，成立退役军人事务局筹备组并正式运转。3.做好全县机构改革实施工作。根据上级机构编制部门工作部署，结合五华县机构编制实际情况，统筹考虑各类机构设置，研究制定并按规定报批五华县机构改革方案，制定印发有关配套文件等，主动作为、紧凑有序地抓好改革期间各阶段的具体任务，保证机构改革工作高效有序进行。

【行政审批制度改革】 2018 年，五华县编办继续扎实推进五华县行政审批制度改革工作，对全县 36 个部门，463 项行政许可事项（含子项）进行全面梳理和标准化编制，经合规性、合法性审查通过后全部录入到广东省行政许可事项标准录入模块。在 26 个县直部门新设立行政审批股，专门负责审批和窗口服务工作；推进审批印章下放，制定实施方案，初定县社保基金局、卫计局、民政局、农业局、林业局、残联和 9 个镇的内设部门作为试点单位。在县政府门户网站上原文转载国发〔2018〕28 号和五年来国务院取消、下放或调整简政放权事项，取消涉及县级“户外广告登记”等 47 项行政审批事项（落实国务院取消中央指定地方实施的行政审批事项中，公布 37 项，其余 10 项为涉及修法事项及涉密等事项）。

【“一门式、一网式”政府服务模式改革】 2018 年，五华县编办会同有关部门按照“前台综合受理、后台分类审批、统一窗口出件”要求，推进“一门式一网式”政府服务模式改革。全县全面完成 30 个公共服务中心（县级 1 个、镇级 16 个、撤并镇片区 13 个）、446 个公共服务站的建设，设施设备完善，构建“横向到边、纵向到底、覆盖全县、三级联动”政务服务体系。将全县按标准化编制的审批、公共服务事项全部录入统一申办受理平台，运用网上审批系统，县公共服务中心能够办理事项从378项增加595项，镇（片区）服务中心能够办理的事项达到92项。

【城市执法体制改革】 2018年，五华县编办根据关于深入推进城市执法体制改革改进城市管理工作要求及五华县《关于深入推进城市执法体制改革改进城市管理工作的实施方案》，3月30日，五华县机构编制委员会印发《关于印发五华县住房和城乡规划建设局（五华县城市管理和综合执法局）主要职责内设机构和人员编制规定的通知》和《关于印发五华县市政公用事业服务中心主要任务内设机构和人员编制规定的通知》，全面理顺城市管理体制。

【事业单位改革】 2018年，五华县编办为确保事业单位分类改革顺利推进，进一步清理规范事业单位，根据基本要求提出四条措施：一是撤销，二是转企，三是整合，四是退出。对职能已丧失，但仍有在职人员的事业单位，人员只出不进，逐步退出事业单位序列。2018年度五华县撤销五华县网络信息中心、五华县新技术推广站等单位。深化承担行政职能事业单位改革和加快推进从事生产经营活动事业单位改革，按照部署和要求，深化承担行政职能事业单位改革，着力推动去行政化，确保行政职能划归行政机构。为贯彻落实中央关于从事生产经营活动事业单位改革的指导意见精神，加强对从事生产经营活动事业单位改革工作的统筹协调，成立五华县从事生产经营活动事业单位改革工作领导小组，积极谋划推动改革工作。

【义务教育领域相关改革】 2018年，五华县编办会同有关部门为完善义务教育资源均衡配置机制，结合“广东省推进教育现代化先进县”创建工作，推进教师“县管校聘”改革，实行“三级竞聘”，健全校长教师交流轮岗机制，实现教师资源在县域范围内有序流动。实施教育机构去行政化改革，取消中小学行政级别，完善中小学校长选聘制度，试点推进中小学校长职级制改革。促进民办学校发展，推进远恒佳创新教育特色小镇建设和客家足球特色小镇建设。

【医药卫生体制改革】 2018年，五华县编办会同有关部门把医联体建设作为深化医药卫生体制改革的重要步骤和制度创新，加快公共卫生健康体系建设，加快县级医院与市人民医院帮扶型医联体、县级医院与镇中心卫生院紧密型医联体的建设，加快“三医”联动改革。加快推进机关事业单位养老保险制度改革和公立医院薪酬制度改革试点工作。

【推进网上中介服务超市建设】 2018年，五华县规范中介服务事项，推进网上中介服务超市建设。5月23日，公布《五华县政府部门行政审批中介服务事项清单》，共包括行政审批中介服务事项51项。根据网上中介服务超市建设工作部署，五华县编办印发《关于梳理编制中介服务事项清单的通知》，组织各单位参照省、市对口部门梳理的中介服务事项清单和五华县公布的中介服务事项清单，认真填报中介服务事项录入工作人员信息表和中介服务事项。全县有15个行业主管部门在网上中介服务超市平台确认发布50项中介服务事项（其中有1项中介服务事项归市合并），录入中介服务事项名称、中介服务机构资质、中介服务事权与权责事项的关系等内容。

【“减证便民”行动】 2018年5月23日，五华县公布《五华县人民政府办公室关于取消一批涉及群众办事创业证明和盖章环节的通知》，取消涉及群众办事创业证明盖章事项21项，其中：司法局1项，公安局20项。有267个事项缩减办理时限，总办理时限相比法定时限缩减28%。要求各镇、各部门和单位一律不得擅自要求申请人提供不必要的证明、盖章环节和申请材料，一律不得擅自增设要求基层开具涉及群众办事创业的各类证明和盖章环节。

【全县机关事业单位机构编制实名制管理和统计】 2018年，五华县编办根据关于机关事业单位机构编制实名制管理的规定和要求，建立机构编制实名制管理和系统操作流程，保障机构编制实名制管理系统的正常运作和数据的即时更新。截至10月31日，五华县机关事业单位有527个，其中：机关单位59个（含乡镇16个），事业单位468个。全县机构编制实名制管理共有编制（含后勤服务人员数）26309名，在编干部职工22153人。

【修订公布权责清单】 2018年5月29日，五华县制定印发《五华县人民政府办公室关于印发五华县规范行政权力事项及编制和公开办事指南工作方案的通知》，五华县编办负责对行政征收、行政给付、行政确认、行政奖励、行政裁决和其他等6类行政权力的目录进行审核。按各单位在目录管理系统的录入数据进行梳理汇总，全县35个单位共录入行政权力事项6352项，基本完成录入行政权力事项工作。

【事业单位登记管理及机关群团赋码工作】 2018年，根据事业单位在线国家数据库统计，全县登记的事业单位有308个，截止到11月5日，新设立事业单位8个，变更事业单位27个，证书补领3个。应年检的事业单位308个，全县提交年度报告289个，年检率93.86%。为加强社会公众对事业单位的监督，增强登记管理机关监管事业单位的有效性和针对性，在“五华县事业单位在线”网上公布提交年度报告的289个事业单位。扎实推进机关群团统一社会信用代码赋码工作，对变更法人代表的机关群团给予及时办结。

【事业单位法人公示信息抽查】 2018年，五华县事业单位登记管理局根据《五华县2018年“双随机一公开”工作实施细节》，组织对全县法人登记的308家事业单位以3%的比例随机抽取10家事业单位作为实地核查对象。从核查的情况来看，10个事业单位均能够严格按规定办理登记业务。单位或单位法定代表人都没有被提起诉讼、接受行政处罚或处分的情况；没有涂改、出租、出借“事业单位法人证书”和单位印章的行为；名称、住所、经费来源、开办资金、举办单位与实际情况一致。抽查情况已在“广东事业单位登记管理网”公示。

【中文域名注册常态化建设和行政效能监督】 2018年，五华县编办为推进全县党政机关、事业单位中文域名常态化管理建设，积极争取县财政支持，把县党政机关、事业单位域名注册费用纳入财政统一支付。至8月31日，全县完成中文域名注册工作的党政机关和事业单位共518个，完成率98.29%；已领取标识的网站305个。积极做好承办的涉及行政效能监督相关事务性工作，经统计，2018年1—11月受理市效能投诉件53宗，其中，3月以来开始网上受理，共受理市效能投诉件46宗，每月上报一份效能投诉受理情况。

【其他工作】 2018年，五华县编办认真做好其他各项工作。1.做好安全生产工作，成立安全生产工作领导小组，由副主任唐妙坤分管安全生产工作，健全安全生产责任制，建立支持保障安全生产工作制度，组织开展单位内安全生产工作检查。根据自身工作职能，认真贯彻落实上级有关安全生产工作部署，增强及时应对突发事件的统筹协调能力。全年未发生安全生产事故，干部职工工作、学习、生活秩序正常，安全防范意识有较大提高。2.做好精准扶贫工作，召开精准扶贫工作专题会议，切实履行包户责任制，做好精准扶贫数据统计、录入工作，不定时到挂点村河东镇太和村开展扶贫慰问工作，2018年度有贫困户总户数62户。3.推动“双创”“回乡联村”工作。成立创国文工作领导小组，指定专人负责，制定本单位创建工作方案，认真做好材料申报、实地测评以及迎检工作；成立创卫工作领导小组，专人专抓创卫工作，及时传达全县推进“美丽梅州·美好家园”城乡环境大提升行动动员大会会议精神，增强推进“两美”行动的责任感和使命感，组织相关人员与镇村干部到挂点村宣传创卫工作，对沿村主干道、村巷等进行逐一检查清扫，定期组织干部职工到网格化责任地段进行清扫，对责任区域的商户进行创卫宣传，确保网格化责任区域保持干净整洁；五华县编办主要负责人陈远云作为“县直机关干部回乡联村”活动的队长之一，采取到原籍村挂钩联系的方式，发挥本土化、人脉资源等优势，实行“三明四实六当好”举措，使联系村基层党建、美丽乡村建设、惠民政策落实等工作取得实效。4.做好扫黑除恶工作，6月22日，召开专题会议传达学习全县扫黑除恶专项斗争推进会精神，并对扫黑除恶专项斗争工作进行部署并提出具体要求。5.做好综治信访维稳、平安建设、法治县建设工作，五华县编办紧紧围绕县委、县政府关于综治信访维稳、平安建设、法治县建设的工作部署，成立专项工作领导小组，加强领导，落实责任，营造浓厚的平安建设宣传氛围，促进平安创建工作深入开展。认真落实综治信访维稳各项措施，加强内部保卫工作，结合纪教月活动组织干部职工开展法纪教育，全年无违法违纪案（事）件发生，无信访事件发生。全面推进法治建设和普法工作。

（李俊尧　宋春燕）

五华县机构编制委员会办公室2018年度负责人名录

主　任： 陈远云

副主任： 古汉琴　唐妙坤

老干部工作

【政治待遇落实】 2018年，中共五华县委老干部局认真落实老干部政治待遇。坚持向老干部通报工作制度。2月7日，县委、县政府组织召开通报会，县委主要领导向老干部通报全县的政治、经济社会发展情况，并广泛征求老干部对五华县经济和社会发展的意见和建议。坚持走访慰问制度。坚持老干部生病住院慰问与平时走访慰问相结合，做到“病时必探”，对生病住院的老干部送去慰问金和慰问品。坚持重大节日慰问制度。老人节前夕，全局分成4个工作小组走访慰问县五套班子老领导、抗日入伍老干部、90岁以上离休干部、部分离休干部及患重病的老干部共114人，给他们送上慰问品和慰问金。坚持征订报纸杂志制度。为老干部征订《南方日报》《梅州日报》《老人报》《2018年广东省老干部政治理论读本》《秋光》等报纸杂志，为老同志送上精神食粮。

【生活待遇落实】 2018年，中共五华县委老干部局加强与财政、社保、卫计等部门之间的沟通，确保财政支持机制、离休费保障机制、医药费保障机制的正常运转，全面落实老干部生活待遇。定期组织老干部体检制度。老人节前夕，组织县五套班子离退休干部、行政科发工资老干部和企业离休干部等100多人进行健康检查，及时将检查结果汇总后反馈给老干部，使老干部做到早知道，早预防、早治疗。由企业离休干部管理服务中心每月向县财政局报送51位离休干部离休费表及89位离休干部遗属困难补助费表，使老同志每月能按时足额领到离休费及遗属困难补助费。根据政策规定为5位生活长期不能自理的离休干部办理特殊护理费手续。为去世的离退休干部做好治丧工作，根据政策规定落实离退休干部的抚恤金，确保离休干部最后一次的政治、生活待遇落实到位，使离退休干部亲属满意。开启老干部家庭医生签约服务，结合老干部高龄、高发病的实际，与县卫计局密切配合推进家庭医生签约服务，全县有122位离退休干部或家属代表签约家庭医生服务。

【组织老干部活动】 2018年，中共五华县委老干部局组织老干部开展讲授养生保健讲座。3月20日，梅州市人大常委会原主任周刚为老干部讲授养生保健知识，县城100多位离退休干部参加讲座，并为参会的老同志赠送养生保健书籍，丰富老干部的养生保健知识，为老同志养生保健提供科学依据。积极开展组织老干部开展正能量活动。全县各级关工委和“五老”同志，在当地党委政府的重视支持下，主动与相关部门合作，积极开展“传承红色基因、争做时代新人”“开展社会主义核心价值观教育活动”“中华人民共和国未成年人保护法”“‘6·26’国际禁毒宣传”等宣讲活动。全县共宣讲405场，受教育中小学生17万多人。全年获得“叶剑英基金助学金”资助学生43名，共发放79.2万元。

（曾贵明）

中共五华县委老干部局2018年度负责人名录

局　长：曾繁活

副局长：张文平

关工委工作

【关工委自身建设】 2018年，五华县关心下一代工作委员会（以下简称五华县关工委）认真总结工作经验、抓好典型、及时进行电视报道，以扩大关心下一代工作的影响。积极向省、市、县报刊投稿，认真编辑出版好每期的《工作通讯》及《关爱园地》

的宣传墙报。下功夫把基层工作做好，把基层组织搞扎实。至年底，全县镇级关工委全部建立，村级关工委建立 365 个，占总数 88.8%，县直机关各系统关工委全部建立，有 3 家民营企业建立关工委组织。五华县关工委经常到各镇及有关村、学校关工委进行调研，帮助基层关工委，围绕“五好”努力做好工作，同时注重抓好“点”来带动“面”。全年各级关工委组织大部分保持稳定，工作正常开展。

【青少年思想道德教育】 2018 年，五华县各级关工委都能深入开展社会主义核心价值体系教育，用社会主义核心价值体系引领青少年。1.向青少年进行广泛的宣传教育，引领青少年以此作为理想信念的追求和思想道德的规范，对青少年开展更加扎实有效的关注、关心、关爱活动，充分发挥“五老”队伍的优势和作用，竭诚为青少年健康成长服务，积极为弱势的特殊青少年群体做好事、办实事、解难事。2.充分发挥校外教育和“三教”结合的作用，认真组织好人员，编写好教材，利用和整合各种德育资源，针对中小学生思想道德形成的规律和特点，有针对性地组织人员深入到各中小学校、社区、农村青少年中上好各类思想道德辅导课；充分发挥教育讲师团和家长讲师团的积极性和作用，牢牢把握德育工作的时代性和方向性，努力提高德育工作的针对性和实效性，更加有效地开展青少年学生的思想道德教育。着力加强和创新校外教育，依靠各地“五老”和辅导员队伍，切实配合教育局、学校利用各种法定节日、传统节日，以及未成年人的入学、入队、入团、成人宣誓等有利时机，集中开展思想道德主题宣传教育活动或仪式，引导未成年人弘扬民族精神，增进爱国情感，提高道德修养。3.配合政法部门做好法制副校长的聘任工作，充分发挥他们的自身优势，使青少年学生在校园里更多地受到法律、法纪的熏陶；配合公安局关工委做好帮教青少年的“四走进”（走进社区、家庭、校园、高墙）活动，帮教失足青少年；配合文化广播新闻出版局做好文化市场监管工作和网吧监督工作，切实净化好未成年人的成长环境等。4.五华县关工委组织对各镇、村和机关企事业单位关工委进行分期、分批集中培训，邀请县委党校的讲师分别就社会主义核心价值观的形成过程、内涵及意义进行授课，对提高镇、村和企事业单位关工委领导成员和“五老”人员对社会主义核心价值观的认识和如何帮、教青少年起到很好的作用。5.全县各级关工委通过多种生动活泼的形式，引导中小学生和城乡创业青年，从不同群体的不同思想、不同精神的需求出发，从贴心、贴身、和贴近实际做起，积极开展“做小梦、圆大梦”、“追梦田园”农村创业青年“中国梦”实践活动。树立正确的世界观、人生观、价值观，着力建设中华民族共有的精神家园，推动形成奋发向上、崇德向善的强大力量进一步增强为实现“中国梦”和“个人梦”的坚强意志和信念，用自己的实践成果共筑“中国梦”，使更多的青少年和青年创业者美梦成真。在突出主题教育的同时，要统筹兼顾做好“经常项目”的工作，如“学雷锋、树新风”、“朝阳读书活动”、“三结合”校外教育、“家长学校”、“法治教育”、“安全进校园”等教育。6.根据习近平总书记关于“四个自信”的重要论述，五华县关工委、教育局、五华县党校联合组织宣讲组，自编“四个自信”宣讲教材，邀请党校资深老师对青少年进行“四个自信”为题的专项教育宣讲活动。全年各级关工委开展各项宣讲教育活动和校外教育活动425场，受教育人数达1.4万人；独立完成宣讲18场，受教育学生2000多人次，完成年初五华县关工委宣讲组每月最少应有一场的下校开展宣讲教育活动的计划。

【农村创业青年培训】 2018年，五华县各级关工委在培训农村创业青年的工作上，主动配合，广泛宣传，认真动员，按培训条件积极协助选派好培训学员，为农村青年扎根农村创业发展提供精神和技术知识支撑，使他们掌握更多先进农业科技知识和先进的生产经营方式，为他们的发展提供更好的平台。2018年，五华县举办油茶、茶叶、柚果等类型普通培训班4期，参加培训创业青年有375人次。积极组织完成省、市的级高级班和中级班农村创业青年选送工作。做好农村创业青年跟踪服务工作，对有较大规模，正在开发期，还未有收获的4位农村创业青年给予适当的创业资金支持，并积极协助创业青年与县妇联进行沟通申请无息贷款，解决资金紧缺问题。协助全县创业青年建立信息交流平台，从而达到资源、技术、销售、信息共偿，已有300人加入平台。帮助琴江园有限公司油茶种植基地的油茶深加工项目申请建设，积极和市、县主管领导及有关部进行汇报、联络。

（张宏君）

五华县关心下一代工作委员会2018年度负责人名录

主　任：陈　耿

副主任：曾繁活　张友忠

宣传工作

【简况】 中共五华县委宣传部是五华县委主管全县意识形态方面工作的职能部门，列党委工作机关序列，内设机构有办公室、理论教育股、宣传文艺股、外宣办、新闻出版办，下辖股级事业单位1个，即全媒体中心。挂靠正科级机构文明办1个，设主任1人，副主任1人。划转股级机构县委新闻办1个，设主任1人。2018年有编制21个，在岗20人。其中，公务员编制13个。在岗13人；工勤编制2个，在岗1人；事业编制6个，在岗6人。部领导4人，其中，部长1人，专职副部长3人。

【理论学习】 2018年，中共五华县委宣传部坚持抓好各级党委（党组）中心组学习，印发《关于印发〈2018年五华县党委（党组）理论学习中心组学习计划暨学习型党组织建设工作计划〉的通知》《关于开展学习贯彻习近平总书记重要讲话精神宣讲活动的通知》《关于组织开展〈习近平谈治国理政〉（第二卷）宣讲活动的通知》《五华县委理论学习中心组〈习近平新时代中国特色社会主义思想三十讲〉学习计划》等系列文件，把习近平新时代中国特色社会主义思想作为领导干部修身为政成事的“必修课”，并贯穿于理论武装工作始终。县委常委会发挥“头雁效应”，县委常委带头主讲《中共十九大报告》《习近平谈治国理政》第一、二卷、《习近平新时代中国特色社会主义思想三十讲》，习近平总书记考察广东重要讲话“四个专题”和对广东工作的历次重要讲话及指示批示精神，撰写意识形态学习心得体会，在《五华政报》累计推出领导干部学习交流文章39篇。全年县委中心组举办集中学习会23次，全县各级党组织坚持每月学习1次以上。精心组织宣讲，积极邀请上级专家学者来县讲学，邀请杨剑忠、廖坚、张明湘、黄立基等市委宣传部、市委党校专家学者到五华讲学。扎实抓好宣讲活动，先后成立学习习近平总书记对广东工作重要讲话和考察广东重要讲话、构建良好政治生态、宪法修正案、《习近平谈治国理政》、《三十讲》等7个专题县委宣讲团，均由县委常委、宣传部长任团长，分成4个小组分赴16个镇和12个县直系统宣讲。县五套班子领导和各级党政班子主要领导到所在党支部、挂钩村、驻点村和挂钩单位开展宣讲，通过百姓宣讲、创作文艺作品、摄影书法展、组织文艺下乡以及五华电视台等各媒体解读等形式，把党和政府的主张、声音达到家喻户晓，入心入脑。办好研讨班、轮训班，县委先后举办科级干部学习习近平总书记参加广东代表团重要讲话、考察广东重要讲话精神专题研讨班和轮训班，切实做到学懂弄通做实。组织宣传文化系统干部到湖南省韶山参加“不忘初心　牢记使命”党性教育专题培训班，开阔视野，提升思想觉悟。

【新闻舆论宣传】　2018年，五华电视台开设《五华新闻》《五华一线》以及《学习贯彻习近平总书记考察广东重要讲话精神》《乡村振兴》《巡视整改在行动》等10多个专栏，及时准确、全面深入宣传报道全县经济社会各项事业发展的新思路、新举措、新典型、新成就。全年，《五华一线》共播出147期843条新闻，《五华新闻》微信公众号关注量7万多人,推送新闻1650条。五华县委新闻办完成到县接待采访报道记者200多人次，累计发稿300多篇次，完成重大主题、重要会议、重大活动及中心工作报道任务。《五华政报》出版36期，每期印数5000份。五华发布微信公众号积极抢占网络宣传高地，推送图文新闻信息1095期，推出《新时代新足迹——书记、局长去了哪》一周政务要闻，县内微信公众号等自媒体数量居全市第一。在全县各区域科学设置公益广告，加大社会宣传。据不完全统计，全县共制作更换学习宣传贯彻中共十九大精神、“四个走在全国前列”、考察广东重要讲话、《习近平谈治国理政》（第二卷）、肃清李嘉万庆良恶劣影响、扫黑除恶等宣传挂图公益广告牌2100多个，宣传标语横幅5600多条，利用电子显示屏循环播放宣传标语和宣传画97多万次（条）。

【意识形态阵地管理】　2018年，中共五华县委宣传部加强对思想理论、新闻媒体、文化教育、互联网、宗教场所等意识形态阵地管理，领导班子成员带队，分成5个小组，多次深入各镇各单位对全县各类讲坛讲座、展览场馆、文化出版市场、网站网页、校园、宗教场所，特别是政治类户外广告、宣传栏、横幅标语等意识形态阵地进行专项督查，未出现错误情况。健全完善意识形态工作联席会议、舆情收集上报和舆情应急预案制度，定期召开会议，研判舆情，部署工作，牢牢掌握网络舆论主导权。开展维护政治安全专项行动、境外宗教渗透专项整治行动，重点对境外宗教渗透特别是向校园渗透、各类宗教场所涉净宗学说、藏传佛教等非法书籍、音响出版物等进行专项整治。对全县30多家自媒体加强正面引导，召开行业座谈会，开展专项督查，查处一批违规网站，依法约谈相关负责人和从业人员，做到一些影响较大的突发舆情处置及时、应对有序。

【价值观引领】 2018 年，中共五华县委宣传部坚持不懈地开展社会主义核心价值观宣传教育。在乡镇（街道）人口聚集区、公路沿线醒目位置，大型户外广告牌、阅报栏、宣传画廊、建筑工地围挡、主题广场等投放中国梦、社会主义核心价值观等大型公益广告。抓好红色文化基地建设，“铭记光辉历史，传承红色基因”。9 月，在蒲丽顶森林公园建设五华县新时代文明实践中心（梅州市党史教育基地、五华县革命事迹陈列室），开展文明实践活动。各镇开办新时代文明实践所，横陂镇西湖村、河东镇高榕村、潭下镇乐道村设立新时代文明实践示范站。授予县委诞生旧址、人民政府诞生旧址、曾国华故居等 20 处爱国主义教育基地，重点打造惠堂体育场红色文化体验馆和双华镇竹山村“红色村”，结合社会主义新农村建设，示范带动其他 36 处红色教育基地建设；新建村文化广场 138 个、村综合性文化服务中心 179 个、农村文化俱乐部 15 个。

【群众性文化活动】 2018 年，中共五华县委宣传部开展各类创评活动。开展首届中小学生硬笔书法大赛、首届“红木杯”电视朗诵大赛、“爱心助考”、“激情中甲 · 文明赛场”、客家音乐节、梅州市第一届棕榈 · 客家杯“一带一路”国际足球邀请赛等志愿服务、第二届“同创文明卫生城市，共建幸福宜居五华”公益广告大赛和“文明五华——千人环城徒步”、第三届“全民健身，幸福五华”超越百公里骑行、学雷锋志愿服务、县镇村（社区）三级联创、各类文明单位创建、主题教育、优秀童谣传唱、中华经典诵读等系列活动。2018 年，五华县获得“广东省硬笔书法名城”、“中华诗词之乡”称号，华发实业有限公司李新华、大昌燃气有限公司总经理张发巨、转水镇黄龙村卫生站医生钟汉清被广东省文明办评为“广东好人”称号，县示范幼儿园教师张洁玲获评梅州市“孝老爱亲好人”，棉洋中学学生宋涛龙等获评“新时代好少年”，缪德良、张清芳家庭获评广东省“十大优秀书香之家”。结合传统重要节日，开展“唱响新时代，迈向新征程——2018 年迎新春 · 颂党恩 · 展新貌”大合唱、“中国梦”、“我们的节日”、“法治在我心中”、“庆祝改革开放 40 周年美术书画摄影展”等主题系列活动。举办大型采茶戏《春来南粤》开排启动仪式。创作扫黑除恶专场文艺晚会采取“1+X”方式展演，连演 11 场。组织广大文艺工作者开展“深入生活、送戏下乡”主题实践，五华县采茶戏传承保护中心全年送戏下乡 130 多场，国家级“非遗”项目——提线木偶戏“戏曲进农村”专题巡演 80 多场。组织石雕、金木雕、竹编工艺、硅胶、酒类文化、红木、VR 及版画、《社会主义核心价值观作品（群组）》等参加第六届客家文博会、第十四届中国（深圳）国际文博会，杨育林石雕作品《社会主义核心价值观作品（群组）》获得第三届“客都文化杯”文化创意产品大赛金奖。筹备举办首届梅州客家音乐节和梅州市第一届棕榈 · 客家杯“一带一路”国际足球邀请赛，树立五华文旅品牌，提升五华经济社会和城市形象。

（谢琼杨）

中共五华县委宣传部 2018 年度负责人名录

部　　长：王忠泽

常务副部长：谢　意

副 部 长：甘　平　彭　强

精神文明建设

【简况】　五华县精神文明建设办公室（以下简称五华县文明办）主要职能是在县委、县政府和县精神文明建设委员会的领导下，负责全县精神文明建设工作的组织协调、检查指导，调查研究精神文明建设工作的新情况、新问题，及时向县精神文明建设委员会提出建设性意见以及全县群众性精神文明创建活动的指导、协调、考核验收工作；处理县精神文明建设委员会的日常文秘、会务工作；完成县精神文明建设委员会交办的其他工作事项。

【思想理论学习】　2018 年，五华县精神文明建设工作以习近平新时代中国特色社会主义思想为指导，认真贯彻落实中共十九大精神，大力培育和践行社会主义核心价值观。按照中央、省、市文明办的工作部署要求，以争创全国县级文明城市为目标，广泛开展群众性精神文明创建活动，为“工匠之乡·宜居五华”提供强大思想保证、精神动力和道德支撑。编印《学习贯彻习近平考察广东重要讲话精神》《习近平治国理政金句》《好好学习总书记话文明》辅导资料，制定《五华县关于在全县党员干部中深入开展党的十九大精神大学习大培训的实施方案》等相关文件，积极将理论学习推广开来，落到实处。组织 100 多名干部职工集中学习活动 35 次，聆听市、县集中宣讲会 6 次，组织下基层宣讲 175 次，组织群众文艺活动 9 次。

【社会主义核心价值体系建设】　2018 年，五华县文明办坚持社会主义核心价值体系建设。1.强化活动，教化引导。着力用学习活动引领风尚，建成县道德讲堂总堂和各类道德讲堂、文化讲堂 185 个，开展宣讲活动 166 场，举办首届“红木杯”朗诵大赛，参与人数 2 万多人；着力用文明礼仪教育市民，11 月 11 日，举行“文明礼让”启动仪式，在各窗口进行文明办事评比，印发《五华市民文明公约》《五华县文明礼仪手册》《文明五华知识问答》等宣传手册 15 万份；着力用创建活动熏陶市民，开展第二届“公益广告”创作大赛、爱国卫生运动、 文明“中甲赛场”志愿者服务行动、文明办事劝导活动和创建知识竞赛活动，提高市民对创建工作的知晓率和参与率；着力用好人选树传送新风，2018 年度，获评“广东好人”4 名、第一季度广东“新时代好少年”1 名，获评“梅州好人”3 名、梅州“新时代好少年”6 名。2.价值导向，传递正能量。开展第二届“中国梦　五华美”公益广告设计大赛，征集平面作品和影视作品 210 幅（部）；全县户外公益广告覆盖率长期保持 65%以上。全面推进“道德讲堂”建设，在全县各镇、中学、中心小学和 60%以上的县直机关开设道德讲堂。建成蒲丽顶新时代文明实践中心、横陂镇西湖村新时代文明实践站；在各大公共场所设置社会主义核心价值观宣传标语、海报等；先后组织开展优秀客家童谣传唱活动、未成年人学雷锋系列活动、“童心向党”歌咏活动，广泛开展创建“文明校园、和谐校园、绿色校园”活动，水寨中学、田家炳中学等被推荐到全国文明校园评选，高级中学等6所学校评为“梅州市文明校园”，54所学校评为“五华县文明校园”。

【文明城市创建活动】 2018年，五华县委、县政府把文明城市创建工作纳入全县经济和社会发展的总体规划，作为加强党的执政能力建设的重要组成部分，定期听取文明城市创建工作汇报。3月13日，召开创建全国县级文明城市动员大会，制定《五华县争获创建全国县级文明城市提名资格工作方案（2018—2020年）》《五华县创建县级文明城市网格化管理和包干村民小组工作方案》等一系列工作方案，对新一轮的创文工作进行详细部署。7月12日，高规格召开创文工作推进会；8月23日召开创建全国文明城市材料申报和实地测评工作培训会。多次专题研究文明城市创建工作。专门成立以县委书记为组长，县长为副组长，相关职能单位为成员的五华县创建全国县级文明城市领导小组；设有综合台账组、督察组、未成年思想组等6个工作小组，并且分别设有办公室，提供专门经费保障创建工作。从相关单位抽调12名创文业务骨干充实到县创文办，完善全县创文机构。县直各机关单位、各镇设有创文办，安排有人员专门负责创文工作，完善全县的创文架构。加强领导力量，建立健全考评推进机制、督导检查机制、全民参与等机制。在具体推进层面，县委书记、县长亲自动员部署，靠前指挥，推行一把手责任制，各分管领导亲自组织，身体力行，形成创建工作的强有力推动格局。各机关单位创建领导小组及其工作班子具体负责创建工作的策划部署、组织协调、检查指导，坚持每周一次例会或工作检查，每季度一次工作总结和部署，形成统一指挥、上下贯通、有权威的创建工作组织领导网络体系。印发《五华县创建全国文明城市测评体系任务分解表》《未成年人思想道德建设工作测评体系任务分解表》等系列文件，把创建任务细分到96个单位、94个网格，定区域、定单位、定人员、定网格、定职责，网格均由相关责任单位领导负责，文明城市、文明镇、文明村居三级联动、形成合力。制定下发创建宣传方案，推进创建“六进”工作，组织和动员全社会力量参与全国县级文明城市创建。在主次干道、广场、公园、公共场所、建筑工地围栏设置公益广告，创建宣传标语。及时更新维护8000多处公益广告设施，坚持每周更新五华创文公众号、五华文明网信息，举办第二届“中国梦·五华美”公益广告创作大赛活动。全年在省、市级媒体推出创文报道37篇，县级媒体开设“创文”专题专栏11个，印发《简报》20多期，发送手机短信80多次，发布新闻975条。实施宣传发动“五进”工程，发放和张贴海报12万余张、倡议书和市民公约27万余份、市民文明手册13万余册，进家入户宣传98万户（次）。五华县创建全国县级文明城市工作取得阶段性成绩，圆满完成省、市文明委对五华县文明城市创建的2018年度测评工作，并获得全市第一的好成绩。

【乡村振兴战略】 2018年，五华县412个行政村实现农家书屋全覆盖，先后建成转水矮车“益塘流域，十里水乡”、潭下“五村联动桃花源”和郭田“红色文化　金色风铃”等美丽乡村示范点，建成鸿云花园、华新村两个“六和”社区示范点。打造沿江中路、华园市场和鸿云社区文明示范街、示范市场和示范社区，打造长乐公园、狮山公园、老河道公园等7个文化主题示范点。在推进"六个一百"工程建设中，以华城镇新一村、城镇村为全县良好村风民风孕育工程示范点，示范带动各镇深入开展良好村风民风孕育工作。

【思想道德教育活动】 2018年，五华县文明办积极做好人民群众的思想道德教育活动，通过开展"我们的节日"主题活动，在春节、元宵、清明、端午等传统假日，各乡镇举办"送戏下乡"、足球赛、篮球赛等丰富多彩的文化体育活动和主题教育实践活动，突出"建设共有精神家园"主题。抓好先进典型的选树。大力开展道德模范、"五华好人""五华道德模范""好媳妇"、新乡贤、最美人物评选；深入实施文明餐桌、文明交通、文明旅游等"八大文明"引导行动；广泛开展文明单位、文明家庭、文明校园创建活动，以典型示范引领社会道德风尚。做好诚信制度化建设。根据《五华县推进诚信建设制度化2018年工作方案》《五华县社会信用体系建设规划（2014—2020年）》的具体要求，坚持把诚信建设贯穿于创建文明城市、文明行业、文明单位等各项群众性精神文明创建活动之中，加强诚信教育开展诚信主题教育活动，设置大型诚信公益广告十余面，诚信文化墙6面；整治诚信缺失，重点整治制假售假、不按时还贷、偷税漏税等行为，税务局、食品药监局、安监局等部门开展诚信缺失突出问题整治120场，对180名失信被执行人通过媒体陆续曝光；强化诚信监督，把诚信建设列入文明单位的考核内容，建立信用信息平台，设立举报电话，对违反诚信的行为进行监督。

【社会志愿服务】 2018年，五华县有各类志愿者队伍80多支，成立5个公共场所和8个社区志愿服务站示范点，广泛开展"学雷锋全民志愿服务""排队礼让　引领风尚""文明中甲赛场"、文明劝导等主题志愿服务活动。五华县志愿者联合会获评"梅州市最佳志愿服务项目"；五华县交通安全护航志愿服务队和五华县退伍军人志愿服务队获评"梅州市最佳志愿服务组织"；五华县华城镇西区社区获评"梅州市最美志愿服务社区"，邓文峰等获评"梅州市最美志愿者"。全年注册志愿者人数26113多人次，注册志愿服务组织和团队132多个，累计开展志愿活动448场次。

【未成年人思想道德建设】 2018年，五华县文明办认真做好未成年人思想道德建设工作，净化未成年人健康成长环境，开展"送法进校园"活动，向水寨中学图书馆赠送新修订《中华人民共和国宪法》200本及反邪教读本、《梅州市客家围龙室保护条例》等一批法治宣传书籍。加大互联网、"黑网吧"整治力度，组织工商、公安、文化等部门联合开展清理非法出版物、整治校园周边环境等专项行动。深化未成年人主题教育实践活动，积极组织开展"学雷锋，做美德少年"网上签名寄语、"向国旗敬礼、做有道德的人""书香校园"读书节等一系列主题活动。2018年度，五华县获评第一季度广东"新时代好少年"1名，梅州市"新时代好少年"6名。抓好乡村学校少年宫建设，根据《五华县乡村学校少年宫建设实施方案》要求，全县6所乡村学校少年宫运营良好，有管理制度、有活动安排、有活动项目、有运行经费保障、有辅导员队伍、有专门的管理人员、有日常活动记录等。

（谢琼杨）

五华县精神文明建设办公室 2018 年度负责人名录

主　任：周惠雄

副主任：钟华清

统一战线工作

【民主政治建设】 2018 年，中共五华县委统一战线工作部（以下简称五华县委统战部）顺利完成 2018 年政协委员的届中增补工作。按照《中国共产党统一战线工作条例（试行）》要求，严格遵照提名推荐和协商决定委员名单程序，进一步规范县政协委员产生和增补办法，针对届中政协委员的人事变动和政协、统战工作需要，对政协委员进行及时调整。2018 年，因工作调整、职务变动共退出政协委员 5 名，增加政协委员 18 名，增加政协常委 3 名。至年底，在党外代表人士中，担任县处级干部 5 人，科级干部 6 人；担任县级医院副职的 4 人；当选县人大代表的 112 人，担任人大常委会委员的 10 人，当选人大常委会副主任的 1 人；担任县政协委员的 177 人，担任政协副主席的 3 人，担任政协常委的 29 人。

【新的社会阶层人士统战工作】 2018 年，五华县委统战部加强对新的社会阶层人士数据库的动态管理。3 月，举办全县新的社会阶层人士学习研讨班，新创建电子商务新的社会阶层人士工作示范点，通过搭建平台、社会覆盖、网络宣传、示范带动、品牌打造等举措，切实抓好已建成的新的社会阶层人士活动交流、“双创”、实践创新示范基地的管理，全力打造更多有影响力、有地方特色的示范点。积极参与市委统战部举办的新的社会阶层人士培训班，增强对新的社会阶层人士的工作能力和方法，为今后更好地做好新的社会阶层人士工作打下基础。

【党外代表人士队伍建设】 2018 年，五华县委统战部通过打造平台，开展形式多样的主题活动，扎实开展党外代表人士工作，努力建设一支高素质的党外代表人士队伍，为当好推动科学发展、促进社会和谐的排头兵提供更加坚实的人才支撑。组织开展统战干部、党外干部培训，有计划、有步骤地加大党外代表人士的培养力度，抓好体制内、体制外两大范畴的党外人士的发现和培养，努力形成数量足、质量高、层次明的党外代表人士梯队。坚持不懈地加强党外干部思想政治、法规纪律、廉洁警示等方面的教育，依托江西瑞金、福建古田等红色教育资源，组织统战干部、党外干部重走长征路、参观革命旧址、聆听革命故事接受党性熏陶，进一步坚定理想信念。组织 21 名统战干部和党外代表人士随同其他县直单位科级领导干部赴瑞金干部学院参加培训学习，帮助党外干部健康成长。按照《中国共产党统一战线工作条例（试行）》文件精神，制定实施《2018 年召开党外代表人士座谈会工作方案》，通过每季度召开一次座谈会，全面了解到各界党外代表人士的困难和需求，并帮助其解决，解决意见建议 16 条。

【非公有制经济领域工作】 2018 年，五华县委统战部按照省、市工商联的工作部署，相继认真细致地开展各项有关非公有制经济企业的调查研究，及时完成上报《企业成本与负债调查》《民营经济企业调查问卷》《民营企业社会责任调查问卷》《制造业民营企业发展状况调查问卷》《“万企帮万村”精准扶贫普查工作》《民营企业上市公司的调查问卷》《民营企业高质量发展调查问卷》等10项相关调研工作，并撰写相应的《调研情况汇报》，特别是通过2次调研，填写调查问卷100多份，认真研究分析调查数据，撰写《五华县关于民营企业高质量发展的调研报告》，提交省、市工商联和市、县主要领导，为他们发展民营企业提供决策依据。做好非公有制经济人士、非公有制企业“两个健康”的宣传报道工作。

【港澳台海外社团工作】 2018年，五华县委统战部大力引导香港五华同乡总会发展壮大，会员人数从200多人增加到400多人；分5批次专程赴香港做好专项工作，并多次邀请香港五华县同乡总会到深圳、到五华开展各项活动，8月，专项邀请香港五华同乡总会“摘星计划”访问团176人到五华开展考察访问活动。针对五华在澳乡贤众多，但社团力量较为薄弱的特点，专门成立工作组赴澳门开展各项工作，全面完成澳门同乡会的筹备工作，引导澳门乡贤成立梅州澳门五华同乡会和梅州澳门五华商会。引进横琴·澳门跨境说网网科技有限公司落户五华。以海峡两岸交流基地为平台，大力开展青年学生、知识精英交流学习活动，继续深化梅台两地交流合作，继续实施“乡贤回乡投资兴业工程”，着力打造梅台两地现代农业合作的新模式示范点，加大广东省汉光超顺农业股份有限公司的基地建设，新增镇级农业基地4个。海外工作方面，加强海外代表人士队伍建设，进一步发挥老一辈华侨的“传、帮、带”作用，大力涵养侨源，促进海外中青年新生力量薪火相传。

【民族宗教事务】 2018年，五华县委统战部通过全面宣传贯彻党的宗教工作基本方针，抓好新修订《宗教事务条例》的学习贯彻和全国、全省、全市宗教工作会议精神的真抓落实。加大对宗教工作干部、宗教界人士的思想教育和学习培训力度，召开3场次由全县相关部门人员参加的宗教联席会议，专题研究宗教事务工作，全面准确掌握当前形势，及时解决热点难点问题。通过引导宗教界自觉践行社会主义核心价值观，着力提升宗教界代表人士综合素质特别是政治素质，始终保持我国宗教的中国化方向。以落实省委巡视组提出的整改意见为契机，针对宗教管理方面存在的问题进行一次大排查，并将排查中出现的问题进行有效、及时的解决，增强党员领导干部的防范意识。2018年，五华县民间信仰态势稳定，民间信仰活动正常。

（曹敏）

中共五华县委统一战线工作部2018年度负责人名录

部　　长： 张爱芳
常务副部长： 李雄青
副 部 长： 李剑文

台湾事务工作

【对台交流交往和联络接待】 2018年，中共五华县委台湾工作办公室（以下简称五华县台办）秉持“两岸一家亲”理念，注重发挥台北市五华同乡会桥梁作用，加强沟通协作，共同努力地解决台胞、台属碰到的各种问题和困难。全年接待回乡台胞150多人次。在文化交流方面，为台北市五华同乡会会刊提供材料15篇，约1.6万字，图片32帧，视频宣传2集，传播五华好声音，提升五华在岛内的知名度和美誉度，增强台湾同胞对祖国“同根同源”的认同感。

【涉台调研】 2018年，五华县台办履行“组织、指导、管理、调查”职能，传达贯彻中央、省、市对台工作会议精神，部署落实对台工作任务。不定期深入到台资企业开展调研活动，主动靠前，及时掌握台企在生产过程中碰到的各种新情况、新问题，并协助台企及时解决一些问题。全年撰写涉台调研文章2篇，为上级台务部门和县委、县政府提供信息，对各项涉台工作作出正确决策提供可靠依据。

【做好服务台胞台属工作】 2018年，五华县台办做好为台胞台属服务工作，积极为在五华县定居的台胞解决生产、生活中碰到的各种困难，依法积极维护在五华县台资企业及台属企业的合法权益，正确引导和帮助他们通过合法途径开展维权活动，重视做好台胞台属来信来访的接访及调处工作，积极为台胞台属提供各种咨询服务。全年到五华县台办咨询涉台遗产继承、在台各种补偿（补助）的申领、涉台婚姻、因私赴台、涉台赡养收养、回大陆定居、到大陆投资、出境入台手续办理等问题100多人次。根据国务院办公厅《港澳台居民居住证申领发放办法》，五华县台办主动靠前服务，深入台企广泛宣传动员，在9月1日实施首日，3名居住在五华的台胞前往公安机关申领办证，共享祖国改革发展的新机遇新成果。

【对台经济工作】 2018年，五华县台办坚定“服务企业就是服务五华发展”理念，认真抓好招商项目的跟踪对接，为企业提供“一站式”“保姆式”服务。对于意向投资企业，主动对接积极沟通，全心、全情、全程进行跟踪服务。全年引入台商林明义在五华注册《珠海横琴高势能环境科技有限公司梅州分公司》，引进台资企业得富（东莞）股份有限公司在河东镇三田村投资5000万元人民币，鼓励支持广东汉光超顺农旅园（黄龙基地）扩大经营，汉光超顺蔬菜产业园（安流基地）于12月28日顺利开园。

【派出专人脱产参加红色体验馆建馆工作】 2018年5月，按照五华县委要求，五华县台办抽调1名干部脱产参加县奥体中心惠堂体育场内梅州五华“铭记光辉历史，传承红色基因”红色体验馆布展工作。如期完成县委下达的工作任务。

（魏新华）

中共五华县委台湾工作办公室2018年度负责人名录

主　任：陈德荣

副主任：江运梅　谢伟贤

县直属机关工委工作

【核心价值观建设】 2018年，中共五华县直属机关工作委员会（以下简称县直机关工委）扎实开展好“两学一做”学习教育活动。按照中央、省、市的统一部署，根据县委“两学一做”学习教育活动要求，成立学习教育领导机构，制定“两学一做”方案，开好动员会，严格按照学习活动方案的规定和要求，组织机关党员干部集中学习8000多人次，召开党性教育、准则和条例教育、积极分子培训等专题学习会5场，切实把“两学一做”教育引向深入。研究制定党员干部理论学习计划，开展学习型党组织创建。根据县委制定的五华县党员干部理论学习计划，结合工委工作实际，认真研究制定2018年理论学习计划，12个系统工委每月轮流组织一次学习会，组织机关党员干部深入学习贯彻以习近平同志为总书记的党中央治国理政新理念新思想新战略，学习《中国共产党章程》和《关于新形势下党内政治生活的若干准则》《中国共产党纪律处分条例》，学习习近平总书记系列重要讲话精神，学习中共十九大精神和五大发展新理念，学习全面从严治党新理论，要求党员干部在理论学习中讲究方式创新，注重提升学习质效；坚持问题导向，破解发展难题；注重知识更新，拓宽理论视野，实现能力提升；在实际工作中系统掌握马克思主义基本理论，提升自己理论水平，自觉运用马克思主义立场观点、方法观察和解决问题，增强工作实效。结合县委县政府创建“国家卫生县城”和“国家文明县城”中心工作，深入开展社会主义核心价值观教育。在今年的“双创”工作中，县直机关各级党组织结合各自单位的创建内容，积极参与县城“双创”工作，在单位网站、网格化责任地段和大厅LED屏等公共场所，筹集资金2.5万元为创文网格化地段——河东镇东溪街和创卫挂点村——大岭上蓝村制作一批广告栏和宣传栏，支持搞好村里的环境卫生和法治建设工作。大力加强以社会主义核心价值观为主要内容的宣传教育，让广大党员干部进一步理解社会主义核心价值观深刻内涵，倡导良好家风，利用微信微博等自媒体，树立社会正气，传递社会正能量。

【思想建设】　2018年，县直机关工委深入开展习近平新时代中国特色社会主义思想的普及教育，把学习贯彻习近平新时代中国特色社会主义思想作为首要政治任务，组织开展机关基层党支部书记、各党工委党建联系人、入党积极分子等各种类型的集中学习培训6场合计650人次，各系统党工委组织开展各支部委员、普通党员全员培训共20多场合计8500多人次。加强党务干部的交流学习，召集县直12个系统党工委专职副书记、党办主任每月轮流组织一次学习座谈会，展开互动学习讨论，形成指导机关党建工作的有效共识。坚持党管意识形态工作，积极开展社会主义核心价值观教育，坚持把意识形态工作作为首要任务，纳入党建工作计划并将具体任务分解到各系统党工委，由党工委负责每月督查一次，并按县委要求，及时做好意识形态工作的季度、半年和一年工作计划和总结的汇报。同时，积极动员各方力量，调集资源，利用单位网站、LED显示屏，筹资制作广告牌、宣传栏和公告栏，广泛宣传社会主义核心价值观。

【组织建设】　2018年，县直机关工委以规范化建设为主题，加强基层党支部党建工作督查。至10月底，从县直机关361个党支部中随机抽查67个基层党支部，重点检查三年来落实“三会一课”制度情况。实施基层党建行动计划，制定和落实党员发展计划，2018 年计划发展党员 71 人；按照“六个着力”要求，从严落实“三会一课”、党员领导干部双重组织生活、谈心谈话等制度；完善党组织生活报告制度，要求各支部在召开支部生活会、党课培训前向系统党工委报批；举办 2 期党务工作者培训学习班和 1 期入党积极分子培训班；健全工委领导牵头抓述职整改事项督促落实制度，适时推行基层党支部书记述职工作制度。

【作风廉政建设】 2018 年，县直机关工委落实中央、省委巡视整改要求，坚决彻底肃清李嘉、万庆良恶劣影响。召开全体党员参加的组织生活会和工委领导班子专题民主生活会，组织专题学习 2 场次。召开巡视整改暨全面彻底肃清李嘉、万庆良恶劣影响专题民主生活会，切实做到两个坚决维护。开展党员纪律学习教育，创新教育模式，每月一次组织中心组学习、每季度一堂专题党课、每年抓好一场纪律作风整顿为主要手段。创新学习模式，组织全体党员专门观看《共产党宣言》等影视片，组织党员同志到丰顺县李坚真纪念馆参观学习。开展机关作风评议活动。研究制定《2018 年五华县机关作风评议实施方案》，要求 16 个镇，76 个县直机关和中央、省、市属驻五华单位发动机关干部深入基层群众，广泛征求群众意见，收集梳理群众反映强烈的党风政风问题。以扎实有效的工作推动五华县机关作风的持续好转。开展党风政风评议活动。研究制定《2018 年县直机关党风政风评议工作方案》，将县卫计局、县民政局、县国土资源局、县住建局、县文广新局、县食品药品监督管理局列为重点受评议单位。开展“民声热线”工作。制定《五华县 2018 年度民声热线上线工作方案》，将县环保局、县水务局、县旅游局、县体育局、县科工商务局、县发改局县卫计局、县住建局、县国土资源局等政府职能单位作为五华县 2018 年度民声热线上线单位。组织相关单位上线，节目安全播出 13 期。

【党建服务】 2018 年，县直机关工委组织开展丰富党员干部的“八小时”以外生活活动。组织县直 12 个系统 220 多名党员干部到河东镇黄湖村开展义务植树活动；组织县直干部职工开展“万人骑行看县城变化”活动；组织 280 多名县直基层党组织支部书记、党务干部分别到转水镇黄龙村、华城镇城镇村体验美丽乡村建设成果；组织“足球进机关”县直单位足球比赛；组织县直机关“迎新年、颂党恩、展新貌”大合唱选拔赛。组织开展“七一”系列节庆活动。举办 1 期 280 多人的“我把身心献给党”积极分子培训班；组织 58 名新党员到红色教育基地——梅林镇古大存故居举行“党员政治生日”入党宣誓仪式，邀请当地老红军为新党员讲革命故事，并在优河村委上一堂党课；组织 30 多名县直机关党务工作骨干到江西省萍乡市举办“坚定执着追理想”党性教育专题培训班；召开一场“共商党是，同谋发展”县直机关党建工作座谈会；号召机关各支部积极开展“户外拓展，体验生活”党员党日活动；要求县直机关各党支部召开“四讲四有”专题组织生活会；开展“结对共建促交流，慰问党员送温暖”活动，慰问一批困难党员，还为 50 年党龄的老党员颁发纪念章。开展机关干部“回乡联村”活动。县直工委派出 4 名干部开展回乡联村工作，同时，成立整顿农村软弱涣散党组织工作队，到长布镇源潭村开展挂钩帮扶整顿工作。

【群团建设】 2018年，县直机关工委强化对群团组织的政治引领，加强与工会共青团、妇联的沟通联系，大力开展“工人先锋号”、“青年文明号”和“巾帼文明岗”等创建活动；以精准帮扶为重点，在机关实施困难党员帮扶计划，困难职工子女金秋助学计划，困难职工帮扶计划，机关女职工安康保障计划，职工医疗互助保障提升计划等。

【整体建设】 2018年，县直机关工委认真落实县委县政府关于新时期精准、精准脱贫工作部署。选派扶贫工作挂村联络员，指导罗湖开展精准扶贫工作。坚持党管武装原则，增强直属机关人武工作活力。认真落实年度的民兵整组，集中培训、兵役登记和征兵任务。

全力推进平安五华创建和社会治安综合治理工作。在广大机关党员干部中宣传省市县各级公安机关“扫黑除恶”行动成果。

中共五华县直属机关工作委员会2018年负责人名录

书　记：江少林

副书记：张政浪　曾利联

保　密　工　作

【简况】 2018年，五华县保密工作在上级保密部门和县委、县政府的重视支持以及县委保密委员会的正确领导下，认真贯彻落实中央、省、市保密会议精神，紧紧围绕县委、县政府的工作部署，以确保国家秘密安全为中心，以贯彻落实保密法纪和党政领导干部保密工作责任制规定为主线，加强保密宣传教育，提高保密防范意识，强化保密管理，积极实施保密监督检查，确保党和国家秘密安全，较好地完成保密工作任务。

【保密宣传教育】 2018年，五华县保密局针对当前部分领导干部保密法治观念淡薄的问题，为绷紧保密思想的弦，把保密思想教育落到实处，切实提高领导干部对保密工作的认识，在县委常委会上对《中华人民共和国保守国家秘密法》进行专题学习，并由县委常委、县保密委副主任进行专题解读。针对当前国家工作人员中存的保密经验不足，保密知识匮乏，“无密可保”、“有密难保”、“保密无用”的麻痹思想，保密局印制《国家工作人员保密手册》发到各相关单位并组织学习，进一步加大保密宣传教育力度，不断强化保密工作的责任感和紧迫感。针对当前扫黑除恶专项行动工作形势，在基层领导干部当中，仍有一部分人员存在保密管理松懈、保密纪律不严等现象，为杜绝失密泄密隐患，五华县采取对县扫黑除恶办领导小组成员、部门以上负责人及全体成员单位相关部门以上负责人签订保密承诺书，着力落实好领导干部的保密责任。开展保密教育讲座，专门邀请市保密局局长对全县的纪委监委干部进行保密形势讲座，并组织观看保密教育警示片，提高领导干部保密意识。

【保密管理工作】 2018年，五华县保密局根据省、市相关政务服务事项标准化梳理工作的相关文件通知精神，认真开展政务服务事项标准化梳理工作，共认领和梳理31项事项，其中行政许可2项、行政处罚8项、行政强制2项、行政检查1项、行政确认3

项、其他行政权力 15 项。根据省、市相关要求，认真校对填报政务服务事项实施清单，及时按照要求修改数据信息。加强涉密载体清查统计工作。转发梅市密局〔2018〕5 号文件，要求各镇各单位按照通知要求，认真做好涉密载体的清查工作，填写相好《涉密载体清查统计表》报县保密局。严防泄密行为，增强保密法规执行力度，对泄密案件和保密违法行为要严格依法依规进行查处。

【技术防范工作】　2018 年，五华县保密局为进一步做好五华县保密工作，加强对计算机及计算机网络信息安全和移动存储介质的保密管理，经县保密委领导同意，保密局印发通知，要求各镇各相关单位必须对各自涉及办理涉密敏感信息文件的部门先行配备一台涉密计算机并安装“三合一系统”。推进保密技术装备强制配备，专门为县党政班子领导干部办公室配备保险箱、密码文件柜、碎纸机等保密设备，提升文件管理的现代化水平。

【自身建设】　2018 年，五华县保密局落实保密工作责任制，按照中央和省、市有关党政领导干部保密工作责任制规定要求，认真落实领导干部保密工作责任制，实行“一把手”负责制，班子成员按照分工管线，负责相关部门的保密工作，坚持业务工作与保密工作同研究、同安排、同检查、同落实，做到职责明确，一级抓一级，层层抓落实，有效促进全县保密工作深入开展。抓好涉密人员管理，实施涉密人员岗位分类确定标准，全面开展涉密人员确定工作。贯彻落实国家有关涉密人员管理的规定，逐步规范涉密人员岗前保密审查，强化涉密人员在岗、离岗和脱密期管理。加强保密系统队伍建设，8 月，选派保密人员前往市保密局参加《基于 RFID（射频识别）涉密载体与设备监管系统操作培训班》，学习掌握监管系统基本操作知识，进一步提升保密技术水平。11 月，派保密人员参加在丰顺召开的梅州市网络安全监管现场会，提升参会人员的网络安全监管技术水平。抓好政治理论学习，认真贯彻落实中共十九大精神、习近平新时代中国特色社会主义思想和习近平总书记考察广东重要讲话精神，认真贯彻落实中央、省、市相关会议精神。召开支部会议，提高保密局党员干部的党性修养，坚定理想信念，强化为人民群众服务意识，提升保密局整体凝聚力和战斗力。

（曹贵彬）

五华县保密局 2018 年度负责人名录

局　长：陈　勇

政 策 研 究

【文稿服务】　2018 年，县委政策研究室紧紧围绕构建 “一核两区三组团”科学发展格局、建设“工匠之乡·宜居五华”的定位，以“贴得紧、跟得上、重创新、有突破”为目标，吃透上情、立足县情、摸清实情，积极参与决策、服务决策，力争为县委决策提供更加全面、更加深入的决策服务，切实充分发挥以文辅政的职能作用。全年共撰写汇报材料 150 多篇，会议讲话材料 100 多篇，向省、市报送材料 90 多篇。

【调查研究】　2018 年，县委政策研究室把调查研究作为工作重点，持续深入开展“大学习、深调研、真落实”活动，牵头开展“贯彻新发展理念，解决发展不平衡不充分的问题”等专题调研。加强对涉及全县经济社会发展重大问题的综合分析研究，特别是围绕乡村振兴、精准扶贫、基层治理等方面的工作，深入县直部委办局、乡镇及重点项目建设现场进行一线调研，全力为推动县域高质量发展提供决策服务。同时，结合中心工作，编印以贴近基层、交流心得、服务大局为主题的《五华政研》4 期。

【深化改革】 2018 年，县委政策研究室主动承担县委各项改革任务，筹备召开全面深化改革领导小组会议，聚焦重点领域和关键环节，牵头出台商事制度、营商环境、医疗卫生等一系列改革行动方案，稳妥有序推进深化改革各项工作。

（张志国）

县委政策研究室 2018 年度负责人名录

主　任：张志军

副主任：凌文娟

新 闻 工 作

【简况】 2018 年，中共五华县委新闻办公室（以下简称县委新闻办）按照县委工作部署，在县委宣传部的具体指导下，围绕中心，服务大局，主要负责县委主要领导的政务活动，向上级媒体撰写上送新闻稿件，传播五华好声音、讲述五华好故事、树立五华好形象、传递五华正能量。全年在《南方日报》《梅州日报》等上级媒体刊登稿件约 140 条次。

【政务活动宣传报道】 2018 年，县委新闻办采写县委主要领导的政务活动新闻约 200 篇，把县委主要领导在政务活动中的指示批示精神，及时传达到各级各部门，展示县委主要领导带头、务实、踏实的工作作风，为全县上下树立榜样；较好地完成县委十三届六次、七次全会、县“两会”的报道，而且以专版专刊的形式，在《梅州日报》和《南方日报》刊登，将县委发展战略部署进行详细解读。

【中心工作主题报道】 2018 年，县委新闻办对中心工作主题报道进行主题报道，如学习贯彻中共十九大精神专题专版报道和学习习近平总书记参加广东代表团和考察广东重要讲话精神专题报道、华城镇城镇村文明新风、以奖代补推进新农村建设、抓党建工作、红色革命遗址建设、村村通自来水、农业现代化建设、乡村振兴、陈少宁脱贫典型、足球小镇项目建设、奥林匹克体育中心项目建设、生活垃圾中转站建设、抗旱、环保督察案件整改、“三宜”城市建设等一系列重点工作、重点项目进行及时宣传，起到较好的宣传效果。

【策划专题报道】 2018 年，县委新闻办及时跟进县委、县政府举办的节会活动和重点中心工作，先后策划乡村振兴现场会、学习贯彻习近平总书记考察广东重要讲话精神书记访谈、学习贯彻习近平总书记参加广东代表团重要讲话精神书记访谈、县委十三届七次全会、全市城乡环保基础设施建设现场会、振兴山区教育、客家音乐节、骑跑两项赛、“一带一路”客家·棕榈杯足球邀请赛、女足四国锦标赛、改革开放 40 周年等专题宣传报道，其中客家音乐节报道新闻阅读量近200万人次；改革开放40周年4个专版，详细介绍40年来五华县发生的翻天覆地的变化；学习贯彻习近平总书记考察广东和参加广东代表团重要讲话精神书记访谈、县委十三届七次全会报道；骑跑两项赛、“一带一路”客家·棕榈杯足球邀请赛、女足四国锦标赛用4个专版的形式，展现五华足球之乡、球王故里的魅力，借助足球赛事把五华推向海内外，全面提高五华的知名度；全市城乡环保基础设施建设现场会，通过主流媒体专版刊登和画册宣传，全面展示县委秉承绿水青山就是金山银山发展理念，打赢污染防治攻坚战的工作成果；振兴山区教育大会通过专版、画册、PPT等载体，不仅展示县委县政府振兴山区教育的成果，也进一步解读下一步的工作谋划，提振全县上下振兴山区教育谋重点民生的信心和决心，收到极佳效果。

【舆论宣传引导】 2018年，县委新闻办先后协调上级媒体有关高级中学学生涉赌、郭田大丰华施工方和群众矛盾纠纷、安流“6·3”劫持人质、棉洋镇洛阳村村干部“优亲厚友”、龙村镇玉磨桥等方面调查采访，澄清事实，以上舆情均未造成负面影响。其中棉洋镇洛阳村村干部“优亲厚友”的舆论发生后，在县委吴晖书记的指导下，县委新闻办全程跟进，在现场调查、稿件采编等方面保持有效沟通，得到省市肯定，展示五华县委县政府果断处理、雷厉风行的工作作风。

【业务交流】 2018年，县委新闻办支持兄弟单位办报办刊。向五华政报、五华发布、五华新闻、五华电视台、五华政研、五华政府网等媒体、杂志，提供一大批新闻稿件、新闻图片。

（张炳锋）

中共五华县委新闻办公室2018年度负责人名录

主　任：张炳锋

党 校 工 作

【干部培训】 2018年，中共五华县委党校按照党校的工作职责要求，联合各部门，扎实推进各类人员的培训工作，和人社部门紧密合作，对全县公务员进行培训、考核，全年培训3000多人。围绕“不忘初心，牢记使命”主题进行系统学习，让广大公务员进一步学习习近平新时代中国特色社会主义思想，坚定理想信念，培养高尚道德品质，加强作风建设，努力做新时代合格公务员。大力开展马克思主义中国化最新成果的理论宣传，选派专职教师参加县委“学习贯彻习近平总书记在参加十三届全国人大一次会议广东代表团审议时的重要讲话精神”宣讲团、“《习近平谈治国理政》第二卷暨构建良好政治生态”宣讲团、“学习宣传《中华人民共和国宪法》宣讲团”，奔赴各镇各系统各单位，深入到村（社）、企业、学校进行宣讲。发挥阵地作用，努力办好各类培训班次，扎实推进干部培训、轮训工作的开展。3月19日至21日，举办全县农村、学校、“两新”和县直机关单位党组织书记学习贯彻中共十九大精神专题培训班第1期，参加培训人数198人；3月22日至24日，举办全县农村、学校、“两新”和县直机关单位党组织书记学习贯彻中共十九大精神专题培训班第2期，参加培训人数247人；3月

29日至31日，举办全县农村、学校、“两新”和县直机关单位党组织书记学习贯彻中共十九大精神专题培训班第3期，参加培训人数160人；4月2日至4日，举办全县农村、学校、“两新”和县直机关单位党组织书记学习贯彻中共十九大精神专题培训班第4期，参加培训人数203人。3月19日至21日，举办五华县镇党委、县直单位党组（党委）书记专题培训班专题培训班，参加培训人数88人。4月19日，举办五华县实施乡村振兴战略专题培训班第1期，参加培训人数174人；4月20日，举办五华县实施乡村振兴战略专题培训班第2期，参加培训人数59人；5月7日至8日，举办五华县实施乡村振兴战略专题培训班第3期，参加培训人数99人。4月26日下午至28日，举办全县科级领导干部学习贯彻习近平总书记重要讲话精神专题研讨班，参加培训人数196人。5月10日至11日、5月17日至18日、5月30日至31日，分别举办全县学习贯彻习近平总书记重要讲话精神集中轮训班3期，共参加培训人数620人。5月22日至27日，举办五华县城乡规划与乡村振兴专题学习培训班，参加培训人数58人。6月10日至15日，举办五华县镇级领导班子成员加强执政能力建设专题培训班第1期，参加培训人数110人；8月13日至18日，举办五华县镇级领导班子成员加强执政能力建设专题培训班第2期，参加培训人数110人。6月25日至29日，举办五华县直单位科级领导干部提升振兴发展能力专题培训班第1期，参加培训人数103人；10月22日至26日，举办五华县县直单位科级领导干部提升振兴发展能力专题培训班第2期，参加培训人数90人。7月9日至13日，举办五华县加强基层党建专题培训班第1期，参加培训人

2018年3月19日至21日，举办“全县农村、学校、‘两新’和县直机关单位党组织书记学习贯彻党的十九大精神专题培训班”第1期

2018年4月19日，举办“五华县实施乡村振兴战略专题培训班”第1期

2018年9月3日至7日，举办“五华县加强基层党建专题培训班”第2期

2018年9月16日至21日，举办“五华县纪检监察干部加强党性修养、提升业务能力专题培训班”第2期

数52人；9月3日至7日，举办五华县加强基层党建专题培训班第2期，参加培训人数103人。7月23日至28日，举办五华县纪检监察干部加强党性修养提升业务能力专题培训班第1期，参加培训人数60人；9月16日至21日，举办五华县纪检监察干部加强党性修养、提升业务能力专题培训班第2期，参加培训人数60人。11月22日至23日，举办五华县科级领导干部学习贯彻习近平总书记考察广东重要讲话精神集中研讨班，参加培训人数108人。11月27日至28日，举办五华县科级领导干部学习贯彻习近平总书记考察广东重要讲话精神集中轮训班第1期，参加培训人数323人；11月29日至30日，举办五华县科级领导干部学习贯彻习近平总书记考察广东重要讲话精神集中轮训班第2期，参加培训人数259人。12月17日至20日，举办番禺区对口帮扶五华县35个省定贫困村党支部书记及村支部书记储备人选专题培训班，参加培训人数80人。

【教学科研】 2018年，中共五华县委党校积极组织全体教师围绕国际国内出现的新情况、新问题、大众关注的热点问题开展理论研究、撰写理论文章，主动承担县委、县政府下达的调研任务。全年全体专兼职教师撰写专业论文、理论文章15篇，其中在省级以上刊物公开发表理论文章6篇。张志强老师主持的课题《夯实农村基层党建，引领乡村振兴战略》于2018年5月获批为梅州市哲学社会科学2018年规划立项课题。

（党校办公室）

中共五华县委党校2018年度负责人名录

校　　长： 钟光振
常务副校长： 张丽红
副 校 长： 黄云新　李启智

五华县人民代表大会

【县第十五届人民代表大会第三次会议】 2018年1月11日至12日，五华县第十五届人民代表大会第三次会议在县城水寨召开。会议应出席代表336人，出席313人，占代表总数93%。非代表的县五套班子领导成员，出席、列席县政协十届二次会议人员，县直部委办局和中央、省、市属驻五华正科职单位主要负责人，政府办副主任，各镇党委书记、镇长、高（完、职）中校长列席会议。特邀请担任过县人大常委会主任、常务副主任的老领导出席大会开幕式。大会议程：1. 听取和审议五华县人民政府工作报告；2. 审议五华县2017年国民经济和社会发展计划执行情况与2018年计划草案的报告，批准五华县2018年国民经济和社会发展计划；3. 审议五华县2017年预算执行情况和2018年预算草案的报告，批准五华县县本级2018年预算；4. 听取和审议五华县人大常委会工作报告；5. 听取和审议五华县人民法院工作报告；6. 听取和审议五华县人民检察院工作报告；7. 选举；8.其他。

监督工作

【民生监督】　2018 年，五华县人大常委会始终把事关改革发展和社会普遍关注的民生问题作为监督重点，精心谋划监督议题，持续改进监督方式，切实增强监督实效。全年听取和评议五华县政府关于住房和城乡规划建设、人力资源和社会保障、卫生和计划生育、司法 4 个政府职能部门专项工作报告，并专题进行满意度测评，提出意见、建议 16 条，督促被评议单位建立问题清单，强化整改落实。五华县人大常委会相关工委及时跟踪被评议单位落实整改情况，并将整改情况向人大常委会报告。集中评议 18 个县政府组成部门的年度工作，根据评议结果，确认各评议单位的评议等次并进行通报，实现对 22 个政府组成部门评议监督的全覆盖，促进政府组成部门进一步主动贯彻落实县委、县政府决策部署，切实履行法定职责，自觉接受监督，努力增强群众满意度。

【法治监督】　2018 年，五华县人大常委会认真做好法治监督工作。1.不断深化执法检查工作，全年开展《中华人民共和国水法》和《广东省实施〈中华人民共和国水法〉办法》《中华人民共和国森林法》《广东省森林防火条例》和《梅州市森林火源管理条例》等法律法规实施情况的执法检查。配合省、市人大开展《中华人民共和国残疾人保障法》《广东省农村公路条例》《梅州市市容和环境卫生管理条例》等法律法规的立法调研和执法检查，开展《梅州市客家围龙屋保护条例》调研和宣讲活动，提升群众的法治观念，增强执法部门工作人员的执法水平，促进相关法律法规在全县有效实施。2.不断加强信访案件督办力度。按照国务院《信访条例》和《广东省信访条例》有关规定，坚持把监督工作与信访工作、转办信访件与跟踪督办、群众上访与人大代表“下访”、信访工作与发挥代表作用、重要信访问题处理与领导亲自督办结合起来，进一步加强信访案件的转办、督办、答复、跟踪工作。全年受理群众来信 75 件，接待群众来访 99 批（次），积极化解社会矛盾，为保障人民群众的合法权益，促进社会和谐稳定做出努力。

【经济监督】　2018 年，五华县人大常委会按照新预算法规定，加强财政预决算监督。不断健全完善全口径预算监督，及时听取和审议财政预算、预算执行、预算调整、决算报告，在实现县级人大与财政和社保部门联网的基础上，不断完善县级预算联网监督系统内容和功能，提高对县本级预算支出的监督实效。

【人事任免工作】　2018 年，五华县人大常委会严格按照党管干部和依法任免干部的原则，坚持任前法律学习考试制度、任前发言制度、现场颁发任命证书和举行宪法宣誓仪式，增强被任命人员的光荣感、责任感和使命感，提高他们依法行政和接受人大监督的自觉性。全年先后决定任命 1 名副县长、代县长，决定任免政府组成部门工作人员 2 人次，任命人大机关干部 3 人次，任命监察委员会干部 6 人次，任免法院干部和人民陪审员 14 人次，任免检察院干部和检察员 4 人次，接受 3 名代表辞去市人大代表职务和 2 名代表辞去县人大代表职务，补选 6 名市人大代表和 3 名县人大代表。

代 表 工 作

【代表议案建议办理工作】 2018 年，五华县人大常委会大力推进代表议案建议办理工作。在县十五届人大三次会议上，代表们共提出议案、建议 37 件。为办好这些议案和意见建议，及时召开交办会议，落实好承办单位，联合政府督办室每月跟踪督查办理情况，并按时将办结情况书面答复代表，代表对承办单位办结情况满意率 80%。代表们根据全县经济社会发展的新情况和新变化，提出《关于五华县学位供给情况和大班额情况的调研报告》《关于县城饮用水源保护的建议》《关于对水寨大桥实施有效保护的建议》。在广泛调研的基础上，提出《关于在我县县城规划建设公众游泳场馆的建议》，县相关部门高度重视，拟规划在大湖堤新建可供教学、教练的游泳场馆，解决群众需求。

【代表履职保障工作】 2018 年，五华县人大常委会坚持代表主体地位，高度重视代表工作，积极为代表发挥作用创造条件、提供保障，推动代表工作规范化、常态化。1.拓宽代表履职渠道。分期分批组织省、市、县、镇人大代表开展五华县推进“一门式一网式”政务服务模式实施情况、镇村生活垃圾中转站建设、梅蓄项目建设等工作的视察和调研，更好发挥代表履职积极性。2.加强与镇级人大的联系指导。帮助各镇人大健全完善代表联系群众、代表小组活动、代表履职保障等工作制度，进一步加强各镇人大工作和建设，使各镇人大工作职责明确、有章可循，实现制度化、规范化。3.积极开展“我为民，我履职，我行动”代表主题活动。根据广东省人大常委会办公厅《关于开展“更好发挥人大代表作用”主题活动方案》，8 月 29 日，全省统一开展“更好发挥代表作用”主题活动，500 多名工作或居住在五华县的省、市、县、镇人大代表通过学习培训、视察调研、走访选民、座谈交流等方式，开展代表活动。活动期间，收集意见建议 106 条，帮助解决 88 条，切实发挥代表的职能作用，唱响“我为民，我履职，我行动”代表履职主旋律，社会反响良好。委托各镇人大组织各级人大代表每月 25 日到各镇代表联络室开展密切联系群众活动。全县 16 个镇代表联络室共组织 1000 多名省、市、县、镇人大代表听取村（居）委、基层群众的意见和建议，帮助群众排忧解难，接访选民群众 225 人次，受理信访案件 133 件，解决 109 件，为化解基层矛盾、维护社会稳定做出努力。4.认真做好市七届人大会议的服务工作。2018 年梅州市七届人大三次至五次会议期间，人大常委会机关认真为大会和五华代表团做好各项服务工作。五华代表团的各位代表，都能从讲政治的高度和对党、对人民负责的态度，在政治上、思想上、纪律上、行动上与市委保持高度一致，保证大会各项议程特别是选举议程的圆满成功。

【代表学习培训】 2018 年，五华县人大常委会加强代表履职培训。以《中华人民共和国宪法》《中华人民共和国地方各级人民代表大会和地方各级人民政府组织法》《中华人民共和国全国人民代表大会和地方各级人民代表大会代表法》《中华人民共和国监察法》《中华人民共和国各级人民代表大会常务委员会监督法》《中华人民共和国选举法》等为培训的主要内容，逐步对代表采取集中授课、以会代训、外出学习等形式进行履职培训。全年组织2次共91名市、县代表参加省人大举办的代表履职学习远程教育培训班，组织15名市人大代表和9名县人大代表到全国人大代表培训基地参加履职培训。邀请市人大选工委领导为五华县全体代表授课，提升代表履职意识和履职能力。

机关建设

【政治建设】 2018年，五华县人大常委会坚持把加强理论学习作为一项长期的政治任务来抓，年初研究制定学习计划，扎实开展“两学一做”学习教育，坚持常委会领导专题辅导与干部职工集中学习相结合，深入学习习近平新时代中国特色社会主义思想，学习习近平总书记考察广东重要讲话精神和系列重要指示批示精神。党组成员带头到所在党支部或挂点基层单位党支部讲党课，学以致用，学用结合。组织部分常委会组成人员、机关党员干部到红色教育基地开展主题党日活动，重温入党誓词，切实增强做好新常态下人大工作的责任感和使命感，努力创建学习型、服务型、高效型、廉洁型的人大机关。

【党风廉政建设】 2018年，五华县人大常委会加强作风转变，服务中心工作，严格落实党风廉政责任制和中央八项规定精神，切实抓好中央和省委巡视反馈整改工作，按时召开专题民主生活，持续深入整治“四风”老问题和新表现，认真开展谈话提醒活动，坚决全面彻底肃清李嘉、万庆良恶劣影响，教育引导党员干部知敬畏、存戒惧、守底线。围绕全县中心工作，派出2名干部分别担任贫困村第一书记和工作组长，组织人大常委会领导和机关干部职工认真参与创建国家卫生县城和文明县城、开展“美丽梅州·美好家园”创建、平安建设、安全生产等工作，树立服务基层、服务群众、服务代表的工作导向，推动人大机关干部履行好岗位职责。

【平台建设】 2018年，五华县人大常委会加强平台建设，拓宽宣传渠道。积极通过微信群、微信公众号，加强对人民代表大会制度、代表履职情况、审议工作情况、视察调研、执法检查等活动的宣传，及时将人大常委会的决议、决定向社会公布，为代表营造良好的履职氛围。加强机关信息化建设，坚持为县人大代表订阅《人民之声》，认真办好常委会《会刊》和《文件汇编》，进一步提升人大工作宣传力度和机关政务服务水平。引导全县1614名省、市、县、镇人大代表积极参与广东省人大政务微信平台建设，扩大政务信息的覆盖范围，让信息更加透明化。

（刘雪玲）

五华县人大常委会2018年度领导名录

主　任：邓伯锦

副主任：李伟华

曾冬云（女）

李永浩　李清昌

温志清　张少凡

五华县人大常委会机关各室（委）负责人名录

办公室

主　任：李文高

副主任：林国标

农村工作委员会

主　任：魏少洲

副主任：高东贤

财经工作委员会

主　任：黄叨明

教科文卫工作委员会

主　任：谢运新

副主任：曾小霞（女）

法律工作委员会

主　任：魏晓斌

选举联络人事任免工作委员会

主　任：何枢球

副主任：李　云

城乡建设环境与资源保护工作委员会

主　任：张伟强

副主任：魏炎良

五华县人民政府

重要会议、活动简述

1月9日，中国共产党五华县第十三届委员会第六次全体会议在县城召开。县委副书记、县长吴晖就经济工作作专题讲话。

1月11—12日，五华县第十五届人民代表大会第三次会议在县党政大楼大会堂开幕。县长吴晖向大会作《政府工作报告》。

1月15日，五华县监察委员会正式成立并举行挂牌揭幕仪式。

2月27日上午，全县防范打击制毒犯罪工作现场会在龙村镇召开。县长、县禁毒委主任吴晖出席会议并作讲话。

3月13日，五华县召开创建全国县级文明城市动员大会，正式启动创建国家县级文明城市工作，县委副书记、县长吴晖主持会议并作讲话。五华县力争通过三年的努力，争获“全国县级文明城市”提名资格，并努力争创“全国县级文明城市”。

3月19日，五华县坚决全面彻底肃清李嘉、万庆良流毒影响干部大会暨镇党委、县直单位党组（党委）书记专题学习培训班在县党政大楼大会堂举行。县委副书记、县长吴晖作专题辅导。

3月28日，五华县学习贯彻习近平总书记重要讲话精神暨全国“两会”精神大会在县党政大楼大会堂召开。县委副书记、县长吴晖主持会议并讲话。

4月2日，五华召开全县领导干部大会，宣布省委关于县委书记任职的决定：吴晖任五华县委书记。

4月26日，全县正科级领导干部学习贯彻习近平总书记重要讲话精神专题研讨班在县党政大楼大会堂开班。县委书记、县长吴晖传达市专题研讨班精神并作动员讲话暨主题报告。

5月3日，五华县召开全县镇村生活垃圾分类中转站建设现场会，学习借鉴先进经验，督促后进抓进度抓落实。县委书记、县长吴晖出席会议并作讲话。

5月24日，全县县直机关干部回乡联村活动动员大会在党政大楼大会堂举行，会议总结2017年县直机关回乡联村的工作成效，并布置2018年回乡联村工作。2018年选派431名县直机关领导干部联系120个村。县委书记、县长吴晖出席会议并作讲话。

7月3日，广东省硬笔书法名城（五华）授牌仪式在县城举行。

7月11日，以“智慧新警务、护航新发展”为主题的2018五华公安警察开放日暨显性用警启动仪式在五华县长乐公园举行。

8月9日，全县推进巡视整改工作动员会议召开。县委书记、县长吴晖对推进巡视整改工作作出全面部署。

8月22日，五华县委、县政府领导班子召开巡视整改暨全面彻底肃清李嘉、万庆良恶劣影响专题民主生活会。

8月26—27日，广州市番禺区委副书记、区长陈德俊率番禺区党政代表团到五华县考察对口帮扶工作，并召开番禺·五华对口帮扶及精准扶贫工作联席会议。县委书记、县长吴晖参加考察活动。

9月10日，五华县振兴山区教育暨庆祝2018年教师节大会在水寨中学体育馆举行。县委书记、县长吴晖出席会议并作讲话。

9月29日至10月1日，2018年梅州客家(HAKKA)音乐节在梅州市五华县长乐文化广场盛大开演。

10月17日，五华县在县党政大楼大会堂召开全县乡村振兴工作会议。县委书记、县长吴晖出席会议并作强调讲话。

10月17日，全县领导干部党章党规党纪教育学习班开班。县委书记、县长吴晖作纪律教育专题报告。

10月26日，五华县委、县政府在县党政大楼大会堂召开隆重表彰大会，授予张运枚、陈秀英等77名环卫工人“五华县优秀环卫工人”荣誉称号。县委书记、县长吴晖出席会议并作讲话。

10月31日，五华县召开全县领导干部大会，宣布梅州市委关于五华县人民政府主要领导职务调整的决定：朱少辉任中共五华县委委员、常委、副书记，提名为五华县人民政府县长候选人；吴晖不再担任五华县人民政府县长职务。

11月2日，五华县召开全县干部大会，传达学习贯彻习近平总书记考察广东重要讲话精神，以及省、市相关会议精神，强调要迅速掀起学习宣传贯彻热潮，切实把思想和行动统一到习近平总书记考察广东重要讲话精神上来，确保习近平总书记重要讲话精神在五华落地生根、开花结果。县委书记吴晖作专题辅导，县委副书记、代县长朱少辉主持会议。

11月9日，五华县第二届电商节暨农产品展销会在县技工学校隆重开幕。五华县委副书记、代县长朱少辉出席开幕式。

11月15日，广东省副省长黄宁生率省有关部门负责同志到五华县调研足球改革发展和民政工作。县委书记吴晖等陪同调研。

11月22日，全县乡科级正职领导干部学习贯彻习近平总书记考察广东重要讲话精神专题研讨班在县党政大楼大会堂开班。县委书记吴晖作开班动员讲话暨主题报告，县委副书记、代县长朱少辉主持开班式并传达市专题研讨班精神。

11月23日，梅州市长张爱军一行到五华县调研梅蓄项目建设情况，县委副书记、代县长朱少辉陪同调研。

11月30日，全县生态环境保护大会在县城召开。吴晖、朱少辉等县领导参加。

12月5日，五华县召开民营企业座谈会，深入贯彻落实习近平总书记考察广东重要讲话精神和习近平总书记在全国民营企业座谈会上的重要讲话精神，倾听企业家们的心声。县委书记吴晖出席会议并作强调讲话，县委副书记、代县长朱少辉主持会议。

12月11日，五华县人民检察院荣获“全国检察机关集体一等功”授牌仪式在该院举行。

12月12日，五华县推进“美丽梅州·美好家园”城乡环境大提升行动动员大会在县城召开。县委书记吴晖出席会议并作讲话。

12月27日，五华县“客家菜师傅”工程暨“个十百千”创新创业活动正式启动。

12月28日，广东汉光超顺蔬菜产业园（梅州五华安流基地）正式开园。

12月29日，五华农村商业银行正式挂牌营业，五华县农村信用社成功改制为农商银行。

五华县人民政府2018年度领导名录

县　长：吴　晖（任至10月）

代县长：朱少辉（10月任）

副县长：曾光华　黄春雷

刘敬东　温燕玲

赖　勤　甘飞鸿

谢国泉

五华县人民政府办公室工作

【办文、办会、办事】 2018年，五华县人民政府办公室严把公文办理关，切实提高公文质量。全年共发出政府文件375件，其中华府文31件、华府报31件、华府函116件、华府工纪135件、华府常纪13件、华府案9件、华府行复决16件、华府行决15件、华府规备字4件、华府征5件；办公室文件240件，其中华府办15件、华府办函212件、督办通报2件、华府办会函11件；收发处理传真1000多件，处理上级来文4396件；处理群众来信来访和上级批转信件308件。认真做好来人接待、领导调研及会场会务的安排等工作。全年共制订上级来人接待、调研活动方案等203个，组织以县政府、县府办名义召开的会议496场。

【调研、综合、信息工作】 2018年，五华县政府调研室围绕中心工作和主要领导要求，积极开展系列专题调研，坚持把精品意识贯穿到每篇文稿的起草中，认真起草《政府工作报告》、经济工作讲话、县政府领导讲话稿和会议纪要等材料；做好资料的收集综合工作，加强与各镇和县直部门的沟通联系，及时了解掌握各镇各部门的工作动态，及时收集整理全县重要的社情、民情，汇总上报给县政府领导，为领导掌握下情提供保障；对社会经济发展变化趋势进行认真分析、综合，每季度形成一篇经济形势分析材料，为领导的决策提供信息服务，努力做好参谋助手。

【公共服务中心工作】 2018年，五华县“马上办”政务服务模式改革持续深化，572个事项取消收取申办人身份证复印件，450个行政审批事项实现“最多跑动一次”的目标，精简申请材料事项581项。基层公共服务中心更加规范，全县镇级公共服务中心实行统一考勤管理，窗口服务质量和业务量不断提升，村级业务扎实推进，通过网上系统的办理的业务 71776 件。标准化应用水平不断提升，大力开展政务服务事项“十统一”标准化梳理工作，共梳理事项 6860 项，提高服务事项规范性、办事指南准确性。“12345”政务服务热线管理日趋完善，开通镇一级工单办理权限，完善智能咨询资源库常见问题信息录入，梳理整合各类对外咨询投诉电话，做到“一号对外”“一站式服务”，共受理和回复工单 2577 张。惠民信息公开进一步优化升级，在原有基础上新增数据分析、新农村建设资金公开、扫黑除恶举报等功能，共进驻 14 个政府惠民职能单位，落实惠民政策 41 项，累计发布惠民补贴信息 409.6 万条，监管资金额 16.4 亿元，受益人群 317 万人次。

【人防工作】 2018 年，五华县人防办公室规范人防工程的报建、验收和人防易地建设费的收支工作。共办理人防报建 184 宗，收取人防易地建设费 1031.7 万元，报建人防工程 10 单、面积 60514 平方米，人防工程备案 3 单、面积 15540 平方米，人防易地建设费全部直接缴交到县财政专户，实行收支两条线管理。加强对通信警报系统建设维护工作。增加 6 台固定防空警报器，全县防控警报器维护得到加强，并在县城成功进行防空警报试鸣。加大宣传执法力度。加大人防结建相关的法律、法规的宣传力度，采取多种形式开展人防知识“五进”活动，在东方花园、碧桂园等 6 个社区制作人防宣传栏 6 个、制度牌 30 个、标识引导牌 36 个，超额完成挂牌宣传任务；通过五华电视台、电影公司播放《居安思危　备战人防》科教片；做到依法行政、规范运作，全年共抽查在建工地 25 宗，对 4 宗未完成人防工程施工单位发出通知要求限期整改。

【打私执法工作】 2018 年，五华县不断研究和探索反走私综合治理的新途径、新模式，加强反走私宣传，设立打击走私宣传牌，公开举报电话，在各镇设摊开展打私现场宣传活动，给商户上门发放反走私宣传小册子等资料；加强市场监管，及时召开打私工作联席会议，深入企业和市场门店开展市场调研，开展精准打私；扎实开展打击走私“国门利剑 2018”和打击洋垃圾走私“蓝天 2018”专项行动，以及打击成品油、毒品、野生动物走私等专项行动，全年共组织 22 次综合突击检查。

【督查工作】 2018 年，五华县督查办公室以县政府中心工作、上级交办、县领导交办、重点工作、民生实事等方面为重点，全年共督促落实县政府常务会议纪要决议事项 13 次，领导批示件 224 件，编发情况通报 30 期，发出督办通知书 21 件。做好县人大代表建议议案、政协委员提案的交办和跟进工作，共办理人大代表建议 37 件、政协委员提案 26 件。“十件民生实事”基本完成，50 小项惠民政策措施有效实施；牵头协调各单位大力开展禽畜养殖污染、水污染治理、县城城中村环境卫生等“十大专项整治”，城乡建管秩序不断规范，经考核，基本完成整治任务。

【信息中心工作】 2018 年，五华县信息中心不断完善政府信息公开工作，将“五公开”落实到办文办会中；推进各镇各单位信息公开制度化规范化；依法规范政府信息依申请公开，全年受理依申请公开16宗，按期办结并录入16宗。紧抓政府网站管理，全年针对重点信息公开栏目和政府信息公开目录进行9次检查；全年通过政府网站主动公开信息共3751条，点击率220万人次。做好政府大院网络和无纸化会议系统的日常维护管理，提供高速稳定的通信保障。大力推进“数字政府”改革建设，推广宣传“粤省事·梅州”，印制发放宣传小册子、易拉宝、海报等20多万份，深入镇、村及部门开展专题宣传培训活动16场次，在《梅州日报》、“五华一线”进行专题报道；完善“粤省事·梅州”服务功能，推动实现惠民政策事项上线“粤省事·梅州”，解决群众“申请难、申请烦”的问题。

【应急管理工作】 2018年，五华县进一步完善基层应急管理和应急预案体系建设，认真开展应急演练活动，有序有效开展应急宣教培训，修订专项预案3个、部门应急预案2个；组织开展县级专项预案演练28场，应急宣教活动14场。坚持应急救援队伍建设专业化和社会化相结合，全县共成立专业、半专业、志愿者应急救援队伍23支。认真做好县委县政府总值班室工作，严格履行日常值守职责，依法、及时、妥善处置各类突发事件，共接转省、市领导批示件、办理不稳定信息、公安要情，上级来华报告、领导外出报告、山火信息报告、上报突发事件信息、发布预警信息1100多条。在梅州客家音乐节和梅州市棕榈客家杯“一带一路”国际足球邀请赛成立现场应急处置联合值守指挥部，起到关键作用和得到领导好评。

【金融服务工作】 2018年，五华县金融业平稳运行。全年金融机构本外币各项存款余额约300亿元，金融机构本外币各项贷款余额125亿元，存贷比41.67%。农商行改制工作圆满完成，于12月29日顺利挂牌营业；结合扫黑除恶，大力抓好打击和防范非法集资宣传教育工作；农房抵押贷款试点工作初见成效，全县累计发放农房抵押贷款332笔、金额2.08亿元，余额1.46亿元，农村宅基地确权登记29528户；金融生态环境继续优化。建立政银担企融资对接平台，积极扶持企业发展。全县暂未发现金融风险，小额贷款公司和惠民村镇银行不良贷款率均为0，远低于5%的监管指标。

五华县人民政府办公室2018年度负责人名录

主　任：陈群添

副主任：李　权

张思伟

张志远

温伟雄（8月任）

党工委专职副书记：温伟雄（任至8月）

综合政务服务管理

【简况】 2018年，五华县综合政务服务管理办公室以改进工作作风、优化政务环境为工作重心，持续深化“放管服”改革，深入推进“马上办”政务改革，全县政务服务效能不断提升。

【“马上办”政务服务模式改革】 2018年，五华县深入开展“减证便民”，取消涉及群众办事创业证明盖章事项21项，572个事项取消收取申办人身份证复印件，450个行政审批事项实现“最多跑动一次”的目标，各单位审批服务流程统一整合为“受理、审查、决定”3个环节，精简申请材料581份，缩减办理时限事项267项。全县新下放五华县食品药品监督管理局的13个事项到各镇、片区管理服务中心办理，下放29项公安局事项至水寨、安流、华城镇派出所办理。加快推进“数字政府”建设，大力开展政务服务事项“十统一”标准化梳理工作，广东政务服务网上线事项6858项。在五华县大力宣传、推广“粤省事·梅州”移动政务服务平台。统一申办受理平台应用水平不断提高，2018年网上审批的业务量71776件。持续推进商事登记领域改革，探索建立涉企服务协商机制，不断优化营商服务环境，激发市场主体活力。

【五华县公共服务中心日常管理】 2018年，五华县综合政务服务管理办公室积极做好五华县公共服务中心日常管理。1.建立完善窗口工作管理制度，公共服务中心全面启用电子绩效管理系统，实行统一出勤纪律管理，以指纹考勤、视频监控、日常巡逻等为抓手进行日常管理，纪律意识不断提升。2.做好“12345”政府服务热线工作，建立健全各项管理制度，抓好各镇、各单位的工单落实，开通镇一级工单办理权限，顺畅工单流转渠道，对不满意工单进行回访，努力做到件件有着落、事事有回音。全年受理和回复工单2577张，按时回复率100%。3.做好行政服务效能投诉工作，对群众投诉件和“不满意”评价及时核实，督促跟踪相关部门落实群众投诉，梳理完善对外咨询投诉电话，进一步规范系统平台管理使用，切实提升行政效能和作风建设。全年处理行政效能投诉件64单。

【升级惠民信息公开平台】 2018年，五华县加大对县惠民信息平台监管的力度，对平台功能进行升级，将新增数据分析、新农村建设资金公开、扫黑除恶举报等功能，并组织多次业务培训，完善惠民信息平台的数据建设，持续保障县惠民平台建设工作落到实处，惠及百姓。平台已进驻14个政府惠民职能单位和 41项惠民政策，累计发布惠民补贴信息409万条，监管资金额16.4亿元，受益人群3.17万人次，发送惠民补贴短信20931条。

（廖裕婷）

五华县综合政务服务管理办公室2018年度负责人名录

主　任：张云中

副主任：黎华媚

陈　锋

民族宗教、港澳事务和外事侨务

【简况】 2018年，五华县民族宗教和外事侨务部门认真做好海外联谊工作，全年接待华侨、华人、港澳同胞和团体4批365人次；接受华侨、港澳同胞捐建兴办公益事业人民币85.2万元,历年累计2.8989亿元；组织发动广大宗教界人士共筹集资金10.1万元，用于开展扶贫济困活动；办理因公出国赴港澳人员13批18人次。

【联心联谊】 2018年，五华县民族宗教和外事侨务部门先后接待到五华访问、观光的华侨、港澳同胞和团体4批365人次。如8月9—10日，香港五华同乡总会会长吴彩华率“摘星计划”访问团96人到五华县开展考察访问活动，其间与县足球队进行足球友谊赛，并慰问3名考上本科的贫困学生，每人每年资助6000元，直至其完成本科学业；11月23—24日，香港五华同乡总会副会长陈长有率香港大埔黄宜坳村探访团30多人到五华县考察访问，期间慰问水寨镇罗湖小学师生；11月29—30日，香港中华基督教会基道学校师生116人和香港培英中学师生73人，一同到五华县兴华中学开展交流活动；12月7日，全国政协委员、香港广东青年总会主席、香港梅州总商会会长曾智明，率梅港青年足球交流团一行50人，到五华县考察交流。积极开展交流访问活动。1月27—28日，五华县民族宗教和外事侨务局局长郑遂方陪同县领导出席香港五华同乡总会年会，拜访旅港乡贤；6月22日，郑遂方陪同县领导出席香港五华同乡总会第八届会董就职典礼。11月26日，郑遂方陪同县领导出席香港举行的港区市县政协委员座谈会。

【捐资引资】 2018年，五华县民族宗教和外事侨务部门发动侨胞、港澳同胞慷慨解囊，热心家乡公益事业，支持家乡社会各项事业，全力推动五华加快振兴发展。如旅新西兰华侨、广东省瑞华集团有限公司董事长兼总经理卓定华，向五华县教育基金会捐资83.4万元，用于奖学助学。香港五华同乡总会“摘星计划”资助3名考上本科的贫困学生1.8万元，每人6000元。

【为侨服务】 2018年，五华县民族宗教和外事侨务部门开展贫困归侨节前慰问活动，走访慰问贫困归侨3户，并为150人发放冬衣；落实2018年度贫困归侨扶贫救助补助金，共落实符合条件的归侨困难户27户、发放专项资金12万元；重视做好涉宗教、涉侨、涉港澳信访维稳工作。认真开展民族宗教和外事侨务综治平安创建工作，加强矛盾纠纷排查工作调处力度，及时有效化解宗教界、侨界群众信访问题，扎实推进依法治理。全年受理侨界来信2宗5人次，涉及房屋拆迁、侨房、政策咨询、生活困难等，全部给予回复或办结。

【依法管理宗教】 1. 2018年，五华县民族宗教和外事侨务部门继续推进抵御境外宗教渗透工作，组织人员深入各镇各宗教活动场所，对境外宗教团体和非政府组织及人员对全县宗教组织渗透情况进行全面摸排清理，加大监管力度，对境外宗教组织和人员进行重点监管。对以往专项整治重点人物场所对象进行座谈，防止其死灰复燃、改头换面、另起炉灶，彻底铲除其再生土壤。2. 全面完成宗教活动场所社会信用代码赋码工作。全县93个宗教活动场所取得统一社会信用代码，并重新印制发放新“宗教活动场所登记证”，为有效推进宗教活动场所的规范化管理夯实基础。3. 积极推进宗教活动场所“四进”（即中华人民共和国国旗、宪法和法律法规、社会主义核心价值观、中华优秀传统文化进宗教活动场所）工作，加强对教职人员和信教群众的教育引导，不断增强国家意识、法律意识、公民意识，坚持宗教中国化方向，根据上级相关文件精神，积极推进县内各宗教活动场所开展“四进”活动实现常态化。4. 积极学习宣传贯彻落实新修订《宗教事务条例》。新修订《宗教事务条例》于2017年6月14日修订，2018年2月1日起施行，五华县民族宗教和外事侨务局高度重视新修订《宗教事务条例》的学习宣传，及时部署，把学习宣传贯彻新修订《宗教事务条例》当作当前和今后一个时期宗教工作的重点内容。5．民间信仰试点管理工作。组织人力对全县各镇民间信仰情况进行全面翔实的调查，据初步掌握，全县民间信仰场所100多间，其中挑选代表性的华城天妃庙、水寨玉茶李魁千长仁爷、安流慧善寺等进行试点管理。6.做好宗教活动场所安全生产工作。制定安全生产方案，调整安全生产领导小组，全年由该局主要领导带队，先后到93间宗教活动场所进行安全工作大检查，并与各宗教活动场所签订安全生产责任书，着重检查宗教场所的消防、食品、建筑、大型宗教活动安全措施，实地检查斋堂、厨房、柴房、重点殿堂的消防安全工作情况，对是否配备消防器具、应急疏散通道是否畅通、明火高香是否入殿，电路铺设及电器使用是否规范等进行细致检查，对发现的问题当场提出整改意见，建立整改台账，要求寺内相关负责人立即整改，切实消除安全隐患。

【扶贫济困】 2018年度,五华县民族宗教和外事侨务局在巩固挂点村潭下镇中村村精准扶贫精准脱贫工作成效的基础上，筹措资金3.5万元为做好精准扶贫精准脱贫工作提供保障。做好2018年度贫困户脱贫工作，按照贫困户个人意愿，结合村实际情况，引导贫困户发展种、养产业。开展全省“扶贫济困日”活动。组织发动机关干部职工，为慈善会捐款2900元；发动宗教界开展“扶贫济困日”和“宗教慈善周”活动，宗教团体和个人共捐款10.1万元；同时，向港澳发出倡议书，发动港澳同胞为五华县扶贫济困活动出力。

（冯少达、邓浩）

五华县民族宗教和外事侨务局2018年度负责人名录

局　长：郑遂方

副局长：古寿森　张丽阳　吴英祥

五华县归国华侨联合会2018年度负责人名录

主　席：古寿森

副主席：梁国平

政协五华县委员会

【县政协十届三次会议】 2018年1月10日至11日，中国人民政治协商会议五华县第十届委员会第三次会议在县城召开。县委书记范宜军、县长吴晖等县委、县人大、县政府、县纪委和人武部部长、法检两长参加开幕大会和闭幕大会；历届政协主席应邀参加了开幕大会。县政协主席叶天泉代表政协五华县第十届委员会常务委员会作工作报告，县政协副主席刘冠鹏代表政协五华县第十届委员会常务委员会作提案工作报告；会议听取并讨论县长吴晖所作的县政府工作报告。会议审议通过政协常委会工作报告和提案工作报告，协商并赞同县政府工作报告及其他报告。会议增选张伟雄为政协五华县第十届委员会常务委员会委员，审议通过政协五华县第十届委员会第三次会议决议。

【理论学习】 2018 年，五华县政协始终把加强政治理论学习摆在首位，广泛凝聚思想共识，筑牢团结协作共同政治基础。深入开展学习研讨，突出抓好中共十九大精神和习近平新时代中国特色社会主义思想、《习近平谈治国理政》、习近平总书记在广东代表团和考察广东重要讲话、新修订的《中国共产党章程》《中华人民共和国宪法》《中国人民政治协商会议章程》《中国共产党纪律处分条例》和上级重要会议精神等政治理论、法律法规的学习贯彻。切实提高政治站位，严格按照“三个决不允许”的要求，旗帜鲜明地贯彻落实中央和省、市、县委关于全面彻底肃清李嘉、万庆良恶劣影响的决策部署，认真开好专题民主生活会，针对中央和省委巡视反馈的问题以及自身存在的不足，进行深刻查摆分析，逐项落实整改措施，严明了政治纪律、政治规矩。

【队伍建设】 2018 年，五华县政协加强机关效能建设，规范机关管理，执行力得到有效提升。强化政协专委会建设，提高联系委员、团结界别的能力，为委员履职尽责、提交提案、反映社情民意提供更多途径。完善委员履职服务机制，制定委员履职工作规则，强化履职动态管理，激发委员履职的积极性、主动性、创造性。不断拓展委员履职平台建设，积极探索委员工作室运行机制，注重突出界别特色，策划开展形式多样的活动，进一步加强政协组织的凝聚力、向心力。提案委、文史委又分别在华城、安流建立委员工作室，并挂牌开展活动，广州、深圳、香港委员工作室的筹建工作扎实推进。

【民主协商】 2018 年，五华县政协认真贯彻落实新发展理念，紧扣全县改革发展重大问题，发挥政协作为专门协商机构的作用，先后召开全会 1 次、常委会 4 次、主席会 12 次，就农村人居环境整治、基层医疗卫生建设、人才引进、文化旅游、教育硬件等民问题进行议政协商、专题协商、界别协商，提出的意见建议得到县直职能部门的采纳回应，推动县委、县政府决策部署的民主化、科学化、精准化。

【调研视察】 2018 年，五华县政协重点围绕全县生态宜居、美丽乡村建设、精准扶贫、农村生活垃圾中转站建设和落实中央第五环保督察组督察整改“回头看”工作等专题，开展专项视察，提出有针对性的意见建议，形成调研成果报告，为县委、县政府及相关职能部门决策提供重要参考，有力助推县委、县政府重大决策部署和重点工作的落实。其中《关于加快生态宜居美丽乡村建设的调研视察报告》等 4 个调研视察报告得到县委书记批转，县农办、人居办、城综局、环保局、住建局、畜牧局等职能部门对视察报告提出的建议，认真研究，结合实际制定措施，抓好落实，提高脱贫攻坚成效，促进环保督查案件的调处和反馈意见的整改落实，加快推进全县生态宜居美丽乡村建设步伐，有力推动全县重点工作扎实深入开展。

【提案督办】 2018 年，五华县政协坚持把提案办理作为民主监督重要形式，采取情况通报、专项督办和办理工作“回头看”等方式，通过提案提出意见、批评、建议，不断加大提案督办力度。县委、县政府把政协提案办理情况列入全县年度考核内容，对重点提案进行专项督办，增强提案办理实效。李庆泉等委员《关于要求在五华桥、琴江桥、华兴桥设立人行通道》的提案，县公路局认真办理，人行道设置工作有效落实。全年收集提案 38 件，立案 26 件，交办承办单位 19 个，提案办复率 100%，委员满意率 100%。

【民主监督】 2018 年，五华县政协充分发挥委员监督员作用，加强行风政风民主监督，开展政情咨询推动重点工作，促进民主监督向纵深发展。先后组织选派近百名政协委员，参加河道采砂管理听证会、益塘景区门票价格调整听证会，开展行政效能监督和廉政监督，见证法院案件审理和执行，参与全县首届国家机关“谁执法谁普法”履职报告评议和县直单位年度考核工作等。政协委员尽责履职，为民代言，为民发声，对存在问题提出改进意见措施，促进行政效能提升和社会公平正义。

【联情联谊】 2018 年，五华县政协加强与各级政协的合作交流，接待政协同行 20 多批（次），参加省、市政协组织的学习交流会、座谈会、现场会 18 场（次）。通过“迎进来、走出去”，加强与各地、各级政协的联系与交流，借鉴外地经验，开阔工作视野，提升履职水平。加强与县外委员的走访联系，领导班子成员率队先后到广州、佛山、珠海、中山、东莞等地，开展“走出去·访委员”活动，进一步加强与县外政协委员的沟通联系，通报近年来全县经济社会发展情况，及时了解委员企业生产经营和履职情况，并征求委员对家乡发展及县政协工作的意见建议，更加激发他们的履职热情和桑梓之情。

【文史工作】 2018 年，五华县政协强化宣传文史工作，编辑出版《客韵新声》，进一步弘扬客家优秀传统文化，促进文化发展和文明进步。精心编辑出版《五华政协》会刊，加强与新闻媒体合作和网络信息宣传，增加政协工作新闻报道，办好政协门户网站，丰富网页平台内容，推进政协宣传工作的信息化、网络化建设，不断提升政协形象。

（张军　古梦瑶）

五华县政协 2018 年度正副主席和秘书长名录

主　席：叶天泉
副主席：徐建雄　邓秋香
胡高云　胡荣华
刘冠鹏　李炎香
秘书长：颜定文

五华县政协机关各科室委 2018 年度主要负责人名录

办公室主任：古坚祥
联络科科长：温怀浩
文史室主任：郑　斌
提案委员会主任：古秀文
经济委员会主任：古胜奎
文化和文史资料委员会主任：张国标
科教卫体委员会主任：张远平
社会法制委员会主任：张维健
港澳台侨委员会主任：甘桂源（1 月退休）
农业和农村工作委员会主任：曾志勇

中共五华县纪律检查委员会 五华县监察委员会

【监察委员会挂牌成立】 2018年1月15日，五华县监察委员会挂牌成立，中共五华县纪律检查委员会和五华县监察委员会（以下简称县纪委监委）合署办公，履行纪检、监察两项职责，实行一套工作机构、两个机关名称，共同设立内设机构，县监察委员会履行监督、调查、处置职责。五华县第十五届人民代表大会第三次会议选举梁英浩为县监察委员会主任。完成监察机关涉改机构人员转隶、职能划转和资产移交工作，在县检察院反贪、反渎、预防职务犯罪3个部门整体转隶的基础上，进一步优化机构设置，全力构建调查、审查、审理职能互补配合机制，将执纪监督部门与执纪审查部门职责融为一体。

【扶贫领域专项治理】 2018年，县纪委监委深入开展线索摸排、入户核查、督办直查、专项巡察等工作，重拳惩治扶贫领域腐败和不正之风。围绕2016年以来的所有建档立卡贫困户开展入户核查工作，自查自纠发现不符合政策补贴对象308户757人，完成整改299户748人。拓宽农村基层监督渠道，打通农村基层监督的“最后一公里”，在92个省定贫困村聘任149名义务廉政监督员。投入97万元完善升级惠民信息平台，将惠民政策、惠民项目、惠民资金收益信息等内容纳入公开范围。2018年，全县共排查出扶贫领域腐败问题线索116条，立案89件，结案89件，给予党纪政务处分89人。

【扫黑除恶专项斗争】 2018年，县纪委监委打好扫黑除恶专项斗争攻坚战，建立问题发现、线索处置、直查督办等六项机制，凝聚工作合力。通过印发《五华县正风反腐投诉举报指引》30多万份宣传资料到各村各户，提高群众知晓率和参与率，拓宽渠道全面摸排线索。落实扫黑除恶举报奖励机制，全县共发放涉黑涉恶线索举报奖励金57.8万元，发放金额居全市第一。系列涉黑涉恶案件的查处得到了干部群众的拥护支持，形成良好的社会效果，有力助推全县重点项目建设，营造良好的发展环境。全年受理涉黑涉恶问题线索67件，查结53件，立案13件13人，结案10件。

【环保领域监督执纪问责】 2018年，县纪委监委开展日常监督、巡察、派驻和群众监督，主动发现环保问题，及时督促整改，并对环保监管缺失等问题进行严肃问责。全年纪检监察机关共立案查处生态环境损害责任问题2起，问责21人，其中给予党纪政务处分 17 人，诫勉谈话 4 人。

【巡视整改】 2018 年，县纪委监委对标中央第十二巡视组、省委第九巡视组反馈意见，把县纪委监委承担的整改任务细化为具体措施，全力以赴抓好整改落实。收到中央、省委巡视组转交办的信访件 161 件，办结 156 件，办结率 97%，在查 5 件，做到件件有着落，事事有回音。对标十二届省委第二轮巡视其他市县党委发现的问题以及市委巡察村级党组织发现的主要问题，分别由纪委、组织、宣传部门按分工列出加强纪律作风建设、完善组织生活、中心组学习等党建工作明细清单，以县委名义下发至各级党组织，进一步建立健全主体责任和监督责任日常工作机制，明确责任单位和领导，全面加强党的建设，着力解决"党的领导弱化，党的建设缺失，全面从严治党不力"等现象。

【反腐斗争】 2018 年，县纪委监委发挥纪律检查体制改革的优势，保持遏制腐败高压态势，大力提升案件质量，优质高效完成多宗上级高度关注、媒体持续跟踪、社会影响力大的案件查办工作。全年，全县共立案 235 件 235 人，同比增长 35.84%，结案 220 件 220 人，给予党纪处分 216 人，政务处分 10 人（双重处分 6 人）。全县 16 个镇纪委自办案件 76 件 76 人，平均每个镇有 4 件以上自办案件，实现连续 18 年镇镇有自办案件。发出纪律监察建议 11 份，要求发案单位针对问题立行立改，找准风险点，堵塞制度漏洞，用制度管长久。

【巡察工作】 2018 年，县纪委监委聚焦《五华县正风反腐三年行动方案》中的 9 项任务，紧紧盯住重点对象，增强巡察的针对性和威慑力，形成震慑全覆盖。开展 3 轮县委巡察和积极配合开展县级交叉巡察，巡察中共发现问题 234 个，移交问题线索 111 个，要求被巡察党组织立行立改 28 个，向县委组织部、财政局等部门提出意见建议 72 个。强化巡察反馈问题的整改落实工作，巡察办和巡察组组成整改督查组，督促被巡察单位对巡察发现的问题全面整改，积极推动巡察成果的有效转化。印发《关于开展村级巡察工作方案的通知》，组织县委巡察组对全县 33 个村进行村级巡察，发现问题 173 个，问题线索 129 条，立行立改 83 个问题，解决群众困难 47 个。

【宣传教育】 2018 年，县纪委监委办好以"加强党的政治建设、营造良好政治生态"为主题的纪律教育学习月活动。开通"长乐清风"微信公众号。编印《正反面典型材料汇编》、《作风环境大家谈》教育读本，开展"每月一案例"、"每周一条规"宣教活动，总结宣传勤廉履职的正面典型 6 人，公开通报典型案例 122 宗，充分发挥正反面典型的警示教育作用，把廉政提醒抓在日常、用身边事教育警示身边人。开展送课下乡，培训镇村干部 3560 多人次，提高镇村干部的廉洁履职能力。深入开展集中整治"形式主义、官僚主义"，在纪检监察官网开设举报专栏，向社会公布举报电话、网站和信箱接受举报监督，督促全县各单位和广大党员干部时刻绷紧作风建设这根弦。

【纪检机关自身建设】 2018 年，县纪委监委坚持抓班子带队伍，由"机关党办"专门负责抓机关党建和自身干部队伍监督。坚持“三会一课”制度、民主生活会，发挥纪检监察干部表率作用。采取挂职锻炼、跟班学习、以案代训等一线实践锻炼方式，在实践中提升纪检监察干部的业务能力。加强干部融合，统筹调配室、组、办干部，对检察转隶人员交叉编成、以老带新、优势互补，不断增强队伍战斗力和凝聚力。严格按照省纪委监委“九条禁令”强化干部监督管理，加强纪检监察干部“八小时以外”活动监督管理，严格执行请示报告制度，抓实工作作风，把从严管理干部抓在日常、严在经常，真正管好关键人、管到关键处、管住关键事、管在关键时。坚持刀刃向内，对纪检监察干部苗头性、倾向性问题及早谈话提醒，做到严格教育、严格管理，谈心谈话10人，调整岗位1人。

中共五华县纪律检查委员会2018年度领导名录

书　记：梁英浩
副书记：钟湘衡　叶汝强
常　委：陈旭良　魏宇华
李剑忠

五华县监察委员会2018年度负责人名录

主　任：梁英浩（1月任）
副主任：钟湘衡（1月任）
叶汝强（1月任）
委　员：李剑忠（1月任）
张进友（1月任）
张碧波（1月任）
周　宏（1月任）

县纪委监委2018年度各室（组）负责人名录

办公室主任：张进友
第一纪检监察室主任：温国忠（1月任）
第二纪检监察室主任：孔　君
第三纪检监察室主任：缪家龙
第四纪检监察室主任：张思远（9月任）
第五纪检监察室主任：钟贤标（1月任）
第六纪检监察室主任：刘志中（1月任）
第七纪检监察室主任：曾庆珣（1月任）
案件审理室分管领导：李剑忠
案件监督管理室主任：魏京宁（1月任）
信访室主任：温　曦（任至1月）
陈冬连（9月任）
党风政风监督室主任：刘惠平
组织宣传室主任：陈冬连（任至9月）
刘兴文（9月任）
县直机关纪工委书记：李振杰（任至9月）
驻县委办公室纪检监察组组长：温木新
驻县政府办公室纪检监察组组长：李石翠
驻县委宣传部纪检监察组组长：张阳春
驻县住房和城乡规划建设局纪检监察组组长：张群标
驻县交通运输局纪检监察组组长：刘应靠
驻县教育局纪检监察组组长：邹展强
驻县科工商务管理局纪检监察组组长：彭彩红
驻县卫生和计划生育局纪检监察组组长：彭干军
驻县发展和改革局纪检监察组组长：古专标
驻县农业局纪检监察组组长：温颂英
县委巡察组组长：李军松　温　曦
邓清华　魏华中
县委巡察组副组长：陈汉庭　廖水清

社　会　团　体

五华县总工会

【维护职工合法权益】　2018年，五华县各级工会积极坚持主动维权、依法维权、科学维权，切实加强维权机制建设，维护职工合法权益。1.进一步加强厂务公开民主管理工作，维护职工的知情权、参与权和监督权。下发《2018年五华县厂务公开民主管理工作要点》至各基层工会，培育1家非公有制企业职代会典型，建立1家区域性职代会，报送1篇纪念厂务公开推行20周年稿件。全县国有、集体企业100%建立职代会和厂务公开制度，已建立工会组织的非公有制企业厂务公开率92%。2.做好全县工会律师团担任企业工会法律顾问工作。挑选3间律师事务所3名律师组成的律师团担任五华县9间上规模企业的法律顾问，有效帮助企业工会规范动作，充分发挥工会律师团的作用。3.开展调查研究工作，分别对重点不稳定因素问题排查化解工作进行调研及《女职工劳动保护特别规定》采取调查问卷方式对该县7家企业的女职工、男职工、管理者进行调查问卷，共发放调查问卷280份，为上级工会工作提供科学决策依据。4.积极参与县政府及有关部门组织的安全生产检查、安全事故调查、安全生产宣传服务咨询活动和整治非法用工打击违法犯罪专项行动，维护职工合法权益。5.依法推动企业普遍开展工资集体协商和劳资调解，维护职工经济利益。下发五华县人民法院五华县总工会《关于建立预防和化解劳资纠纷联系制度的实施方案》的通知至各基层工会，组织6家企业12人参加市集体协调争议调解员培训。6.进一步提高五华县企事业单位民主管理工作水平。新签企业集体合同和工资集体合同3家，女职工权益保护专项集体合同1份，续签工资集体合同和集体合同6份，续签行业性集体合同3家，续签区域性集体合同和工资集体合同4份。

【开展送温暖活动】　2018年，五华县总工会深入开展各项送温暖活动。开展节日送温暖活动，元旦、春节期间，筹集资金162.4万元为467家单位、3257名困难职工、32名困难劳模送去党政和工会的关怀。开展夏日送清凉活动工作，继续与广东康奇力药业股份有限公司联合开展夏日送清凉慰问活动，发放价值3万多元的清凉食品，慰问一线职工1000多人，同时五华县总工会下发《关于进一步做好高温天气劳动保护工作的通知》至各基层工会，要求各基层工会根据自身实际进一步做好夏季高温天气职工劳动保护工作，有效预防和控制中暑及各类安全事故的发生，保障职工在生产过程中的身体健康和生命安全。开展春节送春联进企业活动工作。2月4日上午，由五华县总工会主办，五华县书法家协会、广东明珠星钟表有限公司协办的2018年春节“送春联进企业”活动在广东明珠星钟表有限公司篮球场举行。参加活动有工业园区的企业职工代表、书法家、五华县总工会班子成员、志愿者共500多人。做好学雷锋志愿服务活动工作，积极推动志愿服务活动的深入开展，3月12日，五华县总工会组织志愿者一行10人，到横陂镇敬老院开展“尊老敬老”志愿服务活动，送去一批物品，价值3000多元。

【帮扶工作】 2018年，五华县总工会积极开展多种形式的帮扶工作。全年发放帮扶款54.88万元，受助165人。其中：生活救助8.88万元，55人；重大疾病救助29万元，50人；助学救助17万元，60人。慰问全县各级劳模32人1.98万元。办理女职工安康互助保险31份1277人，参加住院医疗综合互助保障的单位87个，职工7108人。参加住院津贴16个单位，共1572人。参加职工医疗甲的单位11个，792人，合计10749人。全年为240人办理住院医疗综合互助保障赔付，合计49.98万元。做好“精准扶贫”工作。认真按照上级“精准扶贫”有关要求积极主动与挂钩村进行联系，根据该村实际有针对性地开展挂钩帮扶工作，共筹集资金13万元帮助该村发展有关项目。

【开展劳动竞赛】 2018年，五华县总工会坚持深入持久地开展劳动竞赛，有效发挥工人阶级主力军作用。继续广泛开展“安康杯”竞赛和劳动竞赛活动，转发关于开展“全国职工安全卫生消防应急知识普及竞赛”和全国“安康杯”竞赛安全文化宣传活动的通知，发放安全知识教材500本和职工竞赛专用试卷5000份，组织全县30个企业参加全国安康杯竞赛活动，组织227家企业开展劳动竞赛活动78场，参加竞赛人数6417人，职工提合理化建议178条，被采纳64条，创造经济效益115万元。通过从下而上推荐评选，宁华高速公路有限公司总经理崔宏涛被广东省总工会评为广东省“五一劳动奖章”获得者；广东辉骏科技集团有限公司被中华全国总工会评为全国工人先锋号，创建劳模创新工作室1间。同时，积极弘扬劳模精神，组织14名各级劳模参加疗养活动。组织6名劳模参加2018年五华县各界人士新春座谈会。组织5名全国劳模，32名省劳模到五华县人民医院体检。为全县在职县级劳模购买二次医保。“五一”期间，在五华县电视台积极宣传省五一劳动奖章获得者崔宏涛、全国工人先锋号辉骏科技集团有限公司及五华县“百名先进模范”张德明的先进事迹，激励广大职工投身改革和经济建设。

【工会固本强基工程】 2018年，五华县总工会按照“组织起来，切实维权”工作方针和“两个普遍”目标要求，认真开展“广普查、深组建、全覆盖”活动。全年新建基层工会数11家（其中非公有制企业8家，在建工程企业3家）。按《广东省工会“农民工入会集中行动攻坚战”实施方案》部署，结合《梅州市工会“农民工入会集中行动”实施方案》，五华县总工会研究制订“农民工入会集中行动攻坚战”方案，全年有2050名农民工入会。按照《广东省基层工会民主选举工作实施办法（试行）》要求，全年基层工会民主换届41家，其中非公有制企业13家，机关事业单位28家。为庆祝“五一”

国际劳动节，进一步活跃职工业余文化生活，4 月 8 日上午，五华县总工会举办 2018 年庆“五一”职工趣味运动会，趣味运动会设有投篮比赛、足球射门比赛、踢毽子比赛、托球跑比赛和拔河比赛等项目。共有广东明珠星钟表有限公司、隆华塑胶制品有限公司、五华宁华高速等共 8 支队伍 200 多名职工参赛。比赛让大家充分体验运动的快乐、参与的欣慰，同时也加强本地企业之间的交流，真正发挥工会桥梁和纽带作用。各级工会女职工工作不断发展，女职工维权机制不断加强。梅州电网五华公司华城所女职工张燕被评为梅州市建功立业女能手，创建工作室 2 个，分别是梅州市航威斯电子有限公司李婵创新工作室和明珠星钟表公司李雪花女职工创新工作室，创建五华县妇幼保健院爱心职工小屋 1 个。经济审查工作规范化建设稳步推进，切实加强工会经费和财产管理的审查监督。积极支持广大职工参与各种有益文体活动。共为干部职工在开展羽毛球、乒乓球运动和其他健身活动等方面投入资金 6 万多元,既丰富广大干部职工业余生活，又增强干部职工凝聚力。

【党建工作】 2018 年，五华县各级工会通过学习会、宣传栏、收听收看广播电视等多种形式深入学习领会习近平总书记系列重要讲话和中共十九大精神，紧密地团结在以习近平同志为核心的党中央周围，始终在思想上政治上行动上同党中央保持高度一致。坚决全面彻底肃清李嘉、万庆良流毒影响，着力营造风清气正的政治生态。够把坚决全面彻底肃清李嘉、万庆良流毒影响的最终落脚点放在工作上，放在推动发展上，以肃清流毒为契机，探索推进工会工作新发展。健全完善党组工作制度、学习制度、会议制度、谈心谈话制度等一批制度，从根源上、制度上杜绝山头主义、宗派主义、圈子文化、码头文化的产生。

（李慧珠）

五华县总工会 2018 年度负责人名录

主　席：李清昌

副主席：温远华　张锦清　江裕珍

共青团五华县委员会

【基层团、队组织建设】 2018 年，共青团五华县委员会积极做好基层团、队组织建设。1. 强化思想引领，坚持以行促知，狠抓青少年思想政治教育，利用青少年入队、入团、入党、成人等时间节点，先后组织广大青年开展“铭记光辉历史 ·传承红色基因”

2018 年 10 月 25 日，五华县召开共青团五华县第十七次代表大会

主题征文比赛、“红领巾爱心压岁钱”“红领巾心向党 我是光荣的少先队员”少先队新队员入队仪式、“弘扬五四精神·不忘初心跟党走”“我向习爷爷说句心里话”、纪念改革开放40周年暨“青年大学习”主题团日活动等100余场活动，覆盖青年1.2万余人。培养广大青少年家国情怀，坚定广大青少年的理想信念，激励广大青少年牢固树立“四个意识”，不断增强“四个自信”，引导广大青少年以高度的政治清醒和自觉的政治行动，贯彻落实中共十九大精神和习近平新时代中国特色社会主义思想，坚定不移听党话跟党走。增强学习意识，加强各级团干部思想政治教育。把理论学习和实践锻炼作为提高团干部党性修养和思想道德素质的重要途径，充分运用主题教育、团校培训、青年论坛、专题讲座、推荐好书等形式，使学习成为团干部常态的生活方式，引导各级团干深入学习习近平新时代中国特色社会主义思想、习近平系列重要讲话精神，加强团干部培训，组织全县200多名青年团员参加省、市、县团委组织的团干部培训课程，积极动员各级团干部通过网络学习平台“青年大学习”进行自主学习，召开县团务知识培训课程，提高团干部理论水平、业务水平和工作能力。2. 深化五华共青团改革，印发《五华共青团改革实施方案》，以保持和增强政治性、先进性、群众性为基本要求，着力解决“机关化、行政化、贵族化、娱乐化”问题特别是脱离青年的突出问题，着力解决团的基层基础薄弱的突出问题。全面推进“智慧团建”工作，推行团员管理信息化。严把入团关，严格控制团员发展计划，执行“一人一号”制度，从源头上抓紧抓牢团员发展关。严明团的纪律，强化监督问责，严格执行落实团内重大事项报告制度和团干部协管制度；通过电话沟通和实地走访等方式寻找“失联团员”，确认团员身份，指导团员到“智慧团建”进行报到，全年寻找“失联团员”59名。强化团建引领，深入整治软弱涣散继承团组织。研究出台《政治软弱换单基层团组织工作计划》和《推荐政治软弱涣散基层团组织三年行动“命脉工程”攻坚阶段重点工作》，从严从实排查整顿，全面排查空心团支部、无团干团支部等问题团组织，精准整治，落实专人负责、专人管理原则，及时响应“智慧团建”各项任务。创新干部选任交流机制。在团的领导机关打破年龄、学历、身份、职级限制，重视选拔优秀干部和青年人才，建设充满生机活力的干部队伍。选配2名干部到团省、市委挂兼职。出台实施《五华县镇级团组织换届工作实施方案》，选优配强镇街专职团干队伍，巩固推进镇级团委建设。3. 健全完善密切联系青年的工作机制。转变工作方式，全面实施团干部常态化下沉基层、向服务对象报到、“4+1”“1+100”直接联系青年、团干部直接联系团支部制度，推动各级专挂兼职团干部经常性联系不同领域团员青年。建立直接面向青年的工作平台，开展“领头雁”培训、植树护林等线下活动50多场。全县累计联系青年1.3万人，为基层和青年办一批实事好事。

【丰富青少年活动】 2018年，共青团五华县委员会竭诚服务青年，不断丰富青少年文体生活。积极开展“学雷锋”志愿服务月系列活动，引领青少年们培育向上向善、互帮互助的良好风尚；开展第五届“亲青绿色五华”公益植树活动，公开招募200多组以家庭为组合的400多位志愿者共植“青年志愿林”；举办“庆五四”青年篮球联赛，丰富青年文体生活；联合禁毒办、司法局、爱心企业等单位在各中小学开展禁毒知识进校园、科普知识进校园、“千名青年律师千场青少年法律服务”等活动20多场次，进一步丰富青少年课余活动，促进青少年全面健康发展。同时，通过开展省市县“优秀团员”“优秀少先队员”“学雷锋志愿服务先进典型”“最美南粤少年”和“向上向善好青年”等评选活动，从青少年中挖掘、选树各类先进典型。用身边人影响和感染青年，发挥好典型的引领示范作用，积极传递青春向上正能量。充分发挥其以榜样育人、以先进引路的示范效应，动员、激励广大青少年学习典型，走健康的成长成才之路。

【志愿服务事业】 2018年，共青团五华县委员会积极做好志愿服务事业。1．精心培育志愿队伍，全力做好广东志愿者信息管理服务平台应用推广，有效拓展志愿者的横向宽度和纵向深度，全县注册志愿者3万人；培育和发展五华县首个村级医疗志愿服务队、信访局志愿服务队、退伍军人志愿服务队等各类志愿组织121个。“党徽暖童心”关爱留守儿童志愿服务项目被广东省评为“最佳志愿服务项目”。2．依托五华县级志愿服务总站,为群众提供志愿服务便民服务和志愿服务文化的展示平台，成为县内大型志愿服务活动策划、组织和实施的重要阵地。3．广泛开展各类志愿服务活动，以党政中心工作、重大节会活动和弱势群体救助等领域为服务重点，以五华志愿服务总站为阵地，组织广大青年志愿者开展梅州客家音乐节、公益随手拍、“党徽暖童心”“医药下乡”、足球赛事、“暖冬行动”、交通指引等各类志愿服务活动100多场，参与志愿者8000多人次，服务群众2.7万人次，在全社会营造浓厚的志愿服务氛围，让文明之花在美丽五华绚丽绽放。

【贫困学生资助】 2018年，共青团五华县委员会深入开展贫困助学和帮扶特困青年工作。全年有210名特困学子分别获得希望工程卓定华助学金和梅州市扶助特困学生上大学助学金资助，共计126万元;有300名贫困学子获得薪火芊芊营养费30万元;开展留守儿童“福彩夏令营”“党徽暖童心”等关爱活动10多场，为平南中学、双华镇苏区小学等学校的留守儿童赠送校服、桌椅、书籍、学习用品等物资，价值8.1万元；落实“圆梦

2018年11月27日，共青团五华县委员会组织开展纪念改革开放40周年暨“青年大学习”主题团日活动（韩莹 摄）

计划”，帮扶4位新生代产业工人实现就读大学的梦想。

【希望家园建设】 2018年，五华县新建希望家园3家，全县共有省、市、县级希望家园56家，遍及全县16个镇。共青团五华县委员会发挥希望家园的阵地作用，组织辖内少先队组织开展“幸福手拉手”红领巾牵手行动、关爱留守儿童、慰问特困学生和“传承雷锋精神共建长乐家园”学雷锋等活动，组织志愿者不定期通过座谈会、玩游戏、读书会等形式，让留守儿童得到关爱。

【新媒体运用】 2018年，共青团五华县委员会通过下发文件、召开会议、组织培训等一系列有效措施扩大共青团工作影响，利用“五华青年”微信公众号、五华共青团微信群、QQ群、“1+100”团干联系青年机制、“青年之声”互动社交平台，增强青年交友互动。依托“青年之声”互动社交平台建设“网上共青团”，为广大青年提供近千次的心理咨询、法律咨询等服务。让青少年积极参与到五华共青团工作大讨论中来，吸引和凝聚更多青少年的关注和加入，有效促进共青团工作顺利开展。

（周裕　韩莹）

共青团五华县委员会2018年度负责人名录

书　记：杨　文

副书记：林雪懿　李晓婷

五华县妇女联合会

【引领巾帼心向党】 2018年，五华县各级妇联组织深入学习贯彻习近平新时代中国特色社会主义思想、习近平总书记系列重要讲话精神和中央、省委、市委、县委重要决策部署及上级妇联重要工作要求，常态化开展“两学一做”学习教育，扎实开展“不忘初心 牢记使命”“巾帼心向党 建功新时代”主题教育活动864场次，参与干部群众4566人次，进一步筑牢广大妇女高举旗帜、维护核心、紧跟党走的思想根基。以妇联干部、专家学者、三八红旗手、最美家庭、巾帼志愿者等为主体，成立县镇村三级“巾帼大宣讲”宣讲团，广泛宣传习近平总书记重要讲话精神以及中国妇女十二大等重要会议精神，开展宣讲活动540场次，参与干部群众11668人次。

【“美丽家园”建设】 2018年，五华县各级妇联组织积极动员妇女群众开展“美丽家园”建设活动，切实发挥妇女在修路建桥、“三清三拆”、创业创新、帮扶助困、家庭教育、孝老敬亲、巾帼志愿服务等工作中的独特作用，形成各个工作场合下都有妇女干部主动参与的良好局面。各级妇联召开“美丽家园”建设会议150场次，发放倡议书3万多份，开展相关活动680场次；创建县级“美丽家园”示范村16个、示范户16户，市级“美丽家园”示范村1个、示范户2户。主动参与“美丽梅州·美好家园”城乡环境大提升行动，以实际行动为创建“干干净净、清清爽爽、整整齐齐、漂漂亮亮”的美丽梅州、建设幸福美好家园贡献巾帼力量。

【推动妇女全面发展】 2018年，五华县妇女联合会联合人社局、就业局等部门开展“春风行动”系列活动，举办专场招聘会11场次，发放“春风卡”4980余份，提供各类就业岗位1700多个，为1332名妇女提供劳动维权服务和就业指导服务。开展“中国农民丰收节”系列庆祝活动18场次，开展科技服务活动和妇女创业就业技能提升培训等93场次，帮助1860多名妇女提高适应生产力发展和市场竞争的能力，培养女致富带头人26人。深化做实“巾帼脱贫行动”，开展家政服务和电商等技能培训、结对帮扶、爱心救助等活动57场次，参与贫困妇女577人次，帮助实现源头脱贫、技能脱贫。积极培树巾帼建功先进典型，原县地税城区分局办税服务厅被评为“梅州市我心中的‘三八’红旗集体”，古会群、黄钒、李金惠被评为梅州市我心中的“三八红旗手”。梅州市五华县俊丰园蔬菜种植专业合作社被命名为省巾帼创业示范基地；五华县凤巢农业专业合作社、梅州龙狮殿旅游发展有限公司被认定为市重点培育提升创业创新“妇字号”企业。

【促进家庭文明向上】 2018年，五华县各级妇联深入贯彻习近平总书记“三个注重”重要指示，持续开展寻找“最美家庭”、“文明家庭”、“优秀书香家庭”、“好少年”、“好媳妇”等活动，积极培树家庭文明建设的先进典型，推动培育和践行社会主义核心价值观向纵深发展。岐岭镇荷梅村获评省家庭文明建设示范点，缪德良家庭获评省“十大优秀书香之家”，罗胜东家庭获评市“优秀书香家庭”，杨桂芳家庭获评市“最美家庭”，宋涛龙获评广东“新时代好少年”，钟梅琳、陈熠辉获评市“新时代好少年”，廖运凤、杨银花、廖丽容获评市“孝老敬亲好媳妇”，袁雯莉、曾兆友、梁彩凤获评市“自强不息好少年”，甘群梅等55人获评“五华好媳妇”，李定兰、李霞两位妇联干部获评“五华好人”。制定印发《五华县指导推进家庭教育五年规划（2016—2020年）》，组织开展丰富多彩的亲子活动等52场次，参与家长2000多人。深入开展家庭教育大讲堂进村（社区）活动33场次，参与家长1750人。开展家风建设讲座、书法公益讲座、“传承孝道 感恩母亲”“好家风好家训征集评选”等形式多样的家庭教育活动92场次。

【服务妇女儿童民生】 2018年，五华县妇女联合会全面分析研判妇女儿童发展规划实施情况及重点难点指标问题，“两个规划”141项省级定量指标中，有109项提前达到终期目标，达标率77.3%，预期可达标27项，占19.1%。广泛宣传男女平等基本国策，探索落实性别平等咨询评估机制和中小学性别平等教育工作。依托县镇村三级妇女维权网络，全县共受理信访案件73宗，各级妇联开展普法宣教活动50多场次，服务妇女群众约4570人。扎实办好妇女儿童民生实事，全县发放妇女创业小额担保贷款13户74万元；配合卫计部门做好农村妇女“两癌”免费检查项目的宣传发动和摸底调查工作；帮助4名贫困妇女获得中央“农村贫困母亲两癌救助专项基金”4万元；援建母亲安居房4户8万元；筹资25万元慰问单亲特困母亲、贫困妇女、困难女党员等468人；为200名贫困女童发放“春蕾健康成长包”；90名家庭困难学生获得“叶剑英助学基金”9万元；开展“爱心父母”牵手困境儿童大联盟活动，筹资3.95万元援助101名儿童；筹集18万元物资开展慰问留守儿童、困境儿童活动43场次。妇女儿童活动阵地得到进一步加强。

【深化妇联改革实效】 2018年，五华县妇女联合会全面完成5468名镇村妇联执委履职培训，妇联干部队伍能力有效提升。协调推动将村妇联基层组织建设相关事项支出纳入省农村基层组织保障资金〔含村（社区）办公经费、村党组织服务群众专项经费〕的使用范围。制定落实妇联机关干部“每月下基层工作周”制度、妇女代表常任制度、微信矩阵制度、挂钩基层联系点制度等，建立208个基层联系点,直接联系妇女群众12467人。用心用情打造“五华妇女”微信公众号，把妇联工作和活动广泛链接到网上和各级妇联微信群上，做到网上网下联动宣传教育、联动组织引导、联动开展活动、联动提供服务。进一步扩大妇联网络宣传员队伍，建立463个执委微信群。3935名妇联干部积极参与妇联通中国妇女十二大答题活动。

【提升自身建设水平】 2018年，五华县妇女联合会始终坚持把党的政治建设摆在首位，坚决全面彻底肃清李嘉、万庆良恶劣影响，扎实做好整治选人用人不正之风和巡视整改工作，认真查找存在问题，制订工作方案，逐一对标整改，使整改落实工作成为统一思想认识、践行“两个坚决维护”、严肃整改纪律、加强作风建设、推动工作发展的过程。严格落实中央关于意识形态工作责任制要求，健全工作机制，强化舆情监测，建立联动机制，推动意识形态各项任务落地落实。坚决落实全面从严治党主体责任，严格执行党组理论学习中心组学习、“三会一课”等制度，每月开展一次“铭记光辉历史 传承红色基因”、参观“学廉政成语 讲传统故事”展览等形式多样的主题党日活动。严肃党内政治生活，严明党的纪律，强化党内监督，锲而不舍落实中央八项规定精神，切实改进作风，深入推进党风廉政建设和反腐败斗争，涵养风清气正的政治生态，营造廉政勤政的良好工作氛围。

（温丽华）

五华县妇女联合会2018年度负责人名录

主　席：张玉珍

副主席：陈兰婷

何嘉璐

五华县工商业联合会

【教育培训】 2018年，五华县工商业联合会（以下简称县工商联）做好对非公有制经济代表人士的教育培训工作，改进培训方式，贴近会员需求，带领会员深入贯彻落实中共十九大精神，习近平总书记系列重要讲话精神。全年举办民营企业家学习培训班3期，参加培训人数200多人次，让民营企业家深刻领会习近平总书记系列重要讲话精神，深入开展爱国、敬业、诚信、守法、创新创业教育和理想信念教育，通过各种会议、媒体以及下基层送政策等方式，加强中央、省、市、县《对支持民营经济发展政策措施》的宣传，努力提高企业的政策知晓率，让非公有制经济人士不忘初心、不辱使命，攻坚克难、持续奋进，积极参与光彩事业及各项社会公益事业，同富共进建小康，争当中国特色社会主义事业优秀建设者。

【服务企业】 2018年，县工商联积极协调开展“服务企业”行动。按照“服务企业”就是服务五华经济发展的理念，围绕梅州市“一区两带六组团”发展战略，五华县立足

“工匠之乡、宜居五华”的目标定位，在已形成的五金机电、食品饮料、医药制造、先进装备制造、新能源等为主的工业产业体系中，积极参与协调五华县政府的“暖企”系列活动。不定期组织政银企对接会，积极开展“引智强企”、“电子商务”，助推企业“强身健体”、转型升级的“暖企行动”，借助国家级专业技术机构的人才、技术及检测资源等优势，全面提升企业管理水平和产品质量。

【基层商会建设】 2018年，县工商联积极加强基层商会建设，撰写《关于发挥商会优势，增进交流合作，助力优质企业落户五华》调研报告，同时制订《五华县工商联“五好”县级工商联建设实施方案》、起草《关于组建镇级基层商会的实施方案》，报请县委、县政府批准，以县委统战部和工商联联合下发文件，确保基层商会建设工作顺利开展。按照“成熟一个发展一个”原则，吸收团体会员3个，发展个人会员180多名，成立镇级商会2个，发展会员200多名，不断扩大工商联队伍。

【调研和宣传】 2018年，县工商联做好非公有制企业的调研和宣传报道工作。按照省、市工商联的工作部署，相继开展各项有关非公有制经济企业的调查研究，及时完成上报《企业成本与负债调查》《民营经济企业调查问卷》《民营企业社会责任调查问卷》《制造业民营企业发展状况调查问卷》《“万企帮万村”精准扶贫普查工作》《民营企业上市公司的调查问卷》《民营企业高质量发展调查问卷》等10项相关调研工作，并撰写相应的《调研情况汇报》，特别是通过2次调研，填写调查问卷100多份，认真研究分析调查数据，撰写《五华县关于民营企业高质量发展的调研报告》，提交省、市工商联和市、县主要领导，为他们发展民营企业提供决策依据。2018年度五华县工商业联合会被全国工商业联合会评为“全国调查点工作基层先进单位”。同时，做好非公有制企业、非公有制经济人士“两个健康”（即非公有制经济健康发展和非公有制经济人士健康成长）的宣传报道工作。

【新型“亲”“清”政商关系】 2018年，县工商联全力构建新型“亲”“清”政商关系，认真贯彻落实广东省委、省政府批准广东省纪委、省监察厅发出《关于推动构建新型政商关系若干意见（试行）》，提出“服务企业就是服务五华经济发展”的总体思路，加强服务企业的领导。全年组织走访调研企业100多家，发放调查问卷100多份，召开企业家代表座谈会3场，认真探讨五华县企业在发展过程中比较关注的问题，撰写《五华县构建新型政商关系调研报告》。县工商联党组还围绕构建新型“亲”“清”政商关系，联合五华县司法部门，以广州（番禺）五华产业园为依托，扎实开展企业法治文化建设系列活动，举办《中华人民共和国宪法》宣讲活动，与公安、检察、法院等司法部门积极沟通协作，努力为民营企业寻求司法保障，保驾护航，为地方经济发展服务。

【精准扶贫精准脱贫】 2018年，县工商联为打好精准扶贫精准脱贫攻坚战，按照《五华县关于广泛发动社会力量开展精准扶贫精准脱贫行动实施方案》，大力兴办农业企业实体，构建服务农产品销售电商平台，因地制宜、分类指导，将民营企业和外出乡贤以及热心扶贫人士的扶贫资源精准有效地配置到村到户，扎实推进“百企帮百村”结对帮扶活动。县工商联50个常委、执委班子分别与48个村挂钩，全年累计投入资金超300万元，扎实开展精准扶贫精准脱贫工作。

（黄文象）

五华县工商业联合会2018年度负责人名录

主　　席：周国富
常务副主席：李剑文
专职副主席：曾崇辉
副 主 席：曾　钧　陈桂雄　张志宗　戴伟权　高　淞　李耀民　邹国业　邓华添　黄　海　李景友　邓玉宏　周志荣　张金连　郑文喜　周国雄　胡裕标　黄勇军　李才群　胡进发　李冬梅　宋伟东　周彩添　李　然　张　英　温万源

五华县文学艺术界联合会

【文艺活动】　2018年1月27日，五华县文学艺术界联合会（以下简称五华县文联）主办的“张让兰《闲居拾韵》首发式”在五华县城举行，全县文艺界代表50多人参加首发式。1月28日，县美协、书协、摄协、硬协、书画创作协会5个协会的文艺家在转水黄龙村汉光超顺农旅园召开年会。3月16日，五华县文联主席张汉章、县诗社社长古从新等一行3人到华阳中学考察指导诗教工作，对学校开展诗教工作及迎接省中华诗词学会检查的准备工作进行考察。8月14日，第十三届广东“十大优秀书香之家”颁奖仪式在广州举行，五华县缪德良、张清芳家庭上榜“十大优秀书香之家”，受到表彰奖励。8月19日，由梅州市美协，五华县美协、县书协、县书画创作协会、县硬协、超顺公司联合举办的以“建设新农村，描绘新蓝图”为主题的书画创作活动，在转水镇黄龙村汉光超顺农旅园举行，全市160多名书画家和书法美术爱好者参加活动。6月10日，县作协组织会员近30人，到正在兴建中的五华奥林匹克体育中心参观采风，会员们创作诗词、楹联、散文等作品30多篇，一些作品被奥体中心选为永久性的铭文、碑刻。6月23日，五华县组织部分文艺家代表前往梅城院士广场参加梅江区诗人节活动启动仪式。6月13日至14日，由省文联、省民协联合开展的第六批广东省古村落普查认定工作，组织专家考察组到五华县郭田镇坪上村、河东镇高榕村、水寨镇七都村进行考察工作。

【文艺惠民宣传活动】　2018年元旦、春节双节期间，五华县委宣传部、五华县文联组织县书法家协会、县硬笔书法协会、县书画

2018年2月7日，五华县召开文联工作座谈会，县委常委、宣传部长王忠泽出席会议（吴耀东 摄）

2018 年 6 月 2 日，五华县举办书法家百米长卷现场挥毫活动(张炳锋 摄)

艺术创作协会的成员深入各镇开展挥春送福公益活动，组织书画家到汉光超顺农旅园开展文化惠民活动，为当地村民义务书写春联 600 幅；在长乐公园书卷舞台开展“崇德向善迎新春，红红火火过大年——挥春送福公益活动”，现场为县城居民书写 500 多幅春联和“福”字；县书法家协会组织龙村、安流、棉洋、横陂、长布等书法分会深入各地分别开展“新春挥毫送幸福”“送春联送祝福”“文化惠民、新春送吉祥”义务挥春活动，免费为群众书写春联 6000 多幅。2 月，根据广东省文联、广东省摄影家协会“组织红色文艺轻骑兵摄影小分队，开展到人民中去的主题活动”工作部署，县摄影家协会在春节期间开展“新春拍民俗，传承客家风”采风创作活动，组织 10 多位摄影家前往河

2018 年 5 月 11 日，五华县举办版画培训班开班仪式（钟秋良 摄）

东镇、水寨镇拍摄广东省非物质文化遗产入录项目下坝迎灯“花灯制作”和“请花灯”、“接花灯”等五华民间传统民俗。4 月 15 日，由县委宣传部、五华县文联主办、县硬笔书法协会承办的五华县首届“书法名城杯”硬笔书法大赛进行现场评审。活动收到全国各地五华籍硬笔书法爱好者投稿 300 多件，评出一等奖 5 名、二等奖 10 名、三等奖 20 名、优秀奖 70 名。4 月 19 日，五华县举行首届中小学生万人硬笔书法现场大赛，全县中小学校约 3 万名学生参加比赛。5 月 11 日，五华县举办“五华县版画培训班”开班仪式。6 月 2 日,由县委宣传部、县文联指导，县书法家协会、硬笔书法协会、书画艺术创作协会联合主办的“深入学习贯彻习近平总书记重要讲话精神·百名书法家百米长卷现场挥毫活动”在五华红木文化产业园举行。来自全国各地的 100 名书法家在 100 米的长卷上挥毫，现场还进行五华县书法家协会创作基地揭牌仪式。7 月 7 日，县作协组织 30 多名会员前往深圳富源学校采风，在《五华作家》报整版推介该校的办学经验。9 月 9 日,梅州市文艺志愿者协会在五华县举办“学生作文公益讲座”。有中小学生、家长等 80 人参加听课。10 月 6 日，五华县书法公益大讲堂在县进修学校举行，邀请中国书法家协会书法培训中心副主任钟成和中国书法家协会书法培训中心长汀教研基地主任王期红作主讲。市、县书法家协会相关负责人和县书法爱好者近 100 人参加讲座活动。9 月 8 日，由县文联主办，中国书协会员魏育贤主讲的魏晋书院成人书法公益班开班仪式在东方幼儿园举行。10 月 11 日，中国作家协会会员万振环及其夫人刘兰珍在县作协主席缪德良的陪同下，一行 5 人先后到长布镇的老

禾仓、七目嶂景区、中国内地现代足球发源地元坑中书馆遗址、风门水库石马山庄开展采风活动。10 月 12 日，五华县“纪念改革开放 40 周年美术书法摄影作品展”在县文化馆举行，共展出作品 90 件，其中，美术、书法各 25 件。11 月 23 日，梅州市第 18 次百人诗会在梅县雁洋镇叶剑英纪念园召开，诗会活动的主题是“创文在行动——传承红色基因，讴歌苏区精神”，五华县文联罗俊峰、五华诗社张让兰、古嘉兴、古新辉等人代表五华县参加诗会活动。为培养文学创作新苗，县作协与梅州市作家协会联合举办"繁星计划——艺术进校园活动",县作协主席缪德良先后在艺术天地画廊、南山小学为学生讲授儿童文学(童谣)创作知识，并给学生赠送著作《小浪花——儿歌一百首》200 多本。12 月 25 日，梅州市诗词学会（原嘉应诗社）在五华县“新丰寨乡村旅游区”开展采风、诗词创作基地挂牌和年会等活动，并进行市、县诗社的诗词创作基地挂牌仪式。新丰寨农旅发展有限公司董事长黄新南分别被梅州市诗词学会和五华诗社聘为名誉会长和顾问。

【文艺工作】　3 月 29 日至 30 日，广东中华诗词学会初评检查验收组到五华县指导“中华诗词之乡”创建工作。广东中华诗词学会副会长赵维江、罗益群率队组成的初评检查验收组前来测评检查。7 月 3 日，“广东省硬笔书法名城”授牌仪式暨广东省硬笔书法名家作品邀请展开幕式在五华县文化馆举行。省硬笔书法协会主席刘胄人向五华县现场授予“广东省硬笔书法名城”牌匾。现场宣读《关于授予梅州市五华县“广东省硬笔书法名城”称号的决定》《关于授予五华县棉洋中学、棉洋镇第一小学“广东省硬笔书法教育示范基地”称号的决定》。10 月 29 日，梅州市文联秘书长、党组成员谢映，市客家文学院副院长罗卉等一行 3 人到五华县检查指导文艺工作。11 月 23 日至 24 日，中华诗词学会副会长、《中华诗词》杂志社副主编林峰、中华诗词学会学术部副主任李葆国、中华诗词学会学术部办公室主任何江，省司法厅巡视员、广东中华诗词学会名誉会长张荣辉，广东中华诗词学会副会长、《当代诗词》副主编周燕婷，广东中华诗词学会办公室主任熊雪村一行到五华县检查验收“中华诗词之乡”创建工作。梅州市诗词学会常务副会长丁思深，市诗词学会陈启鹏、饶小舒，县委常委、宣传部部长王忠泽，县人民政府副县长温燕玲，县委宣传部常务副部长谢意，县文联主席张汉章，五华诗社社长古从新、副社长翁国剑陪同检查或参加汇报会。11 月 25 日，五华诗社成立 20 周年暨第五次社员代表大会在五华县城召开。原广东预备役高炮师政委、广东岭南诗社社长张汉松，原省农业厅副厅长、岭南诗社副社长兼书画院院长潘嘉念，岭南诗社书画院副院长孙春桂、李著豪，副秘书长巫资华，梅州市安监局调研员古惠龙，梅州市诗词学会常

2018 年 10 月 29 日，市文联秘书长、党组成员谢映一行 3 人到五华县检查指导文艺工作

（罗俊峰 摄）

务副会长丁思深，县委宣传部常务副部长谢意，县文联主席张汉章，县民政局社会组织办张妍，书画艺术界嘉宾代表和县各协会负责人及诗社社员代表共80多人参加大会。大会选举产生五华诗社第五届理事会，翁国剑当选为五华诗社新一届社长。12月7日，由广东省作家协会儿童文学创作委员会、广东省小作家协会主办的首届“广东好童书”“广东优秀点灯人”“广东文学新苗”评选结果在广州揭晓并举行颁奖大会，县作协主席家缪德良上榜“广东优秀点灯人”并参加颁奖大会。

【文化交流】 2018年9月1日，五华县文联在县城召开《长乐文艺》创刊30周年座谈会。五华县文艺界各协会负责人、文艺家代表等共50多人参加会议。《长乐文艺》杂志是五华县文联主办的县级文艺季度期刊，原刊名叫《琴江文艺》，于1988年8月创刊，2008年9月更名为《长乐文艺》。累计出版《长乐文艺》刊物116期，发表文章1000余万字，赠书20多万册。11月，广东省电视艺术家协会专职副主席邢瑛瑛带领省视协电视艺术专家老师一行13人，分别到五华县河东镇三田小学、岐岭镇孔目小学、长布镇青岗小学、潭下镇乐道小学、棉洋镇唐纯小学5间小学开展文明礼仪讲课活动。

【出版刊物】 2018年，五华县文联编辑出版《长乐文艺》4期，发表县内外作者的文学作品40余万字，向社会各界赠书6500多册。五华诗社编辑出版《琴江诗苑》（第二十一期）。县作协出版文艺报刊《五华作家》2期，下属长布镇文学创作协会出版《石榴花》4期。县楹联学会出版《长乐联苑》2期。县硬笔书协编印《五华县青少年十百千万书法人才培养工程（三）》《广东省硬笔书法名家作品邀请展作品集》《五华县师生硬笔书法大赛获奖作品精选》等刊物。

【作品发表、展演及获奖情况】 2018年，五华县作家协会成员缪德良被授予首届“广东省优秀点灯人”称号，受省作家协会表彰奖励，其创作的《梅花香——五华技工学校校歌》荣获“唱响中国——2018大型词曲创作、音乐展演盛典”金奖。罗爱田作品《垂钓》在中国钓鱼杂志社举办的“中华情诗歌散文联赛”中获金奖。杨丽平小说《如果云

2018年7月3日，五华县获得“广东省硬笔书法名城”荣誉称号

（王恒想 摄）

知道》获广东省“守护和谐，反对邪教”微小说大赛二等奖，散文《老妈成长记》荣获梅州市“我家的那些事——纪念改革开放40周年”征文大赛二等奖。张贺运散文《我家那台缝纫机》、曾素香的山歌《交通发展跨骏马》分获梅州市“我家的那些事——纪念改革开放四十周年”征文大赛优秀奖。古申元参加“记住乡愁　诗意周庄全球华语诗歌大赛”获优秀奖。陈双媚戏剧作品《诗和远方》《热点制作》《好话难听》分获梅州市群文创作一、二、三等奖。五华诗社社员在市级以上报刊发表诗词作品150多首，古从新10首诗词作品入选《岭南千家诗》一书，其七律《兰花》荣获广东省翁源县“兰乡情”咏兰诗、词、赋征文佳作奖，七律《夜游长乐公园并序》获寰球华人深圳杯第二届中国梦诗词比赛入围作品，并入选该书作品集。徐水宏创作的诗钟“流万古华夷盛；政复三朝德礼兴”获“圆梦中华　弘扬诗钟传统文化”全国诗钟大赛优秀奖，诗歌《乡村探亲记事》荣获由人民出版社和中国改革报社组织的“改革开放我见证”诗词、书法、篆刻大赛诗词组三等奖；《临江仙·警察梦》获省公安厅主题征文优秀奖。张让兰荣获2018乌鲁木齐市“从春联走进春天”有奖征集春联大赛三等奖。赖火星荣获“广东省2019年道德新春征联”活动三等奖。罗俊峰在《岭南诗歌》《梅州日报》《琴江诗苑》等省市县刊物发表诗词作品40多首。县摄协、美协、书协、硬协等协会积极组织会员创作，摄协吴耀东《欣逢盛世福绵延》入展“时代影像——广东改革开放40载变迁摄影大展”。在《中国摄影报》2018广东摄影擂台赛梅州站评选中，张国辉、陈小芳、温剑锋3幅作品分获优秀奖并在《中国摄影报》刊发。在梅州市“生态梅州，森林围城”创森杯摄影大赛中，张忠宏等13幅作品分别获奖，在“广电网络杯”摄影比赛中，有12幅作品获奖。在梅州纪念改革开放40周年书画摄影展中，美协胡华兴、张森华、李娟、陈群芳等5幅作品入选展出。美协甘淑婷和李杏珍的国画作品入选“广东省美术教师作品展”。美协会员张志明、张森华国画作品入选“粤东五市梅州美术作品（国画）巡回联展”。县书协李雄青、李文高、李增芳、钟立鹏、黄竹君、薛鹏6人荣获第八届广东省新人新作书法展优秀奖。县硬协组织会员参加广东省第二届“大沥杯”硬笔书法大赛，1人获优秀奖（最高奖）、入展34人;在第七届全国青少年现场硬笔书法大赛中，长乐书法院30名学生获奖。县硬协被中国硬协、省硬协、市硬协评为“最佳团队”奖，张中建分别荣获中国

2018年9月1日上午，五华县文联在五华县城召开《长乐文艺》创刊30周年座谈会（钟秋良 摄）

硬协“表扬个人”、广东省硬协“年度鼎力人物”、梅州市硬协“先进个人”称号，并获由人民出版社和中国改革报社组织的“改革开放我见证”诗词、书法、篆刻大赛书法组三等奖。

【出版专著情况】 2018年，五华县各协会成员出版专著5本，分别是：缪德良《守望者——警察曾妙龙的事迹报告》、缪德良、张贺运《长布那么美，我们去看看》、古从新《五味轩楹联选》、张让兰、曾素香《客韵新声》、刘杏红出版《幸福雨露》。

【加入上级协会】 2018年，五华县各协会培养、吸收新会员37人，推荐30名会员加入市、省和国家级协会，其中县作协吸收新会员4人，推荐7人加入梅州市作家协会；摄协吸收新会员6人，推荐3人加入梅州市摄影家协会、1人加入广东省摄影家协会；美协吸收新会员6人；书协推荐6名会员加入省书协，五华诗社推荐5人加入广东岭南诗社；硬协新吸收会员27人，推荐3名会员加入省硬协、5名会员加入中国硬笔书法协会。

（罗俊峰）

五华县文学艺术界联合会2018年度负责人名录

主　席：张汉章

副主席：陈瑞成

五华县残疾人联合会

【残疾人康复工作】 2018年，五华县残疾人联合会完成康复任务2690例，在全县开展贫困白内障患者复明活动，全年实施白内障复明手术953例，其中免费632人。开展精神病防治1159例，脑瘫儿童康复48例，智障儿童康复52例。专门制定《五华县贫困重度残疾人家庭无障碍改造工作实施方案》，落实贫困重度残疾人家庭无障碍改造352户，盲人定向行走训练50人，居家康复20人，安装小腿假肢22人、大腿假肢13人、上肢假肢21人。

【残疾人民生保障工作】 2018年，五华县残疾人联合会积极做好残疾人民生保障工作。全年做好2018年度残疾人“津补贴”发放工作审核审批24587人，为16周岁的重度残疾人和智力、精神残疾人共10887人缴纳城乡居民基本养老保险，为新办理残疾人证的138位60周岁以上重度残疾人、智力和精神残疾人进行趸缴手续，为16266位重度残疾人全额缴纳2018年度城乡居民基本医疗保险。从2018年3月起相应提高16个镇级残疾人专职委员的待遇，从2000元/月提高至2450元/月。

【残疾人就业和教育工作】 2018年，五华县残疾人联合会积极做好残疾人就业和教育工作。举办电脑、保健按摩、美容美发、盲人盲文等残疾人职业技能培训班373人次和农村残疾人种、养技术培训班452人次，提升全县残疾人的就业创业技能，加快他们脱贫奔康步伐；选送5名盲人参加市盲人计算机培训班；五华县残疾人联合会和五华县就业管理局联合举办专场招聘会，助残圆梦，现场求职残疾人85人，13名达成就业意向；规范开展2018年开始由地税局主征残疾人就业保障金的衔接工作和年审工作，年征收数 1400 多万元；实名制发放 91 户自主创业就业扶持资金 51.6 万元；落实南粤扶残助学本科 3 人、大专 11 人，彩票公益金学前教育 20 人。

【康复中心综合服务功能完善】 2018 年，五华县残疾人联合会加快完善残疾人康复中心综合服务功能。五华县残疾人证的办理和就业保障金年审业务工作迁入残疾人康复中心一楼办事大厅；完成残疾人辅助具器服务站场地、设施、设备规建；完成各项康复中心功能活动室的规建，为 99 名残疾儿童进行抢救性康复。

【助残活动】 2018 年，五华县残疾人联合会在 5 月 20 日“全国助残日”开展主题为“全面建成小康社会，残疾人一个也不能少”活动。1.在五华县长乐公园广场隆重举行宣传、义诊活动。现场为 200 多名父老乡亲、残疾人进行义诊和康复检查，发放宣传资料 1500 多份。2.在县残疾人康复中心举办残疾人辅助器具发放、残疾儿童文艺表演等系列活动。慰问康复中心脑瘫、智障残疾儿童和水寨镇残疾人 200 多人，送上米、油、牛奶等慰问品及慰问金 15 万多元，用实际行动给残疾人送上关怀和祝福。3.全县 20 个社区残疾人康园工疗中心积极开展助残日活动，慰问社区残疾人 500 多人、发放慰问品 10 万多元。4.印制《残疾人基本知识读本（上、下）》1.8 万册发放到镇残联、各康园中心，广泛开展残疾人法律、法规、政策等普法宣传活动。

【残疾人精准康复服务行动】 2018 年，五华县残疾人联合会使 4252 名有康复需求的残疾人得到精准康复服务，并向各镇残疾人发放辅助器具 4986 件，很好地完成 2018 年精准康复服务率 60%年度目标。

【残疾人证办理】 2018 年，五华县残疾人联合会认真贯彻《〈中华人民共和国残疾人证管理办法〉广东省实施细则》，做好新的残疾人证办理系统的实施、运行和政策宣传，办理核发残疾人证 1779 份并扎实做好残疾人证档案整理、管理。

【五华残疾人托养中心建设】 五华残疾人托养中心工程被五华县委、县政府列为 2018 年度 65 项重点工作之一。至 2018 年年末，已经完成 1～8 层框架封顶建设等 60%的工程量，达到年度工作要求。

【基层残疾人服务机构建设】 2018 年，五华县残疾人联合会完善全县精神障碍社区康复站和社区残疾人康园中心建设。20 个康园中心全部建成；16 个镇社区康复站建成，其中 13 个已经运行，其余 3 个正在完善后期工作。

【执法检查工作】 2018 年，五华县残疾人联合会认真开展《中华人民共和国残疾人保障法》（以下简称《残疾人保障法》）贯彻落实和残疾人事业发展“十三五”规划中期执行情况自查。五华县加快推进残疾人小康进程残疾人事业基本公共服务均等化和残疾人社会保障体系、服务体系建设，使残疾人基本的生活、医疗、康复、教育、就业等基本需求得到制度性保障，平等参与社会生活的环境、条件和生产生活状况全面改善。梅州市残联、市人大专项检查组全面检查五华县残疾人事业发展情况和取得的成效。认为五华县实施《残疾人保障法》、残疾人事业发展“十三五”规划能做到领导重视，部门落实，并能破难攻坚，主动作为，阵地建设不断加强，工作成效显著。

【其他各项工作】 2018年，五华县残疾人联合会坚持围绕中心工作抓党建，抓好党建促发展的工作思路，扎实有效推进党员队伍的思想建设、组织建设、作风建设和制度建设，推动残联党建及各项工作上新台阶。1．认真履行党要管党、从严治党的职责。2．把“两学一做”作为政治建设和思想建设的重要任务来抓，积极开展内容丰富的党建系列活动。3．推进党风廉政建设和反腐败斗争。坚持纠建并举的方针，强化内部制约和外部监督的机制，完善各项规章制度。加强对综治工作的组织领导，保证全年不出现违法违纪的人和事。4．抓好中央和省委巡视整改工作，落实县委第五轮巡察工作。县委第五轮第二巡察组于7月16日进驻，残联党组高度重视，带领残联上下，把巡察工作看成是一次加强党性教育、提高党性意识和依法行政能力、转变工作作风的良好机遇，对问题不回避、对矛盾不遮掩，勇于直面问题，做到即知即改、立行立改、真改实改、全面整改，使单位党组织更加坚强有力、作风和风气有大转变。5．贯彻落实贫困残疾人精准扶贫精准脱贫工作。全面落实残疾人两项补贴、精准康复、居家无障碍改造、助学、医保、养老、按比例就业和自主创业就业等保障残疾人民生优惠政策。下乡到16个镇为1462名建档立卡贫困残疾人进行评残鉴定和办理残疾证，让他们尽快享受到相关优惠政策。筹集资金50多万元帮助双华镇军营村扎实开展精准扶贫精准脱贫攻坚工作。6．积极开展创文、创卫工作。按照“双创”工作的责任分工，从材料审核、未成年人思想道德建设、问卷调查、动态管理等方面，把工作任务具体分解，责任到人、到位。不定期召集交警、城监、工商、环卫等相关责任人员开展集中行动，强化干部职工和群众文明卫生意识。7．全力支持推进扫黑除恶专项斗争工作。学习贯彻落实全县扫黑除恶专项斗争推进会精神，进一步统一思想，提高政治站位，坚决与省委、市委、县委保持高度一致，全力维护全县经济社会和谐稳定。

（古德华）

五华县残疾人联合会2018年度负责人名录

理 事 长：邱小梅

副理事长：鲍忠友　陈裕杰

法　治

五華
年鑒

2019

政法委及综治

【简况】 2018年，中共五华县委政法委员会（以下简称五华县政法委）严格按照中央、省、市政法工作会议精神和县委、县政府的总体部署，紧紧围绕中共十九届三中全会、全国“两会”胜利召开，确保改革开放40周年各项庆典活动顺利举行这一核心目标，按照防控风险、服务发展，破解难题、补齐短板的要求，扎实履行政法委职责，狠抓维稳、综治、依法治县、防邪反邪各项措施落实，狠抓扫黑除恶，强化执法督查、党组织建设等工作，为加快构建“一核两区三组团”县域发展新格局，打造“工匠之乡、宜居五华”营造和谐稳定的社会环境。

【维稳工作】 2018年，五华县政法委主动履行牵头抓总职责，全力以赴加强重大风险信息预警预判，全面排查化解社会不稳定因素和信访维稳积案，狠抓防范化解重大风险各项措施落实。深入开展12个重点领域社会矛盾大化解和“百日攻坚”专项行动，落实“一人一策”“一人一专班”要求，加强对重点利益诉求群体和重要人员的教育疏导稳控工作。坚持社会稳定形势定期分析研判制度，牵头相关部门妥善化解重大涉稳案件8宗。积极开展信访积案化解和突出问题治理专项行动。圆满完成首届梅州HAKKA客家音乐节、首届棕榈客家杯“一带一路”国际足球邀请赛等重大活动安保维稳任务。牵头召开涉稳分析研判会13次，成功化解省市交办案件2宗，化解重大矛盾纠纷案件4宗。全年维稳专班核查线索线报64条，排查重点人员307人，劝返8批16人次，其中劝返拟进京上访4批7人次、拟到省上访4批9人次。

【社会治安综合治理暨平安建设】 2018年，五华县政法委有序推进“雪亮工程”、综治视联网、“中心+网格化+信息化”建设。全县综治中心全部完成升级改造，综治信息化系统投入使用，2030个综治工作网格配备2877名网格员，全年上报网格事件11208宗，处置11185宗；完成430个村（居）视联网硬件建设。深入推进新时代“枫桥经验”，选定河东、华城两镇为试点，探索矛盾纠纷多元化解的新途径、新做法，推进人民调解组织多元化、队伍职业化、制度标准化建设，形成纵向到底、横向到边的“大调解”格局。扎实做好精神障碍患者服务管理，积极开展对严重精神障碍患者管理服务工作的深调研，严格落实“解锁行动”，对所有应送院治疗的均送院治疗，协调落实低保、特殊门诊和患者服药经费保障，同时为全部精障患者购买保险57万元，全年发放监护经费687万元。稳步推进平安细胞创建。督促各镇党委政府及相关部门继续加大平安创建经费投入，以完善打、防、控、管一体化工作为抓手，进一步推进平安村（居）、平安校园、平安医院、平安文化市场、平安旅游景点、平安宗教场所创建。2018 年度，全县中心小学和中学以上学校通过“安全文明校园”验收，县管医院和中心镇卫生院通过“平安医院”验收。

【法治创建】 2018 年，五华县政法委紧紧围绕“全面推进依法治县，加快建设法治五华”目标任务，及早谋划，高位统筹，扎实推进法治建设“四级同创”工作。确定华阳等 4 镇参加“法治镇”创建，141 个村（居）参与省级民主法治村创建。联合多部门深入 141 个村对村民自治组织机构、民主选举、民主决策、管理、监督等 8 项工作是否健全、规范进行全面、认真、细致的督查指导，以督查提质提效。在县、镇、村共同努力下，完成法治县、12 个法治镇、276 个民主法治村和 1 个法治文化建设示范企业（五华县供电局）创建。2018 年五华县荣膺“全国法治县（市、区）创建活动先进单位”称号。

【防邪反邪】 2018 年，五华县政法委严格落实意识形态工作责任制，扎实推进政治安全“八个专项行动”，严密防范和抵御各种渗透破坏活动，确保全国“两会”、上合青岛峰会、庆祝改革开放 40 周年等特别防护期和敏感节点期间全县社会政治稳定。组织开展创建无邪教“三个一”示范工程活动，筑牢基层群众反邪意识“防护墙”。始终保持对邪教组织严厉打击的高压态势，协助省、市公安机关成功破获“全能神”现行案件 1 宗 5 人。利用“喇叭村村响”广播、有线电视、报纸、网络、手机短信、微信等媒体平台扎实开展防邪反邪宣传，深入各镇及水寨中学、周江中学开展“全民反邪教 同心奔小康”主题签名活动，把县城沿江南路打造成反邪教警示宣传教育路。制定《依法取缔和打击“精神传销”有害培训专项工作方案》，全面摸查掌握县内各类培训机构情况并加强日常监管，严密防范此类培训活动的现实危害和潜在风险。

【执法督查】 2018 年，五华县政法委扎实做好涉法涉诉信访改革相关工作，把涉法涉诉信访问题纳入法治轨道。成立县委政法委支持配合监察体制改革试点工作专班，做好监察体制改革试点期间政法机关与监察委员会的沟通衔接工作。加强“两法衔接”工作联席会议制度，组织开展“两法衔接”系统平台操作培训，规范行政案件录入操作流程。积极构建综合治理执行难工作格局，协调相关部门依法成功执结 2 宗判决十几年未得到执行案件。强化对政法机关执法活动的协调监督，全年受理政法机关提交各类疑难案件 7 起，召开县公、检、法等部门领导参加的案件研判协调会 7 次。认真做好涉法涉诉信访案件化解工作，全年接访涉法涉诉群众来信来访 58 批次，转办、督办信访件 15 件，对群众反映的问题，做到认真倾听，释理释法，做好督查督办工作。

【扫黑除恶专项斗争】 2018 年 2 月 11 日，五华县启动扫黑除恶专项斗争，坚持高位推动，把专项斗争作为净化社会风气、促进社会和谐稳定的一项重大政治任务抓紧抓好，全县扫黑除恶斗争工作取得显著成效，群众满意度明显提升。全年共摸排受理涉黑恶有效线索 1062 条，发放涉黑恶线索举报奖励金 57.5 万元，打掉一批涉恶组织，查封、扣押涉案资产 284.3 万元。纪监部门受理涉黑涉恶腐败和“保护伞”问题线索 64 条，查处涉黑涉恶腐败和充当黑恶势力“保护伞”9 人。整顿一批基层软弱涣散基层党组织，撤换调整一批政治上不合格、经济上不廉洁、能力上不胜任、工作上不尽职的村党支部书记。五华县线索录入数、办结率、案件转化率、抓获嫌疑人数、刑拘数、逮捕数、打击团伙数、发放奖励金等均居全市第一。

【党建工作】 2018 年，五华县政法委认真落实《五华县加强党的基层组织建设三年行动计划实施方案（2018—2020 年）》，坚持和创新政治理论学习制度，通过中心组学习、组织生活会、“三会一课”、县委党校培训班、邀请专家宣讲、广东干部培训网络学院等形式，持续深入学习习近平新时代中国特色社会主义思想，用新的思想武器武装头脑、指导实践、推动工作。旗帜鲜明维护党中央决定和省委、市委、县委决策部署，落实做好全面彻底肃清李嘉、万庆良恶劣影响和中央、省委巡视整改工作，全面开展自查自纠，大力弘扬忠诚、干净、担当价值观，坚决防止和反对宗派主义、好人主义、圈子文化、码头文化，切实净化政法系统政治生态。深化社会主义法治理念教育，坚持党对政法工作的绝对领导，引导党员干部坚定不移走中国特色社会主义法治道路。严格落实党组（党委）意识形态工作责任制，正确分析、准确把握意识形态领域形势，及时研究解决政法工作苗头性、倾向性问题，着力找准政法工作领域意识形态工作的重点和方向，确保党的路线方针政策和重大决策部署在政法系统得到严格贯彻落实，健全完善重大事项向县委请示、报告制度，充分发挥党组织的领导核心作用，确保政法工作沿着正确的方向前进。扎实开展“不忘初心 牢记使命”主题教育及“纯洁政法队伍 建功扫黑除恶”警示教育活动，通过学习省委政法委编印的《政法系统典型案例》及市委、县委纪监委编印的《每月一案例》，到红色教育基地、廉政教育基地参观学习，观看《邹碧华》等先模影片，不断提升政治教育实效，广大党员干警理想信念更加坚定，政治纪律和政治规矩更加严明，“四个意识”更加牢固，“两个维护”更加坚决，政法队伍高举旗帜、听党指挥、忠诚使命的思想基础更加坚实。

【法学工作】 2018 年，五华县政法委将法学会建设纳入县委政法委议事日程，融入全县平安、法治建设工作大局，实现法学工作与政法各项工作同频共振。强化法学会员队伍建设，新发展个人会员 12 名。繁荣法学研究，及时将会员研究成果推荐给《梅州法学》刊物，展示会员风采。依托县委政法委先后组织 20 多名会员到贵州大学培训，提升会员综合能力。积极探索法学会的服务路径，联合县妇联在“三八”节期间开展妇女

2018 年 11 月 1 日，五华县代县长朱少辉（左三）到中共五华县委政法委员会调研

维权活动，联合县委宣传部、县司法局组织法学专家到全县各镇各单位开展学习宣传《中华人民共和国宪法》专题辅导会，在全县掀起尊崇宪法、学习宪法、遵守宪法、维护宪法、运用宪法的热潮。发挥服务经济发展作用。积极组织会员和法学、法律工作者深入项目主体，听取建议意见，为重大项目主体提供"一对一""多对一"法律服务。

（温东祥）

中共五华县委政法委员会2018年度负责人名录

书　　记：傅国强
副 书 记：赖　勤　龙谨平
曾焕章　彭思鹏
委　　员：张晓辉　温汉珍
刘锐锋　曾患鑫
廖素媚
专职委员：廖素媚（9月任）
黄国雄　曾少廉
朱幼雄　邹林茂
陈宏忠　李建中
系统党工委专职副书记：
廖素媚（任至8月）

法治政府建设

【行政规范性文件的草拟、审查、修改工作】 2018年，五华县人民政府法制局认真做好行政规范性文件的草拟、审查和修改工作。全年草拟、审查、修改县政府及其部门的送审稿343件（其中规范性文件4件，合同、协议29件，其他310件），比上年减少157件；同时，认真牵头组织研讨、修改省、市来文征求意见稿，回复52稿，比上年减少3稿。报请县政府印发《五华县2018年依法行政工作要点》，进一步扎实推进五华县依法行政工作。审查《五华县降低制造企业成本支持实体经济发展的若干政策》《五华县高中阶段引进高层次学历人才暂行办法》等4件规范性文件的合法性，并向市政府报备，均得到认可。

【行政复议、行政应诉工作】 2018年，五华县人民政府法制局努力拓宽行政复议渠道，不断优化审理机制，确保行政复议应诉工作有序进行。全年收到行政复议申请18宗，其中不予受理4宗，维持3宗，撤销0宗，终止审理3宗，确认违法1宗，未结5宗，驳回2宗；行政诉讼案件共11宗，其中维持2宗，撤回起诉5宗，未结案4宗。并落实行政首长出庭应诉制度及涉案单位负责人亲自出庭应诉制度。8月16日，兴宁市人民法院开庭审理吴香道诉五华县人民政府、棉洋镇人民政府行政撤销一案，由一名副县长作为行政负责人出庭应诉。

【行政经济法律服务工作】 2018年，五华县人民政府法制局严格把好执法人员执法资格关，提高行政执法人员执法素质，落实持证上岗执法管理制度，根据《广东省行政执法人员综合法律知识网上考试管理办法》规定， 组织一批行政执法人员进行综合法律知识网上考试，共3场次，累计报考人数104人，实际参考人数97人，合格率93%。在行政执法证办证申请中，严格审核申请人员执法资格，确保执法人员持证执法，全年新申领行政执法证260张。牵头启动开展全县涉及生态环境保护法规规章规范性文件清理工作，为维护法治统一、深入推进依法行政、加快法治政府建设保驾护航。10月，组织49个单位对涉及证明事项的规范性文件进行清理清查，根据各单位清理结果汇总情况,清出科工商务局组织起草的县政府涉及证明事项的规范性文件3个，证明事项18项,县政府常务会议审议通过。参与听证会3场，包括由五华县发改局组织的五华县益塘景区调整门票价格实施方案听证会、五华县国土资源局组织的国有农用地、城镇土地定级与基准地价更新成果听证会和五华县人民政府组织的全县范围河库禁采和设立合法堆放经营建筑用砂点听证会议，为科学决策奠定良好基础。开展以依法行政为主题，以思想教育、法律业务知识为内容的培训班2期，累计培训1000多人次。通过培训，进一步规范政府工作人员的执法程序，进一步提高政府工作人员的法治素养和依法行政能力。为认真贯彻落实《广东省行政执法公示办法》《广东省行政执法全过程记录办法》《广东省重大行政执法决定法制审核办法》，报请县政府印发《五华县贯彻落实广东省行政执法公示办法等三个办法实施方案》。6月，对16个镇和55个县有关单位进行“2017年度五华县依法行政考评社会评议”调查问卷活动；8月，对全县行政执法三项制度执行情况进行调查，收集执行情况数据，形成自查报告，以此促进各行政执法主体贯彻落实行政执法工作。进一步规范行政执法行为，有效遏制乱执法、野蛮执法、粗暴执法和执法不作为等问题，减少执法争议，保障人民群众合法权益。

【巡视整改工作】 2018年，五华县人民政府法制局根据县委的统一部署和任务分工，围绕中央第十二巡视组、省委第九巡视组反馈意见，结合实际，成立五华县人民政府法制局巡视反馈意见整改工作领导小组，落实责任，对涉及本单位的问题清单，主动认领，列出整改问题，实事求是建立整改落实台账，按时按质向整改落实办公室报送台账，在整改过程中，以问题为导向，突出重点，措施有力，确保巡视整改落实到位。对2015年1月至2017年12月止共12件行政败诉案件进行逐案分析，并将个案败诉原因分析情况及承办人员信息移送县纪委监委，对涉案的主体单位逐个发出《行政执法督察建议书》，要求各个单位落实好整改工作。按照市法制局关于整改落实工作的其他通知文件要求，完成各项整改任务。9月20日，梅州市法制局检查组对五华县《中共梅州市委关于省委第九巡视组反馈意见整改问题、措施责任分工》第43项整改问题的整改落实情况进行检查，工作成绩得到市法制局领导的肯定。

【协调、指导、调处纠纷案件工作】 2018年，五华县人民政府法制局参与信访协调工作会议9场，协助信访局处理信访复查案件8起，经法制部门参与研究后，复杂疑难的信访案件均能按法律途径有效解决，得到上级政府及相关部门的充分肯定。通过共同努力，有效地缓解这些信访案件矛盾的激化，为维护全县社会稳定发挥应有的作用。

【党建工作】 2018 年，五华县人民政府法制局落实常态化学习制度，坚持每周学习一次，不断加强理论学习，提高政治站位。严格按照学懂弄通做实的要求，持之以恒深入学习《中国共产党章程》、中共十九大和中共十九届二中、三中全会精神，学习习近平总书记参加全国“两会”广东代表团审议时的重要讲话精神、《习近平谈治国理政》（第二卷）和新修订的宪法等内容。扎实抓好党建工作，充分发挥党支部的战斗堡垒作用，积极开展“两学一做”“争先创优”活动，落实党支部廉政建设的主体责任，认真执行“三会一课”和“三重一大”制度，积极抓好党员的教育管理及党费的收缴等工作。严格执行中央八项规定和“反四风”工作要求；开展“抓早抓小”、谈话提醒活动，坚定廉洁从政的决心。深刻认识坚决全面彻底肃清李嘉、万庆良流毒影响的极端重要性，开展自查、排查、清理等工作，努力营造风清气正的政治生态。

【其他工作】 2018 年，五华县人民政府法制局顺利完成迎接市依法行政工作领导小组 2017 年依法行政考评工作，获得良好等次。在县政府常务会上，承办 3 期学法讲座，分别在县政府常务会议上学习《必须招标的工程项目规定》、新修订的《宗教事务条例》和新修订的《中国共产党纪律处分条例》。对照《开展法治五华和平安五华建设专题调研的工作方案》中的调研安排，结合五华实际，五华县人民政府法制局对当前迫切需要解决的推进依法行政、严格规范公正文明执法的重大问题进行深入研究，并将调研报告报送至县委政法委。

（李文）

五华县人民政府法制局 2018 年度负责人名录

局　长：陈兆祥

副局长：甘伟红

公　安

【社会维稳工作】 2018 年，五华县公安局不断强化政治领域和意识形态领域工作，加强情报信息搜集分析，获取深层次、内幕性情报信息 260 条，排查化解各类矛盾纠纷 535 起，处置网上有害信息 2569 条、负面舆情 14 起，牢牢掌握主动权。加强对县委、县政府重点项目建设的外围保障服务，查处妨害公务、阻碍执行职务案件 28 宗，办结信访案件 207 宗，妥善化解涉“梅蓄项目”建设等不稳定因素，圆满完成首届梅州客家音乐节、纪念改革开放 40 周年系列专项活动和“一带一路”国际足球邀请赛、中甲男女足赛事等74场重要大型活动安保工作。投入资金60多万元改善2个扶贫挂点村生产生活条件，组织155人4次对“结对扶贫”对象走访慰问，帮扶成功脱贫26户101人。

【扫黑除恶】 2018年，五华县公安局抽调29名精干警力成立专业队，高位推动扫黑除恶工作落地，全年立涉黑恶案件119宗，破案118宗、同比上升19.5%，打掉涉黑恶犯罪团伙36个，抓获涉黑恶违法犯罪嫌疑人465人，其中刑事拘留305人，提请逮捕235人，同比分别上升17.7%、21.7%，查扣冻结涉案资金284.3万多元。录入平台线索365条，居全省第一，发放群众举报奖励金57.5万元。成功侦破社会影响重大的温胜根等人聚众扰乱社会秩序案、安流陈天乐等人寻衅滋事案等一批涉黑恶案件。

【严打整治】 2018年，五华县公安局创新“三级办案、合成作战”警务新模式，依托“六侦合一”作战平台，成功侦破“2002·12·13”黄某宁故意杀人案、涉案金额200多万元的特大入室盗窃案等一批重特大案件，抓获潜逃16年涉交通肇事罪逃犯邓某军、19年命案逃犯江某生及25年命案逃犯周某发、周某军等各类逃犯234人。在立案数（1144宗）下降10.69%的情况下，破案数（1050宗）同比上升6.8%，破案率91.78%，抓获犯罪嫌疑人904人,刑事拘留679人，提请逮捕450人，同比分别上升7.6%、6.76%、4.16%。9起现发命案全破，连续6年保持命案全破。大力开展新一轮禁毒人民战争，落实禁毒办实体化运作，出台《毒品案件举报奖励办法》，建成省级社区戒毒社区康复工作服务中心，成立禁毒志愿者服务队，不断将全民禁毒工程引向深入。全年共查处吸毒人员111人，强制戒毒47人，刑事拘留22人，提请逮捕30人，成功侦破“部2016—237”特大制毒案。

2018年6月6日，梅州市公安局常务副局长李昌龙、副局长古高松率领治安支队等部门负责人先后深入五华县5个高考考点，检查督导护航高考安保工作

2018年7月11日上午，以“智慧新警务、护航新发展”为主题的2018五华公安警察开放日暨显性用警启动仪式在五华县长乐公园举行。

【安全防控建设】 2018年，五华县公安局做实做强“两所三站四纳入”综合实战平台，在全市率先推出“警犬+移动警务车”的“显性用警”巡防模式，警情在连续3年下降的情况下，再次实现刑事治安警情同比下降5.9%，其中“两抢一盗”可防性警情大幅下降60%。大力推进立体化治安防控体系建设，推广安装“门禁+视频”系统1606户，聘请104名环卫工人义务收集治安信息，实现侵财类案件发案同比下降 27.6%。坚持依法监管、严管重罚不动摇，查处各类交通违法行为 9.3 万余起，交通事故起数、伤人数、亡人数同比下降 16%、50%、22%，“遏事故、保安全”、“梅安 2 号”交通整治专项行动 1—11 月全市考核获“双第一”。全年破获涉枪爆案件 22 宗，收缴各类枪支 156 支、子弹 1547 发、炸药 168 公斤，销毁历史遗留迫击炮弹 5 发。

【服务管理】 2018 年，五华县公安局不断夯实基层基础，争取县委、县政府投入 7200 万元高规格推进基层所队提档升级，投入 7600 万元启动“五所两队两基地两示范点”建设，13 个派出所、2 个交警中队的升级改造全面完成，在全市示范派出所建设综合排名第一。警务智慧化水平明显提升。购置高清摄像无人机及反制枪、652 台移动警务终端，启用机动车缉查布控系统，采集、核查并比中涉毒、在逃、前科人员信息 75 条，移动警务、指尖警务新模式日趋完备。深化视频探头、WiFi、电子围栏和人脸识别等信息采集运用，与海康威视、紫晶存储等企业合作研发建设猎鹰系统，在实战中发挥重要作用，并得到全市推广应用，建成以来协助破案 62 宗，同比上升 10.3%。民警林烁虹参与研发的“大数据服务基层禁毒工作”项目，获得公安部科技信息化局组织开展的“畅通大数据服务基层渠道专项工作”二等奖。民警曾芃壹主创的寻“贼”精灵——案件罪犯匹配模型获得全省智慧新警务大数据建模大赛 20 大经典模型，其本人被评为“全省建模能手”。在智慧新警务考核中排名全市第一。出台“放管服”改革简化流程提升服务 20 条措施，布建 24 小时自助服务厅，并配备出入境、居民身份证自助办证机 41 台，提升便民服务质量。推行移动式“一窗通办”新模式，将涉及民生的户政、交管、出入境等 29 项公安业务下放到 3 辆移动警务车、3 个示范派出所。大力推进执法规范化建设，科学构建从受理立案到侦查终结“全流程”、人案物卷场所“全要素”、嫌疑人信息“全采集”、执法流程“全录入”的闭合执法管理体系，基本实现执法队伍专业化、执法行为标准化、执法管理系统化、执法流程信息化目标，全面提升执法公信力。

【队伍建设】 2018 年，五华县公安局聚焦政治建警，公安队伍展露“新气象”。1.党的建设坚强有力。把学习贯彻习近平新时代中国特色社会主义思想、中共十九大精神作为首要政治任务，与巡察整改工作紧密结合，坚决全面彻底肃清李嘉、万庆良恶劣影响，积极开展“向公安局局长说句心里话”活动，夯实党建根基，确保全警与党中央保持高度一致。2.队伍管理全面加强。严格落实“一岗双责”、“一案双查”制度，党内严重警告处理 1 人、警诫 6 人、诫勉谈话 4 人、谈话提醒 13 人。全面落实民警体检、休假、家访、功模休养等举措，开通民警医疗“绿色通道”，推动民警加班补贴和值勤岗位津贴落实到位。24 个集体、136 名民警受各级各类表彰，并获得全市公安运动会团体总分第二名和优秀组织奖。3.警民关系和谐发展。坚持传统媒体和新媒体联动，“报、网、刊、端”立体化推进公安宣传工作，组织开展 3 期“我是小警察”夏令营及警察开放日、“迎新年·保平安”誓师大会、“开学第一课”等系列活动，促进警民关系和谐发展。

（徐志凡）

五华县公安局2018年度负责人名录

局　　长：赖　勤
政治委员：曾患鑫
常务副局长：刘柏青
副 局 长：汤岸辉　张治标
古新华　张长安
何志锋（挂职）
刘威连（挂职）
党委委员：曾国辉
纪委书记：陈幼文

检　察

【简况】 2018年，五华县人民检察院认真贯彻落实“讲政治、顾大局、谋发展、重自强”总要求，紧紧围绕全县工作大局，凝心聚力，务实创新，强化法律监督，维护公平正义，推进司法改革，加强队伍建设，各项检察工作取得新成绩，在2018年全国检察机关第九次“双先”表彰大会上，被最高人民检察院评为全国检察机关“集体一等功”。

【刑事检察】 2018年，五华县人民检察院全年受理批捕案件362件639人，经审查，批准逮捕256件446人；受理移送审查起诉430件672人，经审查，提起公诉367件520人。落实宽严相济刑事政策，依法决定不批捕94件172人、不起诉4件4人。

【民事行政检察】 2018年，五华县人民检察院扎实开展非诉执行专项监督行动，办理监督执行案件12件，通过督促相关镇依法履行法院判决，可恢复农业林业用地3.67公顷，拆除违章建筑面积3.2万平方米。努力打造公益诉讼工作品牌，办理公益诉讼案件60件，办案数位居全市前列，其中，提起刑事附带民事公益诉讼案件4件，发出检察建议56份，督促有关部门清运垃圾7610吨，恢复林地292.73公顷。五华县委书记吴晖批示肯定县检察院公益诉讼工作。4月，梅州市人大常委会到县检察院调研公益诉讼工作，对公益诉讼工作给予充分肯定和高度评价。

【刑事执行检察】 2018年，五华县人民检察院立案监督2件，发出检察建议书16份、《纠正违法通知书》12份，公安机关撤回移送审查起诉4件5人。追捕4件4人，追诉漏犯5人，发出补充侦查提纲67份，要求公安机关补充案件事实证据后予以批捕的案件43件。开展监管场所安全防范检查10次，消除安全隐患1件，预防超期羁押20件20人。发动在押人员检举犯罪线索6条，公安机关立案查处1件2人。

【控告申诉检察】 2018年，五华县人民检察院全年受理群众来信来访358件/次，检察长接访24次，接待群众28批56人/次；办理上级检察机关交转办案件16件；办理涉法涉诉案件28件；办理刑事申诉案件2件，其中立案复查1件，审查结案1件；刑事被害人司法救助6件6人，救助金额共计人民币6万元。加强检察服务窗口建设，打造功能齐全、高效便民的“一站式”“12309”检察服务中心，为群众提供便捷、高效的服务。

【案件管理工作】 2018年，五华县人民检察院全年受理分流各类案件717件1218人，结案移送676件1113人；接收赃证款物923件；接待律师阅卷91人（次），群众案件信息查询315人（次）。制作电子卷宗358件789册。向社会发布案件程序性信息946条，公开法律文书307份。

【信息、调研、宣传工作】 2018年，五华县人民检察院全年撰写材料352篇，上报后被上级党政机关和省、市检察机关采用100多篇次。组写宣传稿件393篇，被各级新闻媒体采用500篇（次），其中国家级14篇，省级28篇，市级43篇。积极推进“两微一端”建设，提高五华检察的公信力和亲和力。

【派驻检察室工作】 2018年，五华县人民检察院推进“一镇一检察官”和派驻检察室工作，主动靠前为当地党委政府提供法律服务，打通服务群众“最后一公里”，努力为人民群众、为社会提供更好更优更实在的法治产品和检察产品。

【未成年人检察工作】 2018年，五华县人民检察院不断完善未成年人办案工作机制，促进形成未成年人权益综合保护和犯罪预防社会化工作体系。扎实开展“法治进校园”活动，开展法治教育课5场次，受教育人数8000多人。

【荣誉】 2018年，五华县人民检察院单位和个人均取得显著成绩。3月，侦查监督科科长李金惠被梅州市妇联评为梅州市我心中的“三八红旗手”；4月，五华县人民检察院被中共五华县委、五华县人民政府评为2017年度五华县精神文明建设先进工作单位；5月，五华县人民检察院办公室科员温灵被共青团梅州市委授予“梅州市优秀团员”称号，五华县检察院团支部被共青团五华县委授予“五华县五四红旗团支部”，政工科科员廖立被授予“五华县优秀团干部”称号，民事行政检察科科员古缮华被授予“五华县优秀团员”称号；6月，五华县检察院609专案组被梅州市人民检察院记集体三等功，五华县人民检察院党组副书记、副检察长彭宙被梅州市人民检察院记个人三等功；11月27日，五华县检察院被最高人民检察院荣记全国检察机关“集体一等功”。

（温 灵）

五华县人民检察院2018年度负责人名录

检 察 长： 温汉珍

副检察长： 彭 宙 曾添香

党组成员： 蔡仕强 李永强 胡远清

法 院

【刑事审判】 2018年，五华县人民法院坚持罪刑法定和罪刑相适应原则，严格把握宽严相济刑事政策，该严则严，当宽则宽，罚当其罪。全年审理各类刑事案件419件592人，审结416件584人，结案率99.3%。深入推进扫黑除恶专项斗争，依法从严从快惩处，依法维护群众人身和财产安全，审结故意伤害、诈骗、盗窃等侵犯人身财产犯罪147件177人。依法维护公共安全，审结放火、失火、交通肇事等危害公共安全犯罪88件88人。依法维护市场经济秩序，审结生产销售伪劣产品、生产销售有毒有害食品等犯罪19件24人。依法维护社会秩序，审结黄赌毒、寻衅滋事等严重扰乱社会治安犯罪165件301人。加强人权司法保障，积极配合国家监察体制改革，为所有的刑事被告人提供律师辩护或者帮助，对13名未成年被告人适用圆桌审判、犯罪记录全部依法封存，审理刑事附带民事案件29件、调解结案14件。

【民商审判】 2018年，五华县人民法院坚持“当判则判、能调则调”原则，充分发挥司法的能动作用，以“案结事了”为目标，妥善处理化解各种民商事纠纷。全年受理各类民事案件2446件，审结2410件，结案率98.6%，民事一审服判息诉率91.6%。努力构建纠纷解决新机制，实施家事调解和交通事故一体化处理，从社会聘任21名兼职调解员，调解各类家事案件87件、涉交通事故案件16件，纠纷处理效率效果得以提升。坚持司法保障民生，维护和谐家庭关系，审结婚姻家庭和继承纠纷1076件、权属侵权和其他纠纷409件，服务美丽乡村建设和乡村振兴战略，保障人民对美好生活的向往。坚持市场主体平等保护原则，加大对民营经济的司法保护力度，妥善处理涉企债权纠纷，依法倡导诚实守信，审结买卖、金融等各类合同纠纷961件，全力推动形成平等有序、充满活力的法治化营商环境。

【执行工作】 2018年，五华县人民法院全力推进执行攻坚，决胜基本解决执行难。全年受理执行案件821件，结案815件，结案率99.3%，执行到位金额1.8亿多元。其中，首次执行案件实际执结率54.4%，恢复执行案件执行完毕率87.8%、实际执行到位率91.4%，分别比全市平均水平高9.1%、34.3%和44.1%，多项指标位居全市基层法院前列。坚持举全院之力攻坚执行难，全力迎检基本解决执行难第三方评估，开展“决胜2018”“南粤执行风暴”“节日民生专项执行”等活动。推动构建综合治理执行难工作格局，健全执行工作制度，优化执行管理，创新执行方式手段，推进执行信息化建设，建成标准化执行指挥中心，大力化解执行信访案件，严格规范终结本次执行适用，执行权依

2018 年 12 月 4 日，五华县人民法院举行宪法宣誓仪式

（吴凤茹　摄）

法规范高效运行机制初步建立，一大批骨头案得以成功执结。敢用善用强制惩戒措施，将拒不执行判决的被执行人李某判处罚金 8 万元追究责任，全年司法拘留 27 人次、对 3 人罚款 14 万元、纳入失信被执行人名单 400 人、限制高消费 843 人次、对 2 人采取边控措施。大力破解财物变现难，全面推行网络司法拍卖，通过淘宝网拍卖涉案财物 8 件，成交金额 1119.5 万多元，溢价率 17.4%。开展执行难专项宣传，邀请人大代表、政协委员、新闻媒体见证监督执行，在市级以上报刊、电视台等媒体刊载执行稿件 6 篇、播放节目 3 期，与网易新闻联合开展“南粤执行风暴——广东五华法院在行动”全程网络直播活动。

【立案信访】　2018 年，五华县人民法院严格落实立案登记制，对依法应该受理的案件，做到有案必立、有诉必理，立案庭受理案件 2674 件，当场立案率 99.2%。推行网上立案，在广东法院诉讼服务平台受理立案申请 33 件，当事人足不出户即可享受到便捷的立案服务。积极推行便民服务措施，设置微信缴纳诉讼费通道，电子送达诉讼文书 211 份，让群众不断感受到司法便利。继续加强诉讼服务中心建设，不断完善饮水机、打印机等便利设施，对当事人实行微笑服务，信访室接待来信来访 14 件 35 人次，全部依法及时处理。基层法庭充分发挥立足贴近基层的地域优势和职能优势，及时为群众提供法律咨询，受理案件 1012 件，结案 1009 件，调解撤诉结案 738 件。加强司法救助，为 33 名确无财产可执行、又因债权不能实现而陷入生活困境的申请执行人发放 26.15 万元司法救助金，为 32 名经济困难当事人缓减免交诉讼费 20794 元。

2018 年 12 月 28 日，五华县人民法院院长张晓辉到挂点帮扶单位华阳镇叶新村作学习贯彻习近平总书记考察广东重要讲话精神专题辅导课

（杨君俞　摄）

（甘焕东　徐冰琪）

五华县人民法院 2018 年度负责人名录

院　长：张晓辉

副院长：张国渊　曾伟平　孔建明

司法行政

【普法宣传教育】 2018年，五华县司法局把国家工作人员特别是领导干部模范尊法学法守法用法作为关键，以县委、县政府名义制定出台《五华县“谁执法谁普法”责任制方案》《关于落实五华县各级国家机关“谁执法谁普法”普法责任清单》，组织开展全县首届国家机关“谁执法谁普法”履职报告评议活动，组织全县国家工作人员开展学法考试。全力推进综合性法治教育基地建设，选址、征地拆迁和可行性研究报告编制工作进行中。完善法治文化宣传阵地，完成街心公园、长乐公园、蒲丽顶公园3个新建法治主题公园建设。发挥“梅州五华普法”微信公众号作用，完善“掌上律师”服务平台功能，利用微信公众号开展各类主题鲜明的法治宣传活动。发挥送戏下乡活动平台，联系县采茶剧团，利用“每月一台戏”平台，进一步开展送法下乡活动。发挥部门联动平台作用，组织协调配合有关部门利用“3·8”妇女维权周、“3·15”国际消费者权益日、“4·15”国家安全教育日、“4·26”世界知识产权日、“6·26”国际禁毒日、“12·4”国家宪法日等活动，开展各类重点突出、针对性强的集中法治宣传活动。成立五华县“七五”普法讲师团。讲师团成员由法律专业人员和部分律师组成，共111人，建立讲师团微信群和普法讲师团课件库，采取“点餐式”服务开展普法宣传。大力开展宪法专题学习宣传活动。2018年上半年，召开五华县宪法学习宣传活动启动仪式，举办首场《中华人民共和国宪法》专题辅导课；大力组织宪法宣讲员及村（社区）法律顾问到县直机关、镇、村开展宪法宣讲活动，此次开展宪法宣讲活动总计469次，其中单位19次、镇4次、村446次。大力开展法治建设“四级同创”活动，完成法治县、12个法治镇、276个民主法治村、1个法治文化建设示范企业（五华县供电局）创建。

【扫黑除恶】 2018年，五华县司法局结合工作职能，加强宣传，努力营造“扫黑除恶”专项斗争的浓厚法治氛围。积极配合扫黑除恶专项斗争目标任务，加强对社区矫正人员和安置帮教人员两类重点人群动态管理，做好有黑恶势力犯罪前科的刑满释放人员监督管理和安置帮教工作，防止被黑恶势力教唆利用。发挥公证涉土地业务办理、法律援助案件受理调查和各级人民调解组织、广大人民调解员的信息资源优势，深挖社矫和安帮两类重点人群案件线索，及时发现并报告黑恶势力犯罪案件线索。

【人民调解工作】 2018年，五华县司法局加强“三调”联动机制建设，加强与当地党委、政府和公安、法院等部门的衔接配合，构建基层公安派出所与司法所执法衔接机制，印发《关于建立完善公安派出所和司法所“两所联动”工作机制的意见》，进一步明确职责，努力实现“1+1>2”的工作成效。加强与五华县法院诉前调解工作衔接，以及与林业、国土、医患等人民调解工作的衔接。协助做好信访维稳工作，积极落实县委县政府交办的重大矛盾纠纷案件，例如，国金华府热点遗留问题在五华县司法局牵头的联合工作组努力下得到较大程度上梳理和稳控。加强人民调解规范化建设。按照省、市有关文件，以县政府办公室名义下发《五华县落实民生实事 加强人民调解工作 健全社会矛盾纠纷化解机制工作方案》，制定以案定补制度，采取招聘和转任方式，共录用49名专职人民调解员；推进调解组织规范化建设，以五华县司法行政机关统一标识内务规范建设为契机,结合调解组织“十有”要求，全面完成对16个司法所和相关人调组织规范化建设。截至12月底，全县镇村调委会共调处成功3152宗案件，防止民转刑案件2宗，防止群体性上访18宗，每个司法所在职权范围内调处成功率在99%以上。

【社区矫正工作】 2018年，五华县司法局加强社区矫正硬件设施建设，完善社区矫正中心功能场所建设，建成集报到室、训诫室、宣告室、社矫办公室、心理矫治室、监控室、档案室、学习教育会议室等多功能为一体的约500平方米的社区矫正管理中心。2017年，积极争取到县委、县政府支持30万元，通过政府采购为各所老旧硬件设施进行更新完善。2018年年初，“社区矫正工作管理股”更名为“五华县社区矫正管理局”。同时，由五华县司法局牵头建设“社区矫正+安置帮教”阳光之家示范点（河东镇）被列入县委、县政府2018年65项重点工作；建成后，将引入社会力量协同参与社区矫正和安置帮教管理工作，打造具有五华特色的社区矫正和安置帮教管理模式。推进社区矫正信息化建设，争取政府支持投入资金200多万元，在该局社区矫正中心和16个司法所分别安装社矫指挥视频系统（包括社区矫正视频系统、社区矫正监控系统、社区矫正业务管理系统）。在此基础上，转水镇、华城镇、潭下镇、长布镇、水寨镇司法所社区矫正视频系统建成五级（部、省、市、县、镇）互联互通试点单位。研究推广电子手环定位工作，8月始，对涉黑涉恶涉枪等重点社区矫正人员运用电子手环定位，进一步提升全县社区矫正工作专业化水平。全年累计接收社区服刑人员3427人，解除矫正2764人，在管663人。

【律师、公证、法援工作】 2018年，五华县司法局深化一村（社区）一法律顾问工作，完善互联网+村（社区）法律顾问服务和管理制度，建立全县一村（社区）一法律顾问联席会议制度和村（社区）法律顾问四级“微信群”工作网络，使律师进村（社区）工作得到进一步深化。加快推行法律顾问现场服务“签到”制度，通过借助16个司法所社区矫正人脸识别系统，专门设置“一村（社区）一法律顾问”工作签到界面，进一步保证法律顾问现场服务时间。修订考核制度，完善督导检查机制，建立联席会议制度，并启动多部门联合考评机制；完善奖惩制度，加强对工作表彰力度，运用多种形式对一村（社区）一法律顾问工作和先进典型进行全方位的宣传。截至12月底，村（社区）

法律顾问参与调处社会事务案件总数 772 宗，其中已结案的一般案件 495 宗、重大疑难案件 44 宗、形成协议案件 157 宗，正在调处的一般案件 181 宗、重大疑难案件 52 宗。协助做好访前法律工作室律师派驻工作，参与落实好法治信访改革工作；有效发挥法律援助处驻县人民法院、县看守所等工作站作用，发挥律师在刑事案件审判中的辩护作用，确保五华县刑事案件律师辩护全覆盖工作落实到位。积极做好法律援助门槛降低后的人员、经费保障工作，确保每一宗法律援助案件高质量完成，依法有效维护弱势群体权益。按照县委、县政府要求，协助相关单位聘请法律顾问；同时，在不同类型的单位设立法律顾问工作站（室）示范点，以点带面规范依法行政。做好律师、公证管理体制改革工作，严格按照上级相关改革要求推进落实。全年办理法律援助案件 686 件（包括刑事 538 宗、民事 147 宗、行政 1 宗），共办结各类公证 2417 件。

【队伍建设】 2018 年，五华县司法局加强办公基础设施设备建设，完善提升基层司法阵地建设，推进河东、周江、双华、梅林、龙村 5 个镇基层司法所业务用房规范化建设，更新基层司法所设备，为 16 个司法所购置警用摩托车和警用器械。加强外观标识内务规范建设。争取县政府支持 70 多万元，4 月，率先对五华县司法局、水寨司法所、华城司法所、周江司法所和华城镇西区社区外观标识、内务进行规范化建设，于当月完工并接受省司法厅、市司法局的初验检查。其他 13 个司法所的外观标识、内务规范化建设按上级标准全面完成。抓好队伍建设，大力推进政府购买服务工作，争取县政府支持，2018 年购买法律援助辅助人员 5 人。抓好作风建设，继续开展中共十九大和中共十九大三中全会精神宣传贯彻活动，组织专题学习研讨，并作为“两学一做”学习教育制度化常态化的重要内容，学深学透。大力加强党风廉政建设的宣传教育，组织召开大会，要求全体干部职工深刻认识坚决全面彻底肃清李嘉、万庆良恶劣影响的极端重要性，切实提高政治站位，坚决把思想和行动统一到中央和省委决策部署上来；大力加强纪律建设，严格执行考勤和请销假制度、双休日和节假日值班制度、财务管理等一系列制度，实现机关内部管理的制度化、规范化。根据年度县对县直单位考核要求，结合实际，制定对各股室、处、所和干部、职工考核方案，进一步激励先进，切实推动各项工作稳妥有序开展。

（张　欢）

五华县司法局 2018 年度负责人名录

局　　长：刘锐锋

副 局 长：周洪杰　吕淑萍
朱旭红

党组成员：张祝方

军　事

五華年鑒

2019

军　事

【思想政治建设工作】 2018年，五华县人民武装部认真学习贯彻中共十九大精神，按照“学深、悟透、做实”总体要求，把学习宣传贯彻中共十九大精神，作为2018年首要政治任务。采取党委议学、领导率学、个人自学、集中研学、参观见学、考核促学等形式，给党员下发《十九大报告单行本》和《中国共产党章程》，组织全体干部、职工、应急队员到电影院集体观看《厉害了，我的国》，撰写学习中共十九大精神心得体会，营造出浓厚氛围，进一步促进全体人员的学习积极性和主动性，切实用中共十九大精神武装头脑、指导实践、推动工作。深入开展肃清张阳、房峰辉、李嘉、万庆良等流毒影响，保持党的先进性和纯洁性，严格落实上级要求，坚决果断采取措施对相关文字、图片、音像、电子文档资料进行清理清查，同时对全体干部、职工、应急队员、临聘人员进行一次严格的政治审查。开展“传承红色基因、担当强军重任”主题教育。主要采取问卷调查、座谈讨论、个别交流等形式开展一次思想调查，并召开党委会，进行思想形势分析，认真分析当前干部、职工、专武干部的现实问题。同时，县人武部与地方党史部门联系，深入挖掘本地红色故事、红色资源，作为主题教育宣传素材。并组织干部职工学习《习近平新时代中国特色社会主义思想三十讲》。做好调整改革期间人员思想政治教育。省军区系统调整改革，涉及人武部职能定位改变、人员编制调整、现役转改文职等内容，人武部党委以高度的政治责任抓好上级文件精神的宣传贯彻，通过教育统一全体干部职工的思想，并做好营以下干部转改文职的相关工作。把军分区制作的《文职人员制度改革文件汇编》发到每一名干部，组织干部反复学习，主官带头开展文职人员选改政策宣讲授课，同时制定3名部领导与3名营以下干部一帮一结对子制度，确保每一名干部真正掌握中央军委转改文职相关政策。

【战备训练工作】 2018年，五华县人民武装部严格落实战备规定，贯彻落实新的《海空边防情况处置暂行规定》，抓好战备教育、战备值班、战备演练等日常战备制度落实。2月7日，以蒲丽顶森林公园发生大面积山火为背景，组织人武部带民兵应急连进行一次紧急出动演练。4月，参加军分区组织的非战争军事行动方案预案规范现场会后，五华县人民武装部按照规范要求，结合实际，完成各类方案预案的修订完善。按战备库室建设标准配套完善“三室两库”建设，购置补充民兵应急分队遂行非战争军事行动所需的物资器材。6月，组织开展保障部队过境国防动员演练。10月，完成一次过境部队保障任务，得到相关单位一致好评。12月，参加省军区组织的军地联合演习，圆满完成分区赋予演习任务。结合演习，县人民武装部组织一次森林消防应急演练。坚持按纲施训，严格按照习近平主席训令要求和大纲及新一代训练条例组织训练。1月，召开党委专题议训会，在总结上年军事工作基础上，对2018年度工作进行筹划。2月，健全训练领导小组等各类训练组织，组织新条例和新条令的学习与考核。3月，为提升全县专武干部业务水平，推动民兵组织整顿和兵役登记工作顺利展开，组织1期专武干部集训。4月，组织抗洪抢险分队集训及考核，迎接梅州市三防办轻舟分队训练检查，受到市三防办肯定和表扬。在训练期间成功救助1名溺水群众，海峡之声、梅州市电视台、五华电视台、报纸、网络媒体对此进行报道，在当地群众中取得良好口碑，树立军队好形象。5月，县民兵轻舟分队参加市三防办和军分区组织的比武竞赛，取得集体第二名的成绩。现役干部参加军分区组织的半年考核，取得总分第三名、部长和政委取得个人总分第6名、第9名。6月，集中10天时间，组织进行一次共同基础及专业技能集训。7月，组织民兵抗洪抢险分队进行为期15天的游泳训练。加强训练管控，进一步规范训练计划和登统计，严格训练作风，做到训练人员、时间、内容、效果"四落实"。严格训练过程管控，做到不偏训、漏训、粗训，防止训练简单化、走过场；严格落实训练教学责任制，按照训练大纲规定课目将教学任务分工到人、责任到人，包教、包训、包质量，建立教训管一体、责权利统一的训练责任体系。合理制定训练奖惩激励措施，树立"政治合格为基础，军事过硬优先"鲜明导向。

【民兵整组工作】 2018年，五华县人民武装部在整组任务下达后，第一时间向五华县委、县政府领导汇报2018年民兵调整改革的形势任务，联合军地有关部门及早部署、周密组织、压茬推进。1.成立领导机构。依托县国防动员委员会成立县民兵调整改革领导小组，统筹领导全县民兵建设各项工作；各镇（县直机关）专门成立民兵整组工作小组，由镇（县直机关）书记任组长、各村（居）书记为组员，负责民兵整组工作的末端落实。2.开好部署会议。3月2日，召开民兵整组工作动员部署会，对整组任务作详细部署，明确全县17个镇（县直机关）基层武装部的整组任务。会后，还进行相关培训，重点宣讲民兵整组的新任务、新要求、新特点，规范民兵整组的标准程序，组织各单位进行经验交流，有效解决基层武装工作人员不会干、不想干、不愿干的问题。3.抓好检查验收。五华县人民武装部领导分组带队于4月13日至23日、5月3日至8日，对各镇、县直机关民兵整组工作进行检查验收，点验基干民兵队伍，严格对照检查考评细则当场打分，当场指出问题，当场给各单位主要领导和基层武装部负责人提出要求。部分整组工作落后的单位，还进行第三次检查。检查中，利用党政工作群和武装工作群，每天对民兵整组工作中发现的问题进行通报，检查结束后,还协调县委下发检查情况通报，传导压力，充分调动各镇（县直机关）参与民兵建设的积极性。这些做法在省军区、军分区检查验收中得到高度肯定，并受到省军区通报表扬。

【征兵工作】 2018年，五华县人民武装部高标准完成兵役登记工作，兵役登记率100%。建立健全征兵领导组织，成立以县委书记、县长吴晖任组长，县人民武装部主官和联系武装工作的副县长曾光华任副组长，宣传、组织、公安、财政、民政、共青团、工会等单位负责人为成员的征兵工作领导小组。抓好征兵宣传工作，县征兵办利用全国征兵网开通较早，征兵宣传时间较长的有利时机，动员各镇（县直机关）采取多种措施提高适龄青年报名参军的积极性。同时开展征兵宣传进校园活动，先后到全县 11 所高中进行兵役登记暨征兵宣传，讲清应征入伍的各种好处和优势，印发 2.5 万份征兵宣传册下发到各镇适龄青年家中，利用微信、校讯通等新媒体手段，广泛宣传五华县参军优惠政策，有效调动广大应征青年的参军积极性。6 月 27 日，五华县召开征兵工作部署暨业务培训会，总结上年征兵工作情况，明确今年征兵工作安排和任务，并对征兵政审工作人员和体检医生进行培训、考核。认真抓好应征青年的体检政审工作，超额完成上级指定的征集任务，大学生比例 61%，超出上级规定的比例，征兵工作在全市排名第二。精心组织役前训练，通过役前训练缩短新兵适应期，减少思想退兵，保证兵员征集质量。

【安全管理工作】 2018 年，五华县人民武装部根据人员的调整变动，及时调整安全工作领导小组、保密工作领导小组等机构，坚持每季度一次安全形势分析，针对性的做好问题整改，确保安全问题消化在萌芽状态。扎实开展“尊法学法守法用法、治松治散治虚治软”活动。根据上级统一部署，活动分四个阶段开展，强力纠治执行条令法规存在的松、散、虚、软问题。抓好规章制度落实，严格落实车辆派遣、请销假、一日生活等制度，在重大节假日、大项任务和敏感时期，主官都亲自到位，部署安全措施，现场把关抓安全，通过“全方位、全时空、全员额”检查督导，形成严密的管控体系和工作机制。干部职工签订《安全工作责任书》《保密工作责任书》《预防事故责任书》《严禁非车管干部私自开车承诺书》等，具体明确车辆、安全保密、武器装备等岗位人员职责，切实将安全责任分解细化到具体科室、具体人身上，确保事事有人抓、处处有人管。突出重点问题防范，围绕“四个确保”“六个不发生”目标，紧紧扭住国防动员部提出的“人车枪弹密、水火电钱航，酒油黄赌毒，涉外涉地方”17 个重点要素，严格重大活动管控、重要目标警戒、枪弹动态管理、涉密信息安全管理以及涉军敏感问题防范处置，组织安全风险评估研判，完善安全预案措施，严明安全责任，加强跟踪检查，严防重大活动失控、枪弹被抢被盗、泄密卖密和涉军网络炒作等问题。

【拥政爱民、军地共建】 2018 年，五华县人民武装部按照“军地共建、开发扶贫、有所作为”思路，积极发挥桥梁纽带作用，加大拥政爱民力度。1. 开展精准扶贫工作。成立扶贫工作领导小组，多次到挂钩扶贫的潭下镇品畲村进行调研，与省扶贫干部、村党支部一班人共商扶贫对策方案。8 月，投入资金为品畲村修建一个篮球场，助力品畲村脱贫攻坚。2. 全年组织民兵应急分队参加地方抢险救灾、应急处突、足球联赛安保等任务 88 次，共出动民兵 2340 人次，为地方经济建设保驾护航做出突出贡献。3. 新闻宣传工作取得实效，特别是宣传民兵训练期间抢救落水群众和宣传战士古智强在部队立功表彰事件，受到五华县委书记、县长的高度肯定，加强地方群众对人民武装工作的认识，促进人民武装机关和地方群众的军民之情。

（曾祥栋）

经　济

五華年鑒

2019

综 合 管 理

计划和价格管理

【计划编制】 2018年，五华县发展和改革局按照县委、县政府的要求和部署，在认真做好调查、分析、研究的基础上，编制《2017年国民经济和社会发展计划执行情况和2018年国民经济和社会发展计划》，提交五华县第十五届人民代表大会第三次会议审议，并通过予以实施；牵头编制完成《五华县深化营商环境综合改革行动方案》，提交县政府常务会和县委常委会审议通过，并组织实施。在充分征求各部门各单位意见的基础上，认真编制《五华县“十三五”规划实施情况中期评估》，进一步强化发展规划的战略导向作用。围绕县委、县政府的发展战略和工作重点，编制《五华县培育发展生态富民强县产业三年行动工作方案》《五华县乡村振兴发展战略规划（2018—2022年）》。

【固定资产投资管理】 2018年，五华县发展和改革局加强对重点项目的监督、管理，及时协调解决项目建设进展中遇到的困难和问题，使项目尽快实施，发挥效益。积极跟进“双龙”（龙川至龙岩）高铁规划线路走向，主动积极与国家、省、市发改部门、国家铁总及中铁设计咨询集团有限公司沟通衔接，努力争取在五华县境内设站。统筹协调推进西气东输三线闽粤支干线（梅州市五华段）天然气管道44千米工程建设，加强沟通协调和工作对接，全力推进项目顺利开工建设。2018年，五华县列入的重点项目总计165项，总投资1193.89亿元，其中正式计划项目107项，总投资685.23亿元，年度投资计划168.55亿元，完成投资135.71亿元，占年度投资计划的80.52%。省重点项目17项，总投资330.09亿元，其中正式计划项目9项，总投资277.34亿元，年度投资计划36.58亿元，完成投资41.18亿元，占年度投资计划的113.20%。市重点项目79项，总投资765.17亿元，其中正式计划项目48项，总投资594.05亿元，年度投资计划129.37亿元，完成投资120.70亿元，占年度投资计划的93.30%。

【争取项目资金】 2018年，五华县发展和改革局把争取项目和资金作为工作的重中之重，及时掌握项目投资信息，有重点、有针对性地筛选项目，组织项目上报，主动与省、市发改汇报衔接，争取交通、教育、卫生、农财能源等项目资金投入到五华县，有力地推动全县经济社会的发展。全年争取中央项目资金3600万元，支持五华县第三人民医院新址改造工程项目建设。

【规范和简化办事程序】 2018年，五华县发展和改革局贯彻落实放管服政策，实行“容缺受理”和一站式一网式服务模式，打通项目审批绿色通道，进一步规范和简化办事程序，优化审批流程，提高办事效能，按时办结率100%，工作考核得分99.5分。2018年，依据法定程序，共审批立项362个项目，总投资705711.526万元；备案106个，总投资538319.44万元。所有办结项目实现无投诉、无违法违规现象。

【物价调控与管理】　2018年，五华县发展和改革局认真做好粮、油、肉等31项重要商品市场价格的监测工作，及时掌握市场价格动态，确保价格基本平稳。起草《五华县镇村供水价格实施方案（试行）》，报县政府批准实施，规范自来水运营管理和提高镇村自来水生活饮用水质量。扎实开展农产品早晚稻、烤烟和生猪调查，为上级制定农产品价格政策提供决策依据。对天然气阶梯气价进行成本调查核算，组织召开天然气阶梯气价听证会，2019年1月1日起实施天然气阶梯价格。

【收费管理】　2018年，五华县发展和改革局认真做好清费治乱减负工作，规范行政机关、事业单位的收费行为。加强事中事后监管工作，减轻企业和群众负担，清理规范行政审批中介服务项目和涉企行政事业性、经营服务性收费目录清单，并做好上网公示工作，接受社会监督。科学制定五华县住宅物业服务收费指导价，规范住宅区物业服务收费管理备案工作，加强物业服务管理。组织召开听证会，规范有序调整益塘水库景区门票价格，提高政府价格决策的民主性、科学性和透明度。深入开展公立医院医疗机构改革工作，对五华县参与公立医院改革的医疗机构全面取消药品加成政策情况进行评估，2018年年底前全面取消医用耗材加成。

【物价监督检查】　2018年，五华县发展和改革局稳步开展公平竞争审查工作，确保市场价格稳定，联合成立全县公平竞争审查联席会议制度，牵头制定《五华县2018年清理现行排除限制竞争政策措施的工作方案》《五华县推进落实公平竞争审查制度工作重点》等。先后4次配合省、市开展中央预算内投资项目的稽查工作，加强对项目建设全程监管，促进项目规范建设。抓好专项检查、涉企收费检查、市场巡查，责成有关银行退回新建商品房抵押贷款评估收费200多万元。做好清理规范电网和转供电环节收费检查，减轻工商业电费成本金额1071.23万元。积极稳妥受理价格举报投诉，做到事事有回音，件件有落实。全年受理价格举报、投诉、咨询、信访案件及“12345”热线等各级转办举报投诉案件49件，责令纠正价格或者收费违规行为3件。

【价格认证服务】　2018年，五华县发展和改革局根据《价格认定规定》，认真履行价格认定公共服务职责，严格依法认定作业，公平、公正开展涉案财产价格认定业务，为公、检、法、司和行政执法部门提供准确的价格依据，积极做好价格认定公共服务。全年完成价格认定评估案件共325宗，涉案金额1476.78万元。

五华县发展和改革局2018年度负责人名录

局　　长：钟冠寰

副 局 长：李　明　廖建平

李裕强

党组成员：张建勋　古专标

工商行政管理和质量技术监督

【登记注册管理】　2018年，五华县工商和质量技术监督局全面推进“一窗办、一网办、马上办”改革，为企业松绑减负。通过先后实施全国统一的“多证合一”、企业名称自主申报、全程电子化登记等便利化举措，不断压缩企业开办时间。至年末，企业登记注册时间缩短至3个工作日，部分事项实现即时办理、当天办结。企业可以选择电子化登记，以零跑动、无纸化模式申请注册营业执照，切实提高开办企业便利度。全县实有各类市场主体4.65万户，注册资本（金）405.84亿元。其中2018年新登记市场主体6225户，同比增长8.05%；注册资本（金）91.97亿元，同比增长47.57%。

2018年10月30日，五华县工商和质量技术监督局发出首张全程电子化登记营业执照

【企业监督管理】　2018年，五华县工商和质量技术监督局坚持抓早抓细抓实的工作原则，促使2017年度全县市场主体年报率达97.34%。全年共有1066户市场主体列入异常名录或标记为异常状态，216户企业列入严重违法失信企业名单，478户市场主体移出异常名录。全年立案查处“失信”企业77宗，罚没入库16.45万元。全面推进“双随机一公开”抽查监管，确保市场监管的公平公正，全年开展双随机抽查5次，抽查商事登记主体总数2217户。开展无照经营综合治理和强化企业安全生产工作。认真贯彻落实《无证无照经营查处办法》，8月下旬，开展为期3个月的查处无照经营处取缔无照经营专项整治行动。全年开展无照经营专项暗访检查2次，查处无照经营案件114宗。加大对成品油市场等涉安涉危行业及“三合一”场所、商场、超市、宾馆等人员密集场所的安全隐患排查力度，全年开展各类安全生产专项整治行动16次，排查并督促整改各类安全隐患377处。

2018年8月15日，五华县工商和质量技术监督局在五华县华颖建材有限公司开展锅炉安全事故应急救援演练

【查处违法违章经济案件】　2018年，五华县工商和质量技术监督局不断强化反不正当竞争执法，开展网络商品违法交易行为、无照经营、销售假冒伪劣商品等专项整治行动，共查处各类违法违章经济案件477宗，

罚没入库150.62万元，取得全市工商系统第一的好成绩。其中，查处反不正当竞争案件7宗，罚没入库4.2万元；查处不合格商品案件66宗，罚没入库30.8万元；查处广告违法案件36宗，罚没入库11.7万元。

【扫黑除恶专项斗争】 2018年，五华县工商和质量技术监督局把扫黑除恶专项斗争工作作为工作的重中之重来抓，不断加大宣传力度，在各基层所、商贸集市、批发市场悬挂横幅86条、设置举报箱42个、发放各类宣传资料7万份，形成人人皆知、人人喊打的扫黑除恶浓厚氛围。充分发挥职能作用，围绕专项斗争的职责分工，集中、滚动排查商贸集市、批发市场、车站码头、旅游景区等场所涉黑涉恶线索，全年共出动执法人员1020人次、执法车辆296车次，排查各类市场主体1690户次，向县扫黑除恶办报送涉黑涉恶线索3条。

2018年4月9日，五华县工商和质量技术监督局召开扫黑除恶专项斗争推进会

【特种设备安全监察】 2018年，五华县工商和质量技术监督局建立完善特种设备网格化监察体系，全年开展特种设备应急演练1次、各类专项整治行动6次，巡查特种设备495台（套），发出安全监察指令书10份，发现并督促整改各类安全隐患32处。扎实履职，促使五华县率先在全市实行以气瓶自有产权化推进气瓶改革，全面落实气瓶安全生产主体责任，形成齐抓共管的局面，确保气瓶安全监管工作到位。

2018年9月18日上午，五华县副县长刘敬东带领五华县工商质监局、食品药品监管局主要负责

2018年10月16日，全市气瓶安全监管改革工作推进现场会在五华县大昌燃气有限公司召开

【质量监督管理】 2018年，五华县工商和质量技术监督局协助做好登畲云雾茶、新桥腐竹地理标志产品保护申报工作；强化企业品牌意识，推动冠华传导等2家公司参加省名牌评审。市场主体品牌发展意识增强，根据《五华县激励市场主体创立商标品牌、提升产品质量和标准工作方案》，全年共有53家生产加工单位获得相关奖励。通过开展专项整治行动，强化获证企业证后监管和产品

监督抽查，加强产品质量监督管理，全年共抽检各类产品130批次，查处不合格商品案件66宗。

【标准化建设】 2018年，五华县工商和质量技术监督局加强对广东康奇力公司企业、鑫华铁塔、客属酒业3家已取得“标准化良好行为企业”证书企业的跟踪服务工作，积极发动企业申报“标准化良好行为企业”，全年帮助10家企业注册商品条码、20家企业续展商品条码、23家企业制作商品条码胶片。同时，协助3家企业申请梅州市实施技术标准战略专项资金资助项目，协助五华登云嶂云雾茶叶有限公司做好创建省级农业标准化示范区考核工作。

【计量监督管理】 2018年，五华县工商和质量技术监督局强化计量宣传，全年发放宣传单310多份，张贴海报16张。推动1家企业建立完善二级计量保证体系，4家企业建立完善三级计量保证体系，加强对货运源头单位称重设备的监督检查，建立健全货运源头企业档案，全县共有62家（包括高速公路的称重设备）货运源头企业使用称重设备62台，经查，62台称重设备在检定有效期。进一步加强民生计量专项执法检查，全年查处违反《中华人民共和国计量法》案件10宗，罚没4.7万元。

【维护消费者权益】 2018年，五华县工商和质量技术监督局加强消费维权宣传力度，在“3·15”期间开展“品质消费　美好生活”主题活动，派发宣传资料2000多份，公开销毁货值50多万元的假冒伪劣商品；对投诉比较集中的行业企业经营者依法进行约谈，督促企业落实经营主体责任。加强消费维权工作，全年受理、办结消费投诉案件127宗，满意率100%，为消费者挽回经济损失25.92万元，切实保障消费者权益。

（卢乃彪　廖萍娇）

五华县工商和质量技术监督局2018年度负责人名录

局　长：傅培强

副局长：魏洪群　刘万群

古盛森　江辉林

李志中

2018年3月12日，五华县工商和质量技术监督局在县垃圾场公开销毁一批在2017年度依法查获的假冒伪劣商品

2018年3月15日，五华县工商和质量技术监督局在奥园广场举办“品质消费　美好生活”现场咨询会

国土资源管理

【农用地转用及征地报批】 2018 年，五华县国土资源局整理上报农地转用及征地报批 8 个批次，面积 148.03 公顷，同比上年增加报批面积 76%。主要涉及南洋山、双龙山、客天下等重点工程建设项目用地。经省、市政府批准征地共 3 个批次，其中省政府批准项目 2 个、面积 52.2988 公顷，市政府批准项目 1 个、面积 4.6533 公顷。

【土地储备出让】 2018 年，五华县国土资源局收储土地 37 宗，面积 67.81 公顷；办理国有建设用地转让审批补办出让 315 宗，面积 1.40 公顷，收取土地出让金 1604.090414 万元；办理出让土地转让 1387 宗，面积 2.24608 公顷。

【“三旧”改造】 2018 年，五华县新增“三旧”（旧城镇、旧厂房、旧村庄）改造项目 6 个，占地面积 10.09 公顷，总建筑面积 353043.03 平方米，计划总投资 10.2 亿元。2018 年，获省厅“三旧”改造预奖励指标 2.33 公顷。

【闲置土地处置】 2018 年，省、市下达五华县疑似闲置土地 13 宗，经核实 4 宗属闲置土地，并根据实际情况拟定处置方案报县政府同意批准后实施。

【垦造水田】 2018 年，五华县自行实施的垦造水田项目 9 个，面积 84.476 公顷。至年底，9 个项目全面进入施工阶段。与省建工集团合作的安流镇福岭村、福龙村垦造水田项目面积 4.67 公顷，至年底完成 95%的工程建设任务。

【地质灾害防治和削坡建房整治】 2018 年，五华县国土资源局扎实推进郭田镇郭田圩下径塘、双华镇虎石村围背等 12 个地质灾害隐患点工程治理项目和 3619 户高风险削坡建房整治工作。至年底，完工 4 个，在建 2 个，正在进行项目勘察、设计、评审和施工招投标等前期工作的 6 个。全县累计核减地质灾害隐患点 77 处，实施削坡建房综合整治 314 户。

【违法用地专项整治】 2018 年，五华县国土资源局组织核实检查监测图斑 1591 个、面积 1133.54 公顷，拆除违法占地建筑 109 宗，占地面积 1.48 公顷，复耕复种面积 0.11 公顷；清理违法占耕填土 3 宗，清理、复耕面积 0.073 公顷；立案查处国土资源违法违规行为 121 宗，罚款 94.0 万元。

【拆旧复垦】 2018 年，五华县拆旧复垦任务面积为 10 公顷，全年完成拆旧复垦面积 10.62 公顷。其中第一批验收的 6.293 公顷获得收益款 4814.4 万元，已按比例拨付收益分配，第二批 4.324 公顷报省待交易。

【高标准基本农田建设】 2018 年，五华县投资 3060.83 万元完成 2015 年度潭下和岐岭 2 个项目共 1406.47 公顷的高标准基本农田建设任务，并经市发函确认验收；投资 3672 万元基本完成 2016 年度华城镇 1632 公顷高标准基本农田建设任务；投资 2979 万元扎实推进 2017 年度河东和双华 2 个项目共 1324 公顷高标准基本农田建设任务。

【农村地籍管理】 2018年，五华县国土资源局完善农村集体土地所有权数据库更新备案。对已发证宗地数据库、纸质档案进行更新核减，更新核减1647宗（其中单宗核减385宗、分割核减1190宗、注销72宗）。扎实开展年度土地变更调查，组织对2017年发现的619个、面积494.74公顷的变化图斑进行全面分析。投入880万元完成全县16个镇农村地籍调查内外业工作。

【矿产资源监管】 2018年，五华县设立矿山基金22个235万元，2家申报创建绿色矿山经市级验收合格，32家新型材料墙体砖厂依法完善相关手续并通过市级验收。至年底，全县共关闭砖厂19家，保留新型墙体材料砖厂32家；关闭非煤矿山企业6家、停产整改8家，保留煤矿山企业19家。

【不动产统一登记改革】 2018年，五华县国土资源局完成国有建设用地使用权和房屋所有权的数据整理，实现“互联网+”登记业务。全年颁发不动产权利证书14806本，不动产登记证明15657本，受理群众查询咨询16563人次。

【涉土涉矿信访土调】 2018年，五华县国土资源局受理行政诉讼案件4宗，直接调处土地纠纷案件1宗，协助各镇处理土地纠纷案件10宗；受理各种国土资源信访事项480件（其中来信来访126件、来电193件、网访161件），办结率100%。

【扫黑除恶】 2018年，五华县国土资源局专门成立以局长为组长，其他班子成员为副组长，相关股室负责人和各所所长为成员的领导小组，对扫黑除恶专项斗争进行统一部署和督促检查。加大宣传，印制660套、3960张宣传挂图，张贴、发放至各村，营造良好的宣传导向和舆论氛围。建机制交责任，建立线索摸排机制，建立线索快速移交机制，落实线索摸排移交责任。

【保密工作】 2018年，五华县国土资源局通过强化组织领导、强化责任落实、强化业务学习、强化日常管理、强化执行落实等“五个强化”工作措施，牢固树立“人人保密、时时保密、处处保密”良好意识，扎扎实实做好保密工作，全面提高防范国土资源管理涉密资料公开或泄露的水平。五华县国土资源局保密工作开展良好、运行有序，未发现有公开或泄露国土资源管理工作国家秘密资料的情况。

【党建工作】 2018年，五华县国土资源局

2018年8月14日，五华县国土资源局召开2018年五华县国土资源系统纪律教育学习月动员大会（严鹏 摄）

加强政治理论学习，以党组中心组学习为龙头，认真落实“三会一课”制度，组织全局上下持续深入学习近平新时代中国特色社会主义思想和习近平总书记系列重要讲话精神，把学习贯彻习近平总书记重要讲话精神和治国理政新理念新思想新战略结合起来，与学习贯彻中共十九大和中共十九届一中、二中、三中全会、全国“两会”精神结合起来，与学习贯彻习近平总书记考察广东重要讲话精神结合起来，与推动五华县国土资源事业各项工作结合起来。全年，局党组共召开中心组理论学习会、局务会等各类学习会议 91 场，支部大会 12 场、支委会 13 场、6 个党小组召开会议 72 场，发放《学习贯彻习近平总书记考察广东重要讲话精神辅导材料》等党员口袋书 380 多份。加强思想政治建设，始终把党的政治建设摆在突出位置，严格落实管党治党责任，严守政治纪律和政治规矩，通过开展专题组织生活会和民主生活会，不折不扣执行县委关于全面彻底肃清李嘉、万庆良流毒影响的部署要求，深刻吸取教训，抓紧抓实肃清工作，努力为新时代改革发展提供坚强政治保证。加强作风纪律建设，开展以“加强党的政治建设、营造良好政治生态”为主题的教育活动，组织广大党员干部观看《政治糊涂　自筑囚笼》《铸魂——把党的政治建设摆在首位》等电教片，学习《中国共产党纪律处分条例》，积极营造不敢腐、不能腐、不想腐的良好氛围，2018 年度五华县国土资源局党风政风评议建设工作获得 93.8 分。没有发生干部职工违纪违法案件。加强基层组织建设，严把党员发展关，全年选送 5 名入党积极分子参加全县入党积极分子培训班，发展预备党员 1 名。开展纪念中国共产党成立 97 周年活动，组织党员到大埔三河坝和叶剑英纪念园开展革命传统教育和爱国主义教育主题活动，落实基层国土资源所轮岗交流制度，调整干部职工 69 人。

（吴伟春　杨明俊）

五华县国土资源局 2018 年度负责人名单

局　　长：曾清华

副 局 长：张新辉　李定华

李锡泉　张惠明

党组成员：张育鑫

党组成员、征地和土地储备中心主任：

张建国

党组成员、执法监察大队大队长：

宋恩育

审　　计

【简况】　2018 年，五华县审计局有干部、职工 23 人，内设机构有人秘股、财政金融审计股、行政事业审计股、经济责任审计股、经贸审计股、固定资产投资审计股 6 个股，下属单位有绩效审计所，计算机审计中心 2 个事业单位。全年完成审计项目 32 个，查出违规资金 921.1 万元、管理不规范资金 30.78 亿元；审计作出处理上缴财政资金 84.86 万元，应调账处理 9757 万元。出具审计报告 32 篇，提出审计建议 82 条。

【国家和省重大政策措施落实情况跟踪审计】　2018 年，五华县审计局对加强基层医疗卫生服务能力建设政策落实情况进行跟踪审计，查出管理不规范问题资金 814 万元，提出审计建议 2 条。

【财政审计】 2018 年，五华县审计局对县财政局、县环境保护局、县总工会、县供销合作社联合社、县城镇环境卫生管理所等 5 个单位的 2017 年度部门预算执行和其他财政收支情况进行审计。审计查出违规问题金额 62.85 万元，管理不规范问题资金 29.49 亿元，提出审计建议 12 条。

【经济责任审计】 2018 年，五华县审计局对岐领镇、县烤烟生产办公室、田家炳中学等 12 个党政机关、事业单位的主要领导干部共 13 人进行任期经济责任审计。审计查出违规金额 71 万元，管理不规范问题资金 4083 万元，促进增收节支 13 万元，提出审计建议 44 条。

【公共资金审计】 2018 年，五华县审计局对县公路局负责实施的 S120 线五华东山至洋桃段公路改造、S239 线华城圩镇段路面改造进行竣工决算审计,查出违规金额 170.93 万元，管理不规范问题资金 1406.13 万元，提出审计建议 4 条。

【民生资金审计】 2018 年，五华县审计局对华阳、棉洋、双华、郭田 4 个镇中心小学 2015—2017 年教育经费管理和使用情况进行审计；对 2016 年度县农业局组织实施的龙村镇高标准基本农田建设专项资金管理和使用情况进行审计；对 2016 年度县国土资源局组织实施的华城镇高标准基本农田建设专项资金管理和使用情况进行审计；对 2016 年度五华县农业综合开发办公室组织实施的转水镇国家农业综合开发专项资金管理和使用情况进行审计；对 2017 年度五华县农业综合开发办公室组织实施的华阳镇国家农业综合开发专项资金管理和使用情况进行审计。查出违规问题金额 616.41 万元，管理不规范问题金额 6546.24 万元，提出审计建议 16 条。

【企业审计】 2018 年，五华县审计局对广东省五华宾馆 2016 年 5 月至 2018 年 7 月资产、负债、损益情况进行审计；对五华县干部招待所 2016 年 5 月至 2018 年 7 月资产、负债、损益情况进行审计,提出审计建议 4 条。

【协助上级审计机关及县直相关部门开展工作】 2018 年，五华县审计局先后派出 10 人次配合参与审计署、省审计厅、市审计局和县直有关单位各项任务 10 个。

（张番卡　严怡斐）

五华县审计局 2018 年度负责人名录

局　长：田爱平
副局长：陈朝霞　曾海强
刘政民
总审计师：江琼新

统　　计

【统计执法检查、统计法治建设工作】 2018 年，五华县统计部门根据省、市统计局《关于开展统计执法检查的通知》精神，结合五华县实际，在全县开展一年一度的统计执法大检查。其间，深入开展国务院新修订、颁布的《中华人民共和国统计法》（以下简称《统计法》）和广东省细化的《广东省统计法实施条例》（以下简称《条例》）的宣传、贯彻，加强新《统计法》及《条例》宣传，并就全县机关、事业、企业单位分类，在自查的基础上按一定比例各自抽取共 10 个单位进行统计执法检查；根据全县“六五”普法工作要求，制定《2018 年度统计普法计划》；积极开展《广东省统计法律事务告知办法》工作，对全县“四上”企业使用《统计法律事务告知书》。全年共举办统计法治培训班 10 期，进一步增强全县各级领导干部和统计人员的法律意识。

【全国第四次经济普查】 2018 年，五华县统计局根据省、市统一部署和普查工作要求，五华县政府于 8 月 20 日印发《关于成立五华县第四次全国经济普查领导小组的通知》，成立以县委常委、常务副县长曾光华为组长，县府办和统计、宣传、发改、工商、编办等 28 个部门领导为副组长或成员的普查工作领导小组，领导小组下设办公室，设在县统计局，分综合业务组、数据处理组、执法和质量检查组、后勤保障组。各成员单位全部落实普查联络员，各镇在 9 月 7 日前成立相应的普查领导小组。9 月 20 日，召开全县第四次全国经济普查动员暨业务培训会议，全体经济普查领导小组成员、各镇镇长、分管经普工作领导、各镇经济普查指导员、水寨镇全体普查员、全体县经普办成员，共 200 多人参会，五华电视台对会议情况进行即时报道。10 月 17—18 日，五华县人民政府与各镇人民政府、相关成员单位签订五华县第四次全国经济普查责任书。圆满完成经济普查清查阶段的各项任务。

【抽样调查工作】 2018 年，五华县统计局在完成 2017 年的各项统计年报工作任务和 2018 年各专业统计定期报表的同时，还认真完成上级布置的各项专项统计调查任务：禽畜监测调查开展 6 个镇 59 户规模户及生产单位抽样调查工作和 10 个镇 15 个样本点 238 户生猪调查工作；住户专业开展 13 个点 130 户城乡住户抽样调查；服务业专业开展 12 家规下服务业抽样调查；工业专业对工业品价格调查、企业景气调查、规模以上企业成本与费用调查、规模以下工业抽样调查；商业专业开展对 50 家限额以下企业和个体户抽样调查；县普查中心完成人口和劳动力调查工作，为各级党政对抓好人口与计划生育工作目标提出合理化建议。通过各项专项调查，弥补全面统计报表的不足，提高统计数据质量。

【联网直报企业日常管理工作】 2018 年，五华县统计局进一步夯实企业统计基础，加强企业统计组织建设和力量配备，强化统计基础管理和业务工作规范化运行，提升依法统计水平和统计业务信息化建设水平，组织力量对辖区内所有联网直报企业按照规范化建设标准进行一一对标指导，在日常工作中加强与企业统计人员的沟通联系，及时帮助他们解决碰到的各种问题，确保联网直报家企业都能按时、按质上报数据。

【统计服务】 2018 年，五华县统计部门以良好的职业道德，优质的服务态度，为各级党政领导、有关部门、社会各界及社会公众提供大量的统计信息。搜集整理、编辑出版《五华县统计年鉴（2017）》；及时发布《五华县关于 2017 年国民经济和社会发展的统计公报》。全年不定期出版《五华统计》信息刊物共 28 期；每月定期编印《工业总产值统计表》《五华县统计月报》和《全县主要经济指标完成情况统计表》。及时、准确、全面搜集整理统计资料、统计数据，为县委、县政府进行科学的宏观经济规划提供决策依据和参谋作用，有效发挥统计的信息、咨询、监督整体功能，对促进国民经济和社会发展起到积极的推动作用。

（古伟良　魏益平　谢幼琼）

五华县统计局 2018 年度负责人名录

局　　长：严兰芳

副 局 长：魏广犇　邓小坚

庄旭源

党组成员：古伟良

食品药品监督管理

【简况】 2018 年，五华县辖区内有食品、药品、化妆品和医疗器械生产经营单位 9587 家，其中食品生产加工 102 家，食品经营单位 7612 家（含餐饮服务环节 2016 家）；药品生产单位 3 家，药品经营单位 345 家（含药品批发企业 2 家、药品零售连锁总部 1 家）；化妆品生产经营单位 711 家；医疗机构 603 家；医疗器械生产经营单位 211 家。

【抽样检测】 2018 年，五华县食品药品监督管理部门大力推进食品药品抽样送检工作。通过县政府公开采购的方式，投入资金 387.6 万元，完成省下达的 1.5 批次/千人食品抽检任务，共抽检油、米、面等食品 2764 批次，检测出不合格食品 20 批次，合格率为 99.26%。积极开展长春长生生物疫苗全面自查核查，加强疫苗监督管理，对辖区 34 家疫苗接种单位和县疾控中心全覆盖检查。经查，辖区未领取、采购问题批次疫苗，并将长春长生生产的疫苗已经全部暂停使用，回收由县疾控中心统一存储。全年对药品监督抽样检验 123 批次，检测出不合格药品 2 批次，合格率为 98.37%；抽检化妆品 15 批次、医疗器械 6 批次、保健食品 9 批次。投入资金 53.94 万元对县城华园市场、上新市场、前进市场、华裕市场、河东农贸市场、大坝市场、宏达市场等 7 家农贸市场开展食用农产品快速检测工作，检测结果于当天上午通过市场 LED 显示屏向社会公众公布。全年完成食用农产品快速检测总数 24586 批次，其中，蔬菜类 22898 批次，合格率为 99.88%；水产品类 1430 批次，水产品类全部合格。对快检不合格蔬菜全部按要求进行现场销毁并启动溯源程序。

2018 年 7 月 19 日，五华县食品药品监督管理局举行“尚德守法 食品安全让生活更美好”主题食品安全宣传周启动仪式

【宣传教育】 2018年，五华县食品药品监督管理部门加大力度宣传《中华人民共和国食品安全法》《广东省食品安全管理条例》等法律法规和开展“3·15”“有毒野生蘑菇食物中毒防控宣传”“防治碘缺乏病日”“食品安全宣传周”等主题宣传活动，发放食品安全科普资料3万多份，接受群众咨询8000余人次。借助电视台、门户网站、微信公众平台等发布监管信息80多条。加强从业人员进行相关法律法规的培训，共举行食品安全管理员、药品质管员、继续教育、食品药品安全培训等专题培训班23期、2600多人次。开展食品安全进校园活动，开展中小学校食品安全进校园宣传教育活动共62场次，发放食品安全学习手册5000余本，海报2万余份。

【综合协调】 2018年，五华县食品药品监督管理部门健全食品安全责任考核制度，明确县食安委成员单位职责和工作目标，形成一级抓一级、层层抓落实的工作格局。3月，修订《五华县食品安全事故应急预案》，进一步完善食品安全应急预案，提升食品安全事故应急处置能力。11月28日，成功举行梅州市首例“食品安全事件应急决策与舆情应对桌面推演”，并获得市县一致好评。

【行政审批】 2018年，五华县食品药品监督管理部门全年共办理行政审批事项2182件（其中食品小作坊36件、食品经营许可2100件、药品经营许可46件）。行政审批工作实现行政受理“零推诿”、服务方式“零距离”、服务流程“零差错”、服务结果“零投诉”，获得办事群从的一致好评，窗口被评为“2018年度文明窗口”，窗口工作人员3人被评为“服务之星”。

【食品生产环节专项整治】 2018年，五华县食品药品监督管理部门严格执行食品药品生产经营准入制度，认真开展食品生产加工小作坊的登记工作。同时，对取得小作坊登记证的69家小作坊进行123次巡查与回访。对茶叶生产加工、销售专项整治，检查茶叶生产单位34家次，责令6家单位限期整改；检查茶叶经营单位128家，责令改正8家。开展酒类生产行业专项整治工作，组织白酒生产企业及小作坊负责人进行食品安全约谈，同时对白酒生产企业及小作坊全覆盖检查1次，责令4家单位限期整改。

【集体餐饮监管】 2018年，五华县食品药品监督管理部门强化集体食堂监管。为进一步增强单位负责人是食品安全第一责任人的责任意识，切实提高单位食堂食品安全管理水平，多次组织与教育部门、民政部门进行联合督查，共计出动执法人员498人次，检查单位食堂246家，责令整改75家，下达《监督意见书》90余份。开展农村食品安全治理，全年共排查食品生产经营单位3080家，存在隐患主体数量为374家，整改367家；检查农村地区批发市场、集贸市场等各类市场35个次；开展农村地区食品监督抽检1253批次，抽检不合格12批次，责任约谈20户。查处农村地区食品违法案件31件，案值5.62万元，罚没24.07万元，查扣食品2497公斤。按照《梅州市农村宴席食品安全管理办法（试行）》要求，强化农村大型宴席监管，全年对74宗大型宴席进行监管，未发生一宗群众性食品安全事故。抓好大型活动的食品安全监管，有效保障2018年骑

2018 年 11 月 5 日，五华县食品药品监督管理局在垃圾处理场公开销毁一批假劣食品药品

跑铁人二项赛第二届国际半程马拉松赛、梅州市第一届棕榈客家杯“一带一路”国际足球邀请赛开幕式暨五华县足球科技馆、红色体验馆仪式系列活动、2018 年梅州 HAKKA 客家音乐节、2018 年中甲联赛五华赛区比赛等大型活动的食品安全。

【明厨亮灶】 2018 年，五华县食品药品监督管理部门为有效规范餐饮服务单位操作流程，促进经营单位诚信自律经营，严格按照省局《关于“明厨亮灶”建设规范的指引》标准，积极推进透明式、视频监控式、参观通道式等方式的“明厨亮灶”创建工作。至年底，全县建成“明厨亮灶”餐饮单位 1789 家，全县覆盖率 94.3%。

【互联网餐饮监管】 2018 年，五华县网络订餐第三方平台有美团外卖和饿了么两大机构，入网餐饮服务单位总数为 461 家，入网餐饮服务经营者持证数为 461 家，持证率为 100%。入网餐饮服务经营者公示许可证数为 461 家，商家资质公示率 100%。五华县食品药品监督管理局多次召开会议和美团外卖、饿了么相关负责人就 2018 年网络订餐专项整治行动进行沟通交流，并到现场进行现场检查，及时反馈存在问题，落实整改。

【稽查打假】 2018 年，五华县食品药品监督管理局以强化日常巡查、监督抽检和开展专项整治为主要抓手，不断加大稽查执法工作力度，严厉打击各种违法违规行为，先后开展“春雷行动”“清网行动”“食品保健食品虚假宣传”、打击“四品”非法添加、打击走私冻品“利剑行动”等专项整治行动。全年立案查处食品药品违法行为 155 宗，移送公安机关案件 9 件，涉案货值 26.262 万元，罚没款 36.408 万元。公开销毁一批假劣食品药品，涉及品种 699 个，货值 15 多万元。“清网行动”一案例为省局评为优秀案例。

【投诉举报】 2018 年，五华县食品药品监督管理局不断完善群众投诉信访处理机制，落实举报奖励制度，认真调查处理每一件投诉举报，做到投诉举报事事有回音、件件有落实。全年受理各类投诉举报 59 宗，办结 58 宗，其中立案查处 3 宗。

【“两美”工作】 2018年，五华县食品药品监督管理局落实“五个到位”措施，“巩卫创文”工作获专家组好评，扎实推进“两美”城乡环境大提升工作，将“两美”工作区域分成80个责任路段，全局工作人员分成22个小组，形成网格化监管，在责任路段，制作网格化公示牌，强化工作服务。

（曾祥发 魏叔琴）

五华县食品药品监督管理局2018年度负责人名录

局　　长：曾召辉
副 局 长：曾洪波　叶朝阳
　　　　　钟文锋
党组成员：曾祥发

建 设·环 保

城市规划建设

【县城规划】 2018年，五华县住建局坚持以县城总体规划为统领，逐步完善规划体系，组织完成《五华县域乡村建设规划》《五华县“多规合一”规划编制（首期）》《五华县城市基础设施计划和年度实施方案》《五华县县域城镇开发边界划定》方案的编制工作和安流镇、华城镇的总体规划修编工作。启动《五华县域电动汽车充电基础设施规划（2017—2030）》修编工作。全年，完成124个行政村555个自然村庄（2017年至2018年年底累计完成262个行政村1176个自然村庄）规划编制工作，共完成工业、医疗、学校、商住等相关测绘面积358.96公顷，规划面积275.63公顷，市政规划23.6千米，土石方约159.8万立方米。

【县城建设】 2018年，五华县住建局承担县城河东北堤、大湖堤、华兴东路及安置区、水安路横街、黄基山公园、琴江公园二期、布新中路、蓝岭路、人武部应急应战指挥中心、远恒佳教育城及市政基础设施建设、犁滩片区城市更新及市政基础设施建设、循环经济产业园等10余项重点城建项目。已投入使用的项目有6个，分别为琴江公园二期、河东北堤、大湖堤、滨江公园、黄基山公园和水安路横街。人武部应急应战指挥中心已完成总工程量的90%；犁滩片区城市更新、远恒佳教育城及市政基础设施建设、华兴东路安置区、蓝岭路、布新中路、五华县循环经济产业园等项目正在积极推进中。所有项目均完成年度目标任务。

工程建设管理

【简况】 2018年，全县完成建筑安装总产值56.8亿元，上缴税利4.4亿多元、上缴市政基础设施配套费1.34亿元，同比上年分别增长89%、42%、146%。

办理施工报建项目108个，面积220.8万平方米，投资42.94亿元，同比上年分别增长50%、135.8%、104.6%；竣工备案项目49个，面积31.33万平方米，投资5.26亿元，同比上年持平。

审核房地产开发项目50宗，同比上年增加92.3%；建筑面积168.2万平方米，同比上年增加187%；造价45.89亿元，同比上年增加298%；审核竣工项目69个，送审造价23.54亿元，核减造价1.53亿元，核减率6.5%；估价项目257个，面积218万平方米，造价38.3亿元，同比上年持平。

【建筑市场】 2018年，五华县住建局严格执行招投标法律法规，积极完善专家库建设管理，提高服务质量和业务水平。不断健全工作机制，严肃制度和纪律，加强跟踪服务管理，努力规范招标人、投标人和招标代理行为，促进有形建筑市场健康有序发展。2018年，完成招标项目129个，中标金额102亿元，节约资金约31342万元，应招标率和公开招标率均100%。

【建筑质量和安全】 2018年，五华县住建局按照"管行业必须管安全，管业务必须管安全，管生产经营必须管安全"的工作要求，重点抓好建筑施工安全生产管理。建立健全管理制度。为加强对建筑工地的管理，县住建局印发《五华县建筑施工扬尘污染百日整治行动工作方案》《关于在五华县城开展建筑工地节后复工施工扬尘整治工作的通知》《关于加强建筑边坡、深基坑工程施工安全管理的通知》《2018年五华县房屋、市政工程施工扬尘专项整治工作方案》《五华县房屋市政工程黏土实心砖专项整治工作方案》等各项管理制度。与建筑业企业签订《2018—2020年五华县建筑施工安全生产管理目标责任书》，明确责任人和管理目标。举办2018年五华县建筑施工"安全生产月"和"安全生产万里行"活动启动仪式暨现场观摩交流会，组织施工企业、监理企业、质监站人员到广州、深圳、东莞参观省住建厅举行的"质量月"现场观摩会。开展房地产市场专项整顿检查，举办房地产开发企业主要负责人及有关人员培训班，提高房地产行业管理水平。加强工程质量安全管理。组织对建筑工地"岁末年初暨2018年元旦春节期间全县房屋市政工程安全生产大检查"、"春节后复工"、"两会"期间及汛期前检查全县安全生产施工扬尘大检查、全县在建工地起重机械大检查、"双随机、一公开"工地抽查、建筑业企业运输车辆安全生产专项整治、全县卫计系统在建工地大检查等9次大检查活动。检查中发出《在建工地现场检查整改通知》161份，对1家施工企业扣3分，9个项目经理动态扣分合计56分，8个总监动态扣分合计43分，11个专监动态扣分合计84分，11个专职安全员动态扣分合计98分；对1家施工企业进行不良行为扣分10分。对3个扬尘严重的工地发出《关于加强施工现场扬尘治理等文明施工的督办通知》，约谈建设单位1家，施工企业2家，起重机械安装单位1家，监理企业1家。对1家建设单位行政罚款47600元，对1家施工单位行政罚款1万元，一定程度上遏制违章建筑等不良行为。

【工程造价审核】 2018年，造价管理部门认真履责，加强市场调研，及时准确发布主要材料工地信息价格，认真实施工程量清单计价，严格工程造价审核管理，工程计价更加合理。全年，完成竣工项目造价审核69个，送审造价23.54亿元，核减1.53亿元，核减率6.5%。估价项目257个，面积218万平方米，造价38.3亿元，同比上年持平。

【勘察设计市场】 2018年，勘察设计单位健全和完善各项管理制度，努力提高设计人员的业务技能和综合素质，严格执行《工程建设标准强制性条文》《施工图设计文件审查要点》等规范标准，严格程序和要求，积极推广使用节能新材料，设计质量不断提高，市场竞争力不断增强，保持勘察设计业务稳步发展。全年，完成设计项目 55个，建筑面积18.15万平方米。

【商品混凝土整治】 2018年，五华县住建局组织商品混凝土企业检查6次，纠正并处理违法违规行为15宗，申办资质3家。通过整治，全县具备资质的混凝土企业13家，正在申办资质的1家。进一步规范私人建房，印发实施方案和建筑图集，在潭下镇召开规范私人建房专项整治示范点现场会，示范带动全县私人建房秩序。

村镇建设

【镇村规划和建设】 2018年，五华县住建局完成124个行政村555个自然村庄（2017年至2018年年底，累计完成262个行政村1176个自然村庄）规划编制工作。同时，还编制完成《县域乡村建设规划》。

【镇级生活垃圾填埋场整治】 2018年，五华县现有的24个镇级垃圾填埋场全部要关闭，并在2019年6月底前完成整改。经排查，有5个填埋场从未使用、1个填埋场属误报。为抓好整改，五华县住建局按照上级工作部署，采取EPC模式投入1.04亿元，按“一场一策”对镇级填埋场进行整改，已完成20个填埋场的整改工作。其中，14个填埋场完成垃圾搬迁和复绿工作；6个从未使用的填埋场完成市级销号验收工作。

【城乡环保基础设施】 2018年，五华县住建局高度重视城乡环保基础设施建设，积极协助县有关单位持续完善县、镇、村三级生活垃圾和生活污水处理设施建设，全面提升五华县生态环保治理水平，工作成效显著，在全市率先实现镇级污水处理厂全覆盖，走在全市前列，受到市委市政府的充分肯定。9月19日，市委、市政府在五华县组织召开全市城乡建设领域环保基础设施建设工作现场会，向全市推广五华县的做法。五华县住建局牵头制作专题宣传片，印制200多份精美的宣传画册，深入调研现场并完成会前、会中和会后的大量工作。

建筑业

【简况】 2018年，为充分发挥五华县建筑业的传统优势，五华县住建局深入开展“暖企”行动，先后牵头起草《五华县建筑业资质晋级补助办法》和《五华县鼓励建筑业企业总部经济建设奖励办法（试行）》，分别于2017年和2018年印发实施，扶持企业转型升级、做强做大。全县具有一级资质的建筑企业由2015年的3家增至2018年的6家。对资质晋级的企业，五华县住建局向县财政累计报审近2000万元对12家资质晋级的企业进行奖励。同时，为引进建筑企业落户五华，在工业园规划一块面积4公顷的土地建设建筑业产业园，作为建筑企业的总部建设用地，为落户企业解决用地问题。

根据上级文件要求，县住建局对在圩镇进行建设的企业免征市政建设配套费，深化“放管服”和行政审批制度改革，制定《建筑工程施工许可证核发与工程质量安全监督手续合并办理指南》，压缩审批时限，提升工作效能。企业提供的文件或证明材料清单由原先的14项缩减为11项，并且工程质量、安全监督手续办理时间纳入施工许可证核发办理时限，不单独计算。施工许可证核发办理时限原则上不超过法定期限的30%。

通过加大政策扶持力度、优化营商环境等工作措施，五华县建筑业企业不断发展壮大。2018年，五华县本地建筑施工企业有31家，其中一级企业6家、二级企业13家；监理企业2家，均为乙级企业；商品混凝土预拌企业13家。2018年，完成建安产值56.8亿元、创税4亿多元、缴交市政建设配套费约1.34亿元。

房地产业

【简况】 2018年，五华县住建局认真贯彻执行房地产法律法规，加强开发企业资质审核关，及时上报房地产市场开发经营情况，努力促进房地产业健康发展。全年，审核开发项目50宗，同比上年增长92.3%；建筑面积168.2万平方米，同比上年增长187%；造价45.89亿元，同比上年增长298%，销售均价约6500元/平方米，同比上年增长25%。同时，大力抓好住宅小区综合验收工作，督促建设单位完善小区配套设施，维护业主合法权益，有力改善市民居住环境。

【农村人居泥砖危房整治】 2018年，五华县住建局为进一步解决仍居住在泥砖危房群众的住房安全问题，改善农村人居环境，认真研究制定《全面消灭人居泥砖危房专项整治实施方案》，全年组织各镇和县扶贫、民政、国土、残联等相关成员单位核定全县人居泥砖危房共3381户。2018年度，竣工2980户，核查2179户。闲置泥砖房15640户，拆除闲置泥砖房11956户。

【住房保障建设】 2018年，五华县房地产管理局（以下简称五华县房管局）根据县政府与梅州市政府签订的《2018年住房保障工作目标责任书》，做好住房保障建设工作。1.抓项目建设。咸水坜安置区保障性住房建设稳步推进，1号、3号、4号、5号楼进入室内装修，2号楼完成主体工程封顶。咸水坜安置区352套棚户区改造项目进入间墙，外墙开始下架。2.抓资金筹集。向中央争取棚户区改造资金549万元，向县财政申请保障性住房建设资金10165万元，有效缓解资金紧张局面。3.抓分配入住。为确保分配结果公平公正、阳光透明，及时将保障房分配政策、分配对象、分配房源、分配程序、分配过程、分配结果和退出信息，在局门户网站中予以公示，对后续实行动态管理，对经调查不再符合公共租赁住房保障条件的和承租规定的租赁户，予以清退。全年新增分配入住89户，退出31户，现总入住366户，入住率98%。

【直管公房管理】 2018年，五华县房管局充分发挥“管、修、收”三大职能作用。全年重点抓好列入梅州市安委会督办的两个项目，龙村所已拆除 800 平方米，停止经营，附城所已拆除 4 间，发出腾退通知 2 户，其中 1 户已腾退。列入五华县安委会的华城镇桂和街危旧公房完成整改。全年收缴房租 303 万元，公共租赁住房房租收入 61 万元。

【房地产权产籍管理】 2018 年，五华县房管局按照《房屋登记办法》和《房地产登记技术规程》等规定，全年共移交不动产登记中心办理不动产权证、不动产权登记证明等 9730 份，建筑面积 161 万平方米。其中：不动产权证 4122 份（其中农房办证 907 份），建筑面积 72.9 万平方米；不动产他项权证明 670 份，建筑面积 26.3 万平方米；预购商品房抵押预告登记证明 3433 份，建筑面积 45 万平方米；商品房单元初始登记证明 1505 份，建筑面积 16.9 万平方米。向不动产登记中心移交档案 1105 份，整理档案 3850 卷，查询档案 2944 次，出具无房产证明 8680 份。

【房地产市场监督管理】 2018 年，五华县房管局认真贯彻落实国家、省房地产市场调控工作部署。1. 加强商品房预售管理，严格按规定核发预售许可证，规范销售行为。全年共核发商品房预售许可证 72 份，总预售面积 92.2 万平方米。其中，住宅 6249 套，总预售面积 82.2 万平方米；商业营业用房 697 套，总预售面积 7.7 万平方米；其他 243 套，总预售面积 2.1 万平方米。商品房销售面积 76 万平方米，销售均价 6564.28 元/平方米。2. 抓好房地产交易工作。全年办理房地产交易 2425 宗，交易面积 36.25 万平方米，交易金额 85435.4 万元。其中，一手房交易 1610 宗，面积 18.8 万平方米；存量房（二手房）交易 815 宗，面积 17.5 万平方米。3. 抓好房地产评估工作。11 月 1 日起取消二手房交易评估核价。2018 年 1—10 月完成交易评估 693 宗，面积 10.4 万平方米，评估价值 24680.7 万元。同时，全面抓好房地产评估机构的监督管理，全年受理 1 家，因撤销、停业退出 3 家，登记备案机构 9 家。

【房屋测绘管理】 2018 年，五华县房管局严格按照《房产测量规范》，做好各项不动产权证的电子绘图、商品房预售及确权测绘、各种房屋拆迁的房屋测绘等工作，并联合交易所和评估所认真做好杂物间和各种房屋用途的现场查勘测绘。全年完成房屋测绘 2968 宗，面积 85.9 万平方米；坐标测绘 553 宗，面积 19.9 万平方米。

【房屋安全管理】 2018 年，五华县房管局在房屋安全鉴定方面，规范房屋安全鉴定工作，严格按照房屋安全鉴定的受理程序和鉴定标准出具房屋安全鉴定报告，全年共出具鉴定报告 295 宗，面积 12.7 万平方米。在白蚁防治方面，全年完成新建房屋白蚁预防 54 宗，面积 210 万平方米。对 4 家备案登记的白蚁防治机构进行监督管理。

【物业管理】 2018 年，五华县房管局做好物业管理工作。1. 物业管理不断规范。在对进驻五华进行物业管理经营的物业服务企业进行备案管理的基础上，对新开发的小区前期物业备案进一步规范管理，全年共办理前期物业备案 14 份，使房地产开发企业和物业管理服务企业一同在法律法规范围内规范经营。2. 加强住宅专项维修资金管理。严格落实住宅专项维修资金使用管理制度，确保资金使用公平、公开、公正。全年新归集住宅专项维修资金 1550 万元，累计归集住宅专项维修资金 2263 万元。3. 抓好物业小区纠纷调处。积极做好明华花园、华辉花园、建裕大厦等小区历史遗留办证、物业纠纷调处工作。

【县重点项目建设工作】 2018 年，五华县房管局紧紧围绕县委、县政府的重点工作安排，做好以下三方面的工作。1. 抓“双创”（创文、创卫）工作。以推进“两美”城乡环境大提升行动为抓手，按照职责分工要求，坚持周末到网格化责任地段、居民小区、挂钩村开展志愿服务活动，定期更新张贴宣传海报，全面做好巩固“国家卫生县城”创建成果和启动“全国县级文明城市”创建各项工作。2. 抓精准扶贫工作。进一步落实干部包户责任人“五包责任”，着重做好产业帮扶、兜底帮扶等工作，全年挂点村福城村共有 14 户 56 人实现脱贫。持续深入实施机关干部回乡联村工程，选派 5 名干部联系 5 个村，其中 2 名担任村第一书记，围绕回乡联村“六员”工作职责，坚持党建先行，做好回乡联村各项工作。3. 抓房屋拆迁工作。提请五华县政府出台《五华县集体土地征收与房屋拆迁补偿安置办法补充规定》，完成西河市场升级改造征地拆迁并开工建设，完成新华市场主楼征地拆迁补偿，启动老建材厂棚户区改造、国防教育培训基地征拆和前期工作。按照征地拆迁补偿文件依据，做好各部门征地拆迁中房屋拆迁补偿资金的核定工作。

五华县住建局 2018 年度负责人名录

局　　长： 周铁伟
副 局 长： 张载良　黄远华
黄伟靖
系统党工委副书记： 胡小立（任至 9 月）
总工程师： 李　波
县纪委派驻组组长： 张群标

五华县房地产管理局 2018 年度负责人名录

局　　长： 李少基
副 局 长： 曾松林　李海昌

琴江新城建设

【重点项目建设】 2018 年，五华县琴江新城办公室根据琴江新城总体规划和县委、县政府年初制定的重点项目建设要求，谋划安置区、市政道路、综合管廊、公共服务等重点项目 18 个，总投资规模 65.3 亿元，累计投入建设资金约 11 亿元。1. 抓好市政道路建设，配合奥体中心开馆和“一带一路”国际足球邀请赛，完成奥体中心体育南路、体育北路、体育东二路、二横路、长新路、长兴路、华兴南路等市政道路建设。2. 积极推进安置区建设，坚持就近安置、统一建设、集中安置的原则，规划 13 个安置区，启动 5 个安置区规划建设，引进中国航天建设集团，推进黄井、汽车城、协和、河尾 4 个棚户区改造安置区建设，项目计划总投资 17.9 亿元，总建筑面积 41 万平方米，黄井安置区（一期）已动工建设。采用城市更新模式，计划投资 13.6 亿元，建设足球文化公园安置区，推进周边 536 亩旧村庄征拆安置。全年投入征地拆迁、建设资金约 2.5 亿元，首期 5 栋安置房已完成 20 层主体建设，其余 6 栋

2018 年 3 月 7 日，县长吴晖（中）到琴江新城调研规划建设情况

2018 年 11 月 30 日，五华县委书记吴晖（右 3）、县长朱少辉（右 2）调研西山弃土场建设情况

安置房正在开展桩基础施工。3．加快综合管廊建设。积极推进琴江公路、环城大道总长 6.07 千米地下综合管廊建设，工程总投资约 4 亿元，2018 年投入建设资金约 3 亿元，完成 5.66 千米管廊主体及部分廊内设施安装。积极推进综合管廊控制服务中心建设，计划总投资约 2.52 亿元，已投入建设资金 7000 多万元，完成二层钢结构主体和综合便民服务中心五层主体建设。4．抓好配套设施建设。（1）完成 38.33 公顷自行车体育公园规划设计，设计投资 5.79 亿元，待县政府研究确定建设模式后组织实施。（2）召开琴江新城污水处理厂建设专家论证会，整合县污水处理厂资源进行处理，正在调整优化新城污水管网布局规划。（3）积极推进公墓山规划建设，引进企业完成占地 20 公顷结水界公墓山规划选址，完成土地征收 8 公顷。（4）扎实推进水安市场规划建设，完成用地规划和设计，并经县政府同意引进企业投资开发建设，正在办理出地出让手续。（5）积极推进总库容 5379 万立方米的西山弃土场规划建设，全年完成进场道路、场内分部设施建设，核定弃土堆放处理收费标准，办理纳土许可证，逐步受纳弃土堆放处理，有效解决土方石方、建筑垃圾、余泥渣土乱堆乱放问题。

【**招商引资**】　2018 年，五华县琴江新城办公室加大招商引资力度，引进香港铜锣湾集团、深圳市金晋实业、东莞市丰诚集团、中山益华百货、红星美凯龙、利通集团总部回迁等商业商住物流项目 6 个，计划投资总额 43.6 亿元。

【**征地拆迁**】　2018 年，五华县琴江新城办公室全力配合推进征地拆迁工作。1.加大用地调规报批，加强国土、林业等部门对接，推进“多规合一”工作，积极争取上级支持，完成三批次建设用地调规申报，三批次林地调规已得到省批复。2.全力协助征地拆迁，安排 6 人与水寨镇成立征拆专班，制订征拆计划，加强对接配合，突出重点、攻破难点，联合多部门开展阻碍重点项目建设违法建筑依法强制拆除行动硬仗，有效突破奥体中心、安置区等项目建设征地拆迁瓶颈。3.全面加强违法建筑管控，组建 4 个违建巡查组，联合镇村建、国土和县城监大队开展行网格化、常态化巡查管控，持续保持违法建筑整治高压态势。全年开展拆违大行动 19 次，拆除违法建筑 53 座，拆除面积 7520 平方米，有效打击违法抢建行为。

【融资渠道拓宽】 2018年，五华县琴江新城办公室完成市政集团组建工作，认真研究政策，主动对接沟通，积极争取国开行、农发行等政策性银行和其他金融机构支持，累计完成融资14.8亿元。全年完成国开行棚户区改造项目贷款9.3亿元、农发行综合管廊控制服务中心项目贷款2.15亿元、上海聚信租赁公司贷款2000万元，年度融资11.65亿元，超额完成年初制定的5亿元融资目标任务，有效缓解重点项目建设资金。

【工程项目管理】 2018年，五华县琴江新城办公室扎实做好工程项目管理工作。1. 严格法定程序，根据重点项目建设要求，通过规划设计专家审定、建设模式政府研究确定、中标企业公开招标选定等程序，依法依规按程序推进项目规划建设和组织实施。2. 严抓工程管理，严格工程建设程序，及时完善工程手续，全面落实业主单位、施工企业、监理单位的主体责任，加强工程质量日常管理，并严格按照“创卫”“创文”要求，督促施工企业落实车辆清洗、遮蔽上路、围蔽施工，确保工程质量和文明施工。3. 狠抓安全生产，坚持“一岗双责”，落实安全生产管理责任，层层签订责任书，定期研究安全生产工作，建立工程施工日志，完善安全生产台账，加强日常安全生产检查，及时排查安全隐患并落实整改措施，确保在建项目安全生产。全年未发生安全事故。

（彭灿明　李　锋）

五华县琴江新城办公室2018年度负责人名录

主　任： 周志浩

副主任： 吴东生　钟金榕

张伟彬

城市综合管理

【市容管控常态化】 2018年，五华县城市综合管理局积极深入开展专项整治工作，全面提升县城文明形象。1. 深入开展市容环境专项整治，重点做好乱搭乱建、乱停乱放、乱摆乱卖的整治和城市环境卫生、整洁、靓丽工作。（1）环卫所工作。县城主街道实行不间断保洁，努力做到作业地段无盲区、无盲点，确保保洁时间达16个小时以上。坚持城区居民生活垃圾上门收集制度，优化生活垃圾收集运输处理系统，共清理垃圾91250吨。加大对卫生死角及“牛皮癣”的清理力度，清理卫生死角1480处、乱张贴乱涂写6800多处。对县城公厕存在保洁不到位、设备损坏、没有指引标识等现象进行全面整治。开展县城城中村环境卫生专项整治，“脏、乱、差”现象得到改善。（2）城监工作。由城监大队牵头成立的拆违中队会同县国土局、应急大队、水寨镇、工业园区等部门加强县城建成区“两违”建筑的整治力度，坚决制止县城建成区内未取得建设工程规划许可证进行兴建房屋的行为，依法开展强制拆除违法建设行动，共发出责令制止违法（章）通知书203份，全年参加县组织的拆违行动17次，共拆除83宗11246平方米；参加县组织专项拆违行动2次，共拆除5户1589平方米；联合水寨镇、河东镇开展拆违行动，共拆除26宗2550平方米；自行组织拆除违法建筑13次，共拆除19户1590平方米。由城监大队牵头，会同公安、交警、工商和质检、食品药品监督管理、环保、交通运输等部门成立“双创”联合执法队，充分发挥各自职能作用，大力开展县城市容市貌秩序的整治工作。切实加大占道停放、乱堆乱放、占道经营、乱摆乱卖、乱拉乱挂等整治力度。共发出各种整改通知755份，整治“六乱”现象1000多宗。对废品回收行业、洗车修车行业、车辆经营行业进行全面规范管理方面。共发出《限期整改通知书》56份，收扣洗车机5台，泡沫机6台，吸尘机3台、磅秤7台，强制清理杂物一大批。加大施工工地文明施工和运载车辆的管理。发放文明施工温馨提示5000多份，发出《整改通知书》159份，督促文明施工约360宗。规范县城户外广告设置。发出《限期拆除通知书》97份，拆除各类违法广告185块，收扣违法派发小广告2万多份。（3）市政园林设施日常维护。加强市政设施维护，确保路面平整、排水畅通，共修复人行道街砖4760平方米，修复沥青路面6875平方米，清理沉砂池1890座，清理排水沟3500米，并对部分街巷进行改造。加强公共路灯维护，修复路灯和景观照明故障900多处，更换电缆1.1万多米、LED灯1050多个、烧毁交流接触器350个、景观数码管2000多条；洗墙灯498个、射灯150个，中国结电源160个；景观电源300多个，处理交通事故损坏路灯18起，确保县城主次干道、商业街等的装灯率100%，亮灯率≥98%，背街小巷装灯率98%，亮灯率≥97%；每天19：00至22：00显示屏滚动播放“双创”、健康卫生教育、控烟知识、普法教育、中共十九大精神等内容宣传。加强公共园林绿化维护，共种（补）植乔木1380株、灌木约47500袋、地被约5000平方米、莳花约26万株，修剪乔木约1.48万株、绿篱约8.36万延长米、草坪1.28万平方米，修缮花池缘石440米。加强县城公园日常管理，确保园区绿化维护、公共设施维护、卫生保洁及安全保卫工作，全年补植乔木135株，地被植物4.65万株，铺设草皮5300平方米，莳花3.2万株，维修木塑栈道120平方米，修复路面1022平方米。2．城中村环境卫生专项整治。加强占道经营、流动摊贩管理，发出《温馨提示》600多份、《限期整改通知书》83份，规范引导摊档摆卖150宗并督促他们立即纠正自身的占道经营等违规行为。对城中村实行标准化清扫、精细化管理、常态化服务为抓手，提高辖区主干道、村间道路和背街小巷的保洁水平，垃圾实行上门收运，制订长效管理机制。共清理生活垃圾约40吨，出动约400人，清理卫生死角约530处。积极整治城中村施工工地。加强落实建筑和道路施工现场封闭围挡、设置冲洗设施、道路硬化、扬尘防治等措施；组织执法队员主动上门，向施工单位宣传建筑工地管理、建筑垃圾处置相关规定，签订《文明施工责任书》，积极引导工地规范、文明施工，提高他们遵守城市管理法律法规和各类规章制度的自觉性。大力开展小行业卫生整治。加强小餐饮店、小美容美发店、小浴室、小歌舞厅、小旅店、小网吧、小诊所等行业营业点的卫生整治，确保持证率100%，对无证照且经整改后无法达到标准的营业点依法取缔。通过大力开展市容环境卫生综合整治，村容村貌不断改善。

【工程建设】　2018年，五华县城市综合管理局负责实施的扩容提质和重点工作项目共有9个：1．五华县生活垃圾无害化处理减量厂项目。项目位于五华县转水镇枫林塘村滑陇坑，总规划用地面积34780平方米，建筑占地面积13826.4平方米，总建筑面积25645.2平方米。该工程于2017年11月13日竣工试投产，第一条生产线已建成并进入调试阶段。2. 下坝老河堤路升级改造工程。项目全长约985米，南起水梅路，北至高榕村委，横支路一至五全长约260米，总改造面积约1.26万平方米，主要改造内容包括挖除全部旧水泥砼路面，新建沥青路面，挖除全部旧水沟，车行道下新建雨水管道和污水管道，采用雨污分流模式，新建通信、给水、电力和燃气管道，新建人行道和单边路灯，完善交通标志、标线等。该工程可行性研究报告已完成，正在办理立项手续。3. 宏达路升级改造工程。项目全长约237米，道路红线宽度为17.5米，主要改造内容包括在路面铺筑沥青，完善交通标志、标线，拓宽路面增加车道和停车带；管线入地，新建路灯、完善排水排污设施等。该工程可行性研究报告已完成，正在办理立项手续。4. 园新路·华新路升级改造工程。项目建设内容主要包括道路、排水、绿化、照明、交通设施及其他附属工程。园新路西起建设路交叉口，东至沿江南路，升级改造全长约685米，道路红线宽度12米；华新路南起公园路交叉口，北至华兴南路，升级改造全长约330米，道路红线宽度10米，机动车道采用沥青路面。该工程可行性研究报告编制已完成，正在办理立项手续。5.华园路升级改造工程。项目全长约260米，改造面积约3750平方米，道路标准段宽度12米，主要改造内容包括道路、管线、照明、绿化、交通标志等。该工程立项和图纸设计已完成，正在规划报建和预算审核。6. 启动水安路横街市政公用养护中心建设。项目位于老水安路横街，占地约2000平方米，含办公用房和作业车辆停放场建设。该工程正在准备项目启动的前期工作。7. 完成县城生活垃圾处理场提升工程。项目计划总投资2469万元。主要对垃圾填埋场的填埋区防渗系统、覆盖和雨污分、流渗沥液处理设施、填埋气体导排与处理及其他设施进行整改。该工程可行性研究报告编制、立项、招投标已完成，工程建设采用EPC总承包模式。2018年8月16日进场开始整改工程，完成环山道路土石方的开挖、环山沟的建设的95%。已完成投资400万元。8. 完成63个镇村垃圾中转站建设，全面建立运转顺畅和收集清运机制。项目总规划用地面积39375平方米，总建筑面积23902.83平方米，建设52座生活垃圾中转站及增设11个分站、设备购置及配套设施。每座生活垃圾中转站占地面积169.76平方米，其中垃圾压缩间117.76平方米，垃圾分拣车间52平方米，共63栋，每栋地上2层。2018年年底，52座镇村生活垃圾分类中转站和11座分站中，已投入运营14座、正常施工34座、受群众阻挠导致停工5座、未动工建设9座、计划取消1座。完成投资6000万元。下一步工作计划督促中标企业采取有力措施，统筹好施工班组、材料和附属工程同步推进，促使工程建设和手续完善早日完成；加强工程质量监管和安全管理，及时解决在建设和运营过程中碰到的各种问题；加强与各镇各部门沟通协调，全面推进中转站的建设，做到建成一个投入使用一个。9. 县第二个生活垃圾处理场建设项目。根据县主要领导意见，该项目已调整为县住建局负责，该局协助县住建局做好项目启动的前期工作。

【党建工作】 2018年，五华县城市综合管理局扎实开展“两学一做”学习教育活动，用党章和习近平总书记系列重要讲话精神统一思想、武装头脑、指导行动；加强对党员领导干部“八小时以外”活动监督管理；认真开展“廉政体检”自查自纠活动；通过聆听报告、深入讨论，进一步深化对习近平总书记系列重要讲话及中共十九大精神的理解和把握，增强“四个意识”和“四个自信”，明晰目标任务，强化责任担当。班子带头讲政治、清流毒、守纪律、树正气，坚持讲政德、明大德、守公德、严私德，坚持在大是大非面前坚持原则。坚决落实中央八项规定及其实施细则精神，不断深入学习贯彻中共十九大精神、中央八项规定及其实施细则精神，强化贯彻执行，自觉向党中央看齐，坚决不做“两面人”，严格执行财务制度，完善学习教育管理机制，确保中央八项规定精神落地生根，营造风清气正的政治生态，努力实现高质量发展，奋力开创五华城市管理工作新局面。

【扶贫工作】 2018年，五华县城市综合管理局挂靠帮扶华城镇新五村，为做好“精准扶贫 精准脱贫”工作，派出业务骨干进驻新五村，严格按照规模分解、初选对象、公示公告、结对帮扶、制定计划、填写手册、数据录入、联网运行、数据更新9个步骤完成好新五村67户126人的建档立卡工作。筹措资金完善新五村道路设施、环卫设施，组织开展扶贫救济捐款活动，对帮扶对象送去慰问金和慰问品。认真摸清帮扶贫困户基本情况，找准帮扶办法，制定贫困人口脱贫计划表，扎实推进结对帮扶到村到户工作。2018年度五华县城市综合管理局共筹节日慰问金55530元，下拨4.8万元用于新五村平安村居建设，脱贫的相对贫困户15户31人，合计脱贫率75.2%，完成县政府下达的脱贫任务。

【扫黑除恶专项斗争工作】 2018年，五华县城市综合管理局成立扫黑除恶专项斗争领导小组，印发《关于进一步明确扫黑除恶专项斗争重点打击问题相关工作的通知》，明确各股室、下属单位负责同志为第一责任人，切实做到有黑必打、有恶必除。在城综局办公大楼一楼设置扫黑除恶举报信箱，在公园、广场、主次干道等公共场所张贴“扫黑除恶”海报、悬挂标语、制作展板，借助一切平台及时宣传工作进展。全年未发现和收到涉黑涉恶线索。

【其他各项工作】 2018年，五华县城市综合管理局认真做好其他各项工作。1. 做好综治信访维稳、平安建设工作。认真办理人大、政协的议案提案，努力做好群众的来人来访的协调处理和解析，同时积极做好网上信访协调处理及回复工作。全年受理群众来信、来人、来电、网上投诉案件179件，其中来人来访90件，来电20次，来信11件，网上信访58件（处理完成整改回复54件，正在协调处理4件）。按期处理率100%，群众满意度98%。全年相关该局的工作职能范围，未发生群众到市、到省、到京上访案件。2. 做好安全生产工作，认真贯彻落实上级有关安全生产的指示、批示等文件精神，牢固树立安全发展理念，始终坚持“安全第一、预防为主、综合治理”方针，扎实推进各项安全生产工作，按时上报有关资料；依照部署制定整治方案，持续加大安全生产专项整治力度，使整治工作不断深入。全年安全生产事故为零。3．做好“双创”工作，严格落实周末卫生日制度、网格化管理工作、控烟及健康教育宣传、病媒生物防治、市容环境卫生整治工作，为全县“国家卫生县城”“全国县级文明城市”创建工作做出应有贡献。4．做好普法工作，积极做好2018年普法工作的落实，调整完善普法领导小组机构，努力推进法治先进县创建工作，严格按照巡察组反馈意见认真落实制订《五华县城市综合管理局制度汇编》，认真做好规范性文件清理工作，组织干部职工学习《梅州市普法读本》。5．做好工青妇工作，开展形式多样的文体活动。“三八”妇女节组织全局女职工到相邻市县春游学习、“五一”举行乒乓球比赛活动等。发挥一方有难八方支援的纽带。积极做好“2018年广东省扶贫济困日”捐款活动，共筹集资金48150元。

（詹喜赞　胡志通）

五华县城市综合管理局2018年度负责人名录

局　长：张雄辉

副局长：曾永辉

丁金浪

缪干军

环 境 保 护

【建设项目环境管理】 2018年，五华县环保局按照《中华人民共和国环境影响评价法》和《广东省建设项目环境保护管理条例》规定，认真履行环保前置审批权职责，坚持发展经济和保护环境并重，严格把关，防止重污染企业进入五华。对已经审批的项目，加强建设期监管，坚持执行“三同时”制度落实，严把环保设施竣工验收关，控制新污染源产生。全年受理项目227个，其中报告书5个、报告表108个、环境影响登记表（网上备案）114个，项目总投资132.9亿元，其中环保投资18.4亿元。

【主要污染物总量减排】 2018年，五华县环保局根据梅州市政府下达给五华县的主要污染物总量减排任务，按照区域、属地、部门管理原则，把治污减排各项工作目标和任务分解到各部门、各单位，充分发挥各部门的职能作用，形成齐抓共管、各司其职环保工作机制。加强县城污水处理厂和华城、安流两个中心镇水质净化站减排工作监管，全年共削减量化学需氧量（COD）2006.4吨，氨氮（NH3-N）196.3吨。

【环境执法和信访调处】 2018年，五华县环保局组织开展环保专项行动，打击环境违法行为，维护群众环境权益。全年共出动执法人员1787人次，检查企业488家（次），发出《行政执法责令改正通知书》54份，责令限期整改企业37家，关闭取缔4家，立案查处15家，处罚金额58.59万元。受理环境污染投诉案件435宗，对所有投诉案件均能作速处理，依法依规查处，妥善解决纠纷，调处率100%，得到群众好评。

【污染防治工作】 2018年，五华县环保局联合畜牧、农业等部门对全县规模化禽畜养殖业加强监管，制订《五华县畜禽养殖禁养区、限养区和适养区划定工作方案》和《五华县畜禽养殖污染专项整治工作方案》，深入实施畜禽养殖污染整治。关闭拆迁禁养区内养殖户526户，完善限养区、适养区70家规模化畜禽养殖场和997户散养户的污染治理设施。积极开展固体废物企业“三个一”专项工作，共走访、约谈企业52家次，并与52家企业签订《企业固体废物规范管理承诺书》。对15家对全县持有放射源单位、产生固体废物、危险废物的单位加强监督检查，确保环境安全。严格按照《广东省排污许可证使用管理条例》规定，严把排污许可证的发放和年审关，全年受理93家企事业单位广东省排污许可申请。同时按时保质完成国家排污许可证核发任务，完成水泥、印染和屠宰行业各1家企业的国证核发，各乡镇屠宰点按规范要求开展国证核发工作。

【十大重点环境问题专项整治】 2018年，五华县环保局建立每季度定期研究通报重点环境保护问题制度，要求各镇和各单位对所管辖的区域和行业存在的重点环境问题进行认真排查，并对重点环境问题排查整治情况进行汇总，筛选出该季度十大重点环境保护问题提交县政府常务会议研究，会议通过后实行挂牌督办，限时办结。全年完成专项整治项目36宗。

【露天焚烧秸秆专项整治】 2018年，五华县环保局作为牵头单位，全力抓好禁止露天焚烧秸秆专项整治工作，县政府印发《五华县人民政府关于在全县范围内禁止露天焚烧秸秆的通告》，明确各镇作为秸秆禁烧工作的责任主体，要求各镇制定工作方案，与各村签订禁止露天焚烧秸秆责任书，明确具体责任人。在夏秋两季农作物收割期间，成立督查组和巡查组，分片包干，到各乡镇巡查，确保工作落到实处。全年发放禁烧通告10850份，出动执法人员562人次，制止露天焚烧秸秆101宗。

【第二次全国污染源普查工作】 2018年，五华县按照第二次全国污染源普查工作时间节点和质量要求，有序推进前期准备、清查建库、入户调查工作。全县五大类污染源共1129个普查对象全部完成入户调查和普查表填报工作，数据经审核后录入系统并进入专网，按要求完成入户调查和普查表填报工作任务。

【环境监测】 2018年，五华县环保局加强学习，全面提升技术人员的动手能力和业务技术水平。严格按监测技术规范定期对流经五华县的省控、市控断面水质监测工作、鹤市河跨市交接断面水质及县城饮用水源地桂田水库和备用水源（蕉州河）的采样分析，按时按质完成取样分析工作，并及时向市站报送监测结果。对县城空气质量实行24小时在线监测，城区环境空气质量保持优良。认证监测项目共有83项。全年获得各类有效监测数据7830个，为五华县的环境决策和污染治理提供准确、可靠依据。从监测结果来看，省、市考核断面水质优良率100%，集中式饮用水源地水质达标率100%，县城大气环境质量优良率98.3%，县城噪声平均值54.3分贝。

（刘湘源）

五华县环保局2018年度负责人名录

局　长： 邓瑜文（1月任）

副局长： 谢炳泉　温浪文

刘丽霞

科工商务管理

简 况

2018年，全县50家规模以上工业企业实现工业总产值22.87亿元，完成规上工业增加值4.91亿元，实现税收9813.4万元。全县外贸进出口总值14044.1万美元，合同利用外资200万美元，实际利用外资349万美元；全县社会消费品零售总额完成104.97亿元，对比上年增长9.8%。全年新增万晟源、鸿基混凝土、东阳城红木家具、奕联实业、惠农新能源、尤孚工艺、远信建筑等7家规模以上工业企业；全县专利申请总量572件，授权总量331件，分别比上年增加38.16%、16.55%。其中，发明专利申请量27件，授权6件。

科技业务

【孵化育成平台建设】 2018年，五华县科工商务管理局加快各类孵化平台建设，华创汇公司被正式授牌为省级“海智计划”科技工作站，实现梅州市“海智计划”工作站零的突破。广东五华科技孵化产业园、华城、潭下、龙村等镇相关企业按照标准相继设立众创空间、星创天地，至年底，众创汇、青创汇、淘天然、方捷、琴江源、众客基地6家企业已进行众创空间申报。推荐淘天然电商、方捷技术、新城梅生态园林、达济生态4家企业申报广东省第二批“星创天地”备案（“星创天地”主要是针对农村的创业基地）。“众创汇”成功获批2018年度广东省众创空间试点单位。

【科技平台建设】 2018年，五华县科工商务管理局深入实施创新驱动发展战略，大力培育发展科技型中小企业、高新技术企业，加强企业研发平台建设。全年全县认定科技型中小企业16家，康奇力药业、冠华传导、井得电机、五华中燃、万山土壤5家企业进入国家技术高新企业拟认定名单。协助企业做好申报2018年省、市工程技术研究中心认定各项工作，宝汇环保、井得电机、康奇力药业3家企业被认定为2018年广东省工程技术研究中心。富胜实业、明珠星钟表、元芯实业、五华自来水4家企业被认定为2018年梅州市工程技术研究中心。

【院所合作示范基地】 2018年，五华县科工商务管理局根据五华县优势产业和战略性新兴产业发展需求，与中山大学建立合作关系，成立五华县创新创业协会，全面助推企业发展。突破性举办2018年第四届“华炬杯”粤东西北地区创新创业大赛梅州（五华）赛区小组赛，不断营造创新创业氛围。积极发动企业参加“梅州市第一届工业设计大赛”，其中辉骏科技真空果汁机和海宴酒业五常米酒分别获得产品组和概念组金奖，海宴酒业海宴—MINI 小酒（外包装）、辉骏科技多功能蒸汽烤箱和华智星多功能气动式自动循环超声萃取仪 3 个作品获得优秀奖。

【科技进步奖项目评审】 2018 年，五华县科工商务管理局认真做好 2017 年度科技进步奖评审工作，全年被市授予市科学技术奖项目三等奖 4 项，完成县科学技术奖项目评审 10 项（一等奖 1 项、二等奖 4 项、三等奖 5 项）。

【知识产权】 2018 年，五华县科工商务管理局充分利用“4 · 26”知识产权宣传周结合“第 18 个世界知识产权日”发放宣传手册等 100 多份、专利调查问卷 30 多份，广泛开展保护知识产权和打击侵权假冒专利的宣传教育。加强专利行政执法保护工作，健全专利执法工作制度，对县城文具店、药店进行“地毯式”检查，查处假冒专利案件 4 宗。积极组织企业、服务机构、从业人员参加省市培训班和参加广东省知识产权服务地市行粤东站活动。积极开展宣传培训的同时向市局报送知识产权信息 3 条。为进一步提高企业知识产权实施，提升企业知识管理运用能力，发动企业参加《企业知识产权管理规范》国家标准（GB/T201490—2013) 认证，广东万山土壤修复技术有限公司已报市局作为知识产权“贯标”对象。

科 技 服 务

【网络信息中心管理】 2018 年，五华县科工商务管理局网络中心围绕党和政府的路线、方针、政策、法律法规等，加大网络上的宣传、贯彻、推广、普及等。同时，维护管理好“工业五华”微信公众平台，共推送信息：科技政策信息类 367 篇、贯彻习近平总书记重要讲话 79 篇、健康生活信息类 205 篇、文件通知信息类 168 篇、工作动态信息类 112 篇。

【地震测防】 2018 年，五华县科工商务管理局利用“5 · 12”国家防灾减灾日，在华强中学开展科普进校园——科学防震 · 幸福万家的防震减灾宣传活动。在活动中分发打印的“地震应急知识”宣传资料 1000 多份、《地震应急救护知识》小册子 1500 多份、《防震减灾科普知识》宣传册 800 多份、《急救科普知识》600 多份。同时，在县民政局牵头组织下，8 个部门在县长乐公园设置宣传咨询点，发放大量有关水旱灾害、气象灾害、地震灾害、地质灾害等各类书籍，提高基层抵御灾害风险能力和水平。协助省地震局做好五华华强中学和县第三小学地震台站的基础工作以及省地震局要求的紧急信息接收终端设备的管理工作，资料调查等。

工 业 企 业

【工业企业发展】 2018 年，五华县科工商务管理局落实省“实体经济新十条”，依托有意愿实施技改项目建设的企业，用好用活技改政策和股权资金，鼓励企业增资扩产，通过技术改造、设备更新、机器换人及智能设备应用，全力推动新一轮技术改造工作。同时，进一步加强工业经济运行特别是规上企业、骨干企业的跟踪、分析，密切关注重点经济运行，监测市场变化情况，准确把握经济运行趋势，及时提出经济运行调节的对策和措施。全年全县完成工业投资18.35亿元，同比增长47.1%；其中完成技术改造投资0.71亿元，同比下降75.5%。新增开展技术改造工业企业数12家（次），智能化技术改造示范企业1家；新增机器人应用25台（套），新增规上工业企业7家。

【暖企服务】 2018年，五华县科工商务管理局主导编制《五华企业指南（第一期）》，积极帮助企业宣传推介产品。先后邀请刘焕彬、孙玉院士到五华县开展专题讲座，组织企事业单位赴中山、珠海、山东考察学习，不断健全暖企行动。积极鼓励企业开展技术改造和产业升级，引导企业用足用好省“实体经济新十条”等政策措施，落实企业奖补、税收优惠和其他相关政策。2018年，扩能增效方面为36家企业争取资金1276.23万元。

【节能降耗】 2018年，五华县科工商务管理局围绕节能降耗任务，强化节能管理，开展节能专项监察，完善企业能耗监督管理及考核制度，开展节能宣传月活动，调整公共路灯控制时间，合理降低能耗，全年单位GDP能耗下降2.8%。积极协助企业申报市场电力用户，通过售电侧改革为28家企业节约用电成本超过300万元，制作“节能环保”公益广告，在五华县电视台每晚滚动播放，制作悬挂宣传牌1100只，空调节能小广告帖14万张，组织“全国低碳日”公益宣传活动。协助7间企业完成并通过节能减排典型示范项目验收，积极协助宝汇环保完成并通过2013年申报“废旧塑料综合循环利用技术改造项目”完工评价验收工作。牵头完成独立供电区域接管工作。全县已基本完成12个小水电自供区和趸售村接管，仅剩5个小水电自供区未完成接管。积极履行国家的产业政策，淘汰落后产能分步实施。对全县3家石灰土立窑和32家砖厂进行全面针对性排查，提出整改意见。

【信息化建设】 2018年，五华县科工商务管理局新增4G基站414个、光网端口6.7万个。大力推动大数据在政务服务、城市管理、社会治理等领域应用，建成运营五华电子政务云数据中心。全面完成全县92个省定贫困村开通光纤宽带及4K电视业务的项目工作。积极开展广东省第二批4K试点示范城市申报工作，认真贯彻落实《梅州市市直单位推进省定贫困村创建新农村示范村工作责任清单》，扎实推进省定贫困村创建新农村示范村工作。组织企业参加培训会，扶持企业上云上平台。加快遥感卫星技术应用，支持五华县新兴产业发展。做好首届“梅州客家音乐节”现场通信保障工作。

【历史遗留问题】 2018年，五华县科工商务管理局加快国有企业清算工作，完成县农药厂土地收储，解决历史遗留问题， 协助县政府向中国长城资产管理有限公司广东分公司回购五华县林业局等10宗不良债权事宜。协调各部门，解决商业物资公司6位留守人员退休工资待遇的遗留问题。

商贸服务

【外贸进出口】 2018年，五华县科工商务管理局以招商引资为抓手，积极推进供给侧结构性改革，大力开拓国内外市场，突出做大总量，狠抓责任落实，组织企业参加广交会及首届中国国际进口博览会；深入企业，解读“外资新十条”。全县外贸进出口总值14044.1万美元，合同利用外资200万美元，实际利用外资349万美元。

【商贸流通】 2018年，五华县科工商务管理局督促2017年肉类蔬菜追溯体系建设试点企业中农批进行项目建设，2018年选取华园市场和汉光超顺申报梅州市肉类蔬菜流通追溯体系建设拟试点企业。举办2018广东省促消费（夏季）暨“家520”购物节活动五华分会场奥园广场活动，组织209家商户参与购物节活动；5月20—27日，奥园广场总客流达20.58万人次，与上年同期相比上升98.82％。总销售额908.28万元，与上年同期相比上升108.18%。谋划全县物流现代化规划。组织企业赴广州参加第二届国际物流创新展览会，邀请广东省物流行业协会与五华县合作交流，制定《农村物流建设发展规划（2018—2022）》。全年全县社会消费品零售总额完成104.97亿元，对比上年增长9.8％。

【成品油市场】 2018年，五华县科工商务管理局积极履行成品油安全监管职能，加强安全专项检查。指导加油站做好2018年度年审各项材料的上报工作，全县61间加油站年审全部通过，全年共组织申报批改、扩建加油站共9间，新建加油站1间，到期换证23间。抓好日常安全监管，加大成品油市场整治力度，对全县各加油站（点）的油品质量和安全生产进行专题检查，发现问题及时进行整改，严厉打击扰乱成品油市场行为和无证照经营行为，全年分8批169次对63间加油站进行安全生产和相关证照台账进行检查，排查安全隐患42批次，均已督促落实整改。全年查处成品油非法经营点7个，查获汽油、柴油共约4.92吨，行政拘留1人，逮捕3人，罚没合计11843元。

职能监管

【安全生产】 2018年，五华县科工商务管理局组织与下属各间企业签订2018年《安全生产责任书》与《消防安全工作目标管理责任书》，全年12批次对辖区兆安民爆公司的雷管、炸药仓库进行安全生产检查，作排查安全隐患8批次；抓好每月安全隐患的排查治理上报工作，认真落实安全生产责任制，认真检查事故易发的重点场所、要害部位、关键环节、不留死角、不走过场，确保矿区安全。联合相关部门开展汛期城乡供用电设施安全管理排查整治,发现安全隐患960项，完成整改960项，完成率100%；政府部门排查共发现隐患40项，已整改40项。

【其他工作】 2018年，五华县科工商务管理局认真做好其他各项工作。1. 积极开展岐岭镇王化村软弱涣散基层党组织整顿工作，着力规范整顿村级两委班子建设，建立健全各项规章制度，注重村务监督，实行阳光村务。帮助王化旧村委搬迁至新村委大楼办公，并协助出资配置办公用品。2. 扎实推进新时期精准扶贫精准脱贫工作。抽调4名业务骨干长期进驻挂钩帮扶岐岭镇龙岭村、龙水村和皇华村，局领导班子成员亲自动员部署，亲自走访调研，亲自督查推动，参加扶贫例会、定期组织召开会议专题研究，落实结对帮扶。认真做好扶贫考核及“三清三拆三整治”检查验收工作，并根据反馈做好整改。组织村民理事会成员参加新农村建设“以奖代补”培训会议，明确实行新农村建设时间节点、建设项目、奖补范围。梳理贫困户每户剩余资金并核查贫困人口数量，规划贫困户危房改造，完善户“一户一档”资料和帮扶记录簿，同时申报自然村（片）微小项目工程，建立项目库。统筹资金入股汉光超顺农业股份有限公司和种养合作社，大力推进“一村一品”产业发展，做好资金收益分配方案。组织龙岭村、龙水村前往大埔县进行现场参观学习借鉴其在人居环境整治、农村生活污水设施建设、美丽乡村建设工作中的好经验。3. 扎实开展“创国卫”工作，积极筹措和合理安排资金，全力保障支持创国卫工作，在网格化责任地段、创国卫挂钩村分别张贴创国卫公益广告、村民公约，持续更新卫生保洁宣传栏；在局张贴宣传牌 24 幅、政务网站发布动态信息 3 条、宣传海报 3 张；在公共场所内张贴创建国家卫生县城标语及明显的禁烟标示，发放宣传资料（创国卫小知识）2000 多份；坚持周末卫生活动日，加大对网格化责任地段、卫生保洁区、局管辖 11 个居民小区专项卫生整治，“创国卫”工作有力推进。4. 认真抓好综治维稳（平安）工作。积极稳妥处置国有企业改革涉及资产、人员安置、社保、医保、债务等诸多历史遗留问题，建立工作台账，深入开展矛盾纠纷排查调处，处理退伍兵退役安置遗留问题，按时答复来信来访或网上信访件。2018 年共接待群众来信来访案件 3 件，回复 3 件；接受行政诉讼 2 次（原乐宝电子厂案）。5. 开展“大学习、深调研、真落实”系列活动。深入贯彻落实中共十九大精神和习近平新时代中国特色社会主义思想，按照县委、县政府的工作部署，大力开展“大学习、深调研、真落实”系列活动，制定相关工作方案对 9 个课题开展调研，通过实地调研、数据分析等工作，坚持问题导向，形成系列重点工作调研报告。

重点行业发展

【五金机电】 2018 年，全县主要有骏兴电器、辉骏科技、冠华传导、环兴电力、富胜实业、庆瑞实业、中奥实业、杰成通信、永艺餐具、仁隆电子、爱时达钟表、源瑞电子、天东科技、明珠星钟表、裕友照明、嘉晖盛科技等 16 家规模以上五金电器制造企业。2018 年，骏兴产值 1.68 亿元，纳税 347 万元；辉骏科技产值 3.91 亿元，纳税 746 万元；冠华传导产值 573.9 万元，纳税 24.1 万元；环兴电力产值 762.4 万元，纳税 1 万元；富胜实业产值 1.54 亿元，纳税 474 万元；庆瑞实业产值 2951.2 万元，纳税 180 万元；中奥实业产值 1753.4 万元，纳税 130 万元；杰成通信产值 400 万元，纳税 55 万元；永艺餐具产值 3801.8 万元，纳税 233 万元；仁隆电子产值 2808.1 万元，纳税 488 万元；爱时达产值 576.8 万元，纳税 4 万元；源瑞电子产值 945.2 万元，纳税 25 万元；天东科技产值 5625.7 万元，纳税 87.2 万元；明珠星钟表产值 4009 万元，纳税 85.4 万元；裕友照明产值 233.2 万元，纳税 19.5 万元；嘉晖盛科技产值 258.2 万元。

【汽车配件】 2018 年，全县主要有广东井得电机有限公司、梅州华扬汽车配件有限公司等汽车配件制造企业。井得电机全年产值

6179 万元，纳税 477 万元。

【制酒】 2018 年，全县主要有广东长乐烧酒业股份有限公司、广东海宴酒业有限公司、梅州市客联酒业有限公司、五华县元生堂酒业有限公司、五华县客属酒业有限公司、五华县溢群酒业有限公司、五华县华东酒厂等 7 家；以生产米香型白酒为主，主要以长乐烧酒业为龙头，以海宴、客属、客联、元生堂、溢群等为骨干。长乐烧酒业全年完成产值 8362.8 万元，纳税 219 万元。

【制药】 2018 年，全县主要以康奇力药业为龙头，以康和药业为骨干，南药生产基地已形成雏形，利用本市各县适合种中草药资源，逐步与科研单位合作研发生物制药，延长产业链。康奇力全年完成产值 7494.6 万元，纳税 390 万元；康和药业完成产值 2489.6 万元，纳税 54 万元。香雪制药等一批优质项目正在加快建设。

【新能源及再生资源】 2018 年，全县主要有宝汇环保、惠农新能源、梅州（五华）抽水蓄能水电站和华普太阳能等项目，主要分布在龙村镇和县城工业区。2018 年，五华县大力发展新能源及再生资源业，加快重点项目建设，充分利用国家鼓励新能源发展的产业政策，加快地热资源开发利用，推进五华县新能源产业的快速发展；创办再生资源产业园，加大可再生资源回收利用项目的招商引资力度，引进一批可再生资源优质项目，大力发展可再生资源回收利用产业。加强对重点企业技术改造的扶持力度，扩宽宝汇环保等资源综合利用和废品再生利用产业链。鼓励宝汇环保上市，企业规模实现“绿色产业”升级，全年实现产值 7576.5 万元，纳税 1200 万元。博能新能源等一批优质项目正在加快建设。

【红木家具】 五华红木文化产业园位于广州番禺（五华）产业转移工业园内，2018 年新培育上规有万晟源木业、东阳城红木家具 2 家企业，项目由多位五华乡贤企业家合资兴建，包括东成红木、大中堂、大唐、雍博堂、东莞东成、水雨轩、一品居、水一坊、天匠坊、匠王、传天匠、东华轩等知名红木家具企业。项目全部建成投产后，预计能引进珠三角地区红木家具生产企业 100 多家，致力打造整个粤东至粤闽赣地区大体量的红木家具批发集散地和厂家直销基地。五华红木文化产业园坚持以“诚信建设”为核心，将产业园塑造为“诚信高地”，建设一个全真品的红木文化产业园区。

【先进装备制造业】 2018 年，全县形成以富胜数字电视为龙头，富鑫通智能装备、宇航精机、嘉富包装机械、如翼实业等企业为骨干的先进装备制造业并兼顾其他产业。

（邹伟强　罗福婷　陈嘉玲）

五华县科工商务管理局 2018 年度负责人名录

局　长：黄国标

副局长：胡伟雄　缪伯腾

翁凯荣

黄燕珍（任至 9 月）

古永元（9 月任）

系统党工委专职副书记：

古永元（任至 8 月）

派驻县科工商务管理局纪检组组长：

彭彩红

中小企业

【简况】 2018年，五华县中小企业局有在职人员15人，离退休人员17人；内设4个部门：综合信息股、改革发展股、技术进步股、服务指导股，下设2个事业单位：五华县中小企业服务中心、五华县电子商务运营中心。五华县电商产业发展实现较大的跨越，入驻电商大厦服务机构和企业92家：其中服务机构7家、电商企业及创新型企业85家，实现网络交易7.25亿元，电商大厦1.33亿元，带动线下销售2.2亿元；农村电子商务服务站在线交易117.5万多单，交易额0.74亿元；其他电商企业及微商交易2.98亿元。推动农产品上行6500多吨。

【电商平台建设】 2018年，五华县中小企业局通过聚焦政策落地，扩大政策受益面。全县建成农村淘宝（菜鸟网络）物流配送中心1个、农产品仓储物流配送中心1个，“互联网+特色产业”基地10个，特色产业网2个、天猫优品7间和苏宁易购体验店各1间，京东帮五华服务店2间，物流速递企业42家，线上线下体验店约100个，一、二、三产业触网企业及微商营销约600个，电子商务及其关联企业约1250家。县域电子商务运营中心升级改造已基本完成并交付使用；电子商务信息服务平台（含数据采集系统）、产品质量追溯系统平台模块设计基本完成；全县总规模16个镇级电商服务中心（孵化基地）和村站总数300个基本完成并投入运营；占地2000平方米的冷链（冷库）厂房已封顶，并签订设备采购合同，已进入设备安装的设计阶段。完成《五华县电子商务产业发展规划（2018—2020年）》、《五华县2018年国家级电子商务进农村综合示范县总体实施方案》《五华县电子商务助力精准扶贫精准脱贫实施方案》的制定，为带动传统产业转型升级，促进五华县域经济健康持续快速发展提供坚固的保证；在县政府公众网开设“五华县电子商务进农村综合示范工作”专栏，设置“政策文件、通知通告、项目建设”3个子栏目和征求意见窗口及监督举报电话，把上级的政策文件、项目实施方案、招投标通告、项目建设及监理合同、工作进展、服务活动和成功案例等相关情况做到及时、全面进行公开。

【助力中小企业发展】 2018年，五华县中小企业局强化服务效率，助力企业做大做强。1. 认真做好服务企业工作。为企业开展技术支持、信息咨询与管理、市场开拓、电商技能提升、人才培训等举办各项服务活动80场、参加人数约8000人次（具有劳动能力的建档立卡贫困人口2338人次），服务企业1000家（次），组织企业参加省、市举办各类型培训活动，全年累计参加人数50人次；通过微信平台、网站及时准确、精准地发布国家、省、市、县扶持中小企业发展政策信息近800多条（篇），阅读数95257人次，发放宣传小册子500多份，开展企业产品促销活动2场（次）。2. 组织企业积极申报国家、省、市专项资金项目。指导广东万山土壤修复技术有限公司和广东宝汇环保科技有限等企业成功申报2018年中小企业服务券15万元；指导五华县中小企业服务中心、五华县电子商务协会、梅州生长地农业开发有限公司3家单位申报2018年省级促进民营经济及中小微企业发展（中小企业专业化服务机构能力提升建设）项目资金20万元；指导局服务中心和梅州市籽滢实业有限公司成功申报2017年度促进电子商务发展专项资金31万元；协助广东宝汇环保科技有限公司申报广东省中小微企业发展（中小企业提质增效转型升级）项目资金；协助广东客都天润生态科技股份有限公司申报2018年省级促进民营经济及中小微企业发展（上市挂牌融资奖补）项目资金50万元；协助五华县电子商务协会、梅州市生长地农业开发有限公司、梅州市智宏信息技术有限公司、深圳市海鑫纳企业投资管理有限公司梅州分公司成功申报梅州市中小企业公共服务示范平台等。3．积极响应大众创业万众创新，发挥电商创业孵化平台作用，推动创业创新发展。为加快小型微型企业创业创新及工业和信息化领域电子商务发展的步伐，大力开展创业创新孵化工作，充分利用“五华电商大厦”这一平台，创立五华县电商创业孵化中心，推动应用互联网与实体经济深度融合，促进中小企业转型发展发挥积极作用。实现就业2250多人，辐射带动创业就业4350多人。4．组织相关单位和企业赴重庆、贵州、珠海、中山等地开展考察调研活动，学习借鉴“国家电子商务进农村综合示范县”和电商领军企业的宝贵经验、先进理念和运营模式，建立科学的推进机制，推动“互联网+”产业深度融合发展；积极举办展销会和组织企业参加展会。5．成功举办2018五华县第二届电商节暨农产品展销会，参展企业近60家，参加人数3万人，带动线上线下销售320多万元；组织梅州市生长地、五华县客属酒业、梅州市云岐圣峰等20多家企业参加广博会、中博会、文博会等，助推五华产品走出大山，走向世界。6．携手跨境公司，联合打造梅州五华优品O2O体验馆，助力五华农特产品的品牌建设、品质提升及溯源等，该馆已于2018年12月21日正式成立，成为五华县快速主动积极融入粤港澳大湾区的创新践行。7．抓好招商引资工作。引进广州生长地农业科技有限公司，成立梅州生长地农业开发有限公司，获得招商引资专项资金5万元。8．成功入选2018年国家级电子商务进农村综合示范县，预算总投资4000万元：其中获得中央财政专项资金支持1500万元，省级财政支持475万元，县财政配套资金1525万元（包括创建省级电子商务进农村综合示范县已投入，并列入2018年县65项重点项目）。五华县电子商务创业孵化基地成功入选广东四个“2018年度国家小型微型企业创业创新示范基地”之一。9．强化融资平台作用，缓解企业融资难题。充分发挥五华县中小微企业信贷风险补偿资金融资杠杆撬动作用，对符合产业扶持政策和产业发展方向的企业给予融资服务，切实解决制约企业融资的难题。2018年，五华县中小微企业信贷补偿资金基金规模2345万元，共有20家企业加入“重点中小微企业池”，成功为20家中小微企业提供贷款15939万元，有效地支持中小微实体经济健康发展。

【“小升规”培育】　2018年，五华县中小企业局强化“小升规”培育力度，紧抓“政策扶持”和“狠抓培育”两条基本主线，进一步完善促进中小企业发展工作协调机制，引导公司利用自身优势，积极培育发展一批“专精特优”企业。加强培训，帮助企业及时、规范申报。着力做好宣传、引导、服务、协调工作，组织业务培训，负责新增规上工业企业申报材料的审核、确认，指导企业做好入统工作，提高申报质量。支持和引导“小升规”企业申请高新技术企业认定，提高企业市场竞争力，扎实推动小微企业做大做强，促进县域经济高质量发展。五华县新升规工业企业计划上规累计数 7 个。

【精准扶贫】 2018 年，五华县中小企业局强化精准服务力度，助力脱贫攻坚战。1. 筹集资金 14 万多元为梅南村安装治安监控和解决村民饮水困难问题，并在“6·30”扶贫济困日当天为梅南村筹集 16700 元的爱心捐款，在局驻村干部和村“两委”干部的积极推荐下，鼓励乡贤回乡积极参与公益事业，乡贤古凯文等热烈响应支持，捐赠太阳能路灯 55 盏，完善梅南小学文化走廊 20 米，金额共约 10 万元。2. 扎实做好驻岐岭荣贵村精准扶贫、精准脱贫工作。围绕“两不愁，三保障”目标，对照实现“八有”标准，在广州城投集团的大力帮扶下，村道改造及路灯工程，光伏发电、番薯种植产业发展，新村委党群服务中心选址立项，文体活动广场建设，村垃圾收集及运输设备添置，安装平安视频监控，资助贫困户改善生产生活条件等，进一步改善村容村貌，对贫困户实施保障性和发展性，促使稳定增收，确保打赢脱贫攻坚战奠定坚实基础。

【学习教育活动】 2018 年，五华县中小企业局深入学习习近平新时代中国特色社会主义和中共十九大精神，坚持“三会一课”制度，加强政治学习和教育、党性锻造。以集中学习和个人自学相结合，通过制定《2018 年五华县中小企业局党员干部理论学习计划表》《五华县中小企业局党组理论中心组 2018 年理论学习计划表》和《2018 年中共五华县中小企业局党组推进“两学一做”学习教育常态化制度化的实施方案》，提高党员领导干部的学习积极性和主动性。通过集体观看警示教育片《欲望的代价》和《迷失的坐标》加强警示教育和提高防腐拒变能力。组织全局领导干部职工集体和个人相结合的形式学习《中华人民共和国宪法》修正案和参加“客都清风杯”法规知识竞赛活动，切实提高干部职工的法律知识，带头维护宪法和法律权威，提高运用法治思维和法治方法深化改革、推动发展、化解矛盾、维护稳定的能力和水平。组织全局党员干部职工赴大埔—三河坝战役纪念园和梅林镇古大存故居、南丰山中央苏区（粤东）历史博物馆、梅县叶帅纪念园和广东天东集团党支部开展主题党日活动，带领全体党员干部职工接受红色教育、领悟革命先辈精神，充分发挥党员先锋模范作用，永葆共产党员政治本色。

【创文创卫工作】 2018 年，五华县中小企业局强化双创力度，做好创文创卫工作。1. 根据《五华县中小企业局 2018 年创建全国县级文明城市实施方案》积极开展相关创文活动，并于 2018 年 8 月 31 日上午到电商大厦组织企业开展“效率成就品牌，诚信铸就未来”主题实践活动，强化企业诚信文明的经营意识，为五华县争创全国县级文明城市贡献一己之力。2. 通过电子显示屏、发放宣传手册和微信公众号等媒介广泛宣传创文创卫活动，充分发挥带头作用，鼓励群众积极参与。3. 做好责任路段和局机关卫生情况，定期开展卫生大扫除和整治网格化路段环境卫生，劝解不文明行为，引导群众做好门前“三包”工作，为五华县双创活动增添动力。

【平安创建】 2018年，五华县中小企业局强化平安创建，积极主动地参与“扫黑除恶”专项斗争。成立工作领导小组，形成“扫黑除恶”整体工作合力，充分利用宣传标语、横幅、微信群等深入广泛宣传，密切留意企业动态，发现问题苗头要立即上报和及时制止，并要求该局全体人员提高警惕，增强风险意识，避免发生涉及我局职能管理范围的涉黑涉恶事件，全力做好“扫黑除恶”宣传工作，营造良好的社会治安氛围。

（黄燕华）

五华县中小企业局2018年负责人名录

局　长： 赖俊香

副局长： 刘展明

李伟东

汤伟平

对外经济

广东五华经济开发区

【简况】 广东五华经济开发区位于五华县城西部，是由国家发改委等四部委核准的省级经济开发区，主要与广州市番禺区合作共建广州番禺（五华）产业转移工业园。该园区总规划面积20平方千米，首期计划开发12.2平方千米。自2013年以来五华县累计投入30多亿元，加快园区征地拆迁和规划建设工作。至2018年年底，建成区面积10.5平方千米，形成“七纵五横”道路架构网络，供水供电、排污净化等基础设施不断完善，承载能力和综合效益大幅提升。进园企业累计103家（建成投产78家、在建12家、筹建13家，规上企业28家），用工人数1万人，初步形成五金机电、食品饮料、医药制造、家居建材、再生资源利用等主导产业。2018年，园区实现工业总产值16.39亿元、规上工业增加值2.47亿元、全口径税收2.57亿元，分别比增–8.49%、–13.36%、25%。

河东绿色生态工业小镇是广东梅兴华丰产业集聚带的重要组成部分，地处兴华高速畲江支线中段，距离五华县城中心城区3千米，距广州（梅州）产业转移园约14千米，距规划的梅汕高铁畲江站约10分钟的车程。该园区规划总面积25平方千米，首期4平方千米。该小镇围绕梅州生态功能区新的发展定位，以生态优先、绿色发展为引领，全力打造复合型、现代化、园林式的绿色生态型工业特色小镇。自2015年全面启动首期规划建设以来，累计投入6.5亿元，至2018年年底，完成征地500公顷、平整土地100公顷。加快征拆、土规、林地调整工作，以及供水供电、交通路网、排污净化、通用厂房、标准化厂房、绿色能源科技中心、

规划有序的广州番禺（五华）产业转移工业园航拍图（2018 年 7 月 15 日张育光 摄）

综合服务中心等基础设施和配套服务项目建设，全面拉开开发架构。该小镇重点培育发展先进装备制造业。有昌明精密设备等 12 个项目签约落户，计划总投资 41.6 亿元、固定资产投资 36.8 亿元。4 个项目动工建设，其中广东富胜实业股份有限公司河东数字电视产业园于 2018 年 4 月实现试投产。河东绿色生态工业小镇的规划建设，对扩大五华县城中心城区范围、促进产业生态化、实现产城联动、发展绿色富民产业具有重要意义。

【园区经济】 2018 年，广州番禺（五华）产业转移工业园新落地动工企业 5 家，新投产企业 8 家，其中投资亿元以上落地企业 4 家，新增落地企业项目立项投资总额 14.27 亿元。全年实现工业总产值 16.39 亿元、规上工业增加值 2.47 亿元、实现全口径税收 2.57 亿元，完成工业固投 4.47 亿元。承接 10 个总投资 49.27 亿元的产业梯度转移项目，完成 5 个总投资 14.8 亿元的产业共建项目，超额完成市下达目标任务。在省产业园建设管理绩效评价中，获省政府专项资金和用地指标表彰奖励。

河东绿色生态工业小镇开发建设现场（2018 年 7 月 15 日张育光 摄）

【园区建设】 2018 年，广州番禺（五华）产业转移工业园整合投资公司，优化资源配置，成立五华县工业建设集团有限公司，进一步积极拓宽融资渠道。通过融资和财政拨款投入园区建设资金 12.9 亿元，加快完善园区道路、排污、供热、科技创新、教育培训、金融服务等基础配套设施，园区的承载能力逐步增强。道路方面，产业转移园工业六路、工业一路、三坑路、工业四横路、兴业大道绿化亮化等全面加快建设，河东园横四路、纵六、纵八路完成约 1.6 千米的道路硬底化；安置区方面，馒头岭安置区、罗湖安置区一期、黄井一期、沙渴安置区、油田安置区完成部分或大部分用地平整和前期的安置任

广州番禺（五华）产业转移工业园污水处理厂航拍图（2018 年 7 月 15 日张育光 摄）

务；环保基础设施方面，全力加大污染防治工作，转移园22.7千米污水管网铺设基本覆盖园区建成区并接入污水厂，完成转移园企业固废、污水排放在线监控平台；河东园污水处理首期管网横四路，纵六、纵八路完成污水管线约1千米，化裕、油新水质净化中心完成招投标工作；绿色能源小镇方面，3栋标准化厂房和2栋员工宿舍正在施工，地标光热塔工程PPP完成招投标；科技孵化园方面，5栋标准化厂房、1栋综合大楼、2栋人才公寓楼完成建设，为园区创新驱动发展提供强力保障。

【园区招商】 2018年，广州番禺（五华）产业转移工业园通过新春联乡联谊、党政领导带头外出招商、举办特色产业活动等，落实百汇国际博览城等一批乡贤回归投资项目，跟踪考察一批口腔健康产业项目。积极利用园区闲置厂房引进见效快的租厂项目，迅速组织生产。全年签约引进中科电工、昌明精密、奕联实业、安恒实业、宝恒通物流、爱能森科技6个项目，计划投资总额47亿元。通过县政府常会审议，同意入园的项目10个。

【园区管理服务】 2018年，广州番禺（五华）产业转移工业园推动园区的服务管理由“粗放式”向“精细化”转变，向服务要效益，向管理要质量，成功创建省“四星级服务园区”。1.落实领导挂钩服务企业制度，积极帮助投产企业、在建企业解决用工、生产、融资、技改、节能减排、股权融资、产业升级等方面的困难和问题，协助精荣科技、康奇力等解决资金紧缺问题，加大其增资扩产和外贸出口。2.用足用好供给侧改革、降低成本、产业转移、原中央苏区县等优惠政策，全面推动康奇力、辉骏科技等有实力的企业着手主板上市的准备工作。3.完善企业报建用地手续，协助南凌电器等6家企业完善报建手续，为汉光超顺、香雪药业等5家企业完善5宗用地涉及办证面积172224.79平方米的用地手续，推进宏益五金、辉骏集团和河东工业区等9家企业用地招拍挂出让工作，有效保障园区重点企业项目建设用地需求。4.“腾笼换鸟”，激活低效能企业。在前期全面开展园区闲置用地、厂房、低效能企业清理清查和整治工作的基础上，利用华联机电5500平方米、宏浩盟8300平方米、“手牵手”工业楼1.5万平方米闲置厂房通过引进元芯实业、奕联实业、益华控股等项目等措施进一步盘活园区用地、厂房等资源，促进园区提质增效。

【园区谋划】 2018年，广州番禺（五华）产业转移工业园突出抓好省市重点项目谋划。园区通过谋划与争取，列入市年度正式计划重点项目19项，列入省年度正式计划重点项目4项，分别占全县市重点项目（共48个项目）39.6%和全县省重点项目（共9个项目）44.4%。19项市重点项目2018年年度计划投资额41.42亿元，2018年实际完成投资额40.74亿元，目标完成率98.36%。4项省重点项目2018年年度计划投资额17.8亿元，2018年实际完成投资额17.12亿元，目标完成率96.18%。为全县重点项目考核及振兴发展考核贡献园区力量。谋划争取园区省级政策覆盖面。启动广东五华经济开发区的扩区和依托广州番禺（五华）产业转移园带动发展的产业集聚地申报工作。7月，广东省经信委发函（粤经信园区函〔2018〕50

号）同意将河东工业区、华城工业园、安流工业园符合条件的项目纳入广州番禺（五华）产业转移园统计、绩效评价，一并享受省产业转移政策。同时，广东五华经济开发区的扩区工作完成可研和环评等资料上报，等待省有关部门审批。五华县更多的区域和项目将享受省产业转移政策，为后续园区的全面开发建设提供省级层面资金、土地等政策支持。

【园区从严治党工作】　2018年，广州番禺（五华）产业转移工业园落实新时代从严治党要求，以政治建设统揽的各项建设。1. 坚决全面彻底肃清李嘉、万庆良恶劣影响。严格按照“三个不允许”的要求，开展坚决全面彻底肃清工作，认真查摆和纠正党员干部中存在的各种不正之风和“七个有之问题”，完善选人用人、落实意识形态工作责任制等一批制度。2. 做好中央、省委巡视和县委巡察整改工作。对标中央、省委巡视反馈问题，制定问题清单，责任清单、任务清单，建立整改台账，全面彻底整改；配合县委第一巡察组完成单位党组巡察，积极推进巡察反馈问题整改工作，对党建工作不严、干部选拔任用不规范等问题进行立行立改。3. 加强党组织规范化建设。贯彻落实《五华县加强基层党组织建设三年行动计划实施方案》，利用园区党工委、党组、非公党委、党支部四级党组织的优化配置，全面推动党支部“三会一课”、“主题党日”和“党员亮身份”等活动常态化、制度化开展，新创建2个非公有制企业党支部示范点，新成立非公有制企业党支部1个，园区党建工作全面加强。4. 提升党风廉政建设。通过多种形式加强警示教育，推进以案治本加强廉政风险防控工作，制定《广东五华经济开发区管理委员会岗位廉政风险点与防控措施》，推动单位全体工作人员签订岗位廉政承诺书；按照县纪委要求，建立党风廉政建设主体责任台账、岗位廉政防控台账，谈话提醒台账、巡视整改台账、一把手监督台账、政治生态台账。贯彻落实中央八项规定精神，重点抓好节日期间的廉洁自律，进一步纠正“四风”。充分运用监督执纪“四种形态”，注重抓早抓小，全年开展谈话提醒近20余次。

（张育光　陈冬海）

广东五华经济开发区管理委员会2018年度负责人名录

主　任：赖伟胜

副主任：胡志明　钟　军

李柳明

何嘉星（挂职）

招商引资和经济合作

【招商引资】　2018，五华县新签约落户企业26家，计划投资总额259.55亿元（同比增长9.61%），其中工业项目19个，计划投资78.05亿元；商贸、服务类项目5个，计划投资169亿元；建筑项目1个，计划投资1.5亿元。计划投资10亿元以上的重点项目有4个，分别是深圳市远恒佳教育有限公司五华教育城项目、广东中鼎集团犁滩片区城市更新项目、深圳市协和辉五金制品有限公司金属构件生产项目、深圳中科电工科技有限公司防水防触电安全插座总部基地项目。

【企业参展】　2018年11月22日至25日，中国国际绿色创新技术产品展广州（梅州）

产业园专展（以下简称中国国际绿创展）在梅州高新区广梅产业园绿色创新中心隆重举行，五华县招商和经济合作局牵头组织广东南凌电器有限公司、广东康奇力药业股份有限公司、广东汉光超顺农业股份有限公司、五华县福善楼种养专业合作社、广东雷公嶂农业科技有限公司、梅州市松岗嶂绿色生态茶园有限公司、五华县金河农业发展有限公司等绿色高效能企业参展，此次展览为企业积极寻求对接洽谈项目提供平台。在展会上，五华县积极宣传推介特色产品，进一步对接海内外客商，寻求发展商机，在绿色品牌食材食品展区的广东汉光超顺农业股份有限公司和在绿色智慧健康展区的广东康奇力药业股份有限公司等企业产品纷纷亮相，客流量不断，产品热销。通过这个重要的交流平台，不仅能为五华参展企业开展贸易洽谈和投资合作提供广阔商机，也能为品牌的推广打下良好的基础。中国国际绿创展是梅州市深入贯彻习近平总书记考察广东重要讲话精神，立足梅州生态发展区定位，积极践行“绿水青山就是金山银山”理念，通过中国国际绿创展这一高端平台，聚焦产业扶贫，推动绿色技术、绿色金融、绿色消费市场与梅州绿色产业的对接和“碰撞”，把梅州的生态优势转化为经济发展优势，从而打通从田间到舌尖全产业链的“任督二脉”，实现一、二、三产业的深度融合，打造粤港澳大湾区绿色产业、绿色消费的对接区，让梅州生态发展区插上绿色科技创新的翅膀，助力原中央苏区加快振兴发展步伐，世界客都·长寿梅州实现高质量发展，而举办的一次大型产品展览会。

（邬智慧）

2018 年 11 月 24 日，五华县招商和经济合作局与该县参加中国国际绿创展部分企业合影

五华县招商和经济合作局 2018 年度负责人名录

局　长：彭国阵

副局长：魏　青

曾奋凌

梁永雄（挂职）

交通运输

交通建设与管理

【高速公路建设】　2018年，五华县交通运输局积极配合、协调高速公路建设部门做好相关工作。大丰华高速（五华段）：全长约24.71千米，途经郭田、河东、横陂等3个镇16个行政村，全线采用双向四车道高速公路技术标准，设计速度100千米/小时，工程总投资约31亿元。至2018年年底累计完成投资9亿元（其中2018年完成投资6亿元），占总投资29%，预计于2020年建成通车。兴宁至汕尾高速公路五华至陆河段：全长约24.5千米，途经安流、棉洋2个镇16个行政村，全线采用双向四车道高速公路技术标准，设计速度100千米/小时，工程总投资约22.39亿元。至2018年年底征地和地坟迁移任务基本完成，房屋拆迁51座，累计完成投资9.04亿元（其中2018年完成投资6.71亿元），占总投资40.37%，预计2020年建成通车。

【县养公路建设】　2018年，五华县交通运输局着力抓好交通重点项目建设，不断加强领导，加大投入，全力以赴打好交通建设大会战。全年投入公路建设资金3.7亿多元，扎实推进周江冰坎至华阳新田公路20.76千米、郭田至双华段公路工程14.1千米、X960线龙村桥头至洞口段改线工程10.97千米、X003线梅林镇优河村至黄砂村段15.31千米、梅林牙济岭至大河背建设工程2.29千米、热矿泥益生湖旅游专线公路支线新建工程1.83千米、龙村X960线大坑村至X003线梧溪村段7.22千米、龙村金龙村至大梧村段20.55千米、河东平南黄坑至横陂华阁接琴江公路段改扩建工程2.9千米、省道S223线潭下上围至安流完塘段路面维修工程38.42千米、动工建设14.8千米的横陂锡坑S120线至周江蓝坑X031线段（双龙山景区旅游公路）公路14.8千米工程建设。

【客运站场和农村公交一体化建设】　2018年，五华县交通运输局加快推进五华县中心枢纽汽车站迁建工作，已将建设新站的前期各项合规性资料呈省交通集团审核，等待交通集团审核完毕后启动客运站前期建设工作。至2018年年底，完成95%行政村通客运班车建设，完成93%通客运班车。城乡公交一体化所涉及的线路走向、站牌建设等工作正在筹备中，经县政府批准，确定在琴江新区S9板块建设新能源公交充电站站场。

【公路水毁抢修复工作】　2018年，五华县受“山竹”台风等强降雨影响，造成X003金坳线等10多条线路交通中断，Y530茶陂线等20多条线路水毁严重，累计损失800

多万元。灾情发生后，五华县交通运输局采取有力措施，积极开展抢修复工作，投入水毁抢修复资金 200 多万元，并积极争取上级补助资金，拟将 X032 河梅线 K43+200 至 K43+300 段重点水毁工程项目上报列入省补助计划。

【县养公路养护管理】 2018 年，五华县交通运输局坚持“建设是发展、养护也是发展”工作理念，遵循“安、畅、洁、绿”的养护方针，强化养护管理，提升养护管理质量。将琴江生态景观大道 31.5 千米和汕湛高速华阳互通至龙村连接线（Y304 线金龙公路）8.4 千米的绿色廊道建设作为重点工作来抓，投入 5000 多万元种植菩提榕、红花紫荆和七彩大红花等乔灌木 3 万多株，并每天派出洒水车进行浇水，不定期地对绿化苗木进行施肥、除虫等管理工作，进一步优化环境。同时结合美丽乡村创建工作，投入 530 多万元，新建超群驿站、近江驿站、虎石驿站、矮车驿站、流洞驿站、益塘驿站等多个驿站，在驿站周边种植毛杜鹃、五星花等花木、铺种草皮，努力打造集公路文化宣传和旅游休闲为一体的公路驿站（公路休闲点）。此外，继续开展“农村公路管理养护年”活动，派出技术人员驻点管理，完善公路附属设施和绿化木种植工作，路政人员加强路况巡查，及时清理路障、查处破坏公路绿化等违法行为。

【运力与运量】 2018 年，五华县有营运客车 230 辆，客位 9049 座；营运货车 851 辆，核载 4369 吨。全年公路运输完成旅客运输量 570 万人，旅客周转量 48926 万人千米，完成货物运输量 1422 万吨，货物周转量 184721 万吨千米。

【综合行政执法工作】 2018 年，五华县交通运输局加大对运输市场的监控和管理力度，全年出动交通执法人员 6618 人次，出动执法车辆 1326 车次，检查车辆 4165 辆次，共查处案件 684 宗（其中运政案件 288 宗，路政案件 47 宗，超限运输案件 309 宗，货运源头处罚案件 40 宗），交通共罚款 81.09 万元，并对超限车辆卸货 5783.93 吨。查处的超限运输案件 309 宗（其中经交警部门查验确认非法改装车辆 137 辆，拆除栏板 137 辆），由交警对驾驶员记分 1443 分，罚款 47.59 万元。

【行业安全管理】 2018 年，五华县交通运输局坚持把交通行业安全生产工作放在突出位置，按照“安全第一、预防为主、综合治理”方针，以贯彻实施《中华人民共和国安全生产法》为主线，以建立安全生产长效管理机制为目标，以防范重特大事故为重点，进一步加强交通行业安全管理。继续深入开展“安全生产年”活动，认真落实安全生产责任制，层层签订行业安全生产责任书，修订完善各级管理制度和应急预案。严格把好道路旅客运输安全、危货运输安全、营运车辆的安全例检等准入关，利用 GPS 等现代化车辆监控设备，对客运车辆进行动态管理。进一步完善各类应急预案，快速妥善处置突发事件。加强应急队伍建设和应急物资储备，积极参加、组织应急演练，不断提高应急反应能力。组织执法人员在全县范围内开展安全生产大检查，强化安全生产基础管理，着力构建安全生产长效机制，保证交通行业安全有序、健康发展。

【“双创”工作】 2018 年，五华县交通运输局大力加强“双创”宣传力度，定期通过政务网站、微信、短信等平台发送“双创”相关信息，组织单位人员发放“双创”宣传资料 6000 多份。投入约 8 万多元在责任地段更新“社会主义核心价值观”系列公益广告宣传墙，更新 4 米 × 8 米的大型户外公益宣传广告，落实网格化责任地段内门店的“门前三包”工作，经常进行督促检查，并在网格化路段制作“双创”内容的宣传牌 6 个、宣传幕墙 180 平方米，宣传标语 20 条。对全县小客车、出租车、公交车、公交站牌、候车亭统一制作宣传标语和宣传牌一批，打造交通“双创”特色。更新局机关大院的“双创”宣传牌 2 个，悬挂宣传展挂 2 张，张贴“双创”标语 28 条，更新宣传栏 3 期；同时，开展形式多样的学习活动，大力宣传社会主义核心价值观和“双创”内容，让“双创”理念在单位内部蔚然成风。

【精准扶贫】 2018 年，五华县交通运输局深入到挂点村（棉阳镇大光村、塘纯村，安流镇伏溪村，华城镇黄蒲村）实地调查了解，帮助解决具体问题。全年共投入 100 万元，协助挂点村装修村址 1 个，修建活动广场 1 个，安装路灯约 1 千米，购置环保车 1 辆，设置宣传牌 48 块，在村道两边种植花木近 3000 株、草皮 300 平方米，在危险路段设置钢护栏 1185 米，两次共给每户贫困户 800 元种养启动资金。

（李孟飞　张 威）

五华县交通运输局 2018 年度负责人名录

局　　长： 邹志轩

副 局 长： 陈军华　李志勇　温锦高　胡国坚

党组成员： 李雪辉　罗远辉　刘应靠

公路建设养护管理

【公路建设】 2018 年，五华县公路局紧紧围绕让人民群众行好路、走幸福路的新要求，坚持以“一核二区三组团”发展战略为工作指引、以“外联内畅、高效便捷”为发展目标，加快升级改造，进一步提高国、省道的通行能力和运载能力。全年累计投入 2.31 亿元用于公路建设，完成路面升级改造 52.59 千米，全力推进 G355（S120）线升级改造建设、七都至河东生态工业园公路（长乐大道）新建工程、G355 线琴江大桥和 G238 线五华大桥的改建工作。至 2018 年年底，完成 S228 线五华县布美至分水坳段路面改造工程，S239 线潭下至杞水、长布至水口山段路面改造工程。

G355 线转水榕树下段

【公路养护】 2018 年，五华县公路局按照交通部公路养护工作“十六字”方针总体要求，高度重视公路养护工作，积极争取项目和资金，全年投入 1.08 亿元用于公路养护，提升路况水平。继续提高养护机械化水平，购置大中型扫路车 3 台，提高公路养护工作效率；认真做好道路防汛抢险修复和日常养护工作，完成 S239 线重点水毁修复项目和灾害防治工程，完成蓝田桥、华城大桥、葵樟桥、夏阜桥危桥加固工程，完成 G205 线清溪管养房和 S228 线洋田道班房建设，完成 G205、S120、S228、S238、S239 线的生命安全防护工程；完成清扫路面、清除垃圾、割除路肩草、疏通淤塞水沟、修复坏烂路面、刷白修剪路树、清理塌方等日常养护任务；干部职工直勤率 94%、出勤率 101%，路面优良率 92.8%。

G205 线岐岭段

【公路绿化】　2018 年，五华县公路局全面推进公路绿化建设。按照梅州市公路局提出的“有土必绿”和“上乔中灌下花草”的公路绿化原则和县委、县政府创建国家卫生县城和全国县级文明城市的要求，合理设计和制定公路绿化方案，加大投入，科学管理，选取耐干旱，耐寒冷，观赏性好，经济实惠，后期养护成本低的树种，投入 150 多万元补种植香樟、紫荆花、黄槐等乔木 1500 多株，补种植夹竹桃、双夹槐等灌木 3500 多株，植草皮 3 万平方米；认真做好森林防火工作，制作 4 条固定的防火宣传标语、购置一批防火灭火工具。从而确保管养的公路宜植路段绿化率达到 100%，为群众出行营造舒适和美的交通环境。

S120 线河东至再新段

【服务区建设】　2018 年，五华县在全省率先实施国、省道公路服务区建设，建成 G205 清溪和华城养护中心 2 个服务区，G 238（S228）线转水、董源、新一、民众和 G 355 线油田共 5 个停车区，满足人民群众美好出行的新需求。7 月 11—12 日，广东省公路事务中心在五华县召开全省普通国省干线公路服务设施建设现场推进会，该县建设国省道公路服务区的经验，得到全省同行的一致好评。

全省普通国省干线公路服务设施建设现场推进会

【路政管理】　2018 年，五华县公路局充分发挥政府的力量，采取“政府牵头、行业主导、部门参与、社会支持”模式，开展路域环境治理工作。通过绿化美化和文化提升，打造“车在路中行，人在画中游”新形象。全年路政工作人员上路巡查220天、2640人次，巡查里程48700千米，清理路障530.2立方米，整治污染公路车辆148辆次，拆除违章广告牌89块横幅广告345条，拆除违章建筑10宗约1280平方米，发出违法行为告知书16份，审理路政许可23宗，组织10次由交通行政综合执法局、国土等部门联合执法的集中大行动，坚决遏制公路“六乱”行为，有效保护路产路权、提升路容路貌，路域环境明显改观。

【安全生产】　2018年，五华县公路局全面落实安全生产“一岗双责”制度，层层签订责任书，全面加强安全生产的宣传教育、检查和治理，悬挂安全标语横幅20条、发放宣传画册500份，排查隐患76宗、完成整改76宗，投入250多万元整治道路安全隐患，全年未发生安全生产事故。

【综治工作】　2018年，五华县公路局通过加强综治宣传建立长效机制，更新维护主干线公路设置的综治信访、法律法规、安全生产和平安建设的宣传栏。加强涉及黄赌毒和邪教组织的防范打击工作。认真做好接访解释劝导调处等维稳工作，全年共调处办结各类来信来访件65件（次），办结率100%，有效保障社会和谐稳定。

【工会工作】　2018年，五华县公路局工会充分发挥服务基层、服务大局的工会职能作用，组织生动活泼的文体活动，增强干部职工的凝聚力和向心力。投入资金5.4万元开展金秋助学，补助新考上大学的职工子女14人；关心爱护职工，投入35万多元组织全局干部职工体检；投入6.3万多元慰问生病住院职工和困难职工共91人（次），体现组织的温暖，确保干部职工同心共向。

【精准扶贫】　2018年，五华县公路局根据省、市、县扶贫开发的工作要求，积极做好“扶贫双到”工作，投入10万多元支持挂点帮扶的华阳镇华南村39户有劳动能力的贫困户发展种养产业，力争早日实现脱贫致富。

【创文创卫】　2018年，五华县公路局围绕县委、县政府“创建国家卫生县城”和“创建广东省县级文明城市”总体部署，落实责任，不定期更新“双创”公益广告宣传栏75个（次）、横幅54条、发放宣传资料5.3万份，清理垃圾20多立方米，“双创”网格化地段坚持干部职工包干到店和周末大扫除制度，圆满完成“双创”任务。

【党建党廉】　2018年，五华县公路局按照中央和省、市、县的部署，认真学习宣传贯彻中共十九大、中共十九届二中和三中全会精神和习近平总书记参加十三届全国人大一次会议广东代表团审议时及考察广东时的重要讲话精神，坚持抓好党建工作。坚决全面彻底肃清李嘉、万庆良恶劣影响，深入开展“两学一做”学习教育常态化，创新开展主题党日活动，扎实开展各项党建工作，积极创建党建示范点，全县基层党支部书记和党务工作者培训班学员到该局的党建示范点参观学习。积极抓好党廉工作。认真落实党风廉政建设“两个责任”，常态化开展谈话提醒活动，认真落实中央和省委巡视反馈问题的整改落实，严抓机关作风建设，提升工作效能。加强廉洁管理，与县检察院合作实施 “同步预防工程”， 共同打造廉洁工程、阳光工程、优质工程。

（曾耿兴　张国兴）

五华县公路局 2018 年度负责人名录

党组书记、局长：何伟雄

党组副书记、总工程师：游展航

党组成员、副局长：吴汉聪

钟　锋

曾泗庆

党组成员：谢永佑

李超权

国有汽车运输

【简况】 五华汽车运输有限公司是梅州市粤运汽车运输有限公司的下属子公司；是五华县唯一一家国有道路旅客运输企业，也是当地的道路旅客运输龙头企业。2018 年，公司有二级站场 1 个（五华汽车站），四级站场 2 个（华城车站、环城车站），简易站场 1 个（公共车站）；拥有客运标志牌 101 块，营运班线 45 条；营运车辆 113 台。自有一类汽车维修厂 1 家。全年，共发出班车 102660 班次，运送旅客 680631 人次；完成客运量 163.8 万人，完成旅客周转量 32347.3 万人千米；总营收 6460.3 万元、实现利润 1306.22 万元，上缴税利 538.64 万元，国有资产总值 6685.6 万元，同比增长 5.2%。安全行车 2233 万千米，没有发生重特大交通责任事故，四项安全指标均控制在市粤运公司下达的年度安全指标范围内，公司未发生治安和民事纠纷事件。

【生产经营】 2018 年，五华汽车运输有限公司以市场为导向，以效益为最大目标，实行多种经营模式并举，借助社会资源“组客”，拓展乡镇客源。开通五华至揭阳机场高速专线班车运营；定制梅州嘉应大学、梅州东山中学、宪梓中学等多条学生专线，做好学生们“最后一公里”、“门到门”服务；新购 2 台豪华商务大巴车，投入运行广州天河班线，服务人民群众便捷出行。投入资金近 5 万元，大力推广“微信”购票活动，并添置自助售票机 5 台，方便乘客购票出行。大力拓展辅业，加快转型升级步伐。投入资金近 45 万元，设立华城车站乐驿便利店，开通“网上飞”巴士速递营业中心，并上线投入运营。做好保险销售工作。积极、主动配合县交通部门打击非法营运的网约车、定制车和旅游车，客运市场得到进一步净化，维护合法经营者的权益。有序推进五华汽车站和安流车汽车站的新站场迁建工作，增强企业发展后劲。

【安全维稳工作】 2018 年，五华汽车运输有限公司严格执行安全管理，全年投入车辆 116 台，总行驶里程 2236 万千米，没有发生交通责任事故，四项安全控制指标均为零，安全管理水平有较大的提升，安全生产形势趋于平稳。注重综治维稳工作，企业和谐发展。全年未发生职工上访行为，未发生刑事、治安案件和治安纠纷案件，确保职工队伍和企业持续稳定健康协调发展。

【企业管理】 2018 年，五华汽车运输有限公司加强精细化管理，实行“五统一”集中采购，降低运输成本取得新成效；加强管控，完善企业财务、人力资源、经营和法务等各项基础管理工作。扎实开展“两学一做”教育活动，以“手抄党章100天”活动为契机，引导广大党员干部准确把握党章的内涵，全面理解党的纲领，牢记党的宗旨、党员义务和权利，增强党性意识，树立行为规范，做一名合格党员，为企业发展做贡献。积极开展“五好党支部”活动，强化党组织自身建设；认真贯彻落实党风廉政建设的各项规定，营造清正的工作环境，没有发生违法违纪案件。加强工会组织建设。选举产生公司新一届工会委员会和女工委员会；关心员工生活，加强企业文化建设。坚持每月举办一次员工集体庆生活动，既丰富员工的业余文化生活，又增强员工归属感与集体荣誉感；继续做好发放员工的“生日利是”工作，得到员工一致好评；坚持“送温暖”和“六必访”制度，使职工感受到企业的关心和温暖，增强企业的凝聚力、向心力和战斗力。

（周志扬）

五华汽车运输有限公司2018年度负责人名录

总 经 理：刘旭根（6月任）

副总经理：张治军

刘文讯（6月任）

沙　富（9月任）

邮政·通信

邮　　政

【简况】 2018年，中国邮政集团公司广东省五华县分公司（以下简称五华县邮政分公司）坚持以习近平新时代中国特色社会主义思想，强化普惠金融的责任担当，服务“三农”、服务中小企业、服务特色产业、更好地支撑地方经济的发展。围绕省邮政分公司党组提出代理金融“高先优”发展理念，坚持高质量为发展主线，高效益为发展导向，谋求可持续发展之路，以更加坚定的信心、更加有力的措施、更加扎实的步伐、转变思维，把握机遇，适应形势，持续推进五华邮政高质量纵深发展。同时，实现全年度代理金融“零”案件、无重大安全责任事故、无重大服务质量媒体曝光事件的管理目标。

【邮政业务】 2018年，五华县邮政分公司积极贯彻落实党中央“稳中求进”工作总基调，在各项业务发展中，坚持以质量第一，效益优先，突出代理金融业务发展重点，坚持储蓄余额的核心地位不动摇，全力加快代理金融的发展。全年实现经营总收入同比增长7.37%，收入规模和收入增幅均在全市排行第二。代理金融总收入同比增长8.88%。其中，同比增长8.98%，保险同比增长26.06%，包裹快递收入同比增长138.26%。收支差同比增长21.87%。

【普服工作】 2018年，五华县邮政分公司坚持“人民邮政为人民”服务宗旨，积极践行“两个维护”，从厚植党的执政基础角度提升邮政服务质量，普服工作显著提升。坚持“普服为‘根’”，切实抓好普遍和特殊服务。强化履职管理。持续加强投递点、捎转点和自提点的现场和质量管控，严格执行作业时限和投递频次要求，重点加强党报党刊、问题邮件、投后回收邮件、平衡合拢等信息监控和质量现场抽查。坚持“客户为‘本’”，强化客户服务管理。持续强弱项补短板，切实提升用户满意度。坚持以客户体验为导向，完善质量管控体系。大力推进三年服务质量提升工程，持续推进质量管控模式向“客户优先、预防为主、整体管控”转变。

【资源整合】 2018年9月28日，市邮政公司召开寄递事业部成立大会，邮政企业与速递公司合并，成立寄递事业部。在改革期间，五华县邮政分公司坚持“成本支出1+1小于2”和“资源整合1+1大于2”两条原则，全面把握改革重点，实现资源优化整合，为打造快递物流行业的“国家队”奠定坚实的基础。

【精准扶贫】 2018年，五华县邮政分公司深入贯彻落实习近平总书记关于脱贫攻坚战的重要讲话精神，按照扶贫规划，稳步推进帮扶工作。一是开展产业扶贫工作。县分公司积极配合县委、县政府和村委工作部署，整合犁滩村及周边地区资源，发展种养生产补助款，鼓励支持带动其他贫困户发展，以增加贫困户家庭收入。开展固本强基扶贫工作。强化犁滩村党建扶贫工作，党总支部与村支部结对共建，开展“一对一”帮扶活动，在“七一”前夕开展慰问困难党员活动，并送上慰问品和慰问金。扎实推进“两学一做”教育常态化制度化，不断增强贫困村党组织的凝聚力和战斗力，助力新时期精准脱贫。开展基础设施扶贫工作。改造贫困户危房1户。完善村委会配套设施建设，根据村委会实际情况，五华邮政分公司协助解决犁滩村相关办公室设施缺乏的问题，并且为村委购置村巡逻摩托车。开展教育扶贫工作。驻村队对贫困户的教育情况、教育补助发放情况进行全面摸查，并将相关情况、佐证材料上传扶贫系统，2017—2018年度贫困户学生获得教育补助，获得补助贫困学生有15人。

五华县邮政分公司慰问贫困户

【农电商加速发展】 2018年，五华县邮政分公司坚持服务地方特色经济转型升级，履行好“三大责任”，落实“三个三工程”，发挥邮政遍布城乡渠道网点优势、投递配送体系优势和普惠金融服务平台优势，重点实现“购物不出村、销售不出村、生活不出村、金融不出村、创业不出村、寄递不出村”电商发展目标，为建设“工匠之乡·宜居五华”

做出贡献。在县委、县政府正确领导下,积极发挥邮政“三流合一”优势，集实物流、资金流、信息流于一体，以“工业品下乡 农产品进城”为中心，通过建设“三站一网、一平台一中心”四个工程，促进农村电子商务发展。“三站”即依托“助农取款点、三农服务站、便民服务站”建设五华农村电商驿站，实现工业品下乡；“一网”即依托“邮乐网”，为建设五华特色农品网，实现农产品进城。依托“一平台”即邮政综合资源建设农村综合服务平台，实现公共服务均等化；依托“一中心”即农村仓储配送中心，解决物流运输“最后一公里”问题。全年快递包裹进口量同比增长 52.87%，特快进口累计同比增长 200.92%。全县共有 439 个助农取款点，全年助农取款笔数 100 多万笔，累计交易金额 6791 万元。

（钟 伟）

中国邮政集团公司广东省五华县分公司 2018 年度负责人名录

总 经 理：李伟鑫

副总经理：周国辉 张道雄

电信通信

【简况】 2018 年，中国电信股份有限公司五华分公司（以下简称中国电信五华分公司）是中国电信股份有限公司下辖的县级分公司，是国有特大型通信骨干企业，拥有本地规模最大的光纤宽带网络、技术领先的移动通信网络和达到 4G 网络覆盖水平的物联（NB-IOT）。中国电信五华分公司紧紧围绕县委县政府提出的“全力加快振兴发展、全面提升治理水平”工作主线、构建“一核两区三组团”发展战略、建设“工匠之乡、宜居五华”发展定位，全力配合列入县委、县政府 78 项重点工作的电信相关项目。

【基础设施建设】 2018 年，中国电信五华分公司深入推进“宽带中国”和“互联网+”发展战略，加速光纤宽带及无线网络建设。1. 全面实现光进铜退，实现县城、29 个乡镇圩镇区域、443 个行政村的光纤宽带全覆盖。按照国家“宽带中国”发展战略，全年投资 2150 万元，用于宽带骨干网提速改造及光纤到户网络建设，新增光网端口 4.4 万个，累计光网端口容量到达 17.4 万个，全面实现铜缆退网，实现县城及 29 个乡镇圩镇区域及农村区域的全光网络覆盖,可为全县绝大部分家庭用户提供网速百兆以上的光纤宽带接入服务,让“宽带中国、信息惠民”走进千万家庭。2. 全年完成无线网及其配套工程投资 1200 万元。新增 281 个 4G 无线基站，实现县城及乡镇圩区域、高速、国道、省道沿线 4G 网络信号 100%覆盖，农村区域覆盖率 95%，使无线网络覆盖和通信业务质量得到进一步提升，城乡用户共享天翼高速 4G 网络。

【信息服务】 2018 年，中国电信五华分公司大力推进公共服务信息化建设，助力基层治理、经济发展，提升客户服务水平。1.助力“客家音乐节”、“平安五华”等项目实施，集全公司之力，以最高规格保障“2018 梅州客家（HAKKA）”音乐节通信网络畅通。累计投资 32 万元，为客家音乐节提供 13 条对称专线、1 条金盾网、1 条视频网电路、28 路平安视频监控图像、1 辆应急通信保障车等通信网络接入服务。活动期间，中国电信网络运行稳定，保障能力强，实现网络零中断，圆满完成各项通信保障工作。2.助力平安项目建设，打造平安城市。2018年整体投资3600万元，配套重点地段、县城人行道、梅州抽水蓄能电站项目、奥林匹克体育中心、梅州客家音乐节等，累计新建800路平安视频监控图像，打造平安五华、宜居五华。3.全力配合市政工程、高速公路建设、公路改造、圩镇改造，配合做好新农村建设管线迁移美化整治，做好管线迁移，积极争取省、市公司的支持，全年投入迁移资金811万元，有效支撑县委、县政府重点工作，助力地方经济发展。

【互联网+行业】 2018年，中国电信五华分公司实施“互联网+行业”信息化战略，积极推进信息化应用项目。1.互联网+政务：为做好五华综治维稳工作，通过综治移动手机应用，发挥综治信息系统在平安五华综治建设中的作用；依托综合办公系统为基础平台，开发智慧党建功能模块，为提升基层党建工作提供信息化管理工具。优化完善五华村村响广播系统项目，构建基层组织宣传教育工作网络，全力打造“工匠之乡·宜居五华”基层治理广播宣传新平台。2.互联网+教育：五华县教育信息化PPP项目网络升级改造项目之班班通项目的建设实施，于年底完成全县所有学校教室的100M光纤线路敷设。五华电信利用云计算搭建教育资源共享平台，推动全县中小学获取共享优质教育资源，促进教育公平；持续对各类教育信息平台进行升级，实现教师教学、学生学习、家长辅导等方面的全面信息化。3.互联网+工业：积极落实省、市政府关于推动“企业上云”相关工作部署，发挥“企业上云”政府引导和企业主体作用，推动五华县规上企业“企业上云”计划加快实施，充分利用优质天翼云产品，加快建设和发展五华县工业互联网，实施数字化网络化智能化升级，促进中小企业降本提质增效。

【信息惠民】 2018年，中国电信五华分公司为全县行业客户项目提供优质光纤专线和组网专线，坚决贯彻落实当年政府工作报告中提出加大网络提速降费力度的相关要求，为综治视联网、公安视频网等项目累计安装开通192条专线/电路，并完成12个单位线路的搬迁工作。电信光纤专线速度快、安全、稳定及服务好，为各行业单位提供专业的网络支撑，得到客户的肯定和好评。

【客户服务】 2018年，中国电信五华分公司坚持“树品牌、强服务、讲价值”理念，为客户提供优质服务。全面实现政企业务七天开通制。尽最快的速度开通业务，为客户提供优质的信息化服务，实现政企客户业务零投诉，七天开通率100%。落实“提速降费”，推动“服务升级”，给客户带来实实在在的“获得感”，“为老百姓提供用得上、用得起、用得好的信息服务”，支撑“大众创业、万众创新”，客户满意度不断提升。

【网络安全保障】 2018年，中国电信五华分公司坚持落实网络应急预案、强化日常通信应急演练，扎实做好网络安全评估，持续做好网络设备安全隐患排查整改，确保网络安全运行，特别是党、政、军、三防等部门通信的高效安全运行。顺利完成高考通信、“6·26”禁毒大会、首届梅州客家音乐节等通信保障任务，获得政府相关部门的高度认可。

【绿色企业建设】 2018年，中国电信五华分公司通过网络优化、设备退网、接入网机房和退网/简化改造等节能技术，落实节能措施，降本增效。对比2017年同期共节约用电成本24万元，同比下降10.3%，逐步推进传统交换缩容和其他老旧通信设备缩容及对空闲机架下电，完成20个接入网局、3个S1240 AG局、3个接入网机房的退网退租、6个接入网机房的简化（传统设备退网，只保留光网设备）、更新改造20台机房空调整，每月可节用电约2万千瓦时。

【社会责任】 2018年，中国电信五华分公司积极开展扶贫济困工作，全年“一元基金”筹集善款22796元，资助河东下二村55户贫困户，对符合条件的贫困户免费安装宽带电视等。全力配合五华县创文创卫工作，积极履行无偿献血社会责任。

（郑颂花）

中国电信股份有限公司五华分公司2018年度负责人名录

总 经 理：彭福彬

副总经理：吴水胜　宋迪强

移 动 通 信

【业务发展】 2018年，中国移动通信集团广东有限公司五华分公司（以下简称五华移动）积极落实国家提速降费政策，不断推进通信资费降费。一是为满足日益增长的个人客户流量需求，推出畅享套餐、“任我用”流量包、移动王卡等超值实惠的流量产品，满足不同群体不同场景的移动上网需求，流量同比增长142%，资费同比降幅超61%。二是为提高光纤接入家庭普及率，通过不断完善宽带产品和服务体系，加大补贴力度，特别是农村市场未使用宽带的用户，让更多客户享受高速光纤宽带上网带来的便利。三是为降低政企集团客户及中小企业上网成本，推出质优价廉的超值数据专线服务，专线接入客户同比增长65%，专线接入资费同比降幅62%。

【基础网络建设】 2018年，五华移动加大移动通信网络建设，全年新建4G站点189个，累计建成4G基站1033个，4G基本实现县城、乡镇、行政村连续覆盖。积极响应国家“宽带中国”战略，将更多光纤宽带资源投入乡镇农村，加快光纤网络的覆盖建设，光纤端口数达18万。

【信息化建设】 2018年，五华移动充分发挥行业优势，聚力开展信息基础设施建设，有效提升县域信息化支撑效率和政务服务能力。全力建设五华县综治视联网项目，覆盖全县446个村（社区）级基层综治单位。开展五华县惠民信息公开平台升级工作，升级扩容13项功能建设，公开事项从原来的39项增加到84项，录入惠民信息共460万条，超过180万人次通过惠民信息平台查询相关政策和信息。积极推进五华县乡村振兴战略，协助建设平安村居、乡镇污水处理、农村垃圾中转站视频监控等重点民生工程项目的通信配套建设工作，助力乡村振兴，建设美丽新农村。

【精准扶贫】 2018年，五华移动积极履行社会责任，强化责任担当，深入落实精准扶贫工作。强化基础设施建设。牵头组织开展老田村到揭西县上砂镇的 1.2 千米跨县公路硬底化项目，至年底已完工，切实解决村民“出行难”的问题。协助筹款建成村委大楼、文化广场和舞台，村容村貌得到进一步改观。持续发展特色产业，以种养合作社牵头带领贫困户种植红薯和百香果，并到各基地学习经验和种植技术，提高种植产量，增加农户收入。积极做好各项基础台账工作，迎接 2016—2018 年三年的省市县脱贫工作大检查。

（钟秀容）

中国移动通信集团广东有限公司五华分公司 2018 年度负责人名录

总 经 理： 黄伟华

副总经理： 李波勇（任至 2 月）

陈运峰（3 月任）

联 通 通 信

【简况】 2018 年，中国联合网络通信有限公司五华县分公司（以下简称五华联通）持续推动数字化创新“三大转型”，即发展方式由“数量规模型”向“质效规模型”转变，运营模式由“传统封闭”的电信运营模式向“高效开放”的互联网运营模式转型，增长动能由“传统通信服务收入”向“大物移云智”（“大数据、物联网、移动互联网、云计算、智慧城市”的简称）为代表的“新型数字化服务收入”升级，将混改注入的互联网化市场化新基因快速内化于企业的内生基因，在新时代积极打造“五新联通”，奋力开创高质量发展新局面的生动实践。

【基础网络建设】 2018 年，五华联通大力投资网络基础设施建设，做深做厚 4G 网络覆盖，核心价值区域人口覆盖率提升到 94%。加大对交通干线全程全网覆盖建设，为用户提供优质网络服务。全面推进全光网建设，基本实现用户光纤改造并普及 100M 服务。宽带城域网出口带宽达 80G，IDC 出口带宽达 60G。积极布局 5G 网络，打造更快的网络体验。全面部署物联网、SDN，承载更智慧的网络生活。完成全省云网一体化的云骨干网覆盖，实现从接入到云池全智能化。完成窄带物联网 NB-IoT 商用部署，正式具备商用条件，可广泛应用于多种垂直行业，如远程抄表、资产跟踪、智能停车、智慧农业等。

【互联网服务】 2018 年，五华联通在数字政府和工业互联网领域，面向政府和制造业开放行业云和公有云服务，推出助力企业“智能制造”解决方案、“工业装备联网”策略方案及“上云用云”优惠政策；举办梅州市“互联网家+先进制造业”大会，加快推进梅州市“互联网+先进制造业”的落地实施，积极打造工业互联网示范点，推动广东制造企业向云上智能制造转型升级。助力梅州数字政府加速实施，在云计算方面，推出政务、医疗、金融、制造四朵行业云，其中政务云成为广东省政府主供应商；物联网连接数仅广东省内就近 2000 万个，车联网市场份额超过 70%，定制模组“沃芯”合作覆盖主要产业龙头；超过 140 家产业链上下游核心企业被整合进广东联通的物联网生态圈。依托“大物移云智”的先进技术和应用平台，公司在远程医疗、智慧河长、智慧城管、政法网、MDM 平台、公共 WiFi、环保监测、金融大数据等持续取得突破。

2018 年 5 月 10 日，“创新共赢，智造未来”梅州市互联网+先进制造业大会成功举办

【客户服务】 2018 年，五华联通全面开展“全员服务在行动”。在营业厅服务上，聚焦百分百微笑服务，业务办理零差错；在热线客服上，提供更加贴心高效的服务热线，实现“快速办理，微笑服务”承诺；在互联网在线服务上，致力于打造更懂客户需求的智能语音应答服务、智能在线机器人自动问答服务，实现“精准响应，极速回复”。推出全新的互联网化客户服务——联通会员服务平台，该平台承载联通会员服务的多种功能，能让用户玩转积分，享受专属权益，参与社区粉丝互动，为用户带来生活服务、福利优惠的一站式专属服务。通过“积分、权益、社区”为客户带来个性化的专属服务，实现从“客户”到“粉丝”的互联网化运营模式升级。同时，还同步推出“Super Friday 超级星期五”会员福利日，在每周五会员日当天都有会员福利活动，会员可以在平台上用积分兑换到各种免费福利、专属折扣、特价商品等。

（五华联通）

中国联合网络通信有限公司五华县分公司 2018 年度负责人名录

总经理： 钟志坚

农业·水利·气象

农业农村工作

【简况】 2018 年，五华县农业部门认真贯彻落实中央、省、市一系列“三农”决策部署，积极实施乡村振兴发展战略，以促进农民增收为目标，以农业供给侧改革为主线，以改革创新为动力，加快农业现代化建设，推进一、二、三产业融合发展，农业经济呈现平稳健康发展态势。

【粮食生产】 2018 年，五华县农业局继续实行粮食生产责任制，大力推广良种良法，加强各项强农惠农政策的宣传落实，不断提高粮食综合生产能力，全县水稻良种覆盖率96%。积极鼓励农民参加政策性水稻保险的投保，减轻农户灾害损失。2018年，全县粮食播种面积54310公顷，粮食总产量33.34万吨，同比增长1%，其中水稻播种面积50012.6公顷，总产量30.48万吨，同比增长2%。

【特色农业】 2018年，五华县农业局立足五华县特色水果产业基础，加快推进“一村一品”建设，落实发放2017年度“一村一品”、特色产业扶持奖励资金332.27万元，特色农业规模不断扩大。全年新增种植水果434.4公顷，全县水果种植面积14550.67公顷，同比增长3.08%，总产量78721吨，同比增长7.07%。松岗嶂、广东大地农业、俊丰园3家企业被评为省级“菜篮子”基地。着力调整优化渔业产业结构，开展水生动物防疫检疫及鱼病防治工作，水产养殖业持续发展。全县主养和混养特色品种养殖面积500公顷，水产养殖面积2166.66公顷，水产品总产量17454吨。

【农业基础】 2018年，五华县农业局坚持绿色发展理念，积极实施项目带动战略，加快续建、在建、新建农业项目的实施，不断改善农业生产条件，着力加强农业发展突出问题整治，夯实农业发展基础。1.大力抓好高标准农田建设项目。2017年度在安流镇10个村建设882.66公顷高标准基本农田项目，总投资1986万元，已完成建设任务的25%。2.大力推广农业适用机械。全年使用补贴资金77.07万元，补贴机具735台（套），全县水稻机耕率98%，机收率85.4%，机插机播率9%，综合机械化水平67.52%。3.大力推进农业可持续发展。坚持绿色发展理念，促进农业可持续发展。在全县水稻、水果、蔬菜等方面推广应用测土配方施肥技术面积50666.66公顷。开展全县土壤肥力及环境质量调查与评价工作，并结合实际编印发放《重点成果汇编》到镇、村，科学指导农业产业发展。在河东、安流、棉洋3个镇试点世界银行贷款农业面源污染治理项目取得成效。全县新建户用沼气池85个，累计21881个，其中大中型沼气工程11宗。积极推进农作物秸秆综合利用、农用地土壤污染状况详查、农产品产地土壤环境质量监测等各项工作。

【农业产业化】 2018年，五华县农业局继续加大农业龙头企业、农民专业合作社、家庭农场等新型经营主体的培育发展力度，鼓励现代农业经营主体规范化建设，发展壮大实力，增强辐射带动能力，提高农业产业化经营水平。全年新增天峰山、俊丰园等省级农业龙头企业6家，农民专业合作社新增发展78家，家庭农场新增注册33家。至年末，全县有农业龙头企业94家，其中，省级20家，市级20家，县级54家；农民专业合作社930家；家庭农场129家。

【品牌建设】 2018年，五华县农业局坚持用品牌意识推进农业增效、农民增收。全年新增“强兴 qiangxin”绿茶、“定乙”绿茶、“枫华山 FENG HUA SHAN”绿茶、“福善楼”红茶、“正天柱山”绿茶5个“广东省名牌农产品”，超额完成年度新增3个省级名牌农产品的目标任务，对比上年增加

33.3%，全县累计获得省级名牌农产品总数20个。华顺富硒绿茶获评“广东十大好春茶”，汉光超顺农旅园入选“广东十佳最美农田”。积极开展无公害产品认证，全县累计无公害农产品 认证企业 32家，获得产品认证37个，产地认定32个，面积 1109.55公顷。全县有11家茶叶企业建设现代化茶叶加工厂，并通过SC认证。并组织茶叶、无花果等10多个名特优新农产品参加首届“中国农民丰收节”农产品展示推介。积极组织农业企业参加各类农博会、展销会、交易会等推介会，不断提高全县特色农产品知名度。

【农业服务】 2018年，五华县农业局积极实施科技兴农战略，加大农业科技培训力度，加强农作物病虫害的预测和防控，加强农业安全生产监管，农业社会化服务水平不断提升。1.积极实施科技兴农战略，全年遴选推荐五华县农业主导品种35个、主推技术15项。在全县建立科技示范户310户，并择优聘请17位农业产业专家、107位技术指导员开展农业科技入户指导服务工作。遴选汉光超顺等5家企业作为农业科技试验示范基地，示范带动全县农业产业科学发展。抓好新型职业农民培育，138名学员获得“新型职业农民证书”。全年举办各种培训班、外出观摩学习等23场次，累计培训农民技术员、种植大户等1990多人次。2.加强农产品质量安全监管。切实加强种子、化肥、农药、渔药等农业生产资料的专项整治行动，加大农业执法力度，共出动农业执法人员481人次，检查种子、农药、化肥等经营门店426间（次），农产品生产企业（种植户）47个（次），全年责令改正违法行为3宗，未发现有经营、使用国家禁用高毒农药行为，也未出现因农资质量问题而引发的农产品质量安全事件。全年核发农药经营许可证118本，其中国家限制使用农药定点经营许可证15本。3.加强农产品安全保障。加强对全县蔬菜生产基地、农贸市场、超市的日常抽样检测和水产品质量安全抽样检测，全年检测蔬菜样品2956个，合格样品2941个，检测合格率99.5%；抽检水产品样品104个，检测合格率100%。加强农作物种子质量、市场和生产经营备案管理，办结249个网点479单网上备案受理。4.加强病虫害防治。继续加强对全县发生的稻水象甲、红火蚁、柑橘黄龙病、溃疡病、水稻细菌性条斑病等检疫性有害生物的监测及防控，挽回粮食损失48777.7吨，印发病虫情报7期，病虫警报2期，合计8000多份，其他防控资料1万多份。

2018年11月30日，县委副书记、代县长朱少辉率队到农业科研示范基地调研（幸娜 摄）

【农村工作】 2018年，五华县农业局以农村土地确权为抓手，深入推进农村综合改革。1. 全面完成农村土地确权工作。全县农村土地确权顺利通过县级自查、市级验收，8月25日向省提交相关数据。省级对梅

2018 年 12 月 6 日，县委书记吴晖及专家组一行到农业科研基地考察农业产业化发展情况

（幸娜 摄）

州市进行抽检，获得“良好”等次，顺利通过验收。2．一事一议项目顺利实施。全年共实施项目 45 个，完成并验收项目 35 个，受益人口 60 万多人。3．全面完成农村集体资产清产核资工作。对全县 16 个镇、412 个村委会 7682 个村民小组开展清查核查、统计上报、审核汇总和录入各项工作。4.积极做好粮食生产功能区划定工作。划定“粮食生产功能区”区数量 16 个，片块数量 806 个，地块数量 4392 个，面积 18533.33 公顷。签订管护协议 392 份，并完成标志牌树立和数据库建立，全面完成各项目标任务。5.积极开展行政审批规范化建设。行政审批规范化建设积极推进，对照实施目录，完成 10 类行政权力事项和公共服务事项实施清单编制。

【其他各项工作】 2018 年，五华县农业局继续做好其他各项工作。1.全力抓好农业生产安全。坚持“一岗双责”，扎实开展“安全生产检查日”“夏季消防检查”“渔船安全大检查”“打私打非”“拖拉机道路交通安全联合专项整治”等专项行动，全年检查渔船 104 船次，其中“三无船”1 艘。落实发放 2018 年度柴油补助 50 万元，受益渔民 103 户。积极开展第二年禁渔期工作，发放禁渔期渔民生产生活补助 44.66 万元。组织开展农机安全执法检查和隐患排查 25 次。2.深入推进涉农维稳工作。认真抓好发展与稳定的关系，加强农村不稳定因素排查和化解，妥善处理涉农不稳定案件，大力做好信访维稳工作，共妥善共调解农村土地矛盾纠纷 76 宗、处理各类信访信件 6 宗（含网上信访、民生信件），无重大上访事件。3.积极做好精准扶贫工作。成立 10 个专家组、16 个产业技术指导组和遴选 94 家农业龙头企业、930 家专业合作社与贫困户进行对接，全县共签订产业产供销合同 4743 户，占在家务农有劳动力贫困户数 100%。通过组织专家组到各镇举办贫困户农技术培训，切实提高贫困户科学种养水平，全年组织开展专题培训 34 场次，全县共培训在家务农劳动力 5930 人，完成率 100%。培育贫困户科技示范户，选择条件较好、发展产业意向比较强烈的贫困户共 42 户，进行产业技术指导，辐射带动周边贫困户发展产业。同时充分发挥下属场所科研示范带动作用，大力推进农业产业精准扶贫精准脱贫工作。4.积极做好其他安全工作。扫黑除恶、“三防”管理、农业应急、河长制等各项工作扎实开展。全年收到问题线索 11 条，都及时进行线索移交，没有积压线索。及时发布预警信息和技术指导意见，认真做好农业“三防”工作。实行领导带班，局机关干部职工 24 小时值班制，全力做好农业应急各项工作。制定 2018—2020 年“河长制”重点任务，每季度对乡镇“河长制”工作进行督查，及时反馈意见建议。

【队伍建设】　2018年，五华县农业局坚持将思想政治建设摆在农业干部队伍建设的首要位置，切实加强党性教育、宗旨教育、警示教育，教育引导党员干部牢固树立“四个意识”，全面落实领导班子党风廉政建设责任制，加强党员干部“八小时外”监督管理，改进工作作风，不断提高服务发展、推动发展的能力和水平。严格落实“三会一课”制度，认真贯彻落实中央和省、市、县纪委全会的工作部署，深入开展学习新《中华人民共和国宪法》《习近平谈治国理政》《保密法》、农业农村相关法律法规及习近平总书记系列主要讲话、批示，特别是习近平总书记考察广东重要讲话精神，不断增强干部职工的宗旨意识、服务意识、廉政意识、保密意识，全年组织开展中心组、全体干部职工等各类专题学习活动30多场次。同时健全完善各项规章制度，逐步建立健全常态化管理机制，着力抓好机关作风改进，树立良好农业干部队伍形象。

（幸娜　廖静静）

五华县农业局2018年度负责人名录

局　长：徐德兴

副局长：张育彬　陈荣辉

张德祥

胡小立（8月任）

农业系统党工委副书记：

张奎导（任至7月）

县纪委派驻农业局纪检监察组组长：

温颂英

党组成员：温妙初

林　业

【简况】　2018年，五华县林业局在县委、县政府的正确领导和上级林业主管部门的具体指导下，严格按照县委、县政府的工作部署和上级林业主管部门的具体安排，全局干部职工攻坚克难、主动作为，认真做好各项工作，顺利完成各项任务，确保全县森林资源持续稳定增长。全县有林业用地面积229746.67公顷，占县域面积71.7%，活立木总蓄积750.56万立方米，森林覆盖率67.13%。

【生态建设】　2018年，五华县林业局有序推进全县生态建设。1. 全面完成森林碳汇重点生态工程和森林抚育任务，全面完成2018年的森林碳汇重点生态工程任务3733.33公顷和森林抚育任务18420公顷。完成2018年生态景观林带建设工程78千米，面积312公顷。完成琴江公路可视范围102.93公顷林地、兴华高速五华段89.8公顷生态景观林带的景观提升工程，郭田至丰顺八乡交界处公路81.67公顷沿线绿色廊道建设工程。2. 全面完成乡村绿化美化示范村建设，全年省下达五华县乡村绿化美化示范村建设任务41个，全部落实到16个镇，结合新农村建设和人居环境综合整治实施。3. 加快森林公园建设，完善天堂山、清水河、龙狮殿、插天嶂、天吊嶂、蒲石顶、益塘7个市级自然保护区的科考报告和总体规划编制工作。对蒲丽顶省级森林公园重点地段333.33公顷林地进行抚育，优化森林公园的林分结构，提升森林质量。4.大力发动义务植树，在县五套班子参与义务植树的示范带动下，发动全县 78 多万人次参与义务植树 195 多万株。

2018 年 4 月 6 日，县委书记、县长吴晖（右一）到森林防火指挥中心调研指导森林防火工作

【森林管护】 2018 年，五华县林业局加强做好森林管护工作。1. 狠抓森林防火。（1）严抓防火宣传，印制 30 万份宣传资料和一批宣传牌发放到各镇，并组织人员到各镇开展巡回设点宣传。在清明节、国庆等特殊时段充分利用广播电视、宣传车、喇叭村村响、微信公众号、手机短信等平台，加大对《广东省森林防火条例》《梅州市森林火源管理条例》等相关法律法规的宣传。（2）完善全县 36 个林火远程视频监控点建设，完成全县 33 个高山瞭望台和 363 个森林消防蓄水池建设。（3）新增聘县森林消防大队队员 20 名，并在全县范围内开展森林防火业务知识培训和应急演练 16 场次，进一步提高全县消防队伍应急扑火能力和协同作战能力。（4）购置水泵 40 台、水带 2 万米发放到各镇，并对各类消防物资及时进行检查更新，全县扑火队伍随时处于临战状态，确保如有火情，做到“打早、打小、打了”。（5）成立 4 个森林防火督查组，不定期深入到各镇、村进行督促检查，林业局各党组成员分别带队到联系镇督查指导，对于工作不落实、措施不到位的，进行通报并限期整改。2. 强化林政管理。以保护和发展森林资源为目标，进一步强化木材采伐、征占用林地等管理工作。（1）开展专项整治。县政府高度重视森林资源保护工作，将林地管理专项整治纳入 2018 年“十大专项整治”工作。通过各镇各单位的共同努力，专项整治工作取得一定成效，全县查处非法使用林地 64 宗。组织召开全县砖瓦窑整治工作会议，要求 32 家砖厂负责人签订依法依规使用林地承诺书；同时，对全县非煤矿山进行全面核查，责令各业主按要求设置边界桩，并对超出审批范围的林地进行复绿，有 18 家企业按要求设置边界桩。（2）加强木材采伐流通管理。2018 年省下达五华县木材生产计划出材量 9.45 万立方米，审核发放出材量 71773 立方米，未出现盗伐现象。同时，发挥安流木检站和河子口流动木检站的作用，加强木材流通管理，全检查车辆 688 次，查验木材 8043 立方米。没收违章运输木材 54 立方米，案件 2 宗。（3）完善林地报批工作。不断加强林地的保护管理，对各类需使用林地的项目，严把审批关，依法依规完善好每一宗用地手续。全年经上级林业主管部门审核批准使用林地 59 宗，合计面积 483.8 公顷，有效保障县经济社会发展用地需求。（4）做好森林资源二类调查及连清工作。配合湖南省农林工业勘察设计研究总院做好森林资源二类调查内业整理工作，完成省级核查验收。同时，协助省林业调查规划院做好 2018 年五华县森林资源连清点调查工作，全面掌握全县森林资源现状，为保护管理工作提供依据。（5）全面开展森林督查工作。按照上级林业主管部门的安排，全面开展森林督查工作。制定具体工作方案，组织召开全县森林

督查工作会议，落实工作责任，要求各镇对全县268个疑似图班开展自查和查处工作，已完成摸底调查，进入落实查处阶段。（6）加强野生动物保护。通过举办电视专题进行广泛宣传，积极开展保护野生动物行动，发放野生动物通告1500份、野生动物宣传手册500本、画册8万本、图谱32套。全年放生蟒蛇89条，收缴乱捕滥猎工具16批，放生鸟类9批680多只，有效地保护五华县野生动物资源。3.加大执法力度。充分发挥职能作用，严厉打击各类涉林违法犯罪活动，强化林区治安防控体系建设，开展“2018红线行动”“扫黑除恶专项斗争专项行动”“打击整治枪支爆炸违法犯罪专项行动”“春雷2018”等一系列专项行动，全力打击涉林违法犯罪活动，维护林区社会治安稳定，保护森林资源安全。全年受理各类涉林案件79宗，其中立刑事案件39宗，破案23宗，刑事拘留9人，取保9人；查处行政案件40宗，处理40人次；收到群众反映及相关部门移交扫黑除恶线索18条，线索查处落实12条，查处中6条；受理办结各类信访件116起；协助各镇处理林业行政案件91起，处理野外违规用火26起，调处山林纠纷20起，全县林区治安持续稳定。4.做好森林病虫害防治。（1）加强林业有害生物调查监测力度，完成松材线虫病、松墨天牛和薇甘菊疫情春秋季普查工作。（2）投入资金，加强松材线虫病综合防治，清理枯死松树4160公顷，挂设天牛诱捕器400套，有效控制松材线虫病的蔓延。（3）加强森林植物及产品的检疫，防止危害性病虫害传入传出，全年办理检疫证385份，检疫木材10338立方米、苗木23.194万株，检疫苗木产地39公顷、苗木703万株，办理产地检疫合证8份，并对涉检单位和个人进行登记备案。

2018年9月12日，省林业厅副巡视员、防火办主任曾伟才（右四）一行5人到五华县开展重点监管地区森林防火工作调研

【林业产业发展】 2018年，五华县林业局大力推动林业产业持续发展。1. 大力发展经济林木种植。认真践行“绿水青山就是金山银山”发展理念，大力发展油茶、珍贵树木种植。通过打造示范基地，发挥辐射带动作用。全县种植油茶5780公顷，种植黄花梨、金丝楠木、沉香等珍贵树木1193.33公顷。2. 推动林下经济发展。开展全县林下经济发展情况普查，编制《五华县林下经济发展整体规划》，组织开展林下养殖技术培训讲座2场，搭建“五华县林下经济供销平台”，畅通林下产品网上交易渠道，激发林农参与林下经济的积极性。同时，积极推进林下经济示范基地创建，全县有林下经济示范基地3家，有效地辐射带动周边群众，促进全县林下经济发展。

【林改工作】 2018年，五华县林业局规范林地林权流转，认真贯彻落实省、市有关深化集体林权制度改革文件精神，进一步推进五华县深化集体林权制度改革工作。全年办理林地确权办证14宗，面积321.93公顷。同时，进一步规范林地林权流转程序，激发林地经营活力，全年办理林地流转14宗，面积2800.4公顷，办理林权抵押贷款1宗。

【涉林工作】 2018年，五华县林业局认真做好涉林工作。1.做好山林纠纷调处，以“定纷止争、案清人和”为工作目标，坚持维稳至上、依法调处、综合治理、先急后缓、逐步推进的原则，采取扎实有效措施，依法依规调处山林权属纠纷。全年受理山林纠纷案件12宗，成功调处5宗，下处理决定4宗，3宗正在按法定程序办理过程中。2.做好惠农资金发放，基本完成2018年生态公益林补偿资金发放工作。全县省级以上生态公益林面积13.61万公顷，损失性补偿总金额4746.85万元，统一由县财政部门通过“一卡通”账号拨到补偿对象，已发放4534.013万元，完成发放率95%。

（林森 黄奎）

五华县林业局2018年度负责人名录

局　长：温定基

副局长：曾维强　林锦森

张育中　朱燎原

县公安局森林分局局长：李志环

畜 牧 业

【简况】 2018年，五华县畜牧兽医局扎实抓好重大动物疫病防控、禽畜产品质量安全、畜牧业生产发展、生猪屠宰监管、屠宰领域扫黑除恶专项斗争、畜禽养殖污染整治、精准扶贫、全国县级文明城市创建和国家卫生县城创建等工作，全县没有发生非洲猪瘟、高致病性禽流感等重大动物疫情和畜产品质量安全事故，保障全县畜牧业的健康稳步发展和社会公共卫生安全。全县生猪饲养量86.47万头，存栏35.67万头，出栏50.8万头；能繁母猪存栏40102头；牛饲养量4.6万头；羊饲养量4.06万只；兔饲养量49.9万只；家禽饲养量1509.4万羽。肉类总产量57687吨。

【重大动物疫病防控】 2018年，五华县畜牧兽医局组织召开全县春防和秋防工作会议，动员部署做好口蹄疫、禽流感、小反刍兽疫等动物疫病的强制免疫工作。全年发放强制免疫用疫苗498.31万毫升，免疫生猪36.5万头、牛1.6万头、羊1.1万只次、家禽332.7万羽；免疫抗体检测猪血清940份、鸡血清623份、羊血清363份，合格率80%以上。扎实抓好非洲猪瘟防控工作。全县各级成立防控非洲猪瘟等重大动物疫病应急指挥部，各镇各相关部门迅速行动，按照国家、省、市非洲猪瘟防控文件会议和习近平、李克强、胡春华、李希等各级领导指示批示精神，认真落实排查监测、调运监管、检疫监管、应急演练准备和正面宣传培训等防控措施，确保全县未发生非洲猪瘟疫情，肉食供应稳定。全县累计出动工作人员2150人次，排查养殖场（户）1332个（次）、生猪屠宰场285个（次），排查猪只15.65万头（次）；处理非法调运生猪车辆3辆，扑杀并无害化处理非法调运生猪211头；摸底排查使用餐厨剩余物（泔水）饲喂生猪15家，发放和签订关于严禁使用餐厨剩余物（泔水）饲喂生猪的告知书（承诺书）各932份；举办非洲猪瘟防控应急演练1场，储备白大褂、消毒药等防控物资1批；备案生猪运输车辆111辆，签订生猪运输车辆承运人质量安全承诺书111份。

【疫情监测】 2018年，五华县畜牧兽医局积极开展疫情监测预警工作，密切掌握疫病动态，按时按质完成省、市下达五华县的动物疫情监测任务和自检任务。全年进行血清学监测：禽流感556份、鸡新城疫525份、猪瘟185份、猪口蹄疫585份、高致病性猪蓝耳病185份；羊小反刍兽疫血清、病原学拭子各70份，牛拭子40份；牛传染性胸膜肺炎血清10份。检测结果均合格。

【应急演练】 2018年12月10日上午，五华县畜牧兽医局联合水寨镇政府在水寨镇长乐大桥文化广场东侧举办防控非洲猪瘟等重大动物疫病应急演练。梅州市畜牧兽医局有关领导、县政府办公室副主任李权、县防控非洲猪瘟等重大动物疫病应急成员单位负责人、各镇分管畜牧工作领导、农业服务中心畜牧工作负责人及食品站站长观摩演练。通过应急演练，进一步提高突发疫情应急处置能力。

【惠农政策落实】 2018年，五华县畜牧兽医局在做好生猪、家禽保险工作的基础上，争取中央以奖代补项目资金50万元，用于五华县绿健生态农业科技发展有限公司发展巴马香猪养殖项目。

【畜产品质量安全】 2018年，五华县畜牧兽医局加强生猪产地、屠宰检疫工作规范化管理监督和“瘦肉精”等违禁药物排查抽检工作，积极开展动物卫生监督执法、畜产品安全专项整治行动、农资打假专项治理行动和食品安全宣传周等专项行动。同时，积极做好养殖环节病死畜禽无害化处理工作。全年养殖环节无害化处理病死生猪1636头、屠宰环节无害化处理病死生猪及产品605头。

【畜牧业生产发展】 2018年，五华县畜牧兽医局积极推广黄牛冷精配种技术和生猪人工授精技术，推进畜禽品种改良工作；发展巴马香猪、五华三黄鸡等特色畜牧产业，提高养殖效益；实施新型职业农民培训和基层农技推广项目，投入资金22.5万元，培育科技示范户80户，培训农技人员80人次、新型农民380人次，取得良好的社会效益和经济效益。

【畜禽养殖污染专项整治】 2018年，畜禽养殖污染专项整治是县政府65项重点工作之一，五华县畜牧兽医局严格按照《五华县畜禽养殖污染专项整治工作方案》要求，多次召开专题会议研究部署落实，成立4个指导组与县政府组织成立8个督查核实组督促指导各镇抓好专项整治工作。各镇、各相关单位高度重视，迅速行动，深入开展宣传发动、集中整治，规范畜禽养殖管理，促进农村环境保护和生态文明建设，极大改善农村环境“脏、乱、差”状况。2018年，全县关闭、拆除养殖场525户，拆除栏舍面积13.76万平方米，清理（迁移）种猪3833头，完成关闭率99.22%。

【畜禽养殖废弃物资源化利用】 2018年，

五华县畜牧兽医局按照县政府《五华县畜禽养殖废弃物资源化利用工作方案》，坚持保供给与保环境并重，以规模养殖场为重点，通过源头减量、过程控制、末端利用，扎实推进全县畜禽养殖废弃物资源化利用。全县有规模养殖场 85 家，74 家完成畜禽养殖废弃物资源化利用，规模场利用率 88.2%。同时，做好畜牧业污染源普查工作，通过省专家组验收。

【屠宰领域扫黑除恶专项斗争】 2018 年，五华县畜牧兽医局制定实施《五华县开展屠宰领域扫黑除恶专项斗争和畜禽屠宰监管“扫雷行动”实施方案》，深入开展打击私屠滥宰，注水或注入其他物质等违法行为，严厉打击屠宰领域涉黑涉恶及“保护伞”等违法犯罪行为。全年组织 98 次打击私屠滥宰执法行动，累计出动执法人员 635 人次，取缔生猪私宰点 1 个，查处私宰生猪案件 2 宗，移送线索 2 条。加强牛羊屠宰管理。该局按照县政府《关于加强牛羊屠宰专项整治工作确保肉品质量安全的通知》要求，结合东莞屠宰场注水牛肉事件和媒体曝光的多起牛羊屠宰注水等问题教训，组成 4 个工作组，累计出动 132 人次多次深入县城、华城、安流、横陂等镇，对重要区域、重点对象，有针对性地开展重点整治工作，保证牛羊产品质量安全。

【创文创卫】 2018 年，五华县畜牧兽医局成立以局长任组长的创文工作领导小组，制定并组织实施创文实施方案和 2018 年度创文工作计划。组织干部职工集中学习中共十大精神和习近平新时代特色社会主义思想以及考察广东工作重要批示讲话精神，广泛开展社会主义核心价值体系学习教育，坚持把社会主义核心价值体系贯穿到干部职工教育以及日常工作学习生活中，融入精神文明建设全过程。根据五华县巩固国家卫生县城创建要求，结合实际，扎实抓好健康教育宣传、病媒生物防制、网格化责任地段管理、安全文明小区建设，以及莲洞村旭日、红日村民小组“巩卫”等工作。

【扶贫工作】 2018 年，五华县畜牧兽医局严格按照上级部署和要求，认真做好全县畜牧产业扶贫指导服务工作，投入 30 万元，培育 125 名畜牧业新型职业农民，对有劳动能力畜牧技能培训累计 7 个镇 54 个村 1780 人。健全落实扶贫攻坚责任和干部包户责任制以及工作例会制度，切实抓好长布镇栋岭村、高福村的精准扶贫精准脱贫工作。全年自筹投入 8.8 万元，用于帮助栋岭村人居环境整治、清理河道、森林防火、慰问助学；筹集 9.5 万元，用于高福村森林防火、环境整治、加宽村道等建设。通过帮扶，栋岭村 8 户 34 人、高福村 5 户 22 人顺利实现脱贫。

【机关作风建设】 2018 年，五华县畜牧兽医局以党的政治建设为统领，以“不忘初心、牢记使命”主题教育为重点，全面落实新时代党的建设总要求，切实提高政治站位、履行政治责任、强化政治担当，扎实推进党的政治建设、思想建设、组织建设、作风建设、纪律建设。深入贯彻落实习近平总书记关于巡视工作的重要讲话精神，对标中央第十二巡视组和省委第九巡视组反馈意见，坚持问题导向，认真抓好整改落实。坚决全面彻底肃清李嘉、万庆良恶劣影响，组织党员干部开展自查自纠，召开 2 次专题组织生活会和民主生活会，切实牢固树立“四个意识”，坚定“四个自信”，坚决杜绝“七个有之”，切实做到“五个必须”，做到更加坚定维护习近平总书记的核心地位，更加坚定维护党中央权威和集中统一领导，更加坚定在思想上政治上行动上同以习近平同志为核心的党中央保持高度一致。认真开展党员亮身份和挂牌上岗制度，严格请销假和考勤管理制度，持续纠治“四风”行为，全面提升服务群众工作效能。

（宋玉胜）

五华县畜牧兽医局2018年度负责人名录

局　　长：张景铮

副 局 长：郭崇明　杨　尚　廖新辉

党组成员：曾献涛

扶贫开发和新农村建设

【简况】 2018年，中共五华县委农村工作办公室（五华县扶贫开发局）切实做好新时期精准扶贫精准脱贫工作、新农村示范村建设、扫黑除恶、涉农信访维稳和老区建设以及创文创卫工作，改善城乡人居环境，带动贫困户脱贫致富，为全面完成脱贫攻坚工作任务打下坚实的基础，促进农村的文明、和谐、稳定发展。

【新时期精准扶贫精准脱贫】 2018年，五华县有贫困人口2.08万户6.85万人，占梅州市贫困人口总数45%，至2018年年底，全县实现脱贫19951户65397人，脱贫率95.5%。中共五华县委农村工作办公室（五华县扶贫开发局）对扶贫信息数据实现精细化管理，为256名无户籍贫困户子女进行DNA亲子鉴定，脱“黑”入户；上门免费为2000多名贫困残疾人办理残疾证；以扶贫大数据平台为依托，对各镇、村和贫困户帮扶情况进行实时监控，确保贫困户数据信息准确。积极构建多元协同扶贫机制，强化责任落实，及时协调解决工作中的问题和难题，建立实施脱贫攻坚就业“以奖代补”、产业“以奖代补”、“扶持激励”、“事务代办”、“三变”、“政银企农”、“示范创建”等措施，突出产业支撑，培育“一村一品”，着力打造特色产业。细化帮扶举措实现“多点开花”，与南方电网集团合作，投资2.35亿元发展光伏发电扶贫项目，收益用于反哺贫困户增加收入；筹资2500多万元购买中国供销·粤东农批商铺42间委托经营，统筹1亿元扶贫资金在河东工业区建设5万平方米标准化厂房，发展农村电子商务、完善冷链仓储、农产品加工、快递物流等产、仓、配一体化的扶贫产业园；实现16个镇级电商服务中心全覆盖，建成300个“农村淘宝”村级服务站，启动“互联网+扶贫”模式、与中国移动联合搭建 “岭南优品”平台，拓宽“农产品+电商”的渠道；统筹县级扶贫资金设立扶贫小额信贷风险补偿金4000万元和安排1200万元的贴息资金，为全县1285户建档立卡有创业需求的贫困户发放贷款5919.1万元；全员培训贫困劳动力，促进20479名贫困劳动力实现稳定就业；促成16家餐饮企业代表与32户贫困户代表签订帮扶协议，并依托五华客家菜师傅就业创业孵化中心，带动贫困劳动力就业创业；龙头企业带动产业帮扶，推动现代农业与旅游、文化、康养、体验等产业融合发展，汉光超顺集约撂荒土地45.33公顷，提供150个就业岗位，并为当地贫困户带来土地租赁收益；全县有劳动能力贫困户发展种养产业35816项；发展50万元以上的资产收益项目有124个。提供公益性岗位1390个，优先招聘有劳动能力的贫困户就业；积极开展“10·17”国家扶贫日和“6·30”广东扶贫济困日活动，鼓励和支持志愿者、社会工作专业人士、企业家等参与扶贫调研、支教支医、文化下乡、科技推广等扶贫活动。加强业务培训指导，举办扶贫大数据平台、金融小额信贷和财政扶贫资金管理等培训班、扶贫开发工作成效考核培训会等，培训镇村干部、驻村干部、信息员、县直相关单位业务骨干等3000人次。建立“五华三农公众平台”微信平台和扶贫信息交流微信群，宣传政策、解疑释难、增进交流。在门户网站和县重点领域信息公开平台中公示相关扶贫法律法规，微信推送文章190篇，网站公示相关信息和政策解读文章等80篇，在省、市等主要报纸杂志和门户网站刊登多篇精准扶贫工作文章，社会反响良好。向全县16个镇412个村发放《习近平扶贫论述摘编》《强化监督执纪保障精准扶贫》《五华县村党组织书记入户精准扶贫工作手册》等系列资料3万多本，不断提高精准扶贫精准脱贫业务水平。落实“三保障”政策，义务教育入学率98.41%，13895名建档立卡贫困学生的2017—2018学年教育补助全面落实，719户危房改造户改造任务全部完成，全县建档立卡贫困户68504人实现医疗保险全覆盖，8876无劳动能力贫困人口全部实现政策兜底；16~59周岁贫困人口36159人全部落实养老保险政策。加强扶贫资金使用和监管，规范扶贫资金使用管理机制，健全农村“三资”交易管理平台和村级财务管理，确保扶贫资金合规、合法、安全使用，防止扶贫领域违法违纪现象的发生。自开展新时期精准扶贫以来，全县共筹集扶贫开发资金10.99亿元（其中中央资金0.34亿元、省级资金5.38亿元，对口帮扶市资金3.62亿元，市级帮扶资金0.75亿元，县级财政配套资金0.9亿元），总体进度为95.09%，实际使用率为82.43%。全面落实各项整改工作，中央巡视发现的12个落实精准扶贫政策不到位的问题全面完成整改，其中5个问题的整改措施为长期坚持。严格落实省审计跟踪整改工作，2017年省审计发现的18个问题，全部整改完毕。扎实开展“回头看”工作，共清退贫困户259户647人，新纳入贫困人口127户404人。抓党建促脱贫攻坚。积极稳妥推进基层党组织“规范化”建设，不断提升组织力，为打赢脱贫攻坚战提供强有力的组织保障。鲜明树立大抓基层良好导向。始终围绕“一条主线”，筑牢“一个根基”，开展“一个活动”，创新“两项举措”，坚持“五个保障”，严格落实党建促扶贫职责。强化制度、队伍、经费、阵地、培训“五个保障”，全县共投入7600多万元工作经费，县党员领导每月到挂点镇村督促检查党建工作，累计检查110多次，示范带动全县446个村（社区）公共服务站升级为党群服务中心，全员培训2500多名村（社区）“两委”干部，为打赢脱贫攻坚提供坚强的组织保证。强化扶贫领域作风问题专项治理。把扶贫领域作风专项治理作为落实管党治党政治责任的具体行动，纳入工作重点，认真组织开展扶贫领域作风整治，强化目标导向、责任担当、问题意识，查摆作风建设薄弱环节，落实问题整改措施，以作风建设成果促进各项扶贫措施的落实。

【新农村示范村建设】　2018年，中共五华县委农村工作办公室（五华县扶贫开发局）加强组织领导，健全机制，统筹协调部门和镇村力量，发挥县直相关职能部门作用，及时协调解决遇到的问题，发挥村级基层党组织的堡垒作用，充分调动村民理事会的积极性，发挥群众的主体作用，扎实有序推进新农村建设。以自然村为单元，组建村民理事会，制定村规民约，完善议事机制，充分调动群众积极参与，激发村民建设新农村的内生动力，扎实开展村庄环境整治。全县412个行政村、1820个自然村组建村民理事会。建立奖补激励机制，按照每个面上村30万元的标准下达9480万元用于全县面上村开展“三清三拆三整治”，组织发动群众整治环境脏乱差，全县92个省定贫困村基本完成“三清三拆三整治”工作任务，其他320个面上村全面启动，70%以上的村基本完成“三清三拆三整治”工作任务。2018年，省定贫困村累计完成三清理21304处，三拆除18708处，三整治6581宗；推进实施农村生活垃圾和污水处理设施建设。建立“村收集、镇转运、县处理”生活垃圾收运处理体系，引入社会资本27亿元参与投资运营镇村生活垃圾处理，其中投资约5亿元建设63座镇村生活垃圾分类收集中转站，投入运营镇村生活垃圾分类中转站24座，投资约22亿元推进11个镇级污水处理设施和1776个村级污水处理设施建设；投入村道建设资金1.66亿元，2018年，完成行政村通自然村道硬化长度485.23千米，已完成村内道路硬化长度442.56千米。

【扫黑除恶】　2018年，中共五华县委农村工作办公室（五华县扶贫开发局）积极主动地配合县扫黑除恶办开展扫黑除恶专项斗争工作，先后组织召开党组会议、支部委员会议和全办工作人员会议，共计18场次，成立扫黑除恶专项斗争领导机构，建立涉黑涉恶线索摸排机制、移交机制和举报奖励机制，设置涉黑涉恶线索举报箱1个，在网格化地段张贴宣传海报8张,到扶贫挂点村(岐岭镇塔星村）、双创挂钩村（河东镇下一村）悬挂横幅4条，入户免费发放290份有奖举报宣传单和梅州市平安创建暨扫黑除恶调查问卷。

【涉农信访维稳】　2018年，中共五华县委农村工作办公室（五华县扶贫开发局）全年受理来电来信来访和网络信访案件23件，办结23件，办结率100％。同时，协助相关单位做好涉农维稳专项治理。

【老区建设】　2018年，中共五华县委农村工作办公室（五华县扶贫开发局）安排2017年扶持老区发展资金39万元用于棉洋镇阳光村小型引水坡头和渠道整治工程。安排2017年中央专项彩票公益金支持革命老区小型公益设施建设项目资金2000万元，用于潭下镇新田、模石、布坪三个村的机耕道路、便桥、河道整治等建设。

【创文创卫】　2018年，中共五华县委农村工作办公室（五华县扶贫开发局）认真贯彻落实县委、县政府创建全国县级文明城市和创建国家卫生城市的部署要求，做到与脱贫攻坚和新农村建设工作同研究、同部署，认真做好创文测评收集工作，坚持执行周末卫生日工作制度，积极协助挂钩村民小组开展创文创卫工作，坚持对网格化责任地段的巡查管理，筹资 40 万元支持挂钩的河东镇下一村宽裕和桥头 2 个村民小组开展创文创卫工作。

（陈 刚）

中共五华县委农村工作办公室（五华县扶贫开发局）2018 年度负责人名录

主任（局长）：朱建芳

副主任（副局长）：黄仅鹏　陈宗书

烤 烟 生 产

【简况】 2018 年，五华县与 10 个镇 58 个村共 203 户烟农签订种植合同，合同面积 642.87 公顷、约定收购量 1350 吨，落实面积 642.87 公顷，实际收购量 1349.85 吨，完成比例 99.99%。全县户均种植面积 3.17 公顷，其中种植面积 2 公顷以上专业户 141 户，面积 579.73 公顷，占到总面积 90.2%，种植规模化、集约化程度较好。

【科技兴烟】 2018 年，五华县烤烟生产办公室科学制订生产技术方案，加强技术培训和示范片建设，全面实行责任挂钩制和技术服务“网格化”，进一步提高各环节标准化技术措施的落实到位率，确保全年烟叶田间长势和烤后烟叶质量整体良好。

【专业化服务】 2018 年，五华县烤烟生产办公室继续指导加强烟农综合服务合作社建设，合作社五大专业化服务水平和覆盖率进一步提高，促进烟叶生产减工降本、提质增效。

【烟叶收购】 2018 年，五华县烤烟生产办公室继续实行专分散收、原收原调，加强质量管控，全县收购烟叶 1349.85 吨，等级比例控制合理，其中上等烟占比 62.59%，拨付烟农烟叶款 3734.91 万元，均价 27.67 元/公斤。调拨各厂家数量：广东中烟 999.85 吨，贵州中烟 350 吨，较好完成 2018 年度烟叶收购调拨任务。

（周裕标）

五华县烤烟生产办公室 2018 年度负责人名录

副主任：周裕标（全面主持办公室工作）
古子春

水 务

【简况】 2018 年，五华县完成水利建设投资 6.9 亿元，同比上年增长 22%，创近十年水利建设投资新高。其中重点项目有：增塘堤升级改造二期工程，优河、先水河、栋新水 3 宗中小河流治理工程，全县村村通自来水工程、县城自来水厂扩建工程；重点工作还有全面推行“河长制”、全县非法堆放经营河砂专项整治等工作。

【“三防”工作】 2018 年，五华县平均累计降雨量为 1305 毫米，与多年平均值同比减少 20%。五华县水务局全力做好防汛备汛和应急准备，成功防御“山竹”台风及强降雨对五华造成的影响，未发生任何人员伤亡事故，将灾害损失降至最低。针对县城供水紧张和南部乡镇出现的较为严重的旱情，投入工作经费 215 万元，迅速组织抗旱救灾，确保城乡生产生活用水安全。投入 200 万元推进镇级三防标准化建设，全县 16 个镇全部完工验收。

【县城水利项目】　2018年，五华县总投资8700万元的增塘堤升级改造二期工程主体工程如期完工并投入使用。总投资2.33亿元的县城自来水厂扩建工程全面开工建设，已铺设供水主管网1.8千米，完成投资约3000万元。县城狮山公园至大岭村段污水管网工程完成招投标并动工建设，澄湖堤至转水枫林桥污水管网工程完成初步设计。

【中小河流治理】　2018年，五华县优河、先水河、栋新水3宗中小河流治理工程于11月底前全面完工，完成工程投资5450万元，治理河长27.2千米，总体进度在全市排名前列。

2018年12月5日，水利部水土保持司司长蒲朝勇（左二）率队到五华县开展水土保持综合调研工作，图为到安流镇伏溪村水土流失治理点现场调研

【民生水利建设】　2018年，五华县村村通自来水工程稳步推进，累计完成投资4.5亿元，其中转水、长布、双华等4宗工程完工验收，华城镇、安流镇、棉洋镇3宗大型水厂主体工程全面完工试通水，2018年度13宗村村通项目进展基本顺利，总体进度完成80%。92个省定贫困村集中供水工程加快推进。总投资1.6亿元的11个镇级污水处理设施建设于2018年12月31日全面完工并通水试运行，提前一年实现镇级污水处理全覆盖。农村污水处理设施建设有序推进，完成114个村级污水处理站规划选址，43个站点开工建设、其中8个站点基本完工。年度“五沿”崩岗水土流失治理工程全面完工，革命老区崩岗治理工程进入收尾阶段，累计完成投资1100多万元，治理崩岗 38个。投入1405万元完成水库移民后期扶持项目17宗，有效改善移民群众生产生活条件。

【河长制工作】　2018年，五华县水务局按照县委、县政府实施“最严厉河长制”工作要求，河长制工作取得阶段性成效。全年县级河长累计巡河74次，镇级河长巡河1211次，村级河长巡河达到10373次。针对河库管理保护的突出问题，大力开展“五清”及“清四乱”专项行动，积极开展入河排污口调查摸底和规范整治、非法采砂和非法堆放经营河砂整治、畜禽养殖污染规范整治等专项行动，有效改善河库整体面貌。县财政投入1900多万元，专门用于河长制日常管护和基础性工作，河长制长效管理机制初步建立。

2018年7月11日，梅州市河长制办公室第八督查组组长、市农业局总农艺师古广文率队到五华县督查全面推行河长制工作进展情况

【依法治水】　2018年，五华县水务局结合扫黑除恶专项斗争，持续加大水政执法力

度，铁腕整治非法采砂，规范河砂堆放经营行为，共取缔非法堆放河砂经营点192个，立案查处涉砂案件80宗、暂扣作业工具160多台（套）、依法罚款13万元，对涉嫌犯罪的4宗非法采砂案和1宗妨碍公务案移送县扫黑除恶办及公安机关处理，公安机关刑事拘留9人。

【水利行业管理】 2018年，五华县实行最严格水资源管理制度，严守水资源管理“三条红线”。规范审批程序，办理取水许可上线233户，征收水资源费250万元。积极开展“世界水日”“中国水周”系列水法律法规宣传活动，营造全社会保护水资源的浓厚氛围。供排水工作安全有序，县自来水公司全年售水量1427万立方米、售水收入2742万元，分别比增4.6%、17%，县城污水处理厂处理污水约1600万吨，污水处理率95%。开晟水务集团运营正常有序，鸿图嶂电站安全运行，融资工作取得新进展。投入90万元帮扶资金，帮助对口的龙村镇潭溪村、石溪村顺利实现年度脱贫目标。投入10多万元支持“回乡联村”工作队、“软弱涣散”党组织龙村镇湖中村，积极推动党建工作规范化标准化建设。严格落实安全生产责任，强化安全生产防护措施，水利工程、水管单位均未发生任何生产安全事故。人事管理、计划财务、行政审批、勘察设计、质量监督、小水电管理等各项工作同步有序推进。

【水务队伍建设】 2018年，五华县水务局坚持把学习贯彻习近平新时代中国特色社会主义思想和中共十九大精神，习近平总书记参加十三届全国人大一次会议广东代表团审议时的重要讲话、考察广东重要讲话精神，作为首要政治任务和头等大事，深入推进“大学习、深调研、真落实”工作。全面落实新时代党的建设总要求和党的组织路线，加强政治建设，坚决全面彻底肃清李嘉、万庆良恶劣影响。全方位加强意识形态阵地管理，打好网络意识形态攻坚战，筑牢水务系统意识形态安全屏障。按照县委落实中央和省委巡察反馈问题整改工作要求，制订细化整改方案，基本完成整改任务，按照按质完成中央和省环保督察组“回头看”交办案件8件。强化廉政风险防控，严把工程招投标、水政执法以及涉农惠民资金使用等领域的排查整治，确保工程安全、干部安全。

（陈　勇　古小玲）

五华县水务局2018年度负责人名录

局　长：陈炳章
副局长：刘兴华　黄敬阳
曾志青　蔡　文
总工程师：何定标

供　电

【简况】 2018年，五华县供电局逐步向国内一流电网企业目标迈进，圆满完成年度目标任务，全面实现“三个确保，四个杜绝，三个不发生，三个减少”安全生产年度目标。完成购电量9.64亿千瓦时，同比增长12.39%，完成售电量9.02亿千瓦时，同比增长12.93%，营业收入4.82亿元，增长11.73%；实现利润1.10亿元；EVA-2.10亿元。完成固定资产投资2.19亿元，完成计划调整后的100%。当年电费回收率100%，综合线损率为6.36%，同比下降0.44个百分点，第三方客户满意度得分为79分。客户平均停电时间19.98小时，同比下降66.4%，居民端电压合格率99.916%，同比上升0.38%。

【安全生产管理】 2018年，五华县供电局贯彻“管业务必须管安全、管生产经营必须管安全”要求，健全安全生产责任体系，落实主体安全职责，初步构建大安全管理格局。安全生产形势平稳，截至2018年12月31日，实现连续安全生产天数2557天。大力推进安风体系深化应用，按照“全过程、全业务、全员参与”思路，完成体系深化应用60项工作任务，助力梅州供电局顺利通过南方电网“四钻”认证。完成省公司、梅州供电局对五华供电局安全生产巡查675项发现问题的闭环整改。大力推进现场作业风险可视化平台的应用，远程有效管控1301项现场作业风险。持续开展涉电公共安全隐患排查治理，整治涉电公共安全隐患960项。大力开展防社会人员触电专项工作和乡镇级供电单位防范人身事故专项工作，全年未发生有责任的社会人员触电事件和有责任的安全生产考核事件。圆满完成“一带一路”国际足球邀请赛、“客家音乐节”及“山竹”台风抢修复电等11项救灾保供电任务。

【电网建设与改造】 2018年，五华县供电局贯彻落实配电网规划标准工作体系，全面完成供电所“一镇一册”编制，成立规划工作小组，梳理优化县城、中心镇配网网架，储备库新加入55个项目投资金额1.79亿元。配网可转供电率、配网自动化和馈线自动化覆盖率分别提升至24.6%、73.87%和52.25%。加强政企合作，积极配合梅州供电局开展梅州第二座500千伏变电站、110千伏狮潭、枫林输变电工程等35千伏及以上输变电工程的相关工作，110千伏狮潭、枫林输变电工程、35千伏锡坑及双华台区变已顺利投运。完成益塘、小都、锡坑#2等台区变的可研编制，构建35千伏锡坑至桂田、双华至棉洋的35千伏及以上环网。提前谋划、倒排工期，制定项目进度管控措施，提前一个月完成智能电表、低压集抄全覆盖，实现“自主运维、采维合一”管理模式有效落地，购、售电电子化结算率均达到100%。全年完成基建配网项目年度投资2.67亿元，竣工项目385个，突出解决五华县低电压台区、贫困村线路残旧、小水电自供区改造、线路重过载、线路安全隐患、自动化开关覆盖率偏低及新增用户用电负荷增长等问题。扎实推进郭田供电所技术用房等3个项目施工建设和局综合大楼等13个项目的前期工作，郭田供电所建成投入使用。

【优质服务】 2018年，五华县供电局落实提升电力供应能力20项措施，最大限度满足五华用电需要。落实优化营商环境各项举措，提升客户“电力获得感”。用电报装流程精简到2～3个环节，低压非居民、中压单电源客户接电时间分别降至8.1天和77.2天。业扩投资界面延伸率99.29%，累计减少客户投资6867.82万元。推广远程办理，力争客户“一次都不跑”，统一服务平台注册数达8.74万，互联网业务比例达到83.9%。全年“12398”投诉3宗，同比下降50%；“95598”投诉193宗，同比下降45%，达到省公司下降30%的目标要求。实施开展综合停电管控，推行“一转二带三保”，开展带电作业584次，同比减少客户停电时间7.17小时。全力推进非现金缴费，率先试点取消收费窗口，全年非现金缴费 23.29 万户，同比增长 24.15%。渗透网格化客户经理职能，通过张贴电表服务标签、客户经理联系卡、建立供电服务群等方式拓宽客户沟通渠道，提升服务感知。进一步拓展新能源业务，在县政府、超顺旅游区及安流镇新建充电桩 5 个，缓解五华县公共充电桩稀缺的现状，为电动汽车出行提供有力保障。

【党建工作】 2018 年，五华县供电局县供电局坚持用习近平新时代中国特色社会主义思想武装广大党员、教育职工群众、推动各项工作。全面完成“一局一党委”“一部门一支部”“一站所一支部”组织设置，党委“把方向、管大局、促落实”作用有效发挥。落实省公司“1236”党建模式，建立党建与业务相融合的可量化考核体系，提升党建精益管理水平。开展“我是党员走在前，一区双岗创一流”活动，充分发挥党员先锋模范作用。坚持党建带团建，促进青年围绕中心工作创新创效，积极开展志愿服务活动，团总支志愿服务队获评“省公司优秀志愿服务团队”。深化运用监督执纪“四种形态”，规范化常态化开展“第一种形态”谈心谈话，给予组织调整 1 人，提醒谈话 23 人。对 2017 年供电所巡察发现问题整改情况开展“回头看”，实现供电所常规巡察“两个全覆盖”，2018 年巡察发现问题 93 项。完善季度监督机制，建立廉洁风险分析预控会议制度。全年没有纪检信访举报案件，政治生态整体持续向好。主动与当地纪委签订廉洁共建协议，开启五华县首例“纪企监企共建”合作。抓好意识形态工作，讲好南网故事，共清理工作微信群 65 个。梅州供电局企业门户网站发布五华供电局新闻共 74 篇，五华县电视台发布新闻 30 余则。

（刘炽辉）

五华供电局 2018 年度负责人名录

党委书记、执行董事： 彭刚（12 月任）

局长、总经理： 陈瑜辉（任至 12 月）

副 局 长： 曾奇熊　李伟

纪委书记： 何新奎（1 月任）

梅州（五华）抽水蓄能电站建设

【移民安置实施方案（修订稿）及移民安置协议】 2018 年 5 月 18 日，五华县政府常务会议审议通过梅州（五华）抽水蓄能电站移民安置实施方案(修订稿）和搬迁安置协议；5 月 24 日，五华县委常委会会议审议通过梅州（五华）抽水蓄能电站移民安置实施方案（修订稿）和搬迁安置协议；9 月 10 日，五华县政府正式印发《关于贯彻落实移民安置实施方案（修订稿）的通告》，并下发到镇、村。

【移民资格认定和分户】 2018 年 8 月 7 日，梅州（五华）抽水蓄能电站建设领导小组办公室组织县直抽调人员和镇级工作组人员等围绕县政府关于贯彻落实移民安置实施方案（修订稿）的通告、移民搬迁安置协议、移民资格确认与分户、核算移民征地补偿和房屋补偿等内容开展培训工作；8 月 15 日，龙村镇内业组逐步启动移民资格确认和分户的内业审核工作；10 月 31 日，依据龙村镇提供的黄狮村移民人口和分户数据，开展第一次移民人口内审工作；11 月 12 日，县政府发布通告对梅蓄项目移民资格认定和分户情况进行第一榜公示，公示后结合移民群众的反馈意见进行相关数据再次审查和核定，并组织龙村镇工作组、村两委干部、中南院、律师事务所就搬迁安置资格存在的问题进行讨论，并形成初步解决方案，于12月24日启动梅蓄项目移民资格认定和分户第二榜公示；12月31日，完成梅蓄项目移民资格和分户第二榜公示工作。

【安置区建设调概】　前期，两个移民安置区受“规划设计调整和一户一米间距”等相关因素影响，原有房屋财审预算无法满足现行工程建设资金使用需求，调整的幅度大，且工期紧张，两个移民安置区房建月均资金使用需4000万元左右。根据前期移民诉求，经请示县委、县政府同意后，梅州（五华）抽水蓄能电站建设领导小组办公室重新对两个移民安置区建设的预算进行调整；三坑移民安置区原招投标价格为1.87亿元，财审后为3.4亿元，现最新预算为3.5亿元；断掌凹移民安置区原招投标价格为4999万元，现最新财审为7300万元，现最新预算为9100万元；预算调整方案已于2018年8月17日分别提交至县政府常务会和县委常委会会议审议通过；9月26日，完成两个移民安置区预算调整工作；10月19日，完成两个移民安置区补充合同的签订，有效地解决两个移民安置区因移民诉求而产生的工程造价增加的问题，确保安置区建设顺利推进。

【梅蓄电站主体工程开工建设】　2018年6月28日，梅州（五华）抽水蓄能电站项目主体工程（地下厂房）启动建设；9月6日，梅州（五华）抽水蓄能电站上、下库土建工程正式启动建设。

梅蓄项目黄狮村东升村民小组移民人口核定第二榜公示现场

2018年9月6日，梅蓄电站上、下库土建工程开工建设现场

梅州（五华）抽水蓄能电站建设领导小组办公室2018年度负责人名录

主　任：古伟炎

副主任：张俊杰　刘德方

周　勇

气　　象

【气候概况】　2018年的气候特点是：气温偏高，降水偏少，日照偏少。

气温　年平均气温22.0℃，较历年平均气温偏高0.5℃；年极端最高气温37.7℃；年极端最低气温0.5℃；2月、7月、8月和10月气温偏低，其中10月偏低1.2℃；其余月份气温偏高，其中3月偏高2.2℃，5月偏高2.9℃，11月偏高1.2℃。

降水　年降水量1328.1毫米，较历年平均偏少13.3%，其中汛期（4—9月）降水量935.1毫米，占全年降水量的70%。降水分布不均匀，1月、9月和11月降水量明显偏多，分别比历年同期偏多4成以上，2—6月和12月降水明显偏少，比历年同期偏少2成以上。

日照　年日照时数1814.8小时，比历年平均偏少2.7%。1月、6月、8月、10—12月日照时数偏少，其中8月、11—12月日照时数分别比历年平均偏少2成以上；其余月份日照时数偏多，其中3—5月日照时数分别比历年平均偏多2成以上。

台风　全年登录广东的台风有4个，其中4号台风“艾云尼”6月6日在湛江徐闻登陆，成为2018年登陆广东省的首个台风，较常年偏早21天，“艾云尼”3次登陆，是1980年以来登陆广东省造成暴雨范围最广、雨量最大、持续时间最长的热带风暴。

【防灾减灾】　2018年，五华县气象局继续加强部门联动，做好防灾减灾和公共安全气象保障工作。8月，五华县气象局联合县住房和城乡建设局、县教育局、安全生产监督管理局、旅游局，对全县区域内的易燃易爆、重大建设项目、学校和旅游景区等重点单位开展气象灾害防御专项执法检查。为科学应对气象灾害，缓解旱情，五华县气象局于5月7日、9日和6月5日、6日，实施4次人工增雨，对改善土壤墒情、增加水库蓄水、降低森林火险等级等起到积极作用。人工增雨受到民众的热切关注，深受市民的好评，在五华新闻公众号中所发表的文章阅读量超过4.1万人次，占据当期政务类热文章的榜首。为不断满足中小尺度气象灾害监测预警和乡镇精细化天气预报业务需求，逐步建成布局合理、规范统一、质量可靠、运行稳定、保障有力的自动气象观测站网，五华县气象局升级改造4个区域自动气象站，切实提高综合观测水平。

【气象服务】　2018年，五华县气象局认真履行职责，加强气象灾害的监测预警，全力做好气象预报服务工作，积极开展地质灾害气象预警信息发布、农业气象月报、台风暴雨停课机制等工作，圆满完成春运、春播期及汛期的气象服务工作。制作40期《重大气象信息快报》，为县委、县政府科学决策提供依据。继续加强与国土资源局的合作，全面开展好五华县地质灾害预警信息的发布工作。全年发布地质灾害预警短信80条，短信受众人次为892301次。与农业局联合制作《农业气象月报》共12期，为家庭农场、专业大户、农民合作社、产业化龙头企业等四大新型经营主体提供直通式气象服务。强化服务意识，在台风、暴雨来临前，密切关注天气变化，及时发布预报预警。9月，受台风“山竹”外围环流影响，16日8时至17日8时，五华县普降大到暴雨，局部大暴雨。县气象局通过雷达卫星云图等资料进行认真分析研判，提前于9月13日发布一份重大气象信息快报，为政府指挥防风防灾提供科学依据。期间，县重大气象灾害应急领导小组启动台风Ⅱ级应急响应，提醒广大市民、相关部门做好防御应对工作。县气象局全程始终严密监测风情雨情，扎实做好各项气象服务工作，为保护人民群众生命财产安全起到重要作用。全年共发布预警信号 112 次，其中台风白色预警信号 1 次、蓝色预警信号 1 次、黄色预警信号 1 次；暴雨黄色预警信号 8 次、橙色预警信号 14 次、红色预警信号 1 次；雷雨大风蓝色预警信号 43 次、黄色预警信号 5 次；冰雹橙色预警信号 1 次；高温黄色预警信号 8 次、橙色预警信号 2 次；寒冷黄色预警信号 6 次、橙色预警信号 5 次；森林火险黄色预警信号 7 次，橙色预警信号 5 次；大雾黄色预警信号 2 次、橙色预警信号 2 次。

（刘玉芳）

五华县气象局 2018 年度负责人名录

局　长：钟美英

副局长：魏伟良

国内贸易

供销社

【**简况**】　五华县供销社机关肩负着政府赋予的指导、协调、监督、服务、培训等职能，下辖福华供销百货、华保再生资源回收有限公司、农资有限公司、烟花爆竹专营有限公司及基层供销社 16 个，全系统在职干部职工 1075 人。2018 年，五华县供销社坚持发展为第一要务，锐意改革增活力，创新经营谋发展，围绕“服务三农”思路，积极开展组建农民专业合作社的建设工作，打造和充实完善“四大网络”，促进农业增效、农民增收、农村繁荣，保持经济平稳较快发展。

【**经济指标完成情况**】　2018 年，各项经济指标完成呈平稳状态。全年完成商品总购进 63685 万元，对比上年减少 5%；其中：农副产品购进 13748 万元,对比上年减少 15%；完成商品总销售 73304 万元，对比上年减少 2%；其中：农业生产资料销售 33583 万元，对比上年基本持平；完成利润 61.3 万元，对比上年增长 1.2%。超额完成省、市社下达的各项经济指标。

【**农产品电子商务平台建设**】　2018 年，五华县供销社积极发动基层社和社有企业扩展服务领域，培育和发展电子商务企业。继续与梅州中农批农产品批发市场有限公司继续加强合作开展电子商务示范县创建工作，签订战略合作协议书。扎实推进全系统电子商务平台建设，加快电子商务网络对接，共同打造“网上供销合作社”。拓展农产品销售，让广大农民足不出户就能从现代流通中收益，切实解决农民“卖难”问题，提升服务“三农”水平。

【**为农服务综合平台建设**】　2018 年，五华县供销社继续推进“新网工程”建设，加强联合合作，构建现代流通网络和为农服务综合平台，服务城乡群众。加大发展农资经营建设力度，加强各项经营网点和进货渠道监管，杜绝假冒伪劣产品进入门店，发现问题立即整改，对承包或者挂靠供销社经营的企业进行全面清理，全面加强监控管理。2018年，新组建“五华县水寨综合服务社”“五华县棉洋基层综合服务社”。争取县委、县政府重视，积极筹建约2000平方米的县域为农服务综合平台，被列入2019年重点建设项目。

【高起点高标准组建农民专业合作社】 2018年，五华县供销社通过共同出资、共创品牌、共享利益等方式，高起点高标准领办一批管理民主、制度健全、带动能力强的农民专业合作社，有效对接惠农政策，积极申报农民专业合作社示范社，全年新组建农民专业合作社联社3家：五华县莲藕种养专业合作社联合社；五华县联新养殖专业合作社联合社；五华县鲜益佳专业合作社联合社。

【其他工作】 2018年，五华县供销社扎实抓好“双创”工作，对省级文明县城创建工作、全国县级文明城市创建工作进行详细部署，对下属各公司创建工作签订责任书。投入2万元添置工具、树立宣传牌、印刷宣传资料，清理卫生死角，清除病媒生物，聘请卫生保洁员。并协调环卫部门落实华建街网格化管理，解决垃圾堆放和垃圾桶配置等问题；每周星期五下午组织县社和公司干部职工清理打扫西河街卫生责任区和县社大院的环境卫生，较好完成“双创”工作任务。筹资约10万多元精准扶贫支持帮助岐岭镇罗经村，其中3万元用于村级卫生站建设(已建成投入使用)。并派专人负责驻村扶贫工作，完成2018年度各项精准扶贫、精准脱贫工作任务。组织干部职工参与及筹资2万多元完成县委、县政府下达的造林绿化工作任务。

（李茂权）

五华县供销社2018年度负责人名录

主　任：李载斌（任至5月）

副主任：温寿聪（6月起主持工作）

粮食储备管理

【粮食安全责任落实】 2018年，五华县粮食局落实粮食储存安全主体责任，明确该局主要领导亲抓，分管领导专抓，班子成员协调抓，粮食管理股、粮食收储公司具体抓，库点实地抓，上下一致，形成层层分解落实安全储粮责任制，在梅州市粮食安全责任考核中排名全市第一。

【粮食安全生产】 2018年，五华县粮食局高度重视安全生产管理，落实安全生产管理主体责任，抓好安全生产和消防安全教育，严格遵守安全生产规章制度，遵照各项操作规程，明确消防安全责任区，责任到人，实现粮食安全生产。执行安全生产责任制度及安全生产检查及隐患排查处理制度、安全生产操作规程、安全生产应急预案及演练制度，定期做好安全隐患排查，提高处置突发事件的能力。

【粮食仓库建设】 华城粮食储备库建设项目是五华县的重点工程之一，于2017年12月15日正式开工，总投资额4643.95万元，争取中央补助资金514万元，规划用地面积

14413.74 平方米，建筑占地面积 7169.16 平方米，2018 年年底主体工程全面完工。

【粮食收储工作】 2018 年，五华县粮食局通过梅州市嘉泰粮食交易中心公开竞价销售和采购粮食，严格落实把好粮食入库的数量、质量关，按国家《稻谷储存品质判定规则》中“宜存”的规定进行夏粮收购，按时按质按量完成县级储备粮油轮换收储任务，确保全县县级储备粮油“储得进、管得好、调得动、用得上”，得到上级的高度肯定。

【粮食储备管理】 2018 年，五华县在库粮食 2.5 万吨（其中横陂 1.26 万吨、大埔代储 0.94 万吨、兴宁 0.3 万吨、大昌公司储油 60 吨），为历史库存量最大的年份。为确保库存粮食安全，杜绝储粮事故的发生，五华县粮食局加大对所有存粮的粮情检查密度，完善“三防”设施，均衡水分、粮温，稳定粮情。7 月，投入资金 150 多万元用于横陂粮库仓房安装维修工程，并争取中央补助资金 29 万元，安装机械通风系统、电源线路、配电箱、漏电开关、粮仓堆放指示线、屋顶补漏、大门修复等工程，有效地改善粮食仓储设施。严格执行粮情检查制度和粮情会商制度，认真规范填写粮情检查、监管记录簿，便于分析粮情变化。科学制定通风、熏蒸等仓储作业方案，规范实施，做好记录。按照“一符三专四落实”管理要求，严格遵守粮食出入库、熏蒸、机械作业、用电等各项业务操作规范，做好药剂、防火等安全管理，加强安全防范。

【军粮供应】 2018 年，五华县粮食局根据《关于建立梅州市军粮供应军民融合发展联席工作机制的通知》精神，建立五华县军粮供应军民融合发展联席工作机制。军供站实行全天候义务送粮服务，要求供应部队的粮油进行定点加工，对供应的等级、质量、价格，严格按照国家、省的规定执行，切实为部队粮油供应提供有力保障。

【培育粮食民营企业】 五华县系 150 多万人口大县，是粮食产区更是粮食销区，长期以来没有一个上规模的粮食加工企业。2018 年，五华县粮食局积极鼓励民营企业转型升级，争取中央资金 1059.7 万元，扶持大昌粮贸产后服务体系，建成投入运行后具备 2.5 万吨粮食储备功能，可日产 300 吨大米，大力提升五华粮食工作水平。

（钟炜韬）

2018 年 1 月 15 日，五华县粮食局领导班子深入到横陂粮库作中共十九大精神辅导学习（李志华 摄）

2018 年 3 月 15 日，广东省发展和改革委副主任吕成蹊（右五）率队到五华县检查华城粮食储备库建设项目（曾东城 摄）

五华县粮食局 2018 年度负责人名录

局　长： 冯志强

副局长： 陈春光(任至 1 月)

朱　江（任至 7 月）

李万年

谢广春（9 月任）

党组成员： 饶建华

烟 草 专 营

【简况】 2018 年，五华县烟草专卖局（分公司）紧紧围绕广东烟草高质量发展战略目标和梅州市烟草专卖局（公司）“117”工作思路，主动作为，扎实工作，圆满完成全年目标任务。全年实现销售总额 100030.87 万元，实现毛利 29828.07 万元，实现税利 28988.11 万元（其中：利润 23542.42 万元），同比分别增长 3.21%、3.12%、12.10%、2.48%。

【烟叶生产】 2018 年，梅州市烟草专卖局下达五华县烟叶种植指标 9643 亩（642.87 公顷）、收购计划 1350 吨。五华县烟草专卖局（分公司）坚守烟叶生产红线，以计划合同管理为主线，全县落实种烟镇 10 个，种烟村 58 个，合同户数 203 户，种植面积 9643 亩（642.87 公顷），户均种植面积 47.5 亩（3.17 公顷），其中 30 亩（2 公顷）以上的专业户有 141 户，合计面积 8696 亩（579.73 公顷），占总面积的 90.2%。五华县以优质烟叶示范片建设为抓手，全面实行技术指导服务“网格化”，促进各环节标准化技术措施的落实到位。抓好两个重大专项实施和三项主推技术应用，带动烟叶生产的绿色发展。抓好合作社建设，促进烟叶生产向“种植在户、服务在社”新型模式转变。扎实有序地推进专分散收、原收原调各项工作。全年收购烟叶 1349.85 吨。全县烟叶种植规模化、集约化程度继续保持良好发展势头。

【卷烟销售】 2018 年，五华县烟草专卖局（分公司）围绕 2018 年度销售 33690 箱的目标，制订有效措施，确保月度销售目标基本顺利完成。全年累计销售卷烟 167193.7465 万支，实现销售收入（含税）107428.1061 万元，实现毛利 27403.42 万元。严格贯彻执行卷烟规范经营相关要求，确保卷烟规范经营各项工作落到实处，初步选定直营店店址。稳步推进卷烟生态环境建设工作，确定五华县琴江医院的一个办公室为该县第一个室内吸烟室建设地点，11 月底，完成 100 个室外吸烟点的安装并投入正常使用。全县重新梳理整合建成自律互助小组 96 组，覆盖 1905 户零售客户，占有效订货户数 2652 户的 71.83%。建成市级示范小组 5 组（其中县城区域 4 组、平南服务站 1 组）、县级示范小组 8 组（华城、安流、龙村、周江服务站各 2 组）；有质量小组有 43 组，组员 836 户，占有效订货户数 2652 户的 31.52%。全县已建成小组之家 22 个，已投入使用。同时，以召开全县零售户自律互助小组提质增效工作现场推进会为契机，促进全县零售户自律互助小组提质增效工作深入开展。

【专卖管理】 2018 年，五华县烟草专卖局（分公司）依法依规开展行政许可，“一网通办”工作顺利推进。至 2018 年年底，全县共有持证户 2757 户。加大辖区卷烟制假窝点排查力度，严厉打击制售假卷烟违法活动。把市场日常管理与打击制运售假烟、走私贩私行动结合起来，促进专卖管理工作上水平。积极推进依法严管违法违规卖烟大户专项行动的深入开展，维护卷烟市场正常秩序。深化“专销零”三位一体服务，为零售户自律互助小组建设提质增效工作提供坚强后盾。加强烟叶专卖管理，维护烟叶收购秩序工作。加大内管工作力度，提升内管工作上水平。推进打击涉烟违法犯罪百日专项行动深入开展，专项行动有条不紊推进中。全年全县查处各类涉烟违法案件48宗，查获涉案卷烟675.136万支(其中:假烟640.856万支，私烟14.82万支)，滤嘴棒408万支，烟丝15.6165吨，总案值836.18万元，刑拘16人，逮捕10人，判刑2人，罚款4.46万元。同时，积极配合公安机关加大对2015、2017年涉烟案件的侦查力度,已逮捕5人(其中：还未逮捕归案1人)，判刑5人。

【企业党建】 2018年，五华县烟草专卖局(分公司)积极做好企业党建工作。1．抓好政治理论学习，把学习中共十九大报告和新修改党章作为政治学习的核心内容，深入学习习近平总书记考察广东重要讲话等精神，采取员工大会、部室例会的形式，扎实抓好行业工作会议等精神的学习贯彻，开展“支部送学”活动，全年五华县烟草专卖局(分公司)党总支部召开集中学习例会23次，党总支部中心组集中学习12次，开展专题讨论12次。2．加强基层组织建设，按照规定程序完成五华县烟草专卖局(分公司)党总支部和下设五个支部的成立选举工作，抓好“三会一课”制度落实，全年上解党费共185218元，扎实推进基层党支部规范化标准化建设，积极开展“党旗在我心 服务暖人心”党建品牌创建活动，充分发挥党支部的战斗堡垒作用和党员先锋模范作用，严格落实党员干部基层联系点制度。全年领导班子成员深入基层联系点调研123次，召开座谈会16次，到两个挂钩扶贫村调研慰问各2次。抓好党员管理和发展党员工作，2018年发展预备党员1名。扎实开展“三亮”“三晒”活动，在全体党员中形成在实践中争先进、创优秀的良好氛围。3．落实全面从严治党部署，准确把握国家和行业有关全面从严治党的要求，采取签订《落实全面从严治党主体责任责任书》，进行集体廉政谈话的形式，将从严治党向基层延伸。全年签订责任书56份,开展主体责任约谈28人次，监督责任约谈4人次，任前廉政谈话10人次。每月召开1次党风廉政建设工作领导小组会议，传达贯彻有关文件精神，部署相关工作。坚决全面彻底肃清李嘉、万庆良恶劣影响。持之以恒纠正“四风”行为，全年未收到干部职工违反中央八项规定的信访案件和举报。坚持抓早抓小抓苗头，扎实做好谈话提醒,全年开展日常谈话提醒587人次。

【精神文明】 2018年，五华县烟草专卖局(分公司)积极组织党员、职工群众开展“公平、正气、和谐、实干”价值纲领学习活动，深化员工的认识，规范员工行为；组织实施好“客融天下”杯职工文体活动各个比赛项目；加强员工学习教育培训工作，有效提升员工的业务能力；扎实做好新闻宣传工作，全年在市局内网上稿57篇，国家局网站及三大媒体上稿9篇；扎实推进精准扶贫精准脱贫工作，投入帮扶资金365871元为挂钩帮扶村完善村容村貌等；在“扶贫济困日”，发动全体干部职工捐款27900元；积极参与全县“创文巩卫”活动，彰显良好企业形象。

（张 怡）

五华县烟草专卖局（分公司）2018 年度负责人名录

局长（经理）：温思胜

副　局　长：江锦扬

副　经　理：何茂科　李远东

盐　业

【食盐监管体制】 2018 年，五华县盐业公司根据省、市上级的相关规定，按照《广东省机构编制委员会办公室关于印发广东省食盐监管体制改革方案的通知》（粤机编办发〔2017〕44 号）和《梅州市人民办公室关于印发梅州市食盐监管体制改革实施方案的通知》（梅市府办〔2017〕22 号），明确食盐质量安全管理监督机构和职责：将省、市、县（市、区）政府授权盐业主管机构承担的食盐质量安全管理与监督职能，移交同级食品药品监管部门负责，承担食盐生产经营环节的监督管理职责，维护食盐生产、经营市场秩序，保障食盐质量安全；负责组织查处跨区域或重大食盐违法案件；县（市、区）食盐安全监管机构承担辖区内食盐安全监管执法工作。2018 年 1 月 18 日，五华县政府主持组织县编办、科工商务局、食品药监局和县盐务局，在县政府召开食盐质量安全管理与监督职能交接会议，并现场签署《五华县食盐监管体制改革职能交接协议书》，顺利完成食盐质量安全管理与监督职能交接工作。

【盐政法规宣传】 2018 年，五华县盐业公司辅助执法队伍对市场食盐安全宣传和食盐加碘防治碘缺乏的宣传。5 月 14 日，市卫计局、经信局、食药监局、市妇儿工委、市残联、市关工委、市盐业公司、疾病预防控制中心以及五华县政府办、华城镇、卫计局、食药监局、教育局、科工商务局、广播电视台、县盐业公司、疾病预防控制中心等 17 个相关单位部门工作人员共 40 多人，在华城镇华新街开展以“‘碘’亮智慧人生，共享健康生活”为主题的“五华县第二十五届防治碘缺乏病日活动”和以“慧吃慧动，健康体重”为主题的广东省第四届全民营养周宣传活动。活动内容有：现场咨询、宣传资料发放，为群众介绍如何辨别真假碘盐的知识，为群众解答缺碘的危害和如何科学补碘防治碘缺乏病，派发宣传小单张、盐罐、环保袋等。活动中，共派发碘盐常识和《碘亮智慧人生　迈向健康新时代》宣传小单 6000 多张、主题宣传海报 200 多张、碘盐及《中国居民膳食指南》宣传小册子 1000 多本、《选用放心盐，远离“臭脚盐”》宣传通告 1500 多张、盐罐 96 个、环保袋 200 个、加碘食盐（250g 装）300 包、膳食宣传扇子 80 把、膳食宝塔宣传贴 60 张，现场咨询人数约 2800 人次，出动宣传车共 10 车次，悬挂主题宣传横额 6 条。

【食盐市场整治】 2018 年是国家盐业体制改革移交同级食品药品监管部门后实施第一年，五华县盐业公司作为食盐市场巡查辅助执单位，积极协助县食品药品监督管理局，狠抓市场监管一刻不放松原则，大力整顿和规范食盐市场秩序，在认真做好食盐辅助执法基础上，坚持履行巡查访销，制订整治工作方案，明确任务要求，争取市、县各有关部门支持，协助开展市场整治行动。全年出动辅助执法人员 713 人次，行动车辆 198 辆次，查门店 8481 间次，发放宣传资料 15800 多份，辅助县食品药品监督局查处盐政案件

30宗，共查获食盐2054公斤，涉案货值7490元，罚没款12740元。有效确保五华县人民群众的食盐安全以及食盐市场稳定。

（华盐办）

五华县盐业公司2018年度负责人名录

经 理：曾伟南

财政·税收

财 政

【财政收支情况】 2018年，五华县本级一般公共预算收入9.02亿元，为年度预算（调整预算）的100%，同比增长10.5%；一般公共预算总收入834791万元，同比增长18.92%。全年一般公共预算支出757768万元，同比增长12.46%。其中，民生支出609378万元，同比增长10.68%，占一般公共预算支出的80.42%。县本级一般公共预算收入加上级补助收入、债券转贷收入、上年结转和调入资金，收入总计834791万元；全县一般公共预算支出、上解支出和债券还本支出，支出总计777027万元。收支相抵，年终结转57764万元（上级追加专款结转下年支出57764万元）。

【拓宽财税来源渠道】 2018年，五华县财政部门积极拓宽财税来源渠道，财政收入实现持续较快增长。1．积极适应宏观经济调整，克服“减税降费”政策全面实施带来的税收短收困难，主动加强与税务部门的沟通协作，强化税源监控、管理和税收征管，坚持依法治税，挖潜堵漏。在推动经济发展的基础上，提高税收收入占一般公共预算收入的比重，税收收入实现稳定增长。全年全县税收收入65718万元，同比增长10.19%；非税收入24450万元，同比增长11.24%。县本级一般公共预算收入总量跃居全市第三，增速连续三年位居全市第一。2．紧紧围绕原中央苏区县和省“一核一带一区”区域发展战略、新农村建设等重大政策，及早谋划，深入钻研，主动加强与上级有关部门的沟通，及时掌握资金分配政策倾向和侧重点，积极对接资金扶持政策和项目，大力争取各类转移支付补助和省政府新增债券额度。全年争取一次性财力补助2273万元、激励性转移支付资金19903万元、省政府新增债券转贷资金8亿元。一般性转移支付和可支配财力同比增加15694万元。3．根据县域经济发展和城市建设总体规划，坚持“依托项目抓储备”思路，保障土地储备投入，加大对土地资源的整合力度，提升土地利用效益，促进节约集约用地和提高政府对土地的宏观调控能力。全年土地出让收入完成入库92609万元。

【服务地方经济】 2018年，五华县财政部门全力确保工业园区、县城扩容提质、交通公路、实体经济和其他重点工作的推进，做好服务地方经济工作。1. 推动工业园区建设。统筹投入12.9亿元，聚焦平台建设，强化要素集约利用，集聚财力推进工业园区建设，推动实现产业集聚发展。其中，县财政投入34232万元，用于加快园区征地拆迁、土地平整和基础配套设施建设。广州番禺（五华）产业转移园兴业大道、工业一路等市政配套设施基本建成，园区内通外联路网全面形成，污水管网基本覆盖园区建成区，建成区面积扩至10平方千米。河东绿色生态工业小镇拉开建设框架，完成起步区部分道路建设和污水管网铺设。2. 支持县城扩容提质。以城市基础设施项目和民生公益项目为依托，拨付33464万元，推动县城扩容提质建设，增强城市承载能力、优化人居环境。其中，琴江新区建设拨付5190万元；河东北堤征地拆迁补偿拨付1127万元；大湖堤建设工程和征地拆迁补偿拨付13174万元；增塘堤工程建设拨付7517万元；老河道公园水质提升与生态构建项目建设拨付661万元；寨下坝片区基础设施建设项目拨付1084万元；县城生活垃圾无害化处理厂整改工程和镇村生活垃圾中转站建设拨付2605万元；在其他城市基础设施建设方面拨付2106万元。3. 持续完善交通公路建设。全年拨付29108万元用于加快构建畅通交通公路网络，完善路网结构，实现区域互联互通，形成县域协调发展新格局。其中，拨付1.8亿元用于琴江生态景观大道建设工程；拨付819万元用于七都至河东生态工业园公路新建工程及相关费用；拨付1000万元用于县道003线金坑至龙村段征地拆迁补偿；拨付2675万元用于番禺大道道路升级改造工程及相关费用；拨付1697万元用于华兴东路征地拆迁；拨付405万元用于省道120线横陂高速出入口至赤沙嘴段道路升级改造工程；拨付800万元用于工业大道至罗湖堤道路（北延线）建设；拨付500万元用于安流镇司前街至新兴街升级改造；拨付3212万元用于其他道路建设。4. 积极扶持实体经济发展。强化财政资金政策引导功能，投入资金11480万元扶持企业创新发展。其中，拨付9000万元进行股权投资，支持企业做强做大；安排2000万元，加快推进省级电子商务进农村综合示范项目；拨付400万元用于支持民营企业增资扩产、技术改造和转型升级等，全力推进新一轮技术改造；拨付80万元用于激励市场主体创立商标，提升产品质量，申报省名牌产品8个、国家地理标识保护品牌2个。5. 全力保障重点工作推进。筹集拨付95813万元，保障各项重点工作有效推进。其中，拨付20261万元用于土地储备工作；拨付6861万元用于“双创”工作；拨付2887万元用于地质灾害削坡建设边坡整治工作，加强地质灾害隐患防范；拨付2516万元用于社会治理和信访维稳及扫黑除恶工作；拨付38296万元用于蓄能电站建设；拨付8466万元用于公共卫生、计生及卫生系统提升基层卫生机构服务能力工程；拨付869万元全面加强党建示范工程建设，着力建设“共建共治共享”社会治理格局；拨付3724万元全力推进粮库维修，确保粮食安全；拨付4618万元加快推进保障性住房建设和棚户区改造安置，提高住房保障能力；拨付7315万元用于“一村一文化广场”、森林防火、安全生产等其他重点工作经费保障。

【服务民生】 2018年，五华县财政部门不断加大民生领域投入，保障和改善民生。强化社会保障财政投入。不断增强社会保障能力，加大社保扩面征缴力度，全年完成社会保险征缴80337万元，增幅64.88%；完成残疾人就业保障金征收1541万元，增幅34.7%。健全完善养老体系，拨付机关事业单位养老保险资金42329万元，确保改革平稳过渡；投入840万元，推进全县57个养老服务机构建设；投入1041万元，提升殡葬服务水平。进一步提高底线民生保障水平，全年拨付资金59596万元，用于提高底线民生保障水平；拨付12365万元，将城镇、农村低保对象每月人均补差分别提高至503元和228元；拨付4051万元，将分散供养和集中供养“五保”标准分别提高至780元和950元；拨付5694万元，将残疾人两项补贴分别提高至1890元和2520元；拨付614万元，将孤儿集中供养和分散供养补助标准分别提高至1560元和950元；城乡居民养老保险发放27278万元，城乡居民养老保险基础养老金标准从每人每月120元提高到148元，惠及164967人；拨付6853万元，将医疗救助标准从人均2828元提高至个人自付费用救助报销比例不低于80%，惠及1.8万人（次）；拨付2771万元，为352户残疾人进行居家无障碍改造。推进劳动力就业培训，拨付就业培训资金582万元，培训劳动力2009人，转移就业13523人、新增城镇就业4363人，城镇失业人员再就业3844人，城镇调查失业率控制在2.45%。拨付1261万元完善县技工学校配套设施。

坚持教育优先发展。积极推动教育创先工作，拨付资金1168万元用于教育信息化建设。加大职业教育支持力度，拨付400万元用于华城职业技术学校扩建项目。保障优质教育学位供给，拨付329万元对县第六小学进行升级改造。改善体育场所建设，拨付540万元用于田家炳中学运动场改造。大力支持特殊教育事业，拨付资金849万元，全面完成县特殊学校建设。认真做好精准扶贫建档立卡贫困学生免学费和生活费补助工作，发放补助资金3713万元，惠及学生人数11037人，确保贫困学生不辍学，生活有保障。扎实做好师资质量提升工程，拨付资金800多万元，对全县教师进行业务技能、师德师风等方面的培训，培训教师3600多人（次）。

增强财政强农惠农力度。加大对农村、农业和农民的投入，推动农村基础设施不断完善和农业产业加快发展，夯实农业农村发展基础。1. 加大水利投入，完善水利设施。投入5400万元用于优河、先水河、栋新水3宗中小河流治理工程；全县村村通自来水工程完成年度投资3.6亿元，3宗大型水厂基本完工，2018年度16宗项目总体进度达80%；全年投入1.1亿元用于农村污水处理设施建设，全县43个站点开工建设；投入1197万元，治理崩岗53个；投入1405万元完成水库移民后期扶持项目17宗；投入1900多万元，用于河道日常管护，河长制管理机制强力推进。2. 围绕农民增收，支持农业现代化。加快推进“一村一品”建设，拨付800万元，用于农业特色产业奖励，激励打造特色农业产业；投入2180万元，用于支持发展农业现代化装备和现代农业园区建设；拨付2100万元用于开发补充水田、垦造水田、耕地提质等，扎实推进土地整治；拨付3600万元用于高标准基本农田建设项目，改善农业生产条件。3. 落实惠农补贴政策，及时发放补贴资金。拨付 4257 万元发放生态公益林补贴；拨付 3504 万元用于危房改造补助；拨付 3002 万元发放耕地保护补贴；拨付 808 万元用于水库移民补贴；发放农机购置补贴 19 万元。拨付 1200 万元，在全县实施“一事一议”项目，涉及村容村貌整治、村级文化工程、农村道路硬底化等项目 46 个，受益人口 60 万多人。

推进精准扶贫和新农村建设。1. 保障坚决打赢扶贫攻坚战。下达精准扶贫精准脱贫资金 15218 万元，帮助贫困户发展扶贫产业；投入资金 9024 万元建设五华县河东工业区标准厂房，将厂房租金收益反哺贫困户；投入 5000 万元用于五华县农旅扶贫产业园项目，增加贫困户投资收益；新增投入扶贫小额信贷贴息和保证保险费用 300 万元，减轻贫困户创业风险，增强造血功能；拨付 1910 万元用于贫困户生产技能培训，提升脱贫能力。2. 扎实推进新农村建设。拨付 976 万元用于农村灌溉渠道改造、河堤建设工程和河道治理等项目，改善农村水系环境；下达省定贫困村创建社会主义新农村示范村建设资金 26050 万元，用于新农村建设以奖代补项目，建设“一村一点”，打造农村美丽宜居新环境；拨付 24500 万元，全力推进新农村建设提升工程 EPC 项目，不断改善省定贫困村生产生活条件。

推进健康五华建设。加强医疗卫生保障，拨付 5942 万元，将基本公共卫生服务经费标准提高至 55 元，近 109 万人享受健康教育、预防接种等 14 项免费基本公共卫生保健服务；拨付城乡居民基本医疗保险资金 88711 万元，提高医疗保障水平，惠及 677363 人（次）；拨付 486 万元，为 18238 名 35 ~ 64 岁城乡贫困妇女免费进行“两癌”筛查；拨付 4118 万元，用于推动创建卫生强县和提升基层卫生服务水平。强化医疗基础设施建设。拨付 312 万元改造残疾人康复中心；拨付 1253 万元加快残疾人托养中心建设；全力推进医院扩容改造，提升诊疗服务能力，投入 17609 万元大力推进县医院、县中医院、县妇幼保健院，以及县第二、第三人民医院（华城中心卫生院、安流中心卫生院）医技及住院大楼改造。

推动文体事业全面进步。大力推进体育设施建设，拨付 11858 万元，加快足球文化公园、五华县运动休闲特色小镇基础设施配套工程建设；拨付 1847 万元用于足球科技馆建设；拨付 190 万元支持曲棍球训练基地建设。注重红色基因的传承保护。投入 100 万元对五华县农民协会旧址（德公祠）、古大存故居进行修缮，投入 1285 万元建设烈士陵园，投入 550 万元用于李惠堂故居修缮和博物馆文物征集、布展工作。完善群众文化设施。拨付 593 万元，建成农村文体广场、农村文化俱乐部、农家书屋等一批文化设施，丰富群众的精神文化生活。打造地方戏曲精品。投入 160 万元用于繁荣发展地方戏曲，振兴文艺事业，打造推出文化精品《甄聪明扶贫》等系列戏曲。支持办好体育赛事。拨付 780 万元，支持办好中甲联赛，重振足球之乡声威，发展足球事业；投入 464 万元举办骑跑铁人二项赛暨第二届国际半程马拉松赛等大型群众体育活动，支持参加全国赛事；拨付 305 万元用于奥林匹克体育中心运营维护。

【财政金融风险管控】　2018 年，五华县财政部门稳妥推进政府债务风险防范化解，制定《五华县防范化解政府债务风险行动方案》《五华县防范化解政府隐性债务风险实施方案》，对政府隐性债务实施分类处置，通过取消项目实施、结算已实施项目工程量暂缓项目实施、转为企业直接投资等途径，可减少政府隐性债务 81 亿元。积极筹集资金，做好政府隐性债务还本付息工作，全年筹措 49370 万元，及时兑付融资本息、化解隐性债务，有效控制财政金融风险。

【财政监督管理】 2018 年，五华县财政部门切实加强财政监督管理。1．提升财政监管水平。切实抓好财政业务培训指导，结合精准扶贫和新农村建设资金使用实际，组织镇级财会人员开展资金使用管理专项培训 12 场，培训 480 人（次）；组织开展支农资金使用管理政策培训 2 场，培训 638 人（次）；组织预算单位财会人员开展《中华人民共和国预算法》、部门综合财务、“三资”（资金、资产、资源）软件系统操作等业务培训 8 场，培训 583 人（次）。全力推动惠农资金信息公开，通过在政府网站、基层公共服务平台和惠民信息平台上公开，县、镇、村微信公众号公开，印制宣传手册、喇叭村村通广播、村务公开栏公开等形式，将惠农资金政策和惠农资金发放信息多渠道进行公示，接受广大群众监督。持续强化财务监督管理，全年开展精准扶贫和新农村建设资金使用管理检查 34 次，开展农村财务综合管理检查 23 次，组织对全县 104 个行政事业单位财务情况进行重点检查，严肃整改存在问题，规范财务支出行为。2．增强财政管理力度。加强民生资金监管，全年核减城乡居民基础养老金领取人数 892 人，清退低保 1799 户 8104 人，取消五保（死亡）498 人；核减计划生育家庭奖励对象 71 人，通过强化民生专项资金的动态管理，全年节省财政资金 1671 万元。加大国库集中支付力度，全年国库集中支付 756206 万元，增长 21.46%，规模持续扩大。严格“三公”经费支出，全县“三公”经费支出 3344 万元，同比压减 5%，确保“三公”经费只减不增。加强政府采购监管，2018 年政府采购预算 106578 万元，实际采购额 10.51 亿元，节约 1478 万元。严格把好工程预结算审核关。全年共审核工程送审项目 685 个。其中，预算项目 163 个，核减 2.45 亿元，核减率 7.69%；结算项目 522 个，核减 14500 万元，核减率 8.73%。

（谢运洪　钟　华）

五华县财政局 2018 年度负责人名单

局　长：张　裕

副局长：曾胜良　曾小强

李红兰

徐建力（3 月任）

系统党工委专职副书记：谢广春

税　务

【税费收入】 2018 年，国家税务总局五华县税务局共组织税费收入 31.06 亿元。其中，组织税收收入 17.99 亿元，包括中央收入 7.82 亿元，省级收入 3.59 亿元，县级收入 6.57 亿元；社会保险费等收入 13.07 亿元，包括社会保险费收入 12.41 亿元，教育费附加、地方教育附加等其他规费收入 0.66 亿元。

【税收征管】 2018 年，五华县税务局大力夯实征管基础，规范税收管理，推动法治税务建设。1．进一步规范税种管理，强化增值税管理，全面完成 2017 年企业所得税的汇算清缴任务，精准落实研发费用加计扣除优惠政策，强化后续管理，积极推进落实个人所得税改革，完成6个房地产开发项目土地增值税清算，顺利开征环境保护税，识别环保税纳税人55户。2．进一步夯实征管基础，坚持以票控税，抓细抓实县内重点项目和重点工程的管理，严格按2017版国民经济行业分类对纳税人分类，为做好税收经济分析提供基础保障，按照“企业自愿”原则，实现一类、二类出口企业退（免）税无纸化管理，严格落实办税实名认证，优化企业税务注销程序，应用车辆购置税电子完税信息办理车辆登记业务试点工作开展顺利，认真开展“金三并库”整合上线疑点数据清理。3．加强税收风险管理，2018年共接收风险管理任务38批次、323户次，完成321户次，全部按期完成，准确率100%。发起2户、收到3户跨区域风险协作应对；加强政府收回建设用地使用权的企业所得税纳税评估。4．进一步规范行业税收管理。结合扫黑除恶专项斗争工作，规范县内各行业的税收管理，规范统一税务执法要求，规范税务文书制作，严格按法律法规规定办结税务行政许可和行政审批，落实“谁执法、谁普法”责任，大力开展“七五”普法活动。5．规费管理水平进一步提升。坚持社保费“五同”征管机制，社保费收入平稳较快增长，成功启动机关事业单位职业年金征收工作，扎实做好新征缴模式下的残疾人就业保障基金的征收工作。

【纳税服务】 2018年，五华县税务局遵循“机构改革，服务先行”理念，全面落实“放管服”改革要求，以优化税收营商环境为出发点不断改善和优化服务措施，展现“新机构、新作为、新形象”，在第三方开展的全省纳税人满意度调查中获得全市第三名的成绩。落实落细优惠政策，不折不扣落实减税降负的决策部署，认真执行深化增值税改革三项措施、小微企业所得税优惠扩围、鼓励创业创新税收优惠和个人所得税改革等优惠政策。深入开展民营企业大调研、大走访活动，推动符合条件的优惠政策和创新举措落实。解决群众办事堵点难点，在五华县行政服务中心设立税务窗口办理二手房交易和社保费业务，解决群众“多头跑、来回跑”问题，优化灵活就业人员参保登记解决办理时间长的问题，解决全县只有一个点办理不方便的问题。加强社会信用体系建设，扩大纳税信用参评范围，对全县3041户开展年度评价，评定A级69户、B级587户、C级696户、D级220户、M级1469户；落实好守信激励、失信惩戒措施，建设良好的社会信用体系。

【征管体制改革】 2018年，五华县国税、地税征管体制改革有序推进。在梅州市税务局指导下，县委、县政府及相关部门的支持下，7月20日，五华县税务局和各税务分局新机构正式挂牌运行。牢固树立“一家人”思想，压实各部门责任，在改革期间着力抓好“组织收入、纳税服务、队伍融合、党建工作”四个方面的工作，严守“六项纪律”，内外运作平稳有序。严格按照上级统一部署制定县局“三定”暂行规定，统筹指导13个内设机构（含机关党委和纪检监察机构）、2个事业单位和9个派出机构的设置，落实好干部标准，坚持公正用人，科学选派安排岗位人员，10月25日，“三定”顺利落地。通过组织集中培训、分组学习、互学互帮、专题教育等形式，开展“人员大团结，业务大融通”全员考试、“青年夜学讲堂”等活动，征管业务和行政管理等业务快速融合。有序推进社会保险费和非税收入征管职责划转，主动对接县政府相关职能部门，及时建立工作机制、成立专班，对划转工作实施统一领导，第一批由税务机关负责征收的村镇基础设施配套费征管职责完成划转，2019年1月1日起顺利征收。

（刘浪辉）

五华县税务局2018年度负责人名录

局　长：梁伟强

副局长：江荣中　魏强方

蓝永红　杨新坤

叶小明　胡国荣

魏少宾　李玉平

党委委员：魏云苑

总经济师：张远辉

纪检组组长：肖元兴

金　融

中国人民银行五华县支行

【简况】　2018年，中国人民银行五华县支行贯彻落实中央和上级行的各项重大决策部署，推动金融服务地方经济发展，不断完善内控机制，做实做细金融服务，有序推进各项工作落地，各项工作取得较好成绩。至年末，全县金融机构本外币各项存款余额289.70亿元，比年初增加14.28亿元，增长5.35%，各项存款保持良好增长态势，信贷资金来源增加。金融机构本外币各项贷款余额124.81亿元，比年初增加20.59亿元，增长19.76%。

【信贷投放】　2018年，中国人民银行五华县支行以窗口指导为平台，力促有效信贷投放。充分发挥窗口指导信息交流与预期引导功能，加强与地方政府、金融机构和企业之间的沟通，提高货币政策传导效力。通过召开金融工作会议、行长联席会议、信贷形势分析会、央行政策宣讲会等形式全面解读央行稳健货币政策的内涵，合理引导社会舆论和市场预期，形成有利于货币政策执行的外部环境，较好地引导金融机构加强惠民政策与金融的结合，进一步完善各项机制、加大创新，着力支持实体经济发展。在窗口指导和对农业、小微企业的信贷支持方面，对地方法人金融机构发放扶贫再贷款1.4亿元。促成广东辉骏科技集团等4家创新驱动型企业获得金融机构授信2.69亿元，累计发放贷款1.6亿元；促成五华县强盛生态农林发展有限公司、梅州市松岗峰绿色生态菜园有限公司等企业获得金融机构授信1.27亿元，累计发放贷款1.1亿元。

【优化金融生态环境】　2018年，中国人民银行五华县支行优化金融生态环境，进一步加强金融稳定工作协调机制建设，强化与监管机构和县金融办的工作协调，进一步完善例会交流和信息共享制度；建立覆盖银行、保险、证券机构的金融稳定工作信息员制度，密切与各金融机构及金融市场主体的日常联系，使金融风险监测关口前移、触角前伸。以金融服务为手段，优化金融生态环境。组织开展支付结算知识宣传、金融消费者权益保护宣传、征信知识宣传、反假货币知识、国库知识宣传、国债知识宣传、农房抵押贷款知识宣传等，提升辖区居民的金融知识水平；切实解决群众的热点、难点问题。8月7日，与五华县农村信用合作联社联合开展扶贫贷款户回访活动，回访组到丁畲镇先河村扶贫贷款户温锦聪的养猪场查看生猪养殖情况，和温锦聪进行深入交流，了解其生活近况、扶贫贷款资金使用情况、生产经营状况等，听取其意见和要求，并对未来增收脱贫的规划进行讨论。扎实开展农房抵押贷款试点工作，推出“扶贫贷款+农房抵押+公司+农户”扶贫信贷模式，全年累计发放农房抵押贷款339笔，金额24176.7万元。

【净化信用环境】　2018年，中国人民银行五华县支行创新农村信用体系建设。做好新型农村经营主体和农户信用信息更新工作。要求辖区金融机构对新发生信贷业务的农户信息必须进行更新，确保农户征信系统数据的真实性。积极推动信用户、信用村（镇）建设。做好企业征信和个人征信的宣传。通过收集、整理系统推广、应用的有关数据和典型案例，借助广播、电视、报纸等媒体，加大对社会公众宣传力度；大力推动征信知识进校园的活动，采取发放宣传手册、专题知识讲座等形式，对学生群体进行征信宣传，向学生群体开展金融知识宣传，结合创建“信用乡镇”“信用社区”建设工作，进一步扩大宣传覆盖面，扩大宣传的影响力。提高征信报告使用效率。积极引导企业和个人了解、查询信用报告，鼓励企业个人在人员招聘、市场交易等活动重使用信用报告，充分享受信用报告作为“经济身份证”带来的便利；推动政府部门在政府采购、政府项目招标、资质等级评定、公务员招聘、评优评先、人大和政协代表资格审查等工作中使用信用报告，不断扩大征信产品的应用领域。

【内部管理规范】　2018年，中国人民银行五华县支行从四方面加强内部管理。1. 全面完善各项规章制度，深入推进从严治行工作。制定《中国人民银行五华县支行要害岗位人员强制休假管理办法》《中国人民银行五华县支行纪检建议书制度》等4项制度，修订《中国人民银行五华县支行车辆管理暂行办法》《中国人民银行五华县支行公务接待管理办法及实施细则》等17项制度，补充各类申请表单3项。通过各项规章制度，填补支行工作上的漏洞，增强干部职工的纪律观念，规范支行工作流程，提高工作效率和工作质量，进一步加大执纪问责力度，全面落实中央八项规定精神，有效地纠正“四风”，构建廉政风险检查、识别、处置防范体系。2. 围绕上级督查发现的问题，通过举一反三，梳理出存在问题，针对相关问题制定整改措施，落实责任人、整改期限，做到立行立改，不留死角。3. “一把手”认真履行第一责任人职责，充分发挥牵头表率作用，班子成员各司其职、各负其责，抓好分管工作落实，以上率下、以上促下，引导全行党员干部落实工作责任。对履行主体责任落实不到位的，严格追究责任。4. 做好“五联五建”工作。党支部积极与辖区金融机构五华县农村信用合作联社党支部开展“五联五建”活动，促进金融系统之间的学习交流，发挥基层央行金融核心引领作用。

（古小伶）

中国人民银行五华县支行 2018 年负责人名录

行　长： 邓诗康

副行长： 曾国兴　刘树新

张远飚

中国农业发展银行五华县支行

【简况】 2018 年，中国农业发展银行五华县支行全面落实全国金融工作会议、中央经济工作会议、全省分支行等重要会议精神，坚持以党建统领全局，凝心聚力谋发展，一心一意强管理，锐意创新拓新路，着力提高队伍整体素质，全年取得较好的经营业绩和工作成效。至 12 月末，各项贷款余额 147272.61 万元，比年初增加 5737.32 万元，增幅 4.05%，日均贷款余额 144805.3 万元，比年初增加 47390.1 万元，增幅 48.6%；存款余额 73720.17 万元，比年初减少 29958.55 万元，增幅 17.42%，日均存款余额 86285.23 万元，中间业务收入 1.43 万元，利息收回率 100%，实现账面利润 4181.01 万元，全年支行实现安全无事故。

【项目贷款】 2018 年，中国农业发展银行五华县支行转变观念，攻坚克难，大力营销公司自营和 PPP 模式的中长期项目贷款。为加快业务转型发展，支行因地制宜，积极主动走出去，从营销项目、营销政府向营销客户转变，从“坐等客户”到“主动营销”转变，对接地方经济发展战略，充分挖掘资源优势，全力以赴开展公司自营、PPP 模式的中长期项目贷款营销。并与省属企业华建集团、粤海水务，民营企业铁汉生态等，以及县政府、县财政、琴江新城办、园区办、水务局、市政集团公司、开晟水务集团公司、产业园区投资公司等相关部门和县属国有企业进行项目对接，做好融资优惠政策宣传。2018 年，初步达成有融资意向项目 5 个，金额 9.08 亿元，分别为：五华县琴江新城综合管廊控制服务中心（一期工程）项目融资额 2.15 亿元（公司自营模式，项目总投资 26951.35 万元）；该项目贷款已投放 7825 万元；五华县镇村生活垃圾中转站建设项目融资额 2.68 亿元（PPP 模式，总投资 40578 万元）；该项目已上报并经省分行审批；五华县自来水厂扩建工程项目融资额 1.95 亿元（公司自营模式，总投资 25007.62 万元）；五华县生态技工教育创业园 PPP 项目融资额 1.35 亿元（PPP 模式，总投资 2.75 亿元）；五华县镇级污水处理设施及配套管网建设工程项目融资额 9500 万元（PPP 模式，项目总投资 16002.24 万元）。

【存款组织】 2018 年，中国农业发展银行五华县支行牢牢树立“存款兴行、存款增效”理念，把存款组织工作摆在突出位置，坚持高层营销，采取多项措施加大存款组织力度，由支行领导带头积极到政府和企业沟通协调，结合贷款利率和存款之间的互动关系进行“存贷一体化”宣传和营销，搭建良好的银政和银企关系平台，挖掘现有企业客户和潜在客户的存款来源，确保存款组织工作得以顺利开展。重点抓好贷款客户、非贷款客户和财政性资金的营销和吸存工作。

【资金支付】 2018年，中国农业发展银行五华县支行做好项目贷款贷前条件落实、贷款资金和农发重点基金支付管理工作,切实防范贷款资金支付环节的风险。严格按照总行新修订的《信贷全流程标准化管理操作手册》、省市分行贷款资金支付管理办法和贷后资金管理流程和要求，落实贷款发放、支付、使用等环节工作，确保贷款使用合规，专款专用。全年发放贷款10笔，贷款额15696.58万元，其中：五华县琴江新区土地整治项目贷款1笔，金额5500万元；五华县琴江新城综合管廊控制服务中心（一期工程）项目贷款2笔，金额7825万元；县级储备粮贷款7笔，金额2371.58万元。按要求支付使用贷款资金82笔，金额合计27602.82万元。支付农发重点基金资金28笔，金额合计3788.02万元。

【企业评级授信管理】 2018年，中国农业发展银行五华县支行完成新准入客户五华县晟华环保投资有限公司、五华县开晟水务集团有限公司、五华县投资管理有限公司、五华县公共事业工程有限公司4家企业的信用等级评定；已上报五华粤海绿源环保有限公司、五华县汉博投资开发有限公司两家公司评级流程至省分行。按时按要求完成贷款存量客户广东省五华县粮食收储公司、五华县产业园区建设投资开发有限公司、五华县华瑞水务建设投资有限公司、五华县市政建设投资集团有限公司4家公司评级授信工作。

【粮食库存管理】 2018年，中国农业发展银行五华县支行加强粮食库存管理,加大查库力度，做到每月不少于一次到企业各库点进行库存核查，做到银行库存台账、企业会计账、保管账“三账”账实相符。上半年，按照市分行的要求对粮食收储公司各进行一次全面的库存检查，按照“有库必到、有粮必查、有账必核、查必彻底”原则，逐库逐仓检查，确保储备粮库存数量真实、质量可靠。

【全面防控信贷风险】 2018年，中国农业发展银行五华县支行强化信贷基础管理，严格落实“五个关口”“八个环节”和“十条底线”管理要求，加强项目贷款担保管理和风险监测工作，严把贷款审查关，对项目贷款抵押担保物按季进行现场核查和对送审材料进行认真审查，严格押品价值评估。切实加强贷后监管和农发基金投后管理工作。认真开展企业贷款和基金的跟踪管理和基础信息核查，严格按照有关管理办法定期开展资金专项检查，建立贷款资金、重点基金资金和自有资金使用台账，全面监督资金的流向，确保专款专用，防范违规操作风险。做好银监部门“市场乱象整治”等自查工作，进一步夯实信贷财会基础管理，增强员工合规意识，规范业务操作行为。

【会计核算管理】 2018年，中国农业发展银行五华县支行严格执行财务管理制度。认真学习《中共中央国务院关于党政机关厉行节约制止奢侈浪费行为的若干规定》文件，强化成本管理意识，重要开支及大额费用开支全部经过财务小组审核，合理安排费用开支。组织财会业务人员学习管理办法和操作指引，熟悉掌握集中授权系统和事后监督系统操作，不断提高操作水平，确保柜面业务系统顺利运行。严格落实会计结算制度，加强会计督导和内控管理，提高营业机构柜面服务和风险防控水平，保证营运系统运行平稳和资金汇划安全、核算正确，不断推进财会工作规范化。加强财务收支管理，加大收息力度，坚持勤俭办行，确保各项财务开支合法合规，有效控制成本费用。做好工会财务、经审检查。进一步规范和加强工会财务管理和会计核算工作，提高工会经费管理水平和保障能力。开展各类工作检查，配合市分行开展会计辅导检查、内部控制执行情况检查、资金计划落实执行情况现场检查，对提出的问题及时整改完善。在日常工作中及时、准确完成各类业务报表的上报工作，做好会计档案的整理、归档工作。

【办公室工作】 2018 年，中国农业发展银行五华县支行抓好办公室各项文书综合工作。做好支行内部公文收发、信息报送工作，以及与县委、县政府、人民银行及有关单位的联系，通过政府公文和外联系统收发、文件资料汇报、传导等工作。大力推行行务公开，促进行风建设，采取建立公开栏、投诉箱、意见簿、聘请行风监督员等多种形式，接受行内外群众监督，切实把行务公开落到实处。做好反腐倡廉信息管理系统和固定资产管理系统维护工作，按要求对相关信息进行录入。加强对公务用车管理，建立公务用车登记簿，对公务车的使用管理等有关事项按要求进行登记。

【党建工作】 2018 年，中国农业发展银行五华县支行抓好党建工作，强化队伍建设，为业务发展保驾护航。1. 扎实抓好党建的基础工作，抓好支部中心组学习，加强对党员干部进行党的知识教育，鼓励入党积极分子积极参加党员知识教育和活动，组织支行全体党员和入党积极分子到五华县蒲丽顶革命烈士纪念碑、古大存故居开展“铭记光辉历史，传承红色基因”主题党日活动，面对党旗和革命先烈前重温入党誓词，进一步激发党员和入党积极分子爱国爱党热情，坚定理想信念、切实履行岗位职责。2. 扎实开展 “三十讲”学习教育活动。根据上级行制定学习教育实施方案，加强组织领导，逐级落实责任，扎实开展“三十讲”学习教育活动。3. 深入推进党风廉政建设。认真开展反腐倡廉教育。坚持每周一次以上的学习制度，采取各种有效形式，以警示教育为重点，深入开展反腐倡廉教育。与贷款企业签订《银企廉政共建协议书》，与全行员工签订《廉洁从业承诺书》。4.切实加强干部队伍建设。在支行党员领导干部中开展贯彻学习十九大精神、“宪法”活动，组织党员进一步学习《中国共产党章程》《党的十九大报告辅导读本》和《忠诚、干净、担当》文选等，并对党员干部经常进行“艰苦奋斗，廉洁经营”的作风教育，进一步优化党风。认真开展员工家访活动，做好员工队伍稳定工作。做好党建管理平台的信息采集、补录以及日常维护工作。以加强基层服务型党组织建设为抓手，组织全体党员认真学习理论，立足本职岗位，在支行范围内开展“三亮三比三评”主题活动。

（古 明）

中国农业发展银行五华县支行 2018 年负责人名录

行　长：邓良生
副行长：杨永东

中国农业银行股份有限公司五华县支行

【简况】 2018年，中国农业银行股份有限公司五华县支行持续贯彻美丽乡村建设和城乡联动发展的“大三农”“新三农”策略，着力服务地方经济、服务民生金融的发展，全力推动地方经济与自身经营的同步发展。税收利润大幅增长。上缴税收2849万元，同比增长17.34%。实现营业收入13340万元，超全年计划510万元，完成全年任务103.98%；实现拨备前利润、拨备后利润分别为9526万元、10047万元，均超全年计划26万元、337万元;实现中收2668万元，超全年计划205万元，完成率108.32%。连续多年安全运营无事故。在省农行的内控综合评定中，继续保持一类行标准,荣获省农行2018年度“县域支行综合考评优秀支行”称号，被五华县公安局评为“安全保卫工作先进单位”。

【业务发展】 2018年，中国农业银行股份有限公司五华县支行存款业务稳步发展，各项存款余额41.86亿元,净增2.51亿元。其中个人日均增量1.23亿元,完成分行下达收官计划115%，增量全市排名第二。贷款业务持续增长。各项贷款余额18.55亿元，净增3.23亿元，日均增量2.86亿元。其中个人贷款净增2.08亿元，同比增长55.49%，法人、个人贷款余额及增量市场份额保持四行第一。存贷比例44.31%，比上年提高4.37个百分点，连续三年提高15.06个百分点。

【精准扶贫】 2018年，中国农业银行股份有限公司五华县支行倾力推动精准扶贫。1. 支行党委书记承担党建主体责任，直接履行扶贫攻坚“一把手”负责制，多次组织中层干部到挂钩村开展扶贫调研，持续实现一对一精准扶贫，完成率100%。2. 继续推进产业（项目）带动精准扶贫，对园区内二个重点企业发放2.5亿元贷款支持企业经营，且带动58户建档立卡贫困户脱贫。3. 紧紧依托互联网金融的线上线下大数据优势，成功开发金融小额精准扶贫“惠农e贷”和“烟农e贷”帮扶信贷产品，全年投放扶贫小额贷款88笔，金额354.7万元，占梅州市农行总量79.74%。4. 创新推出政银保联动帮扶、“专业合作社”社员入股农户抱团发展业务，12月，成功代理发放五华县横陂镇西湖村光伏扶贫发电项目扶贫资金等分红款1892万元，惠及全县建档立卡贫困户11852户、4.2万人。

【客户服务】 2018年，中国农业银行股份有限公司五华县支行全力提升服务客户能力，加强对公账户的维护、管理，引导客户熟练使用企业网银、单位结算卡、电子回单箱等方便、快捷的结算产品。夯实个人客户基础，全力做好银行卡、手机银行、信用卡、掌银信使等发放和管理工作。全力服务对公客户。加大与县委政府、财政、社保、农业局、扶贫局等相关部门沟通汇报，加强与工商局、招商局、会计师事务所等联系沟通，全力服务财政性账户、优质企业、龙头产业等账户的开立。完善客户分层管理，强化访客过程管理，同时了解客户需求，及时反馈信息，全力满足客户需求，真正做到“人人有户管、户户有人管”。

【服务民众】 2018年，中国农业银行股份有限公司五华县支行积极服务民众金融需求。围绕县委、县政府的战略决策，加大对公路、交通、水利、民生等政府背景项目的拓展，加大对周华公路、光伏发电、高速公路、抽水蓄能电站等民生工程项目服务。成立“个人住房贷款”按揭中心、“信用卡分期”业务中心，全年发放个人住房贷款2.49亿元，同比增长43.93%；实现信用卡分期消费发生额1.49亿元（专项分期8691万元、非专项分期6194万元），同比增长43.23%。

（刘彩红）

中国农业银行股份有限公司五华县支行2018年度负责人名录

党委书记、行长：徐建雄

纪委书记、党委副书记：黄　健

党委委员、副行长：邓永忠

党委委员、副行长：黄明霞

党委委员、副行长：徐文浩

中国工商银行五华支行

【简况】 2018年，中国工商银行五华支行在梅州分行党委领导下以及分行各部门的大力支持下，认真履行“一岗双责”，坚持党建工作和中心工作同部署、同谋划，紧紧围绕“四大标杆”、践行“四大理念”，充分调动支行领导班子成员和全行员工的积极性，努力完成经营目标。2018年年末，银行本外币各项贷款余额146591万元，比年初增加4688万元，公司贷款、个人贷款同步发展；本外币各项存款时点余额149286万元，比年初减少3279万元；日均余额148342万元,比上年年末全年日均净增5684万元；时点“存贷比”（各项贷款除于各项存款）为98.2%，比上年年末的93%增加5.2个百分点；实现中间业务收入1182万元，同比增长205万元；实现拨备前利润4315万元，比上年同期减少1429万元；全年安全运营无事故。

【支持地方经济建设】 2018年,中国工商银行五华支行根据国家“发展普惠金融，鼓励金融创新，丰富金融市场层次和产品”指导思想，为推进普惠金融业务可持续发展，切实支持实体经济和民生领域经济需求，充分响应“访百万企业，助实体经济”专项行动，利用“企业走访管理系统”，有针对性地走访辖内小微企业客户，积极宣传新政策、新产品，多方面全维度地支持普惠实业发展。按照上级行要求，积极制定策略，抓住重点，推广金融服务产品，不断加深与小微企业的日常联系，从而了解、获取企业融资信息，不断提高小微企业发展的能力。全行企业贷款余额共计119864万元，其中小微企业贷款43户，余额共计54133万元，有效缓解小微企业融资压力，降低融资成本，加快企业资金利用率，为支持县域经济的发展做出了应有的贡献。

中国工商银行五华支行2018年度负责人名录

行　长：黄朝松

副行长：彭云标

中国银行五华支行

【简况】 2018年，中国银行五华支行紧紧围绕总行建设新时代全球一流银行战略目标，以党建为引领，认真贯彻落实分行各项工作措施，全体干部员工齐心协力，积极进取，全力提升经营业绩，并取得较好的绩效。

【业务经营】 2018年，中国银行五华支行人民币一般性存款余额为17.71亿元，对比年初增长1.38亿元；较上年年末提升0.07个百分点，其中人民币储蓄存款余额13.32亿元，较年初新增1.36亿元；人民币各项贷款余额2.79亿元，较年初新增0.79亿元，余额四行占比6.29%，较上年年末提升1.02个百分点；进出口结算业务市场份额占比36.43%，较上年年末提升8.29个百分点，实现跨境人民币结算6921万元。案件防范和安全保卫工作落实，全年未发生一宗经济案件和安全责任事故。

（李锐锋）

中国银行五华支行2018年度负责人名录

行　长：钟国梁

副行长：李生茂

李堃辉

廖国栋

中国建设银行股份有限公司五华支行

【简况】 2018年，中国建设银行股份有限公司五华支行紧紧围绕省、市分行“三个确保、三个明显”工作目标，以习近平新时代中国特色社会主义思想统领全局，坚持“抓基础、创和谐、筑安全、促发展”，持续提升综合服务能力和价值创造力，全力促进各项业务持续健康发展。

【业务发展】 2018年，中国建设银行股份有限公司五华支行实现经营安全目标和业务发展目标。全年实现账面净利润4400万元，比上年略增；实现中间业务收入1280万元，同比增加498万元，增长64%。一般性存款余额24.3亿元，比年初增长2.3亿元，其中：企业存款余额13.5亿元，个人存款余额10.77亿元，比年初增长0.7亿元。全年信贷投放总量4.2亿元，比年初新增2.3亿元，实现资产业务快速发展。创新产品服务大力支持地方经济和中小微企业的发展，全力做好扶贫挂钩村工作和新农村示范村创建工作以及五华县创建“国家卫生县城”工作。

（曾汉忠）

中国建设银行股份有限公司五华支行2018年度负责人名录

行　长：黄均荣

副行长：曾伟军

五华惠民村镇银行

【简况】 2018年，五华惠民村镇银行认真贯彻落实中国人民银行、监管部门、村镇银行管理部各项要求，坚持效益、质量、规模协调发展的方针，在注重业务转型升级的同时，强调风险防范和内控管理，倡导合规文化建设，经营业绩不断提高，基础管理进一步夯实，员工队伍不断壮大，员工素质普遍提高，综合竞争力得到提升，实现安全运营，稳健发展。

【存款工作】 2018年，五华惠民村镇银行多措并举，全力抓好存款工作，着力打造“标杆行”和“社区银行”，动员全体员工通过多种方式营销，对潜在的目标客户进行精准营销；通过与社区联合的方式，开展形式各异的社区营销活动，提升社会影响力和认知度，促进各项存款业务增长。对招商引资企业、优质客户进行高端营销，促进业务上的深度合作，提高高端客户的综合贡献度。截至 2018 年年末，各项存款 84108.55 万元，其中储蓄存款余额 26452.71 万元，比年初增加 4940.36 万元。

【信贷投放】 2018 年，五华惠民村镇银行充分发挥“小法人、大功能、短链条、快决策”经营优势，继续突出本源导向，坚持“支农支小”市场定位，以“三农”和小微企业为结构稳定器，以住房按揭贷款为突破口，发展和培育优质个人客户，提高收益稳定、风险可控的个人消费类贷款占比，进一步夯实信贷业务发展的基础，积极推进信贷增量提质。至年末，各项贷款余额 61423 万元，比年初增加 16086 万元。其中，小微企业贷款余额 50437 万元，较年初增加 10033 万元；涉农贷款余额 55670 万元，较年初增加 16394 万元。严格执行贷款“三查”制度，坚持“小额分散”原则，杜绝累大户、拆分

6 月 14 日，五华惠民村镇银行协同中国人民银行五华支行举办“6 · 14”信用记录关爱日活动

（邓秀兰 摄）

贷款现象发生，至年末，无不良贷款发生。

【风险管理】 2018 年，五华惠民村镇银行继续深入推进银行业市场乱象整治工作，加强印章管理、“防范和打击非法集资、非法放贷、金融诈骗”等专项治理工作，配合中国人民银行、梅州银保监分局、发起行和区域中心多次开展检查工作。认真解读政策法规，确保守住红线、合规经营，实现全年无案件，无重大违规问题，无重大责任性事故。

【科技保障】 2018 年，五华惠民村镇银行按照计划顺利完成业务系统移植，通过加入农信银系统和村银通系统，实现与农信、其他村镇银行通存通兑，同时通过弘创智融的科技支持，新增加住房维修资金缴存业务功能，为银行发展提供科技保障，提升品牌服务能力和竞争力。

2018 年 5 月 7—9 日，五华惠民村镇银行安流支行携手安流镇蓝天幼儿园举办“今日小小银行家，未来人生大赢家”公益金融宣传活动

【普惠金融】 2018 年，五华惠民村镇银行通过“3 · 15 金融消费者权益日”活动、“今日小小银行家，未来人生大赢家”“志愿高考，惠民在行动”“保护自己 远离洗钱”“送金融知识下宫前村”“送金融知识进平安小学”等活动积极履行社会责任。积极配合县

委、县政府开展“创国卫”工作。

【党风廉政建设】 2018年，五华惠民村镇银行认真学习贯彻习近平新时代中国特色社会主义思想和中共十九大精神，将党风廉政建设和反腐败工作作为党的建设的核心内容，开展党课学习研讨活动，引导党员干部筑牢防腐思想道德防线，营造清正廉明的服务环境。

（邓秀兰）

五华惠民村镇银行2018年度负责人名录

董事长：郭广平
行　长：王　成（12月任）
副行长：王　洋
魏尚坤
魏标洪（12月任）

广东五华农村商业银行股份有限公司

【党建工作】 2018年，五华联社认真落实习近平总书记重要讲话精神和对广东工作一系列指示要求，带头学习贯彻习近平新时代中国特色社会主义思想，牢固树立“四个意识”，坚定“四个自信”，把党的思想政治建设抓在日常、严在经常，积极探索开展主题鲜明、内容丰富、形式新颖的党员活动。采取以领导干部带头讲党课、邀请专家教授专题授课、党委中心组专题研讨、党支部党小组集体学习、观看教育题材影片、到红色基地学习等系列教育活动，引导党员干部牢记党员身份，强化宗旨观念和使命担当。扎实推进抓党建促乡村振兴，开展“千行千村党支部党建共建推动乡村振兴”工作，联社26个党支部，每个党支部都要结对一个村党支部党建共建，以党建为引领，以支持村产业发展为重点，带动村全面发展。落实党建基本制度。发挥党建“三大抓手”的作用，落实党的建设工作重点任务措施清单、抓党建工作责任评议考核办法、党建工作审计办法等制度要求，将“党建考核末位淘汰”和“党建工作审计”打造成特色党建举措。

【改制工作】 2018年，五华县农村信用合作联社（以下简称五华联社）在政府部门的主导下，在省联社、各级监管部门及社会各界的支持下，以2017年12月31日为清产核资基准日，启动改制工作，邀请会计师事务所、资产评估公司、律师事务所3家机构历时半年对五华县农村信用合作联社的资产、负债、所有者权益进行全面清查核实。2018年12月29日举行挂牌仪式，全面完成改制工作，五华县农村信用合作联社更名为广东五华农村商业银行股份有限公司。

【业务经营稳健】 2018年，五华联社按照省联社“改革年、合规年”工作部署，上下齐心协力、攻坚克难，全面完成改制工作，各项业务稳健发展。1. 加强目标管理，增强业务拓展的计划性，改善月度和季度财务报表，及时监测每个月业务指标完成程度。2. 坚定拥护省联社以大零售为主攻方向的信贷投放思路，发挥专业部门业务联动作用，引导信贷资金向乡村振兴的重点领域投放，致力将大零售业务发展成为联社基石业务，推动乡村振兴。至12月末，五华联社大零售贷款余额287550万元，对比年初净增50189万元，占各项贷款52.1%。3. 继续加强存款吸纳工作，积极争取财政性资源和单位存款，不断提升支农服务水平，在面临国内外复杂多变经济环境下，实现存贷款稳步增长。充分利用国家有关税费优惠政策，减免国债利息收入、小额农贷利息收入、投资收入等税费1800多万元。至2018年年末，各项存款余额1028057万元，比年初增加59833万元，增长6.18%；各项贷款余额551863万元，比年初增加109197万元，增长24.67%；实现经营利润26941万元，同比增加6275万元，增幅30.36%。

【支持地方经济建设】 2018年，五华联社及时调整信贷政策，促进信贷业务增长及把控信贷风险，确保信贷资产的良性发展。在有效满足“三农”和小微企业信贷需求的基础上、在严控集中度和风险可控的前提下，适当介入优质的大中型企业或项目，深挖其上下游小微企业资源，形成“核心企业+小微企业”组团，合力推动小微信贷良性发展，支持地方产业升级。2018年度授信梅州市华顺农林发展有限公司、五华县梅岭陶瓷原料有限公司、梅州市华医建设工程有限公司、广东长乐烧酒业股份有限公司、五华县鑫强农业发展有限公司、五华县万利达实业有限公司、广东明鑫医药有限公司、广东油坑建材有限公司、广东富胜实业股份有限公司等优质企业。助力精准扶贫，全年为五华县辖内建档立卡的贫困户累计发放扶贫贷款228笔，累计发放金额778.8万元。结合借款用途、借款户经营情况、经营周期及市场因素等情况设定合理的贷款期限，逐步调整信贷结构。至12月末，涉农贷款余额395909.19万元，对比年初净增43548.05万元，增速12.36%，占各项贷款余额的71.74%，涉农贷款保持稳步增长。全力化解存量不良贷款。坚持从严治贷，切实防范信贷风险，优化信贷资产，对症下药，综合运用法律、经济、行政等手段压降不良贷款，不良贷款余额实现逐月下降的好成绩。

【品牌形象提升】 2018年，五华联社加强普惠金融宣传，将宣传活动常态化。陆续开展送金融知识进万家、百姓风险教育周、打击和防范经济犯罪、“防范电信网络诈骗”宣传活动、“3·15金融消费者权益保护日”反假货币、人民币收付等多场金融知识宣传活动，增强群众辨识能力和警惕意识，扩大金融知识普及农村的覆盖面。加强对员工文明规范服务的检查监督，通过突击现场检查或监控录像随机抽查的形式加强对当班员工的行为举止的监督，并严格落实投诉问责制度，不断提高整体的服务水平。通过多媒体多渠道开展宣传活动，挑选交通主干道、高速出入口等显眼易看的位置开展户外广告牌宣传，通过电视、网络、微信服务平台、报纸杂志等渠道，包括在梅州广播电视台、五华电视台集中投放宣传广告，通过冠名梅州市贺岁杯足球邀请赛、第四届网络春晚海选五华专场、五华县金融系统气排球比赛以及公益宣传活动开展媒体宣传，提升社会关注度。并充分利用营销时机，开展“新春挥毫送幸福”活动、鲜特汇“六一·爱让梦想起航”活动，“激情六月，聚惠农信”、“五华县第二届电商节暨农产品展销会”宣传活动等活动，合并宣传推广特色业务，有效提升品牌形象。

【队伍建设】 2018年，五华联社加强员工学习管理，积极组织员工参加持证上岗考试，鼓励员工跨条线跨岗位学习，提高业务技能。全年有262名员工参加持证上岗考试。加强对员工的行为管理。把员工的行为管理延伸到八小时以外，建立单位家庭联系网络，密切关注员工的思想动态、生活行为和社交情况，发现不良苗头，及时诫勉纠正。优化人员结构，不断提升队伍战斗力。认真抓好党员发展和干部职工的表彰工作，按照“坚持标准、保证质量、改善结构、慎重发展”、“成熟一个，发展一个”基本方针。在“七一”“两优一先”评先评优中，对6个先进党支部、27名优秀党员、5名优秀党务工作者进行表彰。关爱员工的身体健康，组织干部职工进行健康体检，继续落实员工互助基金，为员工排忧解难，对困难员工、困难党员进行慰问，体现组织的温暖。五华联社团总支获得省联社团员青年互联网金融业务营销竞赛优秀奖，荣获2017—2018年度梅州市“五四红旗团总支”称号，联社志愿服务队荣获五华县最佳志愿服务组织称号。

（袁佳城）

五华县农村信用合作联社2018年度负责人名录

理事长：丘海明
主　任：谢纪文（任至12月）
卢春林（12月任）
监事长：杨旭华
副主任：李颂锋（任至9月）
张仟来　幸　强（4月任）

中国人寿保险股份有限公司五华县支公司

【业务发展】 2018年，中国人寿保险股份有限公司五华县支公司（以下简称中国人寿五华县支公司）按照上级公司统一部署，以市场为导向，坚持发展业务和充实队伍“两手抓”，切实贯彻省、市公司文件精神“以队伍建设为本，以客户经营为载体，以个险为重、队伍为本、干部为先”16字方针，深化改革创新，使管理水平迈上新台阶，综合指标完成和整体创费等工作实现总体平稳较快发展。全年实现自营业务保费10826万元，同比增长1%。

【内部管理】 2018年，中国人寿五华县支公司认真落实安全生产工作，保障企业和谐发展。将员工思想政治工作与各项内控管理制度的落实紧密结合起来，确保全年无案件和重大责任事故发生。加强作风廉政建设，强化治本抓源头工作，按人民银行要求积极做好反洗钱工作，强化单证管理，严格用印审批，全面推行转账收、付费工作，完全做到在业务过程中零现金收付管控。优化人员配置，逐步建立起适应市场发展和竞争需求的人力架构体系。

【客户服务】 2018年，中国人寿五华县支公司秉持“服务到永久”客户服务理念，统筹提升从承保、保全、理赔等各个服务环节，实行岗位责任制，加强岗位技能培训，并积极投身志愿者服务等公益活动，扩大宣传影响力，提升客户满意度。全年处理各类案件1410宗，其中死亡给付221.4万元，伤残给付3万元，医疗赔付134万元，年金给付504.4万元，满期给付4021.9万元，退保金3074.3万元。

（刘　琴）

中国人寿保险股份有限公司五华县支公司

2018 年度负责人名录

总 经 理：刘东彬
副总经理：李振军
经理协理：周婷婷

中国人民财产保险股份有限公司五华支公司

【简况】 2018 年，中国人民财产保险股份有限公司五华支公司以总公司新的发展战略为指引，紧扣“发展业务为中心，提高效益为核心，合规经营为主线”的工作主基调，狠抓各项工作的完善和落实。全年实现收取保费 6322 万元，其中车险 3840 万元、非车险 2482 万元（政策性业务 1400 万元），为受灾企业和保户共支付赔款 2050 万元，简单赔付率 32.43%，为受灾保户起到经济补偿作用。2018 年，公司业务持续健康稳定发展，服务水平不断得到提升，业务质量持续向好，赔付率逐年逐步稳定，政策性业务稳步向好发展。

（张健华）

中国人民财产保险股份有限公司五华支公司 2018 年度负责人名录

经　　理：陈　腾（任至 12 月）
副 经 理：朱龙辉（12 月起主持工作）
罗天伦　钟　俊（5 月任）
经理助理：张俊权（任至 9 月）
廖国山（5 月任）
公司主管：钟广宁

旅　游　业

【简况】 2018 年，五华县旅游部门按照市委、市政府“一区两带六组团”和县委、县政府“工匠之乡，宜居五华”发展战略，主动对接梅江韩江绿色健康文化旅游产业带规划建设，以梅州创建国家全域旅游示范城市为契机，积极推进省、市、县重点旅游项目建设，致力于打造全域旅游新业态。全年实现旅游接待 710 万人次，旅游总收入 51.02 亿元，分别比增 15.92%、16.79%，并实现全年旅游安全质量无事故、无投诉。

【旅游项目建设】 2018 年，五华县旅游部门根据县委、县政府关于 2018 年 65 项重点工作的安排部署，针对牵头负责的旅游重点建设项目实行“一项目一协调小组”工作机制，定期召开项目建设推进研判会，分析解决项目建设推进过程中遇到的各种问题。
1. 加快五华客天下文化旅游产业园建设，南门广场、儿童娱乐项目等 22.8 公顷建设用地通过省政府审批并取得批复文件，县政府已发布征地公告；完成南门广场供电、引水渡槽拆除，两批次林地约 20 公顷的报批等工作；推进南门广场征地和廉洁文化路金神地坟的迁移工作；完成红色旅游区革命浮雕的安装以及新建、改建旅游厕所工作；加快客家小镇、廉洁文化路及进园大道安置区设计评审。2. 加快推进热矿泥温泉山庄升级改造、双龙山旅游景区建设。至年底，热矿泥温泉山庄升级改造项目完成升级改造规划设计，一期工程启动别墅区、温泉瀑布区改造，新入口广场、游客服务中心、鹰嘴桃园等项目建设正式启动；至热矿泥温泉山庄旅游公路支线改造完成规划设计，进行立项报备。双龙山旅游景区内游乐场建成并投入使用，罗陂河漂流设施继续建设进行中；种植和管理鹰嘴桃、百香果、沉香、李子、茶叶、部分台湾引种水果等农产品；完善环库区旅游道路建设，双龙山景区游客服务中心场地清理完成，待争取用地指标批复后实施建设。3. 加快梅林南沣山养生养老生态园建设。完成生态园红线范围 800 公顷划线工作；游客服务中心、文化商业街、酒店、养老中心、中央苏区（五华）历史博物馆，五华县委党校完成规划设计并部分动工建设；南沣湖、环山公路、景区绿化等正在建设或完善过程中；进园大道、旅游公路的征地拆迁工作基本完成。4. 加快转水镇维龙村五彩温泉小镇项目的推进工作。该项目总投资为 3126 万元，实施方案通过县政府常务会和县委常委会，完成立项和优化设计，项目主体招投标工作正在对接。5. 加快汉光超顺农旅园（黄龙基地）、新丰寨农旅园建设。五华县旅游部门督促和指导汉光超顺（黄龙基地）投入近 200 万元，加快旅游标识牌、旅游厕所、游客服务中心、停车场等方面的建设和完善，于 2018 年 12 月底通过梅州市旅游景区质量等级评定委员会检查验收，成为五华县继热矿泥温泉山庄、益塘水库旅游区之后第 3 个国家 AAA 级旅游景区。新丰寨农旅园投资近千万元，完善景区葡萄园、百香果园等果蔬种植，淘汰养猪、鸡、鸭、鹅等产业，新设立儿童游乐区、钓鱼台、农家土灶、千米绿色长廊和道路硬底化、旅游厕所、文化广场等基础配套设施建设，使景区的可游性得到较大提升，景区的接待量大幅度增长，成为五华人节假日亲子体验游必选的项目之一。6. 谋划七畲径茶园、周江缪培南故居、奥园瑠公祠等精品民居、酒店建设。为填补五华没有高端、精品民宿的空白，新谋划一批旅游项目，旅游部门积极开展招商引资和旅游推介工作。年底完成棉洋七畲径、周江缪培南故居等精品民宿酒店的概念性规划设计，与奥园集团签订河东坝美瑠公祠改造框架协议，计划投入 5 亿元启动瑠公祠租赁和改造工程。

【旅游基础设施建设】　2018 年，五华县旅游部门做好五华县游客服务中心规划建设工作，确定水寨镇罗湖村星湖岭公园入口处（中农批旁）3.07 公顷土地作为项目选址，完成项目可行性研究报告和概念性设计，项目估算投资 9300 多万元。《实施方案》于 2018 年 8 月 17 日通过县政府常务会和县委常委会，同意由县旅游局会同有关部门依法依规组织实施。项目完成立项批复，规划设计、项目主体建设招投标、林地和国土用地指标报批等工作，征地拆迁工作加紧进行，计划于 2019 年 3 月正式动工建设。做好旅游标识标牌建设工作。年内完成新竖 30 块旅游交通标识 T 形牌，填补五华县无规范性旅游交通标识牌的空白。做好旅游厕所、旅游驿站建设工作。完成市下达的旅游厕所新建 4 座、改扩建 1 座的指标任务。结合交通驿站、乡镇电商点建设，共同打造乡村旅游驿站项目，完成汉光超顺（黄龙基地）旅游咨询中心，近江、超群等10多座旅游驿站和咨询点建设。做好旅游公路建设工作，至南洋山旅游公路、至热矿泥旅游公路支线的征地拆迁及建设工作有序推进。

【旅游行业管理】 2018年，五华县旅游部门在旅游市场日常监管及旅游企业安全生产管理上，积极发挥综合协调作用，注重旅游安全质量日常监管，坚持开展旅游安全督查，检查巡查和节假日的安全值班工作。抓好旅游行业重点环节排查治理，加强防火、防风、防地质灾害敏感期的安全督查和防范措施的落实。坚持每月专题研究安全生产工作1次，年初与全县主要旅游企业负责人签订2018年旅游安全生产责任书，全面落实"一岗双职"责任制，明确管行业必须管安全，坚持领导带队深入基层检查安全工作，发现问题及时下发整改通知书，专人负责跟踪安全隐患的排查整改和落实。全年共组织全覆盖的安全生产大检查21次，出动检查人员122人次，发现安全隐患16宗，限期整改16宗，整改率100%。狠抓重要时段旅游安全隐患排查，针对中央重大会议、上级大型活动和冬春火灾防控、夏季防汛以及防范地质灾害等重要时段，扎实开展各类隐患排查工作，专人负责跟踪旅游安全隐患的整改和落实，确保全年旅游安全无事故无投诉。狠抓旅游系统扫黑除恶专项斗争工作，成立专项斗争领导小组，不断加大宣传力度、线索摸排和处置力度，全年共投入近10万元开展扫黑除恶专项斗争宣传，排查上报有效线索2宗，积极协助相关部门对涉黑涉恶问题进行全面的整治，确保旅游行业实现健康持续快速发展。

【旅游宣传推介】 2018年，五华县旅游部门积极组织旅游企业营销人员参加福建龙岩，省内的广州、深圳、东莞、中山、顺德、南沙、番禺、汕头、潮州、揭阳等地的专场推介活动。与相关单位部门联合举办第三届潭下乡村旅游桃花节活动，第三届"全民健身　幸福五华"的超百万公里骑行活动，美景里程骑跑两项赛，益塘荔枝节，汉光超顺无花果节、灯光节、葡萄节等丰富多彩的旅游主题节庆活动。积极参与"梅州客家音乐节"的组织协调工作，组织汉光超顺、益塘水库旅游区参加梅州"客家菜师傅工程"品鉴展示受到好评，组织开展五华"客家菜师傅工程"展示暨"十佳酿豆腐"评选活动。加强与番禺区的旅游沟通合作，并签订"番禺　五华"旅游合作框架协议，双方开展旅游线路开发、旅游项目建设、旅游资源推介和客源互送等方面的合作。完成《胜游梅州（五华篇）》的撰稿及出版工作。

【文明旅游】 2018年，五华县旅游部门不断加强旅游从业人员的业务学习培训，组织旅游重点镇、村负责人和旅游企业管理人员到浙江乌镇、莫干山、桐庐及广州番禺、增城等地学习乡村旅游、民宿开发、景区管理等经验，参加全市乡村振兴、农村旅游培训班学习，组织相关人员参加省、市旅游局开展的各种业务培训，全年培训各类人员400多人次；加强旅游行业人员的政治素质。在旅游系统坚决全面彻底肃清李嘉、万庆良恶劣影响，坚决维护以习近平同志为核心的党中央权威和集中统一领导。开展"脸难看、事难办"问题集中整治活动和党员亮身份活动。开展《中华人民共和国宪法》的专题学习和宣讲，提高干部职工的法律意识和法律观念。加强党风廉政建设，把谈话提醒和抓早抓小工作作为落实党风廉政建设主体责任和监督责任的重要抓手，转变干部队伍作风，并做好机关作风自查自纠工作。完善请销假等制度，坚持思想教育与制度建设并举，推动作风建设和政务环境优化由量变实现质变。组织和发动旅游系统干部职工，动员旅游行业单位积极参与五华创建国家卫生县城和文明县城活动。定期组织人员深入网格化责任地段，包干村民小组督促落实创文创卫工作，投入资金完善建筑挡墙的文明公益广告和文明宣传提示牌，成立五华县文明旅游志愿服务队，开展各类文明旅游宣传引导活动。指导酒店、景区（点）、旅行社等完善宣传栏、宣传标语，规范文明用语，设立文明监督员监督不文明旅游行为。指导旅游行业完善创文创卫工作台账，积极配合开展好“两美”行动工作。提高政治站位，全力以赴抓好精准扶贫精准脱贫挂钩帮扶工作任务的落实，筹集经费支持华城镇湖田村开展扶贫开发和平安村居创建，指导挂扶村对照上级的时间节点要求，做好各项扶贫政策的落实，以及党的农村基层组织建设和扫黑除恶等工作。

（温巧麟）

五华县旅游局 2018 年度负责人名单

局　长：黎辉文

副局长：魏　芳

邱明峰

教科文体

五華年鑒

2019

教　育

综　述

【简况】 2018年，全县学校总计618所，其中幼儿园181所、完全小学159所、教学点222个、初级中学34所、九年一贯制学校7所、完全中学9所、高级中学3所、中职学校2所、特殊学校1所。在校学生211534人，其中幼儿园43322人、小学98179人、初中45750人、高中22927人、中职1134人、特殊学校222人。专任教师13967人，其中幼儿园2542人、小学5039人、初中3487人、高中2740人、中职120人、特殊教育39人。（以上数据均含民办学校）

【教育改革大力推进】 2018年，五华县整体谋划教育发展有新举措。制定出台《五华县振兴山区教育三年行动方案（2018—2020年）》《五华县促进学前教育普惠健康发展行动方案》《五华县推动义务教育优质均衡发展行动方案》《五华县幼儿园中小学学位和优质教育资源供给规划（2018—2023年）》等重要文件。"县管校聘"管理改革稳步推进。联合县编办等四部门出台五华县《关于推进中小学教师"县管校聘"管理改革的实施意见》文件，落实部门职责，加强部门联动，制订《五华县公办教职工"县管校聘"管理改革实施细则》，对教师编制实行总量控制，科学管理使用，完善岗位设置管理，扎实推进教师职称制度、教师资格和定期注册制度等改革，完善教师考核评价机制。课程与教学改革深入推进。全面落实"语文主题学习"活动，2018年春季在全县义务教育阶段的一年级、七年级实施"语文主题学习"活动，秋季在二年级、八年级推行。建立以学生发展为本的新型教学关系，改进教师教学方式和学生学习方式，变革教学组织形式，创新教学手段，提高课堂教学质量。

【"争先"工作扎实推进】 2018年，五华县对照推进教育现代化目标要求，重点推进教师学历提升工程、教育信息化水平建设工程、学前教育和义务教育提质工程、高中阶段教育优化工程、教育质量水平提升工程、教育内涵特色建设工程等六大工程。按规划逐镇逐校装配多媒体、教师用电脑等信息化设备；组织教师分期分批参加培训，动员教师参加研究生学历进修；投资1.3亿多元按照省重点中等职业学校标准对华城职业学校进行扩建；按省教育厅提出的意见，切实采取措施进行整改，补齐短板；认真完善迎检细化资料，积极与省、市教育督导室沟通、联系，全力做好"广东省推进教育现代化先进县"迎检工作。

【办学条件持续改善】 2018年，五华县教育重点项目建设快速推进。华城职业技术学校的扩建工程完成主体建设。华城镇禾岭小学扩建工程初步划定符合学校建设规模、建制等用地红线，初步绘出规划平面图。民生项目全面完成。列入县委、县政府“十件民生实事”中的田家炳中学足球场、琴江中学足球场、华东中学足球场和水寨中学足球场标准化改造项目全面完成。学位扩容行动有效实施。完成县城工业园区三坑安置点一所公办小学（黄狮小学）和兴华中学学生宿舍改建教学楼，规划建设水寨中学百年纪念楼和改扩建县第一小学、河东镇第一小学、安流镇第一小学教学楼。

【教学质量稳步提升】 2018年，五华县教育局以提升教学质量为目标，注重教学常规管理，全力加大高考、中考备考力度，组织高考学科备考研讨会，通过课堂教学示范课及课后研讨，积极深入地解决备考中碰到的实际问题，科学备考，精准施策。同时，认真做好小学毕业水平测试工作、全县中小学普通班教学质量学年检测和抽测工作，积极组织举办县级课改开放周活动，开展“送课、听课、评课、教学经验交流、专题讲座”为主题的送教下乡活动，积极开展“一师一优课，一课一名师”网上晒课活动。该学年，全县晒课5173节，其中省优33节、市优83节、县优320节，有效地提高广大教师的信息技术应用及教育教学能力，推动教学质量稳步提升。

2018年高考：专科以上入围人数8029人，对比上年8020人，增加9人，增幅0.11%；本科以上入围人数2315人，对比上年2026人，增加289人，增幅14.3%；高分优先投档线（一本）入围人数296人，对比上年202人，增加94人，增幅46.5%。

2018年中考：在参考人数比上年减少797人的情况下，国家示范性高中入围人数稳步上升，东山中学入围线832分以上有631人，对比上年192人，增加439人，增幅228.6%；曾宪梓中学入围线780.5分以上有1368人，对比上年468人，增加900人，增幅192.3%；水寨中学入围线774.5分以上有1449人，对比上年1443人，增加6人，增幅0.42%。

【特色教育成效显著】 2018年，五华县教育局以特色办学为突破口，按照“一校一品牌，一校一特色”目标，贯穿特色文化建设于学校管理之中，大力开展书法进校园，培训书法骨干教师、举办书法巡展和比赛等活动，全县被评为省级、市级书香校园13间。7月，五华县荣获“广东省硬笔书法名城”称号，成为广东省首个县级书法名城。注重擦亮“球王故里”品牌，抓好校园足球学校申报工作，2018年，水寨中学、华新中学、县一小、县三小、南山小学、转水惠民小学6间学校被评为“全国青少年校园足球特色学校”，高级中学、华民中学、安流镇第三小学等13间学校被评为“省级青少年校园足球推广学校”。至2018年年底，全县有“全国青少年校园足球特色学校”15间，“省级青少年校园足球推广学校”28间，“市级校园足球特色学校”45间。认真办好校园足球三级联赛，组织学生参加国内外各类足球比赛，着力提高青少年学生足球的技能水平。7月，兴华中学代表梅州市参加广东省2018U点五人足球争霸赛荣获惠州赛区第二名，华新中学参加“市长杯”荣获初中男子组全市冠军，田家炳中学参加第二届全国田家炳中学足球邀请赛荣获全国冠军。2018年，全县中小学生共获得市级以上足球赛事奖项11个。

【师资素质不断提升】 2018年，五华县教育局引进急需紧缺人才。出台《五华县高中阶段引进急需紧缺学科人才暂行办法》，采取优惠政策，用以奖代补、分类奖励方式，2次组织到国内高等院校等全国范围内引进全日制硕士研究生9人到五华县高中任教。根据各校编制和实有教师数情况，有效补充教师，加大农村紧缺的美术、音乐等科目教师的招聘力度，2018年秋季招聘教师137人，重点补充到农村学校，教师队伍结构逐步得到优化。提升教师高层次学历，出台完善《关于调整五华县中小学（幼儿园）教师学历提升工程实施方案（2016—2020年）》，动员在职在岗公办教师积极提升研究生学历，采取分类费用报销和奖励方式，对取得研究生学历的教师在职称评聘、评优评先、提拔任用等方面给予优先考虑。全县中小学教师报考2019年研究生学历考试人数2166人。切实加大教师培训力度，认真落实《2017—2019年五华县师资质量提升工程实施方案》，投入1535万元先后组织举办中小学优秀骨干教师高端研修、中小学教师信息技术能力提升专项培训、薄弱和紧缺学科教师转岗培训等36期共3451人各级各类培训，教师队伍的管理水平和业务素养明显提高；加大名校长和名教师培养力度，申报省级名校长和名教师各3人、市级名校长3人和名教师5人。

【教育发展基金发挥作用】 2018年，五华县教育发展基金得到社会各界和广大乡贤的持续积极响应，不断发展壮大。至2018年年底，累计认捐金额1.6亿元，到账金额6000多万元。县委县政府决定，2018年开始连续三年从政府土地出让收益中安排1%～2%资金补充到五华县教育发展基金。基金主要用于奖教奖学，帮扶困难学生和培训教师，提升教育质量，培养优秀人才。按照《五华县中小学教学质量提升工程奖励方案（暂行）》，2018年拿出828万元奖励全县中小学普通班成绩优异者及科任老师、班主任。

【教育扶贫精准实施】 2018年，五华县教育局认真做好扶贫挂点村精准扶贫精准脱贫工作，教育扶贫工程顺利实施，扎实做好全县建档立卡贫困生生活费补助和退学杂费扶贫资金补助工作，2017—2018学年度，新时期精准扶贫精准脱贫建档立卡贫困学生10847人，累计拨付扶贫资金3524万元。同时，积极做好经济困难学生资助工作，全年落实普通高中、义务教育、学前教育经济困难学生资助3.74万人2300多万元。

【安全工作常抓不懈】 2018年，五华县教育局高度重视安全工作，始终把学校安全摆在教育工作的首位。专门出台《五华县中小学校（幼儿园）专职保安员配备及管理办法》，切实加强全县中小学、幼儿园的门卫工作。落实安全工作“一岗双责制”，扎实开展校园禁毒、禁赌、禁智能手机、防溺水事故、学生上下学、校车安全、交通安全等工作，各类事故得到有效控制，未发生重大安全事故，学生非正常死亡得到有效遏制，有效保障校园安全稳定。积极开展“安全文明校园”创建活动，全年创建“安全文明校园”28间。

【党建工作全面加强】 2018年，五华县教育局落实党建工作责任制，通过中心组学习会议和“三会一课”方式，认真学习习近平总书记重要讲话精神和全国教育大会精神，印发《习近平谈治国理政》《学习小手册》，上墙《局机关各支部组织机构》等7个党建制度。不断加强党对意识形态工作领导，强化意识形态阵地建设和管理，全面加强党风廉政建设和机关作风建设，服务意识得到有效增强，工作效能进一步提高，干部队伍的整体素质得到提升。

【其他工作】 2018年，五华县教育局认真抓好创文、创卫和森林防火工作，着力做好教育宣传工作，不断加强和完善教育系统办公自动化（OA系统）功能，提高教育信息化水平和工作效率，做好五华教育信息网和五华教育微信公众号正面宣传工作。认真落实县委县政府重点项目建设和十件民生实事，抓好教育督导工作，抓好党建工作，做好“梅州民声”相关工作。抓好语言文字工作，抓好工会、妇女工作，进一步规范普通中小学教材教辅征订发行工作。

【主要存在问题和困难】 1.城乡教育发展相对失衡。五华县是人口大县，经济薄弱，教学点多，且线长面广，很多农村地区学校，特别是基础教育阶段的中小学校仍然不同程度存在学生人数少、教学基础设施设备落后、教师队伍不稳定等问题，镇村的生源、师资都往县里跑，而县城师资比较雄厚、设施比较完备、教学质量较高，导致县城学位紧缺、部分学校大班额问题严重。2.教师队伍结构性矛盾突出。学校教师数量难以满足教育发展需要。由于教学点多，出现农村教师紧缺的现象，教师数量不能满足教育教学的需要。学科教师结构性缺编问题。农村小学体、音、美专业课的开设率不高，出现体育、音乐、美术、舞蹈等学科教师结构性缺编的现象。3.教师队伍结构不合理。五华县基础教育学科骨干教师缺乏，在省内外有影响力的名校长、名教师少。幼儿园教师持证上岗率不高，中小学教师学科结构、年龄结构、师资的区域分布及学段分布不够合理，中职“双师型”教师缺乏。4.教育教学质量有待进一步提高。高考高分优先投档上线率和本科上线率虽有稳步提升，但与先进兄弟县（市区）相比还有一定差距。

普通中小学教育

【德育与安全工作】 2018年，五华县教育局多措并举，始终把德育与安全工作放在首位。全年，共接收上级安全文件305个，下发安全文件62个，组织召开全县教育系统安全工作会议5场，下发安全工作短信20条。为适应新时代工作需要，便于工作的沟通交流，成立“五华县安全工作微信群”“五华县校车安全工作微信群”“五华县德育工作微信群”,有力地促进信息共享、互相学习、共同进步。全县各中小学校也能同心协力，做足做细各项安全工作防范措施，营造和谐安全的育人氛围。全县中小学校通过学科渗透、国旗下的讲话、主题班会、法治讲座、重大节日的文体活动等多种形式开展德育教育工作，教育学生形成正确的世界观、人生观、价值观。2018年,共接收上级德育文件113个、团委文件53个；下发德育文件39个、团委文件52个；下发德育工作短信8条；召开“2017—2018学年度义务教育家庭困难学生生活费补助认定工作会议”和

“广东省共青团智慧团建系统培训会”两场会议。通过“走出去、请进来”，提升教师德育队伍素质。8月中旬，组织85名中学（职中）优秀班主任到湖南进行为期一周的学习培训，组织62名中学（职中）德育主任到山西进行为期1周的学习培训。11月中旬，举办全县中学（职中）的1380名班主任心理健康教育培训，特意邀请周红五（浙江省科学研究院研究员，中国学校心理专业委员会副秘书长，全国学校心理健康教育专业委员会常务理事）和席春玲（广东省教育研究院教材研究室研究员，教育学博士，高中通用技术研究员，心理健康研究员）进行授课。

【教学工作】 2018年，五华县教育局全力抓好六方面的教学工作。1．抓好高考备考工作。积极组织学校有序地开展各类高考备考教研活动。高考前，教研室组织高三统一质检5次，其中2次是网上统一评卷，较为真实地了解高考的备考质量。教研员走遍12间高（完）中，深入课堂进行听课评课，有效地对学校进行高考备考指导。2018年高考各类上线人数比上年有大幅度提高。高分提前投档人数线296人，比上年202人增加94人，增幅为46.5%。2．抓好初中阶段教学质量。初中升学考试是全省统一命题考试。教研室组织七、八年级期中、期末县统考4次，组织九年级上学期期中、期末县统考2次和下学期县质检1次、市质检（九年级质检采用网上评卷）1次，组织九年级学科备考研讨会。2018年中考，在参考人数比上年减少797人的情况下，国家示范性高中上线人数稳步上升。3．抓好小学毕业水平测试和普通班教学质量抽考。6月30日，继续实行“六统一”的小学毕业水平测试，坚持从严施考，做到公平、公正、公开、真实，公信度高，得到社会各界的认可。27间单位，总分排名前五名的分别是县南山小学、县三小、县一小、县五小和华城镇中心小学。进步最大的是转水小学（进9名），其次是郭田和双华小学（进5名）。从16个乡镇单列综合排名，总分综合排名前五名的乡镇是：华城镇、水寨镇、岐岭镇、转水镇、长布镇。4．抓好普通班学年检测和期末考试。为进一步提升全县中小学教学质量，为五华多出人才、快出人才、出好人才，根据《五华县中小学普通班教学质量学年检测工作方案》，全县进行中小学普通班教学质量学年检测，小学一至五年级，每级全县各选出180名的成绩优秀生，初中七、八年级，每级全县各选出180名的成绩优秀生，各校按县规定的人数选出成绩优秀的学生，代表学校参加全县统一组织的普通班教学质量学年检测，于7月9—10日，在水寨中学和兴华中学，进行全县中小学普通班教学质量学年检测。5．抓好课改开放周暨送教下乡活动。坚持“以点带面、共同提高、全面发展”思路，根据五华县实际，在全县积极组织分片课改开放周活动。教研室专门到学校进行了解和指导课改实验情况。高中重点抓好水寨中学、田家炳中学、高级中学课改实验工作，义务教育阶段学校分片进行课改开放周活动（小学上半年在县五小、棉洋镇中心小学、郭田镇中心小学、转水镇中心小学举行4场课改周活动；下半年在县一小、周江镇中心小学、水寨镇中心小学、转水镇中心小学举行4场课改周活动）。同时，积极开展“送课、听课、评课、教学经验交流、专题讲座”为主题的送教下乡活动活动。6．抓好“语文主题学习”活动。五华县在小学一、二年级、初中七、八年级全面实施“语文主题学习”活动，在华樾（北京）教育科学技术研究院和深圳市福田区等省内外“语文主题学习”活动的专家指导下，组织开展一系列活动。小学先后在华城镇、长布镇、岐岭镇、县五小、龙村镇、华阳镇、安流镇、周江镇举行“同课异构”教学研讨活动8场，在双华镇、郭田镇等单位开展教学研讨活动以及组织骨干教师外出培训活动，初中分南、中、北三片，先后在棉洋中学、转水中学、华东中学、华南中学、华西中学、梅林中学、华新中学、双头中学等校举行“同课异构”教学研讨活动8场，以点带面，促进“语文主题学习”的纵深发展。同时将在期末开展一系列师生评优评先活动，着力调动师生参与“语文主题学习”活动的积极性和主动性，使“语文主题学习”活动走稳步、不停步。

【文体卫活动】 2018年，五华县教育局重视校园足球，连续举办2017—2018年度校园足球三级联赛，全年每周六日进行比赛，2017年10月至2018年6月，共有44间学校参加三级联赛，总场次495场，全县注册运动员1815人，位居全市第一。9月，在县党政大楼大会堂召开2018—2019学年度五华县校园足球三级联赛暨首届幼儿园足球联赛工作会议，联赛于10月正式开赛，一直进行到2019年6月，全县有50间中小学校共123支队伍参赛，总场次607场，运动员2200人。同时，分别组织参加“谁是球王”“新时代”杯全国青少年校园足球大赛、2018U点我爱足球广东省五人足球争霸赛、2018梅州市青少年校园足球夏令营最佳阵容选拔赛等多场省市级校园足球比赛。兴华中学曾文怡和南山小学的李紫萤入选2018年广东省青少年校园足球夏令营最佳阵容，获得国家二级运动员证。兴华中学、华城镇中心小学代表梅州市参加广东省2018U点五人足球争霸赛的惠州赛区的决赛，兴华中学以惠州赛区第二名的成绩代表梅州市参加7月13日的广州大区赛的总决赛。在2018年“市长杯”比赛中，水寨中学获得高中男子组全市第四名，五华县高中女子组获得全市第二名，华新中学获得初中男子组全市冠军，华新中学获得初中女子组全市第二名。8月，田家炳中学女足代表梅州市参加在肇庆举行的省运会。7月，田家炳中学参加第二届全国田家炳中学高中男子足球邀请赛荣获全国冠军。重视文艺活动，积极组织开展五华县2018年中小学校艺术展演活动。在7月全市文艺会演中，五华县被梅州市教育局评为优秀组织奖（总分前四名代表队），获得二等奖节目3个、三等奖7个，是五华县近年来参加市级文艺会演以来取得的最好成绩，并且有4个节目被市局选送参加全省第六届中小学生艺术展演，其中高级中学的小品《相信党相信爱》入围全省第六届中小学生艺术展演现场展演活动。组织科教系统合唱队参加2018年五华县“迎新年·颂党恩·展新貌”合唱比赛。协助宣传部组织五华县合唱队参加梅州市“迎新年.颂党恩.展新貌”合唱比赛。做好学校卫生防疫和食堂食品安全等工作。联合卫生部门和食品药品监督管理局，加强学校卫生防疫和食品安全工作的监督指导工作。2018年春季和秋季联合食品药品监督管理局开展全县学校食堂食品安全专项检查2次，联合卫计局开展学校卫生工作监督检查2次，对在食品安全专项检查和卫生监督检查中出现的问题，要求学校按照整改要求限期进行整改。在开学初与学校签订《学校卫生安全工作目标责任书》（以下简称《责任书》），要求学校层层签订《责任书》，把责任落实到人到位。确保学校食堂不发生食物中毒事件和传染病的爆发流行，保障师生的身体健康和生命安全。

【财务管理工作】 2018年，五华县教育局按照规范管理的要求，加强中小学财务管理。新制订《五华县教育局公务卡结算管理暂行办法》，规范现金管理，转发《广东省城乡义务教育补助经费管理办法》，规范中小学校公用经费的使用。对中小学校进行财务抽查，结合纪委、审计、财政和各级巡视巡察提出的关于财务方面的存在问题，对个别学校财务管理不规范，大额修缮、设备购置未报批，单据报批手续不完善，会计科目设置、运用不合理等现象提出整改的意见。认真做好教育局机关财务管理工作，严格执行中央八项规定，按照财经法规的有关规定，做到合理、合规、合法，支出有预算、开支有标准、审批有程序，做到量入而出，勤俭节约，确保各项工作正常运转。加强中小学校会计的业务培训。基于各校财会人员变动较大（全年有近二十名财会进行岗位调整）原因，对业务不太熟悉的财会人员特别是新上岗的会计进行一对一的业务培训，使他们尽快掌握中小学会计业务知识，提高业务水平。组织中小学校会计进行教育事业统计和教育基础数据库业务知识培训。完善充实信息化建设工作，全县中小学校会计QQ、微信群，加强业务交流与沟通。

【师德师风建设】 2018年，五华县教育局抓好师德师风建设。根据上级文件精神，认真组织开展全县教育系统师德师风建设活动。6月，开展全县中小学师德“十条红线”贯彻落实情况以及师德建设长效机制情况开展自查工作。9月，开展全县中小学以“弘扬高尚师德，潜心立德树人”为主题的师德建设教育活动月及征文微视频比赛活动，共评选出县级获奖征文一等奖1篇、二等奖3篇、三等奖6篇（并列2名）、微视频精神风貌奖2个。为进一步引导广大教师立德树人、教书育人，2018年评选出特级教师2人、南粤优秀教师7人，评选出市优秀教师、市优秀教育工作者共30人，县优秀教师230人。2018年，全县学校没有发生教师严重违反职业道德规范的现象或事件，教师职业道德水平进一步提高。

【巡视整改工作】 2018年，五华县教育局认真落实巡视反馈意见。按照中央、省、市、县委巡视组反馈意见提出的问题，逐条落实整改任务，确保巡视整改工作取得成效。进行专项肃清李嘉、万庆良恶劣影响问题。3月，全县中小学教职工进行自查自纠，并组织工作人员对河东镇河口村籍的53名干部职工进行组织谈话，经查均无受到影响及给予过帮助。4月，对其严重违纪违法人员形象的书刊、歌曲歌词、图文等各种形式的文字音像资料46项4018本，进行收集统计，妥善处理，打包封存。根据上级要求落实专项清理整改行动，清查“混基层”，清理“裸官”行动，清理领导超职数。9月，对全县中小学进行清理清查“吃空饷”“停薪留职”和长期请假人员相关工作，经查，全县教育系统不存在“吃空饷”现象。

【教师队伍建设】 2018年，五华县教育局抓好师资队伍培训，以全面提升全县中小学

（幼儿园）教师整体素质为主线，开展中小学、幼儿园教师全员培训。暑假，集中组织开展中小学教育教学管理能力提升培训，先后组织 12 个班，共计 800 人，参加不同形式的教师培训。其中县内培训 4 个班（357 人），包括幼儿园教师资格持证培训 A 班、B 班，小学校长(完小)培训 A 班、B 班；外出培训 8 个班(443 人)，分别是学前教育(幼儿园)行政管理能力提升研修班(广州)，高(完)中校级领导岗位高级研修班（上海、南京），小学正副校长岗位培训班（山东），创建名师工作室（南京、浙江），高初中德育主任岗位培训班（山西），高初中优秀班主任岗位培训班（湖南），校地美术骨干教师培训班（广州），高中教育教学管理能力提升培训班（湛江、潮州、蕉岭）。通过培训研修，有效地促进五华县中小学教育教学水平。新招人员充实教师队伍,秋季招聘教师 137 人，学校会计 5 人，主要补充到农村学校任教。通过梅州市引进急需紧缺人才，引进全日制硕士研究生 9 人到五华县高中学校任教。不断完善人事档案信息，清理归档材料近 4.3 万多份，其中工资表 3 万多份，年度考核表 1 万多份，教师资格认定材料、学历、职称、考察材料共 3000 多份。全年吸收上岗的大、中专毕业生和研究生共 201 多人，对这些教师的档案进行建档。做好档案的传递，全年调出教师人事档案 15 份，辞职人员 8 份，转递档案 180 多份。抓好职称改革工作，认真贯彻执行省、市深化中小学教师职称制度改革实施方案，认真做好 2017 年中小学教师职称通过人员发证工作及中小学教师职称岗位 679 人的聘用工作等。

【“县管校聘”工作】 2018 年，五华县教育局稳妥推进“县管校聘”工作，按照省市“县管校聘”改革工作要求，与县编办、县人社局、县财政局联合印发《关于推进中小学教师“县管校聘”管理改革的实施意见》，进一步深化全县中小学教师管理体制机构，实行总量控制，科学管理使用，完善中小学教职工岗位设置管理、岗位聘用管理、师资配置机制。

其他教育

【职业教育】 2018 年，五华县职业教育蓬勃发展。教育局通过定目标、分任务、定制度、强管理等措施，职校招生和送生工作取得良好成果。继续全力推进华城职业技术学校的扩建工作，全年华城职校招生全日制学生 158 人，技工学校招生 1008 人，基本完成计划数；输送到外县市就读中职学校学生有 3900 人，完成计划数 100%。

【成人和社区教育】 2018 年，五华县充分发挥镇、村成人技校的主阵地作用，大力发展成人和社区教育。全县举办各类专业技术班 263 班次，参加学习的有 100683 人次，对推动农村经济发展起示范作用。

【幼儿教育】 2018 年，五华县编制出台《五华县发展学前教育第三期三年行动计划（2017—2020 年）》，确定在琴江新城布新中路水寨大道入口 30 米处（富源庄园后侧）新建 1 所公办幼儿园，面积约 0.93 公顷。认真组织民办学校设置评估委员会进行办园条件评估、验收工作，全年获得办学许可幼儿园 16 所。2018—2019 学年度，全县 3 ~ 6 周岁幼儿入园率 98.5%。

表彰奖励

【先进学校】 2018年，五华县有先进学校17所，分别为：华城镇中心小学、河东镇中心小学、周江镇中心小学、平南中学、油田中学、双华中学、硝芳中学、周江中学、太坪学校、华东中学、梓皋学校、兴华中学、棉洋中学、琴江中学、萃文中学、县第一小学、特殊教育学校。

【表扬学校】 2018年，五华县有获得表扬学校17所，分别为：龙村镇中心小学、棉洋镇中心小学、横陂镇中心小学、中兴中学、梅林中学、大都中学、大田中学、双头中学、华新中学、潭江中学、河东中学、华西中学、五华中学、水寨中学、皇华中学、南山小学、县示范幼儿园。

（胡旭明）

五华县教育局2018年度负责人名录

局　　长：李作华

副 局 长：卓力平　陈雨新

　　　　　曾宪猛　甘森华

党组成员：邹展强　李玉琪

　　　　　钟党正

五华开放大学

【教师队伍建设】 2018年，五华开放大学有在编教职工14人，其中副教授职称1人，中级职称2人，初级职称1人，外聘教师41人（有高级职称12人），借用教师7人。学校重视师资培训，加强政治和业务的培训，2018年实现全员培训，并鼓励青年教师参与学历进修，发表学术论文等。

【多元化办学】 2018年，五华开放大学继续拓宽办学思路，制定五华开放大学建设方案，明确学校发展方向，建设方案于11月1日通过省专家组的论证。与奥鹏教育、华师网络学院联合办学，有针对性开设本、专科专业，开设行政管理类、财经类、教育类、法律类、医学类、建筑类等26个文理专业。在广东开放大学和县委、县政府的大力支持下，开设具有地方特色的表演艺术（大专）专业，这个专业的开设对传承和保护五华非物质文化遗产起到积极作用。2018年，学校有89个教学班，在校学生3294人。在全省开放大学系统考核中，五华开放大学获得“良好”等次。

【招生工作】 2018年，五华开放大学的招生专业切合五华实际，招生方法得当，招生较多，生源素质较高。招生工作得到国家开放大学的表彰，是学校首次获得部级表彰。

【教学设施改善】 2018年，五华开放大学优化育人环境，新教学楼建设工作基本完工，建筑面积2282.75平方米。改造学校图书室，与县图书馆联合打造一个资源共享的多功能图书室，对广大师生和市民开放，为他们提供良好的阅读通道。

【精准扶贫】 2018年，五华开放大学对精准扶贫村华城镇兴中村的帮扶力度加大，投入16万多元做好精准扶贫及乡村振兴工作，帮助2018年要脱贫的精准扶贫对象顺利脱贫，脱贫率100%。

【党建工作】 2018年，五华开放大学提高政治站位，狠抓党建工作。学校制定《2018

年五华开放大学党支部理论学习中心组学习计划暨学习型党组织建设工作计划》，把中心组学习当作一项严肃的政治任务，以学校理论中心组为龙头，以集中学习为抓手，将理论学习覆盖学校全体党员干部职工。并且严格执行“三会一课”制度，积极组织开展主题党日活动，使全体教职工的政治理论素养得到提高，政治意识，大局意识，核心意识，看齐意识不断增强。同时为牢牢把握好意识形态工作领导权主动权，教育引导全校师生坚定对马克思主义的信仰，坚信社会主义和共产主义的信念。开展坚决全面彻底肃清李嘉、万庆良恶劣影响的各项工作，加大力度进一步开展贯彻落实中央八项规定通知精神，积极开展机关作风“脸难看、事难办”问题集中整治活动，营造良好的教育工作氛围。被县委、县政府评为2018年机关作风建设先进单位。

五华开放大学2018年度负责人名单录

校　长：黄炎权

副校长：周松盛　巫文清

社会科学

党史研究

【党史征研编写】 2018年，县委党史研究室认真做好《中共五华县地方历史二卷》(以下简称党史《二卷》)《五华县革命老区发展史》《曾国华传》征研编写工作。党史《二卷》初稿在反复修改补充的基础上，形成征求意见稿，送县五套班子全体领导、县直有关单位、部分离退休老同志审阅征求意见，形成送审稿报送中共梅州市委党史研究室审阅，根据收集梳理的意见进行第8次修改完善，确保党史《二卷》史料更准确、内容更翔实。《五华县革命老区发展史》的编纂，实行五华县老促会牵头，党史部门参与的工作机制。年初落实专门的编写工作经费、成立专门的编写机构并分工落实。先后召开2次编目安排研讨会、3次工作推进会，9月底基本完成初稿的编写，为提高书稿质量，组织熟悉党史的老同志参与编写统稿。《曾国华传》征研编写委托深圳市瑞霖文化公司组织熟悉党史、军史的专家进行撰写，于年底形成初稿(全书分16章，约12万字)，该书政治观点正确、史料翔实丰富，真实重现曾国华将军戎马传奇的一生。

【革命旧址修缮保护开发利用】 2018年，县委党史研究室经过广泛调研论证，制定《五华县修建革命史迹传承红色基因工作实施方案》，并落实每一个项目的主体责任，汇同县委组织部统筹协调抓落实。至年底，全县37处红色项目不同程度地得到推进。协助双华镇竹山村做好红色党建示范点的建设，把好布展质量关。申报“五华县人民政府诞生旧址（福庆楼）和五华县第一个农民协会旧址（祥裕楼）”两个红色革命旧址作为 2018 年市级革命史迹修缮财政支持项目，争取上级修缮资金 140 万元。

【五华奥体中心红色体验馆建成开放】 2018 年，县委党史研究室按照县委、县政府的部署要求，积极做好五华奥体中心红色体验馆规划，布展工作。该馆占地面积 1085 平方米，设展厅 3 个，利用场景、光影、声像、雕塑、媒体、图版、文字、绘画等传统和现代科技表现手段，展示珍贵历史文献资料字数 4 万多字、历史图照 300 多张、臆想图 40 多张、大型油画 3 张、艺术浮雕 3 座、多媒体投影系统数套，全方位展示近一个世纪以来，英雄的五华人民在中国共产党的领导下，革命斗争波澜壮阔，社会主义建设事业成就辉煌的光荣历史。该馆是梅州市第一个以现代科技手段来体验红色革命文化的科技馆。2019 年元旦建成向公众免费开放。

【党史宣传教育】 2018 年，县委党史研究室认真撰写党史文稿，在各新闻媒体宣传五华，并做好党史教育宣传活动。1. 加大红色文化的挖掘和宣传力度。积极挖掘五华丰富的党史资料，先后撰写《五华挑盐人血泪浸染的沧桑古道》《五华盐道与海丰农运史紧密相连的一段古》《沧桑古楼　红色印记》《妇女十二月痛苦歌》《澎湃赠古大存大马刀》等党史文稿，在国家、省、市县各级报纸杂志和网站等新闻媒体上发表；制作《中央苏区　红色五华》宣传视频，在公共场所播放；完成《红色故事》和《英烈家书》五华部分的组稿工作，大力弘扬五华苏区革命精神。2. 依托基层文化阵地和爱国主义教育基地等，开展党史教育宣传活动。配合县有关单位开展党日活动和爱国主义教育活动，安排人员到五华革命烈士纪念碑、五华县委诞生旧址（庵子塘）、古大存故居、奥体中心红色体验馆等红色场所进行讲解，大力弘扬五华革命老区的红色文化。3. 协助做好红色文化宣传场馆的布展。配合宣传部门做好蒲丽顶新时代红色文化讲习所的布展史料征集、展陈设计等工作；协助做好南泮山中央苏区（五华）历史博物馆筹建申报的各项工作。

【党风廉政建设】 2018 年，县委党史研究室大力抓好党风廉政建设。1. 认真做好巡视整改落实工作。立足本单位实际，坚决全面彻底肃清李嘉、万庆良流毒影响，主动认领巡视反馈意见“传承红色基因‘仪式化’重形式轻实质”问题的整改责任，采取有效措施进行整改。2. 切实转变机关作风。组织全室干部职工完成学法和学法考试任务，切实增强干部职工懂法、守法意识、筑牢廉洁自律的思想城墙，转变工作作风，树立良好形象。3. 强化党风廉政建设责任制落实。坚决杜绝利用名贵特产类特殊资源谋取私利问题，教育党员干部特别是领导干部和财务工作人员自觉廉洁修身、廉洁齐家，严格落实个人信息报告制度，如实向组织报告个人有关事项，接收组织和群众监督。

（邹菲菲）

中共五华县委党史研究室 2018 年度负责人名录

主　任：古江南

副主任：黄焕坤　江连辉

地方志工作

【年鉴编纂和地方志资料年报收集】 2018年，五华县人民政府地方志办公室（以下简称五华县地方志办公室）坚持“一年一鉴”的工作要求，严格流程，高质量编纂出版《五华年鉴（2018）》。严格按照年鉴新的体例和结构，制订《五华年鉴（2018）》工作进度表，明确工作任务，人员职责分工及时间节点，责任到人。从征稿、催稿到指导，注重在稿件源头把关，提高年鉴的质量，并多渠道广泛征集和搜集补充材料。力争年鉴资料全面、准确，篇目合理，行文规范。创新结构内容，增强年鉴可读性。对年鉴结构进行调整，内容上增加年度重点、亮点工作纪实，增加时政和反映五华人文风情的图片数量，使年鉴更具可读性。至年末，《五华年鉴（2018年）》交付出版社印刷。根据《广东年鉴》《梅州年鉴》组稿工作编写大纲要求，及时研究、制定和布置编纂工作计划，落实撰稿人员，明确任务分工；按时按质完成上级组稿任务。做好地方志资料年报工作。全年上报年报资料单位113个，为下一轮修志提供资料准备。

【自然村落历史人文普查】 2018年，五华县自然村落历史人文普查工作按照时间节点安排扎实推进。完成全县1419个自然村的普查资料，普查文稿通过市级验收终审，五华卷全部送省方志办审核出版。五华县是全市第一个全面完成自然村落历史人文普查文稿验收终审任务的县。为充分开发利用自然村落历史人文普查的成果，助力乡村振兴，精准扶贫、精准脱贫，五华县地方志办公室与县扶贫开发局合作，整合全县92个省定的贫困村的普查资料编纂成书——《五华县精准扶贫村情集成》，印刷3000本发放至县直相关单位和镇村及扶贫工作队。

【《梅州古驿道（五华卷）》编纂】 2018年，五华县地方志办公室根据市政府要求和市方志办工作布置，对编纂《梅州古驿道（五华卷）》工作高度重视，开展扎实有效的工作。1.加强领导，成立由县政府分管副县长、县直有关单位、古驿道沿线各镇镇长组成的《梅州古驿道》五华县古驿道编纂领导小组和业务机构（编辑部）。2.制订五华县古驿道编纂工作实施方案。邀请有关专家进行详细、严谨的考证，深入到驿站、铺和古驿道实地调研，查找遗址、摄像存档等，查清五华县2个驿30个铺的位置；以旧县治华城为中心，分别向兴宁（2条）、龙川、紫金、陆河县辐射的5条210千米古驿道的线路走向和途径村落现在的名称，5条古驿道经过的10个镇（分别是水寨镇、河东镇、转水镇、华城镇、岐岭镇、潭下镇、长布镇、横陂镇、安流镇、棉洋镇）143个行政村。查清经过五华县的3条盐运路线，盐道途径10个镇78个行政村，总长210.9千米。对全县古驿道、古盐道的概况逐条进行认真收集和编写，将每条古驿道都分为风景名胜、传统民居、文胜古迹、风传逸闻、民俗风情、人物传记、美食荟萃、古树名木、民间艺术；盐道沿线党组织，盐道沿线的农民运动，盐道沿线的铁匠与兵工厂、盐道沿线发生的几次重大战斗等版块进行编写，并配与实地拍摄的相片，见证和还原五华古驿道、盐道沿线商贸曾经的繁华和五华红色的革命历史。

【旧志校点】 2018年，五华县地方志办公室全力做好旧志校点整理工作。积极筹集经费，做好清康熙二十六年《长乐县志》校点整理的各项工作。8月，清康熙二十六年《长乐县志》完成校点整理并重印发行，该志分“舆地志、建置志、秩官志、选举志、人物志、籍产志、系年志、艺文志”8卷，字数约14.8万字。是继清康熙二年《长乐县志》校点重印发行后的第四本旧志。至此，五华县现存的1949年前编修的四部县志，全部完成校点发行。

【党建工作】 2018年，五华县地方志办公室以习近平新时代中国特色社会主义思想为指导，坚决贯彻中共十九大会议精神，全面落实新时代党的建设总要求。加强学习教育，以党的政治建设为统领，增强“四个意识”，坚定“四个自信”，做到“两个维护”，自觉用习近平新时代中国特色社会主义思想统领地方志的一切工作高标准，严要求。召开民主生活会，坚决拥护党中央对李嘉、万庆良严重违纪案的处理，坚决全面彻底肃清李嘉、万庆良恶劣影响，加强推进党风廉政建设和反腐败斗争。坚持“三会一课”的学习制度，“两学一做”学习教育常态化。把党支部建设成为坚强的战斗堡垒，锻造一支政治素质高，作风过硬，本领高强的党员干部队伍，抓党建促工作，取得新成效。

五华县人民政府地方志办公室2018年度负责人名录

主　任：曾繁波

副主任：黄培邦　钟定云

档案管理

【档案馆藏】 2018年，五华县档案局（馆）进馆档案642卷、5717件，进馆资料35册。现有馆藏全宗108个，馆藏档案47207卷、78342件，另有资料7180册，非纸质档案1888张（合）；全引目录单份总数为530本。

【档案开发利用】 2018年，五华县档案局（馆）开展现行文件利用和档案资料开发工作。全年接收现行文件45份，电脑著录文件级条目数3383854条，案卷级条目数18916条，完成纸质档案数字化扫描90万页数。全年为查阅利用者提供利用档案113卷、375件，397人（次），现行文件利用158份、133人（次）。

【档案管理】 2018年，全县机关、企事业单位普遍建立综合档案室，各单位达标升级次数153个（次）。其中省特级23个（次），省一级5个（次），省二级125个（次）。五华县档案局（馆）全年组织业务骨干指导县房管局、县委党校、县总工会、县安监局、县蓄能办和县民政局等单位的文书档案以及提前介入协助做好农村土地确权档案，使其能按照标准化、规范化进行整理、立卷、归档。

（巫秀梅）

五华县档案局（馆）2018年负责人名录

局（馆）长：钟祝莲

副局（馆）长：吉瑞琦　杨伟沧

文 化·传 媒

文学·艺术

【简况】 2018年，全县有图书馆、文化馆、博物馆、采茶戏传承保护中心、提线木偶传习所、华文电影公司、长乐学宫、五华县狮雄山秦汉遗址管理处各1个，镇文化站16个，各类社会文化娱乐场所59家（含网吧、歌舞娱乐场所、电子游艺室），新闻出版企业67家（含音像制品书报刊门店、印刷业等）。

【广场文化】 2018年，五华县文化广电新闻出版局（以下简称五华县文广新局）积极做好送戏送影下乡工作。县采茶戏传承保护中心累计举办文化惠民送戏下乡活动38场，足迹遍布16个镇，观众6万多人次；组织开展各项专题宣传演出32场，其中，组织开展“情系政法”专题演出16场，组织开展专题“实施国家节水行动，建设节水型社会”文艺巡演6场，组织开展“扫黑除恶”专题巡演活动10场。同时向近3年来戏曲演出未覆盖的10个贫困村开展文化惠民演出活动。县提线木偶传习所完成惠民演出37场，其中，以“文化和自然遗产日”为主题5场，以“精准扶贫”为主题3场，以“非遗进校园”为主题3场，以“扫黑除恶”为主题3场，以“戏曲进农村”为主题10场。华文电影有限公司全年完成农村公益电影放映和全县中小学爱国主义电影放映6660场次。同时积极开展“非遗”木偶戏、客家山歌、采茶戏曲进校园传承教学等活动，群众文化生活日益丰富。

【民间艺术】 2018年，五华县文广新局为传承保护好五华非物质文化遗产，县非物质文化遗产保护中心全方位积极开展各项传承保护工作。在“国家文化和自然遗产日”组织开展“多彩非遗，美好生活”主题系列活动之“非遗”文字、图片展览，竹马舞、采茶戏进社区活动；组织知识讲座，组织举办梅州市2018年公共文化服务“三百工程”《叶剑英关于经济现代化的思想理论与实践》讲座，参加讲座人数73人。举办竹马舞表演艺术培训人数60人，拉丁舞公益培训人数35人，免费开放太极培训260多人，拉丁舞培训700多人，器乐培训280多人，书法培训190多人，美术培训90多人。

群 众 文 化

【文化活动和群文辅导】 2018年，五华县积极开展各类文化活动和做好群文辅导工作。1.图书馆开展“我的图书馆”征文活动，并推荐优秀作品参加粤港澳三地联合举办“我的图书馆——2018年世界阅读日粤港澳创作比赛”评奖活动。其中，1人获得广东赛区二等奖，3人获得三等奖，2人获得优秀奖，指导老师李彩琼获优秀指导奖；开展“关爱老年人健康”知识讲座、“粤读越精彩”全民阅读系列活动之“百馆荐书、全城共读半小时”活动；组织开展图书馆服务宣传周活动，活动期间，在馆内推出优秀励志图书2000册；在大厅播放爱国主义教育片和红色经典影片。2.五华县文化馆在“国家文化和自然遗产日”组织开展“多彩非遗，美好生活”主题系列活动之非遗文字、图片展览，竹马舞、采茶戏进社区活动；组织知识讲座，组织举办梅州市2018年公共文化服务“三百工程”《叶剑英关于经济现代化的思想理论与实践》讲座，参加讲座人数73人。举办竹马舞表演艺术培训人数60人，拉丁舞公益培训人数35人，免费开放太极培训260多人、拉丁舞培训700多人、器乐培训280多人、书法培训190多人、美术培训90多人。3.五华县博物馆与中国客家博物馆在五华县高级中学巡回展出“梅州市好人好事事迹展”“红色记忆　银幕故事画报实物展”等展览，得到广大师生的广泛好评。特别是与五华县纪委联合举办“学廉洁成语讲传统故事”展览，送展到各镇巡回展览，由各镇发文组织干部和各村（居委）会干部，约1万人次参观学习。

【基层文化设施建设】 2018年，五华县文广新局按照要求进一步完善镇村公共文化基础设施，加快构建覆盖城乡、面向广大群众的公共文化服务体系。完成133个村文化广场建设、179个村综合性文化服务中心建设，实现行政村全覆盖。建成农村文化俱乐部15个，丰富群众文化生活，充分保障群众的基本文化权益，推动基层文化繁荣发展。

【“三馆”免费开放】 2018年，五华县图书馆新购置各类图书4000册，征订各类报纸杂志300余种，年接待读者17万人次，借阅32万册次，办证1100多张，免费发放电子图书借阅证，向机关、企事业单位发放借阅证1500余张。五华县博物馆全年举办各类展览6场，参观人数8万多人次。五华县文化馆积极开展群文活动，举办“五华县纪念改革开放40周年美术书法摄影作品展”，展出作品90件，参观人数600多人，同时组织梅州市2018年公共文化服务“三百工程”《中华人民共和国公共文化服务保障法暨公共图书馆法宣传解读》展览。

2018年10月，五华县文化馆举办“五华县纪念改革开放40周年美术书法摄影作品展”

专业文艺团体

【提线木偶传习所】 2018年，五华县提线木偶传习所选送7名学员到福建省泉州市参加2018年度国家艺术基金人才培养资助项目“提线木偶表演人才培养”培训班，培训为期2个月，所参加的学员学成归来，整体技艺水平得到质的提升。

2018 年 11 月 23 日，五华县提线木偶传习所参加第七届木偶皮影中青年技艺传承展演暨国际木偶皮影历史传承与当代发展研讨会

【采茶戏传承保护中心】 2018 年 9 月，五华大型采茶戏《月照城乡》和折子戏《望婿成龙》应邀参加由文化和旅游部艺术司、中共江西省委宣传部、江西省文化厅、抚州市人民政府共同主办的 2018 年“茶香中国”首届全国采茶戏会演，并得到好评。

【文博事业】 2018 年，五华县有省级文物保护单位 8 处，市级文物保护单位 11 处，县级文物保护单位 67 处。做好文物保护工作，完成古大存故居、狮雄山塔、长乐学宫修缮工作；完成李威光故居、李惠堂旧居布展陈列前期设计规划工作；对全县文物保护单位 86 处进行消防安全检查，出动 172 人次，立即整改隐患 5 处，限期改正 2 处；制定客家围龙屋调查工作方案；协助县委、县政府做好李惠堂文物征集工作，先后到广州、深圳、上海、香港等地，征集有价值文物 80 多件。

【社会文化市场】 2018 年，2018 年，五华县文广新局加强社会文化市场管理。1. 行业管理更加规范。全年受理文化市场经营许可申办 21 件，出版物变更 3 件，出版物注销 3 件。其中出版物经营许可设立 12 件，网吧设立 1 件，歌舞娱乐场所设立 1 件，游艺娱乐场所设立 1 件，文艺表演团体设立 2 件。2. 综合文化执法不断加强，文化市场综合执法队以深化扫黄打非、净化社会文化环境为重点，以查处文化市场违法违规经营为抓手，组织执法人员对全县网吧经营场所检查 900 余家次，出动检查人员 3500 余人次，出动检查车辆 130 余辆次，立案并给予行政处罚的网吧 2 家，处罚款 1.2 万元。歌舞娱乐场所专项整治行动出动执法人员 750 余人次，出动执法车辆 65 余车次，检查歌舞娱乐场所 260 余家次，处行政处罚警告 2 家，报送县工商部门无证经营场所 15 家，排查安全隐患 32 处。3. 深入开展“扫黄打非”工作，出动执法检查人员 850 人次，检查各类文化市场经营场所 600 余家次，收缴盗版音像制品 800 余张，各类图书刊物 1100 余册（本）。4. 定期组织业主培训。全年先后举办各类文化企业经营业主学习培训会 6 期，传达省、市相关文件精神，学习相关的法律法规知识，跟各企业业主签订《守法经营承诺书》《安全生产责任书》228 份。

（马煌标）

五华县文化广电新闻出版局 2018 年度负责人名录

局　长：曾勇辉

副局长：魏俊林　汤汉高

曾晓东

广 播 电 视

【简况】 五华县广播电视台是五华县级主

流媒体，设有电台、电视台各1座，全台有干部职工63人。内设7个机构，包括办公室、总编室、新闻中心、信息技术中心、传输播控中心、广播电台、影视专题中心，台下设华乐传媒广告有限公司，广告经营收入全额上缴财政。该台认真履行广播电视职责，坚持抓好三大重点工作。一是把握正确的舆论导向，紧紧围绕县委、县政府中心抓好宣传报道。二是抓好广告经营管理，着力为县财政增加创收。三是抓好安全播出和队伍建设，确保完成各项任务。全年度，广播电台播出新闻稿件1780条,其中被上级台采用240条；电视台播出新闻稿件2016条，其中被上级台采用383条。

【新闻宣传】 2018年，五华县广播电视台坚持党媒姓党原则，深入贯彻落实意识形态工作责任制，充分发挥主流媒体舆论引领作用，着力提升新闻宣传水平，为五华振兴发展提供强大的舆论支持。1．外宣上稿提质提量。坚持讲述五华好故事、传播五华好声音的原则，紧贴县委、县政府中心工作，精心策划新闻选题、选准报道方式，并及时准确、全面深入地宣传报道全县经济和社会事业发展的新思路、新举措、新典型、新成效。全年采编、制作时政新闻和上送市台数量和质量都有明显提升，为五华县的快速发展、谋势造势、讲好五华故事营造浓厚氛围。2．内宣策划亮点纷呈。从1月1日起，新开设一档《五华一线》栏目，于每周一、三、五晚上8时首播，周二、四、六晚上8时重播。节目聚焦百姓关注的热点、难点、焦点问题，全播出144期828条新闻，其中被上级台采用122条。结合全县的重点工作，在电视台、微信公众号开辟《乡村振兴》《巡视整改在行动》《扫黑除恶专项斗争》《振兴山区教育》《作风环境大家谈》《学习贯彻习近平总书记视察广东重要讲话精神》《聚焦县委十三届七次全会和解谈全会精神》《创文》《创卫》《倡导文明新风、诵读经典文化》等10多个专栏，为建设“工匠之乡·宜居五华”营造浓厚氛围。3．媒体推送及时有力。紧紧围绕县委、县政府中心工作，积极开设专栏、制作图文并茂的资讯、转发中宣部和央视联合创作的《平“语”近人——习近平总书记用典》等，做到“中心工作天天有、重点工作日日发”，形成良好的宣传氛围，增加社会知晓度。五华新闻官方微信公众号全年推送新闻2000多条，关注量达到7万多人。

【广播电视安全播出】 2018年，五华县广播电视台始终绷紧安全播出这根弦，明确职责分工，严格落实安全播出各项要求。1．加强领导，精心组织。党总支委会议每月对安全播出工作进行部署，建立健全安全播出应急预案，使安全播出规范化、制度化。成立由宣传部主要领导、分管领导，县电视台领导班子、新闻中心正副主任组成的“五华新闻编审群”，对每天播出的五华新闻稿件进行审阅、把关；同时县广播电视台领导班子每周对新闻的编审进行轮流值班，进一步提升新闻质量，确保新闻的播出安全。2．加强值守，严密防范。落实节日带班领导和值班人员，定期组织对播出、发射等设备进行全面检测，发现安全隐患，及时组织排查解决。严格执行机房24小时值班制度，确保播出、发射等重要岗位昼夜专人值守，认真落实出入机房人员登记管理，严禁无关人员进入机房。3．严肃纪律，保障安全。认真贯彻落实意识形态工作责任制，进一步严肃新闻宣传纪律，实行新闻报道初审、复审、终审“三审”制。不定期开展新闻从业人员职业道德教育，要求新闻从业人员要加强自身思想政治、职业道德修养和文明礼貌修养，从讲政治、讲大局、讲纪律的高度，树立“四个意识”，开展新闻宣传工作，自觉维护五华整体形象。

【队伍建设】 2018年，五华县广播电视台强化党建主体意识，抓紧抓实主体责任，干部队伍的精、气、神有明显提升。1. 坚持用制度管人管事。县广播电视台于5月通过《五华县广播电视台绩效工资考核方案》并实行，将干部职工的工作纪律、安全播出和总体工作评价、工作态度、履行职责情况等列入考核内容，充分调动干部职工的工作积极性。严格执行《五华县广播电视台机关干部职工请（休）假管理制度》，落实专人登记管理，将干部职工考勤情况每周进行统计、公示，并把考勤情况列入绩效考核内容。2. 抓党建提升事业产业水平。台党总支率先垂范，引领4个党支部严格落实“三会一课”制度，健全理论学习中心组学习制度。严格落实县党廉办《关于开展谈话提醒构建抓早抓小工作机制的意见》要求，开展谈话提醒37人次。扎实抓好党建制度的更新，在宣传栏中设立“党员风采”专栏，各党支部每季度评出先进党员1名，在干部职工中大力弘扬党员的先锋模范作用。编印《五华县广播电视台党建制度汇编》，并分发到各室中心、各党支部，进一步提高电视台党建工作的制度化和规范化水平。加强党性教育培训，“七一”期间，组织全台党员干部开展重温入党誓词、走访慰问党员、主题党日、党员考学、书记讲党课等系列纪念中国共产党建党97周年活动，组织党员到三河坝战役纪念馆参加红色革命教育。3. 抓队伍建设凝聚内生动力。组织班子成员、中层干部和业务骨干到广州番禺区广播电视台、山东青岛电视台、湖南韶山党性教育专题培训班、江西省分宜融媒体中心、河南省汝州融媒体中心和项城融媒体中心、北京市延庆融媒体中心、浙江传媒学院、浙江省长兴融媒体中心、广东省广播电视台融媒体建设高峰论坛等学习考察和培训共8批17人次，邀请中国广播电视实战专家团阚乃庆来台作《新闻频道自办节目专家诊断》《新媒体时代电视节目的内容升级和形式创新》辅导，通过“走出去、请进来”等形式，进一步提高干部职工的业务水平。4. 不折不扣抓好巡视整改落实工作。按照中央、省、市、县关于巡视整改工作要求，切实提高政治站位，把落实巡视整改工作作为全台上下的重要政治任务，成立以台长为组长的巡视整改工作领导小组，下设整改落实办公室，加强巡视整改工作的统筹协调。按照要求，高质量召开巡视反馈意见整改落实和肃清李嘉、万庆良恶劣影响“二合一”专题民主生活会；对标整改问题，高质量抓好选人用人和党建工作问题、意识形态工作问题的整改落实，健全完善《五华县广播电视台新闻节目审查制度》《五华县广播电视台三审三校制度》等。

【广告创收】 2018年，五华县广播电视台着力挖掘客户需求，注重广告方案的策划，结合全县实际，对行业性广告进行规范完善，重点突破房地产、活动类营销市场，赢得广告市场，为客户创造价值。定期对新老客户进行回访，听取他们对广告宣传的建议与意见，对不同时段、不同节目的收视群体，策划制定合适的广告投放方案。2018 年度，电视台广告创收 200 万元。

【其他各项工作】 2018 年，五华县广播电视台切实履行职责，狠抓各项工作任务落实。1.抓好安全生产。围绕县委、县政府 2018 年安全生产工作目标，履行安全工作成员单位的职责，结合职能，加大安全生产工作宣传。按照“预防为主、加强监管、落实责任”指导方针，与各室（中心）负责人签订《安全生产责任书》，落实工作责任。认真开展安全生产隐患大排查，主动落实整改措施，确保安全。2.抓好综治维稳和平安建设工作。定期播放全县治安警情和案件信息，以及黄赌毒等危害警示教育宣传片，着力宣传群治联防的好人好事，引导和教育全县广大群众共同维护社会和谐稳定、平安建设。3.抓好精准扶贫工作。落实扶贫工作责任，安排 2 名干部到郭田镇三坑村开展精准扶贫工作，定期组织干部职工到精准扶贫工作挂点村三坑村开展走访慰问活动。全年投入郭田镇三坑村帮扶资金 2.6 万元。4.抓好“双创”工作。按照县委、县政府的部署要求，开设“双创”专栏，滚动播放“双创”公益宣传广告，投入支持澄湖村绍忌、学富村民小组创国文经费 2 万元。5.注重抓好工会、妇女、共青团、精神文明建设等工作，积极完成县下达的各项工作任务，并充分利用媒体宣传平台，加大综治、精神文明、工、青、妇等工作宣传力度，为全县各项工作加油鼓劲，营造浓厚的宣传氛围。

（周彩梅）

五华县广播电视台 2018 年度负责人名录

台　长：廖伟军

副台长：张让权　曾良

总经理：魏志锋

体　育

【群众体育】 2018 年，五华县体育部门认真执行党的体育工作方针，全面贯彻落实国务院颁布的《全民健身条例》，多渠道筹集体育资金，广泛组织全县群众开展体育活动和全民健身运动，举办各种形式的群众体育活动，全力推动全民健身运动的开展。主要活动有：2 月，五华县体育局举办 2018 年春节第十七届“球王杯”足球和 2018 年元宵节第十四届“状元杯”篮球赛；4 月，在五华县综合训练馆和风雨操场举办以“庆五四·爱五华”为主题的青年篮球邀请赛；5 月，在五华县综合训练馆举办 2018 年五华县第三届“体彩杯”中小学生羽毛球混合团体赛，同月举办“全民健身·幸福五华”2018 年广东五华第三届环五华超越百公里骑跑活动；6 月，举办五华县第四届“育苗杯”少儿围棋锦标赛，同月举办 2018 年

五华县举办球王故里之旅·2018 中国·梅州五华骑跑铁人两项赛暨第二届国际半程马拉松赛

“我要上全运”·千人瑜伽暨第三届国际瑜伽展示会；8月，举办五华县2018年广东省第十九届“体育节”活动暨五华县第四届“中国体育彩票杯”乡镇足球联赛，同月举办五华县2018年全国百城千村健身气功展示会；12月，举办球王故里之旅·2018广东五华美景里程骑跑铁人二项赛暨第二届国际半程马拉松赛。

五华队获得广东省“省长杯”青少年足球联赛（竞技组）暨省青少年联赛女子U13组冠军

【业余训练】 2018年，五华县获得市级以上冠军11个，其中：3月，五华2008年龄组男足获广东省民间青少年足球联赛冠军；7月，五华田家炳中学获得第二届全国田家炳中学高中生男子足球邀请赛冠军；9月，五华队获得梅州市足球选调赛（2005年龄段女子组）冠军，获得梅州市足球选调赛（2006年龄段女子组）冠军；10月，五华队获得“中盛国际”珠三角少年足球精英邀请赛冠军，获得“国庆和合杯”全国青少年足球精英邀请赛冠军，获得梅州市足球选调赛（2007—2008年龄段女子组）冠军，获得梅州市校园足球“市长杯”初中组男足冠军；11月，五华队获得广东省“省长杯”青少年足球联赛（竞技组）暨省青少年联赛女子U13组冠军，获得广东省“省长杯”青少年足球联赛（竞技组）暨省青少年联赛男子U10组冠军，获得广东省“省长杯”青少年足球联赛（竞技组）暨省青少年联赛男子U11组冠军。

五华奥林匹克体育中心

【体育产业】 2018年，五华县体彩业稳步增长。全县体彩销售网点48个，全年销售彩票2300万元，完成市要求全年销售额2200万元任务。国家运动休闲特色小镇（五华足球小镇）项目于2017年6月动工，至2018年年底，已完成征地66.67公顷，平整面积约60公顷，已夯实11个足球场地基，道路等市政工程有序推进。奥体中心惠堂体育场基本建成验收；威光体育馆主体土建工程完成，进入装修和机电安装阶段。五华县曲棍球基地于2018年5月开始动工建设，12月底建成使用。球王李惠堂博物馆完成打桩固定墙基，工程围蔽施工。完成下新队渔塘区的征收，完成核心区李惠堂博物馆左边水泥硬底化排水沟，确保施工不积水。五华元坑足球发源地遗址公园建设项目至2018年年底，完征地6.54公顷，全面清理启蒙园旧址、中书院旧址，完成足球之路长30米的挡土墙和环山跑道挡土墙高1.2米的施工，平整中书院场地和游客服务中心的场地，制订旧址保护措施。

【精准扶贫】 2018年，五华县体育局按照县委、县政府关于精准扶贫的工作安排，经过班子研究决定，选派优秀干部分别到周江崀头村、长布栋新村进行驻点帮扶，并组织班子成员深入到精准帮扶挂钩村——周江镇崀头村，走访慰问贫困户，实地调研帮扶项目和召开专题工作会议，把扶贫对象落实到每一个机关干部身上，推动新时期精准帮扶工作。

（李 权　李高文）

五华县体育局2018年度负责人名录

局　　长：廖焕雄

副 局 长：曾经纬　郑越兴

李国华

党组成员：李汉平

社会生活

五華年鑒

2019

民 政 工 作

【社会救助工作】 2018年，五华县城镇、农村低保对象最低生活保障人均补差水平分别从每月457元、206元提高到503元、228元；特困人员分散供养标准从每月700元提高到780元，集中供养标准从每月900元提高到950元；城乡低保对象政策范围内基本医疗救助比例达85%以上，建档立卡贫困人口政策范围内基本医疗救助比例达80%以上。扎实开展农村低保专项治理，加大低保、五保的核查、抽查、督查和公示力度，分类做好医疗救助、应急救助和重特大疾病医疗救助工作，确保“应救尽救”。全年共退出低保2277户10855人，新增低保1232户7126人；取消五保526人，新增五保242人。全县现有低保12685户38231人，其中，农村低保12425户37835人；城镇低保260户396人。现有五保4092人，其中，集中供养238人；分散供养3854人。全年发放医疗救助资金5349.01万元，救助109008人次（其中困难群众参保88862人、1954.964万元）。加强敬老院建设管理，努力打造五保老人“老有所养、老有所乐、老有所为”的温馨家园，县政府从县民政局、财政局、食品药品监督管理局、消防等部门抽调人员组成2个督查组，分别对全县16间敬老院的消防安全、食品安全、用电、厨房管理等进行专项督查，及时发现存在的问题，采取强有力的措施，狠抓整治落实，促使敬老院制度健全、管理规范、台账完善、消防设备完好、环境卫生整洁。

【救灾工作】 2018年，全县受灾人口1.08万人，转移987人，农作物受灾面积333公顷，直接经济损失2059万元；下拨春季救助款289.5万元，救助21510人次；公众责任险理赔3宗40万元；开展“5·12防灾减灾日”宣传活动，增强广大人民群众灾害风险防范意识；做好农房统保工作，共赔付38户16.925万元；投入资金216.2万元为108.1万常住人口购买自然灾害公众责任险；开展“大爱救心”工作，为5名患者办理申报资助手续；“广东扶贫济困日”活动共筹集资金648.8万元。

2018年5月11日，五华县副县长谢国泉（右二）、县民政局局长江锦城（右一）在“5·12防灾减灾日”宣传活动现场 （张志豪 摄）

【双拥、优抚、安置工作】 2018年，五华县民政局按政策提高各类优抚对象抚恤、生活补助标准，帮助重点优抚对象解决“三难”（医疗难、住房难、生活难）问题；为4251名优抚对象购买城乡居民医保，实行优抚对象医疗“一站式”服务；投入资金45.7万元，解决医疗保障优待43人次，投入资金14.65万元,解决退役军人生活困难优待238人次。举行“9·30烈士纪念日”活动，深切缅怀革命先烈的丰功伟绩，继承和发扬革命遗志。充分发挥县、镇、村三级复员退伍军人服务组织机构的作用，认真做好退伍军人、优抚对象信息采集的宣传和采集工作，确保全县涉军群体信访维稳工作形势稳定。全年接收退役士兵积极联系县内外名优企业到五华县招聘退役人员就业，为退役士兵就业创业提供平台；符合政策安排的11名退役士官全部安排在事业单位上班。

【基层政权和社区建设】 2018年，五华县民政局扎实开展村选“回头看”工作；狠抓“民主决策程序不到位、村民代表会议制度缺失、村务公开不到位和村务监督委员会缺失”的整改落实；进一步加强村务公开规范化和村务监督委员会建设；巩固村民理事会建设成果，积极探索长效的激励机制，以激发理事会成员的内生动力，营造比学赶超的良好氛围。

【社会行政事务管理】 2018年，五华县民政局加大殡改宣传力度，严格执行约谈制度，狠抓偷埋乱葬的整治，遗体火化率达100%,扭转长期以来全市唯一一个县遗体火化率未达100%的落后局面。狠抓违规建坟整治工作，制订《五华县开展违规建坟专项整治工作实施方案》和《五华县公益性生态公墓建设管理暂行办法》，成立由县委书记为组长的整治领导小组，县委通过召开专项整治动员会、书记专题会、工作推进会等对专项整治工作进行全面部署，扎实开展违规建坟专项整治和公益性生态公墓建设。通过排查统计，发现2013年以来，全县违规超标永久性坟墓有681座。该县采取“一坟一策”措施，对“三道两区”违规建造的坟墓进行平毁迁移、深埋并植草植树复绿。同时，采取疏堵结合方式，加快骨灰楼建设，对每个超过200平方米的骨灰楼给予20万元奖补。自2018年3月28日开展违规建坟整治工作以来，悬挂横额130条，竖立固定宣传牌100块，印发宣传资料4.8万份，编印《殡改简报》2期，起棺火化3具，整治复绿违规建坟59座。切实做好孤儿的生活保障工作，全县有孤儿495人（分散供养477人，集中供养18人）；严把残疾人“两项补贴”入口和发放关，落实残疾人“两项补贴”对象26228人。加快推进农村留守儿童关爱保护和困境儿童保障示范县的创建工作，县设立未成年人保护中心，16个镇设立“爱心之家”；通过县人社局向社会招聘25名农村留守儿童关爱保护和困境儿童保障督导员，分别充实到县未成年人保护中心和各镇民政办，不断加强农村留守儿童和困境儿童的管理。依法依规做好收养、救助、婚姻登记、养老托老工作，全年办理收养登记6人；结婚登记14050对，离婚登记2734对；救助流浪乞讨人员207人次。

【区划地名】 2018年，五华县民政局开展行政区域界线联合检查工作。

【社会组织】 2018年，五华县民政局积极培育和发展社会组织，全县依法登记的社会团体135个，民办非企业单位118个。

【福彩中心】 2018年，全县有福利彩票投注站31个、中福在线视频销售厅1间；全年销售福利彩票1992万元。

【老龄工作】 2018年，五华县民政局全面落实“银龄安康行动”，为全县户籍60周岁以上老年人购买老年人意外伤害综合保险，覆盖率100%；按时足额为104名百岁老人每人每月发放200元的长寿保健金，为27491名高龄老人（80~99周岁）每人每年发放200元的高龄津贴。

【精准扶贫　精准脱贫】 2018年，五华县民政局创新帮扶举措，加大对挂点村转水镇青塘村的帮扶力度，确保全部贫困户实现脱贫目标。

【双创工作】 2018年，五华县民政局认真履行周末卫生制度，每周五下午组织干部职工到卫生责任区进行清扫保洁；定期到卫生网格化责任地段进行巡查、加强整治工作，杜绝“六乱”现象。围绕该单位“创文”工作职责，认真做好各项工作，为全县创建全国县级文明城市做出积极贡献。

【扫黑除恶专项斗争工作】 2018年，五华县民政局把扫黑除恶专项斗争工作与集中整治民政领域涉黑涉恶及行业乱象五项专项行动结合起来，突出重点，广泛宣传，摸排线索，狠抓整治，确保实效。通过上级转办和自行摸排的方式，全年摸排线索7条，已全部办结。

【美丽梅州·美好家园城乡环境大提升行动】 2018年，五华县民政局结合“美丽梅州·美好家园”城乡环境大提升行动，深入到县城车站、桥梁、广场、公园等区域，加大对流浪乞讨人员的巡查救助和流浪精神障碍患者的救治力度，努力实现主要街道、公共场所无流浪乞讨人员。

【基础设施建设】 2018年，五华县民政局把民生工程建设作为提升民政公共服务水平的一项重要工作列入议事日程，想方设法

五华县殡仪馆升级改造后一角（张志豪　摄）

五华县革命烈士陵园全貌　（张志豪　摄）

推进工程建设。1. 殡仪馆升级改造全面完成。全年投入资金 1041 万元，全面完成殡仪馆升级改造任务，不断优化殡葬发展环境，全力提升殡葬服务水平；投入资金 51 万元，新购买 3 辆殡仪服务用车。2. 县革命烈士陵园基础配套设施建设扎实推进。在完成烈士陵园第一、二期工程建设的基础上，再投入资金 2400 多万元，完善革命烈士陵园基础配套设施建设。3. 镇级公墓山建设有序推进。水寨镇大岭公益性生态公墓已开垦山地 100 亩，完成墓穴 3000 多个。4. 第二批特困人员供养服务机构公建民营供给侧改革有序进行。已完成招标文书，送邀标单位第一养护服务（深圳）有限公司审议。

（张志豪）

五华县民政局 2018 年度负责人名录

局　　长： 江锦城

副 局 长： 邓志荣　黄文柱　周鉴贤

党组成员： 李清兰

百岁（含百岁）老人名录

经县民政局核实，至2018年12月止，全县有百岁以上（含百岁）老人有104人，其中男20人、女84人。

2018年五华县百岁（含百岁）老人基本情况表

表7

序号	镇 村	姓 名	出生年月	性别	年龄
1	水寨坝心	刘传娣	1912–07	女	106
2	水寨府前	胡妙恩	1917–06	男	101
3	水寨员瑾	蓝亚春	1917–06	女	101
4	水寨大布	周春英	1917–10	女	101
5	水寨七都	李进娣	1917–08	女	101
6	河东化裕	张琼香	1916–11	女	102
7	河东油新	曾亚招	1916–10	女	102
8	河东布头	古五娣	1907–05	女	111
9	河东三田	廖华香	1911–12	女	107
10	河东河口	李亚拾	1913–02	女	105
11	河东高车	杨龙华	1918–08	男	100
12	河东罗塘	范玉娣	1917–02	女	101
13	河东黄湖	胡亚章	1916–12	男	102
14	河东下一	刁茂珍	1916–10	女	102
15	河东化裕	谢其方	1917–09	男	101
16	河东平东	纪婵英	1918–03	女	100
17	河东社区居委	魏亚八	1918–05	女	100
18	转水新民	朱兆玉	1918–02	男	100
19	转水新民	曾茂香	1918–10	女	100
20	华城维西	叶思英	1914–08	女	104
21	华城维西	黄凤英	1915–11	女	103
22	华城黄金	冯亚满	1916–07	女	102

续表 7

序号	镇　村	姓　名	出生年月	性别	年龄
23	华城塔岗	高瑞先	1918–05	男	100
24	华城葵富	陈福英	1918–05	女	100
25	华城兴一	孔日娣	1918–08	男	100
26	岐岭凤凰	林云卿	1916–06	女	102
27	岐岭荣福	钟泗娣	1916–07	女	102
28	岐岭龙寨	何安中	1916–10	男	102
29	岐岭清溪	庞茂娣	1916–09	女	102
30	岐岭龙岭	刘凤娣	1915–03	女	103
31	岐岭孔目	魏墩育	1917–02	男	101
32	岐岭王化	魏玉凤	1918–11	女	100
33	岐岭清溪	钟凤招	1918–11	女	100
34	岐岭荷梅	曾亚群	1916–01	女	102
35	岐岭荷梅	蓝亚桂	1917–11	女	101
36	岐岭鲁占	黄戊娣	1918–04	女	100
37	长布粘坑	张亚珍	1913–08	女	105
38	长布栋岭	张丁运	1917–01	女	101
39	长布长生	张二妹	1918–01	女	100
40	长布蓝塘	邓二妹	1917–08	女	101
41	长布高福	唐亚玉	1918–05	女	100
42	长布高福	张德英	1918–06	男	100
43	潭下金石	曾亚源	1912–01	女	106
44	潭下百安	李东英	1914–05	女	104
45	潭下大玉	李贤英	1915–12	女	103
46	潭下锡坪	周六	1916–10	女	102
47	潭下百安	张亚凤	1918–10	女	100
48	潭下布坪	陈亚运	1917–02	女	101
49	潭下龙田	黄来姐	1917–04	女	101
50	周江早成	张添娣	1913–10	女	105

续表 7

序号	镇 村	姓 名	出生年月	性别	年龄
51	周江三河	邹仕妹	1918–09	女	100
52	横陂锡坑	李汉祥	1915–01	男	103
53	横陂联长	李就英	1916–08	女	102
54	横陂杨恩	陈运姐	1917–06	女	101
55	横陂社区	李招凤	1917–09	女	101
56	横陂石下	李亚七	1917–08	女	101
57	横陂华阁	李进添	1918–04	女	100
58	横陂联长	周亚五	1918–02	女	100
59	横陂联长	李春姐	1918–06	女	100
60	郭田蕉州	张添英	1914–01	女	104
61	郭田碎南	巫亚四	1916–09	女	102
62	双华黄径	张亚二	1905–01	女	103
63	双华军营	张进腾	1918–10	男	100
64	双华冰塘	廖新玉	1917–04	女	101
65	双华华拔	谢亚招	1918–08	女	100
66	安流福江	陈二妹	1911–03	女	107
67	安流葵樟	古复妹	1913–12	女	105
68	安流学少	黄七妹	1903–01	女	115
69	安流东礼	陈春兰	1918–03	女	100
70	安流低坑	陈三云	1916–03	女	102
71	安流双径	胡子云	1916–09	女	102
72	安流文葵村委会	古妙招	1917–01	男	101
73	安流东礼	胡新喜	1917–12	男	101
74	安流大和	张运妹	1917–12	女	101
75	安流里江	张福友	1909–03	女	109
76	安流低坑	古娣招	1917–09	女	101
77	安流福陂	范七妹	1918–01	女	100
78	安流龙中	李八妹	1918–02	女	100

续表 7

序号	镇　村	姓　名	出生年月	性别	年龄
79	安流半田	宋九妹	1918–12	女	100
80	安流吉程	胡春姐	1918–09	女	100
81	棉洋唐纯	张六妹	1913–06	女	105
82	棉洋罗城	胡二妹	1918–02	女	100
83	棉洋葵岭	胡亚育	1914–10	男	104
84	棉洋双璜	宋四妹	1916–11	女	102
85	棉洋唐纯	张二妹	1917–02	女	101
86	棉洋村委会	刘泉基	1918–03	男	100
87	梅林梅林村委会	李七妹	1914–07	女	104
88	梅林梅北	古二妹	1918–11	女	100
89	梅林新成	李仁福	1918–10	男	100
90	华阳华新	古长增	1915–07	男	103
91	华阳太坪	余三妹	1915–12	女	103
92	华阳华南	温兰妹	1918–08	女	100
93	华阳村委会	温二妹	1918–08	女	100
94	华阳华新	古利先	1917–10	男	101
95	华阳太坪	钟二妹	1918–05	女	100
96	龙村南中	钟二妹	1918–01	女	100
97	龙村柏溪	彭招妹	1914–11	女	104
98	龙村塘湖	林茂生	1915–01	女	103
99	龙村云溪	叶损妹	1916–05	女	102
100	龙村湖中	温青妹	1915–09	女	103
101	龙村南中	刘二妹	1917–09	女	101
102	龙村硝芳村委会	叶桃妹	1915–11	女	103
103	龙村硝芳村委会	古会英	1917–06	女	101
104	龙村吉祥	温火南	1918–03	男	100

人力资源和社会保障

劳动就业工作

【创业孵化园建成投入运营】 五华县创业孵化园于2018年10月高标准建设并投入运营，占地约0.67公顷，建筑面积14232平方米，基础工程总投资4500万元，包括就业创业服务区、技能培训与鉴定区、孵化区、学员宿舍区、会展区和商铺区五个功能区域，能为创业人员提供政策咨询、公共服务、技能培训、创业指导、落实补贴等服务。为强化孵化园的服务功能，11月，五华县就业服务中心、五华县人力资源市场、五华县就业训练中心迁移至孵化园内；同时引进口腔产业、客潮茶文化产业等到创业孵化园进行产业孵化。

【就业服务管理工作】 2018年，五华县城镇新增就业人员5983人，完成任务数的139.14%；下岗失业人员实现再就业3844人（其中困难人员就业203人），完成任务数的101.15%；城镇登记失业率控制在2.45%以内。积极搭建劳动力供需对接平台，举办各类招聘会66场，发布招聘信息10.8万条，655家招工企业提供就业岗位35846个。办理就业失业登记证1949份，免费代理下岗职工申报退休180人。创业担保贷款业务，为众多创业人员实现创业梦想，联合邮政储蓄对经营场所实地调查241户，累计发放创业担保贷款1817万元，享受创业贷款贴息241人，落实财政贴息255.74万元；新增发放一次性创业资助49人，金额24.5万元；新增发放创业租金补贴49人，金额19.6万元；新增发放创业带动就业补贴11户，带动就业74人，金额19.1万元。

【技能晋升培训转移就业】 2018年，全县劳动力技能晋升培训2009人，完成任务数的100.45%；转移就业13523人（次），完成任务数的108.18%。新成长的劳动力均实现100%培训、100%转移就业。

人事人才工作

【人事人才管理】 2018年，五华县人社部门为4023名高校毕业生办理报到手续；接收管理大学生人事人才档案3982份。接收各类流动人员人事档案196卷，转出各类流动人员人事档案360卷。全年录（聘）用各类人员386人，其中公务员108人、事业单位278人（引进研究生高级人才31人）。全面清理规范工资津贴补贴发放工作，对超范围超标准发放项目进行彻底清理、整改；将机关事业单位在职和离退休人员的“四大节日”补助每年3400元按照每月285元归并纳入津贴补贴、绩效工资和生活补贴标准中，实行按月发放；全年为全县机关事业单位工作人员2.3万人办理正常工资晋升工作；按政策为公务员和事业单位干部359人办理退休手续。五华县全面实行公务员职务与职级并行制度，有45人实现职务职级晋升，其中科员晋升副科待遇17人；副科晋升正科待遇18人；正科晋升副处待遇5人，副处晋升正处待遇1人。

【专业技术人员管理】 2018年，五华县人社部门根据《广东省事业岗位设置管理实施意见》要求，不断规范事业单位岗位设置和人员聘用工作。对全县事业单位岗位有空缺的前提下，按岗位聘用的原则，完成1549个专业技术人员的岗位聘用工作。

【干部培训】 2018年，五华县人社部门分24期对全县2764名公务员进行全员培训，全面推进公务员队伍思想道德建设、履职能力建设和作风建设。

劳动保障工作

【劳动保障监察、劳动人事争议仲裁】 2018年，五华县人社部门积极开展劳动保障监察和劳动人事争议仲裁工作，抓好安全生产和综合治理工作，共监督检查用人单位34户；处理劳资纠纷案件98件，涉及劳动者人数共计517人，为劳动者追回工资金额415.81万元；处理信访77件，其中省级信访3件、地市级信访38件、县级信访36件，结案率100%；受理劳动人事争议案件67件，其中调解50件，裁决17件，涉及劳动者67人，涉案金额187.32万元；劳动保障监察和劳动人事争议案件均在法定审限内结案，审结案67件，结案率100%。

【职业技能鉴定和劳动关系】 2018年，五华县人社部门全年经鉴定考核通过并取得职业资格证书1153人，合格率78%。办理签订劳动合同手续560人，鉴证劳动合同1200份，办理终止、解除劳动合同关系备案278件，劳动合同签订率达96%；积极开展创建和谐劳动关系示范区工作，评定2家单位为“五华县劳动关系和谐企业”。

社会保障工作

【社会保险】 2018年，全县参加职工养老保险5.46万人，失业保险3.28万人，职工医保5.14万人，工伤保险3.78万人，生育保险3.84万人。社保五险收入实现79294万元，完成市下达任务155.06%；社保五险支出80870万元，比上年同期增支4102万元，增幅5.3%。至2018年年底，城乡居民养老保险参保人数为45.47万人，全县60周岁以上享受城乡居民养老保险有15.15万人，城乡居民养老保险基础养老金由2017年的120元/月提高至148元/月；享受企业职工养老保险人数有3.32万人；享受职工医保人数有4278人次，特定病种门诊申请1466人次；享受失业保险人数有1626人；核发1047人的工伤待遇；享受生育保险人数有2254人次；城乡居民医保参保人数为116.8万人，享受人数有72.13万人次。

【机关事业单位工作人员养老保险改革工作】 2018年，五华县人社部门按照县政府统一部署，积极开展机关事业单位养老保险改革工作。至2018年年底，五华县纳入机关养老保险单位310个，全县财政认供单位成功缴纳养老保险费40186.01万元，职业年金2701.15万元。

【养老与失业保险】 2018年，五华县人社部门按政策要求规定，审批机关事业单位、特殊工种提前退休、因病提前退休共退休人员278人；解决落实早期离开国有和县以上集体企业人员、机关事业单位人员，一次性补缴养老保险费17人；按照县委县政府的要求，协助做好国土征地报批以及被征地农民养老保障工作，报批4批次，涉及建设用地82.2263公顷，核实保障人数655人，应计提的被征地养老保障资金为589.5万元。

【工伤认定和劳动能力鉴定】 2018年，五华县人社部门受理工伤认定申请50件，已认定49件，不予认定1件。受理职工申请因病完全丧失劳动能力鉴定12人，已鉴定12人，不符合因病完全丧失劳动能力3人；受理工伤伤残鉴定申请14人，已鉴定14人。

（黄志文）

五华县人力资源和社会保障局2018年度负责人名录

局　　长：黄永响
副 局 长：廖旭标
　　　　　周运芳
　　　　　古光华
　　　　　薛志东
党组成员：李千山　曾发明

社会保险基金管理

【社会保险扩面征缴】 2018年，五华县社会保险基金管理局围绕社保扩面征缴目标任务，制定2018年度扩面征缴工作实施方案：一是定期召开联席会议，下达各镇各单位扩面任务，落实各部门工作职责，及时解决扩面工作中存在的问题。二是部门通力协作，形成合力。县税务局、人社局、财政局等部门按照各自工作职责做好社保扩面征缴工作。三是县人社局党组成员及社保局领导班子落实挂钩责任制，对挂钩镇、单位的扩面征缴进展情况进行每周跟踪指导，落实社保扩面征缴工作任务。2018年度，办理灵活就业人员一次性补缴共8265人，社保五险收入实现79294万元，完成市下达任务155.06%。其中，企业职工养老保险收入60326万元，职工医疗保险收入16523万元，失业保险收入639万元，工伤保险收入1011万元，生育保险收入795万元。

【业务审批和基金支付管理】 2018年，五华县社会保险基金管理局准确核发职工养老待遇，至12月底，全县享受职工养老保险33175人，支出63120万元，同时做好离退休人员领取资格认证工作，共认证30945人，认证率97.53%。做好职工医保经办和管理工作，至12月底，职工医保享受人数4278人次，特定病种门诊申请1466人次。做好失业待遇发放工作，至12月底，享受失业保险1626人。严格做好工伤待遇核发工作，严格对遗属补助实行生存认证和审核，对已死亡的和超过18周岁予以取消待遇。全年办理工伤待遇1047人。切实做好生育保险待遇发放工作，全年享受人数2254人次。五华县社保职工五险支出80870万元，比上年同期增支4102万元，增幅5.3%。其中：企业职工养老保险支出63120万元，比上年同期增支3303万元，增幅5.5%；失业保险支出183万元，比上年同期减支33万元，减幅15.3%；职工医疗保险支出16506万元，比上年同期增支1867万元，增幅12.8%；工伤保险支出465万元，比上年同期增支14万元，增幅3.1%；生育保险支出596万元，比上年同期减支1049万元，减幅63.8%。

【城乡居民养老保险工作】 2018年，五华县城乡养老保险参保人数为45.47万人，享受待遇人数15.15万人，城乡居民养老保险基础养老金由上年的120元/月提高至148元/月。全年建档立卡贫困人员等特殊群体政府兜底参保缴费50039人，共补助703.19万元。开展城乡居民养老保险金领域专项核查工作，多举并措查证待遇领取人员的生存状态，核实死亡1146人并停发待遇。

【城乡居民医疗保险工作】 2018年，五华县社会保险基金管理局继续加强医疗保险自查自纠工作和医保巡查工作，严格审核住院报销费用，加强日常稽核巡查工作，抽调工作人员对各定点医院的住院病历进行检查，开展严厉打击医疗保障领域违法违规和欺诈骗保行为活动。2018年度，全县城乡居民医保参保为116.8万人，享受人数72.13万多人次，特定病种门诊申请1466人次。全年建档立卡贫困人员等特殊群体政府兜底参保缴费134236人，共补助2416.25万元。

【机关事业单位养老保险改革工作】 2018年，五华县社会保险基金管理局积极开展第二批机关事业单位养老保险改革工作，做好机关事业单位养老保险制度改革前个人缴费本息清退工作。至年底，五华县纳入机关养老保险单位共计310个，其中第一批参加养老保险参保单位240个、第二批参加养老保险登记单位58个、第三批参保单位12个，全县财政认供单位成功缴纳2018年全年的养老保险费共计40186.01万元，职业年金2701.15万元。

【社保政策宣传工作】 2018年，五华县社会保险基金管理局充分利用网站、电视台、公众号、LED显示屏、宣传车、广告牌、宣传墙、宣传资料等形式广泛宣传社保政策。全年接待咨询群众3.5万多人次，制作大型广告牌45个，制作广告墙30面，印发宣传单31万余份。6月，开展社保政策进农村百日行宣传活动，利用流动宣传车到各镇开展城乡居民养老保险政策和城乡居民医保政策，全年利用移动短信平台发送宣传短信70万条。

（廖亚带）

五华县社会保险基金管理局2018年度负责人名录

局　长：李千山

副局长：郭裕华

刘少波

廖雪梅

卫生和计划生育

【简况】 2018年，五华县卫生和计划生育工作围绕县委、县政府“一核两区三组团”县域发展新格局，以“建设卫生强县，打造健康五华”为目标，全力抢抓省委、省政府加强基层医疗卫生服务能力建设的发展机遇，积极实施基础设施、人才队伍、信息化建设，不断深化医药卫生体制改革，完善医疗卫生服务管理机制，卫生计生综合服务能力不断提升，全县卫生计生工作呈现良好的发展态势。

【医疗卫生基础设施建设】 2018年，五华县卫生和计划生育局通过各级财政支持、社会捐资、自筹资金及采取PPP、EPC等模式，全县统筹30.33亿元，全面实施县级医院扩容提质、中心卫生院升级建设、乡镇卫生院标准化建设、村卫生站公建规范化建设和民营三级医院建设等414个医疗卫生基础设施建设项目。1.县级医疗卫生扩容提质项目有序推进。五华县人民医院升级建设项目工程进展顺利；五华县中医医院升级建设项目完成一期工程建设；五华县妇幼保健计划生育服务中心大楼完成大楼地下室及主体二层建设，同步推进附属配套及设备装备等项目建设；五华县精神卫生中心住院大楼建设项目于6月投入使用；五华县疾控中心业务大楼完成建设并原则通过工程验收。2.中心卫生院升级建设加快推进。安流镇中心卫生院新门急诊楼、医技楼、住院大楼主体均已封顶。华城镇中心卫生院新址门急诊综合大楼已完成改造工程。3.乡镇卫生院和村卫生站建设项目基本完成。乡镇卫生院标准化建设项目已投入使用13间，等待验收4间，正在装修或装修收尾阶段的4间。除个别村因建设用地等原因未完成建设外，全县村卫生站必建任务基本完成。

【医药卫生体制改革】 2018年，五华县卫生和计划生育局抓机制求突破，医药卫生体制改革继续深化。逐步破除“以药养医”格局，巩固五华县人民医院、中医院、妇保计生服务中心、慢病站等4间医院取消药品加成工作成果，做好取消医用耗材加成的前期工作，严格控制医院门诊人均医疗费用、住院人均医药费用的不合理增长。推进家庭医生签约服务。全县组建家庭医生服务团队254个，已完成家庭医生签约44.17万人，常住人口签约服务覆盖率41%，其中重点人群签约24.31万人，常住重点人群签约覆盖率64%。积极推动合作办医，积极加强与大型三甲医院建立合作关系，华城镇中心卫生院与梅州市人民医院建立紧密型医联体。与社会资本方签订项目合作书，引进社会资本与政府合作，采用PPP模式，总投资12.71亿元，建设一间规模为1200张床位、可提供基本医疗服务和康复专科服务的民营三级综合医院。

【卫生队伍建设】 2018年，五华县卫生和计划生育局加强队伍人才建设，增强卫生技术服务能力。全年参加全科医生规范化培训3人，助理全科医生规范化培训10人，转岗培训29人，岗位培训32人。全年县级医院医技人员到基层帮扶人员59人。全县引进本科以上学历的卫生人才48名，通过公开招考招录37名卫生技术人员充实到基层卫生院，签订定向培养大专生9名。加强全科医生队伍建设。每间卫生院设置全科医生特设岗位2个，聘用全科医生54名，并按要求落实每个全科医生团队每年6万元的补助政策。推进薪酬制度改革。将全县医疗卫生单位符合条件的1256名退休人员工资纳入社保基金发放，并将未纳入养老保险的217名退休人员工资，以及原来由所在单位负担的公益一类医疗卫生机构在职人员养老保险、职业年金，全部由县财政负担。

【医疗卫生服务能力】 2018年，五华县卫生和计划生育局推进基本公共卫生服务，每半年开展一次基本公共卫生项目绩效评估，及时通报评估结果，并限期抓好问题整改。全年投入基本公共卫生服务项目补助资金5977.44万元用于保障公共卫生服务项目工作的落实，人均达到55元。提升妇幼健康服务水平，加强产科服务能力建设、人员培训和质量管理，做好高危孕产妇管理服务和救治。扎实开展农村妇女“两癌”免费检查，项目启动以来，累计完成检查26281人。强化疾病防控和应急保障，加强对人感染H7N9禽流感、登革热、中东呼吸综合征等重点传染病疫情监测，定期组织开展疫情分析及风险评估。完善卫生应急机制，县疾控中心添置应急用车、防护用品等装备和物资，加强培训和演练，提高应急处置能力。完善预防接种门诊规范化建设，龙村镇中心卫生院预防接种门诊被评定为AAAAA级，梅林镇卫生院、中兴卫生院预防接种门诊被评定为AAAA级。医药卫生信息化建设初见成效，完成30间卫生院“基卫”系统建设并上线运行，积极推进发展“互联网+”医疗服务，完成五华县人民医院远程医疗中心建设并上线试运行。“两基”示范创建活动成效明显，全县通过市级验收卫生“两基”示范镇5个、达标镇8个，其余3个镇正在创建中。全面加快推进五华县中医院标准化建设，完善30间卫生院中医诊疗区或中医馆建设，440间村级卫生站配备中医基本诊疗设备。2018年年初，五华县成功创建为“全国基层中医药工作先进单位”。棉洋镇卫生院和龙村镇中心卫生院的中医馆被市卫计局评为“五星级”中医馆。省市卫生镇村创建活动深入开展。2018年全县创建省卫生村93个、市卫生村55个。全县累计创建省卫生村285个、市卫生村107个。

【其他各项工作】 2018年，五华县卫生和计划生育局强化卫生计生监督执法，严厉打击非法行医和“两非”行为，全年立案调查各类机构60间，结案60间，取缔34间，罚款金额10.65万元，监督检查“五小行业”经营单位1086间次，其中发出卫生监督意见书355份，行政处罚6间、警告21间。加强医疗质量管理和护理工作，组织对各卫生院依法执业、医疗质量与医疗安全管理、医务管理、医院感染管理、药事管理与处方管理、中医药工作等工作进行督导检查，规范基层医疗操作规程和制度建设，强化医疗质量 18 项核心制度的贯彻执行。深入推进无偿献血工作，全年参加无偿献血 3470 人，占年度总任务 109.19%，连续五年超额完成年度献血任务。继续开展五华“好医生”“好村医”“好护士”评选活动，全县 50 位医务工作者受到表彰。五华县人民医院万德煌医生参加梅州市组建的援非医疗队，历经一年半时间，圆满完成援外医疗保健任务。持续推进经常性计生工作。五华县对各镇进行两个季度现场考核和 8 个月后台数据评估，并将考评得分列入各镇年度工作考核评价指标。积极做好全面两孩政策实施后计生家庭奖励扶助政策的落实，保障计生家庭的合法权益。加强落实信息监测预警和流动人口出生通报制度，开展流动人口集中服务管理专项活动；与深圳南澳街道在横陂镇开展区域协作，推动两地流动人口卫生计生服务管理工作的开展。计生药具管理、家庭发展、计生协会能力建设、政策宣传等工作持续稳定推进。狠抓党风廉政建设，深化医德医风教育。开展以“加强党的政治建设、营造良好政治生态”为主题的纪律教育学习月活动，积极开展抓早抓小谈话提醒教育，落实任前谈话和敏感岗位人员定期谈话机制。落实精准扶贫工作责任。组织对全县“患有大病”贫困人口开展病种筛查并实施分类定点救治。至 2018 年年底，挂钩的双华镇福全村福共有 64 户贫困户 224 人顺利实现脱贫目标。全县卫计系统 24 人参加回乡联村工作。推进落实“双创”工作。帮助挂点的澄湖村开展环境卫生整治工作；落实网格化责任地段管理，强化对县城 412 间“五小”行业经营场所的卫生专项整治；开展“诚信卫计”主题实践教育活动，组织学习身边好人好事，确保创“国卫”和“创文”工作双结合、双推进。

（李赖忠　余秋萍）

五华县卫生和计划生育局 2018 年度负责人名录

局　长：刘旭伦
副局长：曾梅花
温汉深（任至 6 月）
李金文　曾豪达
曾国强
党组成员、县纪委派驻组组长：彭千军
党组成员：薛奕良　赖伟钧
张锡文

安全生产监督管理

【简况】　2018 年，五华县安全生产监督管理局（以下简称五华县安监局）坚守发展决不能以牺牲安全为代价这条不可逾越的红线，夯实安全生产基层基础，创新工作机制，强化责任落实，确保全县安全生产形势总体稳定。全县共发生各类生产安全事故 9 起，

死亡6人。其中生产经营性道路交通事故8起、死亡5人，建筑施工生产安全事故1起、死亡1人，其他行业领域实现“零事故、零死亡”，全县未发生较大以上生产安全事故。

【完善安全生产责任体系】 2018年，五华县安监局提请县委、县政府出台《中共五华县委五华县人民政府关于推进安全生产领域改革发展的实施意见》，提前谋划机构改革期间安全生产工作并印发《五华县安全生产委员会关于进一步加强机构改革期间安全生产工作的通知》，成功创建“平安企业”和“平安厂矿”共26家，开展综合和专项督查5次，发现整改隐患256处，发出督查通报5份。强化应急救援能力建设，开展安全生产事故应急救援综合演练4场次，完成评审、备案工作的非煤矿山企业、烟花爆竹批发企业、危险化学品企业、高速公路企业共81家。

【隐患排查治理】 2018年，五华县安监局坚持各镇、各有关单位每月一排查、县安委办每月一汇报、县政府常务会议每月一研究、县安监每月督办治理，建立完善“每月一主题、每月一行业（镇）汇报、每季一跟踪反馈”工作机制。全县上报隐患513宗，整改513宗；其中，列为县挂牌督办120宗，整改120宗，跟踪督办责任单位治理隐患268人（次）。

【安全生产监督管理】 1.开展安全生产大检查、打非治违和专项整治活动。大力推进“县十大专项整治”安全生产领域的三大专项整治工作，全面深入开展安全隐患与风险点危险源大排查大清理大整治专项行动，在前期开展城市风险点、危险源排查整治专项行动的基础上，共排查录入城市风险点、危险源共463个，其中橙色风险4个，黄色风险178个，蓝色风险281个。2.深化主管行业领域专项整治。（1）在执法监管监察方面，全县立案查处安全生产违法案件15宗、同比增长25%，行政处罚金额37.8万元、同比增长250%，委托执法49宗。（2）在非煤矿山监管方面，依法审批核发安全生产许可证13家，安全设施设计审查批复1家，积极推进16家生产矿山视频监控系统建设工作。（3）在烟花爆竹监管方面，对全县280家烟花爆竹经营零售户和4家批发企业开展全覆盖专项检查和复查，行政处罚4宗，处罚金额3.8万元，依法取缔无证经营零售点28户、异地经营零售点68户，查获非法烟花爆竹1600多件并进行集中销毁。（4）在危险化学品监管方面，发现整改隐患223处，依法取缔非法加油点4个，收缴汽油2.5吨，柴油2.5吨，行政拘留1人；做好加油站许可证到期延证工作，受理颁证40家。（5）在职业卫生监管方面，共排查全县存在职业危害企业80家，发现整改隐患186处，处罚企业3家，累计罚款1.8万元；新增职业病危害项目申报企业6家。（6）在工贸行业安全监管方面，对园区内30家企业和建材企业5家、有限空间作业企业10家、酒类生产企业3家开展专项执法检查，发现整改隐患138处，处罚企业4家，累计罚款7万元。

【宣传教育培训活动】 五华县安监局将2018年确定为全县安全生产“全员大培训大练兵活动年”，组织全县、镇、园区安监办工作人员到五华县安监局进行安全监管知识轮训 2 期（每期 15 天）；组织各镇、县安委会成员单位共 260 多人参加全县风险点、危险源排查管控工作业务知识专题培训会议；在全县 16 个镇举办 16 场次共 2200 多名镇、村（居）干部参加的《中共五华县委五华县人民政府关于推进安全生产领域改革发展的实施意见》宣贯活动。全年累计举办各类安全生产宣传教育培训班 35 期，培训人员 5360 人次，其中培训“三项岗位”人员 980 人次，其他从业人员 4380 人次。

【队伍建设】 2018 年，五华县安监局全面加强安监队伍建设，设立股级事业单位五华县安全生产宣传教育中心，选调事业单位工作人员 4 名，引进市急需紧缺人才 1 名；组织全县安监人员举办各类执法监察业务专题培训 6 场次。

（黄同文）

五华县安全生产监督管理局 2018 年度负责人名录

局　长：何红球

副局长：谢如锋　曾放群　徐安优

各镇概况

五華年鑒

2019

水 寨 镇

【简况】 水寨镇地处县城，是五华政治、经济、文化中心。总面积99平方千米，辖23个村委会、450个村民小组和4个居委会。2018年，全镇总人口为47211户165240人，耕地面积1343.82公顷，其中水（旱）田995.57公顷、旱地347.94公顷、水浇地0.31公顷。2018年全镇农村经济总收入21.82亿元、农村人均可支配收入11720元，分别比增4%、3%；一般公共预算总收入4.61亿元，税务收入1.89亿元。

【镇域经济发展】 2018年，水寨镇坚持实业兴镇、产业强镇，巩固推进暖企服务行动，促进带动小五金等镇域特色产业全面发展。大力实施乡贤回乡投资兴业工程，成功引进无锡智佳瑞科技有限公司，引资额达1.1亿元，完成年度招商任务。发挥镇村资源禀赋优势，积极打造“一村一品”特色农业产业，重点培育发展榕树、坝心优质稻、平湖辣木、中洞金柚等高效农业。新增县级农业龙头企业2家，农民专业合作社3家。结合精准扶贫产业帮扶工作，以平湖村“邮乐购”项目为试点，深入推进电子商务进农村，逐步完善线上线下对接，着力解决优质农产品销售难、环节多、价格低的问题。

【重点项目建设】 2018年，水寨镇坚持重点项目征地拆迁“一号工程”不动摇，组织精兵强将想方设法完成征地45.935公顷，拆迁房屋100座37857.18平方米，迁移地坟、阴亭114座和金神477 个。在该镇征地工作组与县有关单位的18名业务骨干人员组成的重点项目征拆工作专班的共同努力下，以亟需解决的22个项目为重中之重，着力突破征拆瓶颈，为大湖堤的顺利通车、梅州客家文化音乐节的如期举办、五华县奥林匹克体育中心的如期建成提供坚强的用地保障。

【人居环境整治】 2018年，水寨镇认真按照省级新农村示范村考核要求，围绕“缺什么补什么”目标，大力推进省定贫困村创建社会主义新农村示范村工作，着力抓好“三清三拆三整治”“以奖代补”和EPC项目建设，重点实施自然村村道、污水处理设施、文化体育设施、集中供水设施等建设项目，全年累计投入3000多万元，建成部分“以奖代补”项目，污水处理管网铺设和污水处理设施建设、村道建设、文化体育设施建设等EPC项目稳步推进。分散贫困村人居环境综合整治工作有效开展，持续抓好“三清三拆三整治”工作，罗湖、大湖、善坑、澄湖等村工作成效明显。

【国土村建管理】 2018年，水寨镇坚持疏堵结合，加强农民建房规范引导，突出整顿农村土地“六乱”行为，全年共制止违章建筑298宗，有效遏制农村违章建房态势。实行拆违行动常态化，该镇主动联合县直相关部门开展大型拆违行动20场次，处理县城规划区和重点项目征拆红线范围内违建抢建行为99宗，拆除建筑面积13703平方米。扎实开展违规建坟专项整治工作，广泛宣传殡改政策，强力拆除顶风违规建设坟地11座。

【生态文明建设】 2018年，水寨镇紧盯中省环保督察“回头看”交办案件的整改工作，落实责任，细化措施，高站位、高标准、高要求推动反馈问题整改。大力开展畜禽养殖污染专项整治，拆除养殖场2户817平方米，整改养殖场66户、关闭养殖场3户。落实“河长制”工作责任，因地制宜划分河段及责任人员，聘请16名村巡河保洁员强化日常管理，确保管护无死角、全覆盖；加强辖区内水源保护力度，通过清淤、治污、生态治理、打击非法采砂和倾倒垃圾等措施，逐步实现“河畅、水清、岸绿、景美”目标。

【森林资源管护】 2018年，水寨镇积极开展国家森林城市创建工作，大力进行造林绿化，抚育平湖、高车、中洞等村碳汇造林约753.33公顷。强化林木林地资源保护，依法查处违规占用林地2宗，罚款3000元。深入开展形式多样的宣传教育，提高全民森林防火意识。投入27万多元，购买森林防火车1部、无人机1台，补充完善扑火服、头盔、手套等物资一批。加强森林防火应急演练，组织镇扑火队员、护林员开展扑火技能培训3场次。强化野外火源管理，落实镇村干部和护林员包山头、包重点地段巡山责任，并增聘4名护林员专职做好瞭望塔值班值守工作。加大防火巡查执罚力度，查处野外违规用火11宗，罚款3.2万元。

【社会综合治理】 2018年，水寨镇积极妥善化解信访积案和矛盾纠纷，千方百计解决群众的合理合法诉求，共办结上级交办案件103宗，指导协助各村调处矛盾纠纷255宗，化解群众关心关注的重点突出信访案件4宗。加强信息化社会治安防控体系建设，严格落实领导带班防控制度，确保无越级到省进京上访事件。强势推进扫黑除恶专项斗争工作，切实侦破涉黑涉恶案件52宗，有力维护社会安全稳定。扎实做好“七五”普法、法律援助、人民调解、社区矫正等工作，有序推进法治社会建设。

【重大风险防控】 2018年，水寨镇突出征地拆迁、涉农涉土等重大矛盾纠纷的妥善处置，发挥“中心+网格化+信息化”作用，不断加强辖区内风险隐患排查化解。坚持底线思维，强化问题导向，积极防范化解政府债务风险。严格落实风险评估制度，谨慎投资各类项目，不搞“形象工程”“政绩工程”。持续做好防范、打击非法集资工作，建立健全监管、预警和处理机制。

【民生保障完善】 2018年，水寨镇完善社会救助、社会治理服务体系建设，统筹推进公益慈善和扶老、助残、救孤、优抚等事业发展，最大限度保障困难群众基本生活。扎实推进全民参保，该镇参加城乡居民养老保险4696人，参加城镇居民医疗保险107315人，全面完成县下达的工作任务。强化就业创业服务，全年新增就业250人、城镇下岗失业人员再就业210人、农村劳动力转移就业1400人，均全面完成年度目标任务。

【扶贫成效明显】　2018年，水寨镇扎实落实“三保障”政策，2018—2019年度落实847名学生教育补助，落实52户建档立卡贫困户危房改造补助，为4459名建档立卡贫困人员全额购买城乡居民医疗保险，将患有重特大疾病的612人贫困户纳入救助范围，确保“1+N”脱贫措施落到实处、取得实效。以产业扶贫、就业扶贫为核心，逐步完善平湖辣木种植示范基地、中洞肉牛集中养殖基地、利平信电子数码配件加工基地、绿宝缘现代农业种养殖基地、坝心村现代农业示范基地等10个产业项目，带动300名贫困劳动力在当地就业。科学制订资产收益分配方案，1034户3852人建档立卡有劳动能力贫困人口落实到每人450元收益分红，切实提高贫困户家庭经济收入。截至2018年年底，该镇1370户4184人预脱贫户达到“八有”标准，脱贫率94%。

【文教卫生事业】　2018年，水寨镇加快推进教育现代化先进镇创建工作，镇第二小学投资10多万元改造学校卫生间，不断优化完善教育教学环境；逐步规范学前教育发展，镇中心幼儿园在大坝增设一间较标准的分园；持续提升教育教学质量，大布、罗湖、高车、员瑾、大岭、大沙6个村被县评为高考前二十名村居。扎实推进文化惠民工程，员瑾、罗湖、大布、大岭、高车、坝心6个村级文化广场基本建成，澄湖村裕庆楼正在创建农村文化俱乐部。积极开展“五华好人”“文明家庭”“好媳妇”等系列活动，大力弘扬社会正能量。全面提升公共卫生服务保障水平，有序推进水寨、大坝卫生院合并新建项目；积极统筹各方资金，全面完成大沙、平湖、上坝、河尾等12个村公建民营卫生院建设。深入开展计生优质服务活动，为1112名农村适龄妇女进行“两癌”免费检查。加强地方病防治工作，加快中医药事业发展。

【“双创”工作】　2018年，水寨镇深入推进城中村环境综合治理，完善环卫基础设施，提升卫生管理水平，抓好农村生活垃圾治理、污水处理、河渠治理和村容村貌改造，全年共清理卫生死角3200多处、污水沟1800多米、污水塘80口，清理垃圾250余吨，城中村水泥硬底化率达95%以上。对照全国县级文明城市创建标准，完善镇村公共服务站便民措施，成立7个村（居）志愿者服务岗；着力抓好公益宣传，深化社会主义核心价值观宣传教育，全年共投入约50万元悬挂横幅160多条、制作挂画160多幅、更新或增设宣传栏150多块、建设围挡广告1200余米。

【安全生产】　2018年，水寨镇坚持“党政同责、一岗双责、齐抓共管、失职追责”工作要求，全面健全落实安全生产责任制，扎实开展安全生产知识、政策、法律法规等宣传教育，认真抓好辖区范围内危化品、烟花爆竹、交通运输、建筑施工、消防、特种设备、非煤矿山等重点行业领域安全生产专项整治，以及节假日、“两会”、汛期安全生产隐患排查整治。全年排查发现相关隐患150余宗，落实整改120多宗，责令限期整改30宗。认真履行属地管理责任，充分吸取“4·13”超载河砂货车侧翻致人死亡交通事故的教训，全面强化砂场管理工作；严格执行水政巡查督察制度，重拳治理非法采砂与非法堆放河砂经营行为，清理非法堆放点3个。

【自身建设】 2018年，水寨镇按照科学执政、依法行政、廉洁从政的工作要求，大力抓好机关干部职工、村两委干部的学习培训和管理，努力提升干部科学执政、依法行政，推动科学发展的能力和水平。深化政务服务，加大“放管服”力度，科学运行“一门式一网式”服务模式，提升服务水平，方便群众办事。持续实行机关干部职工上班指纹打卡考勤、挂牌上岗制度，有力推动机关作风进一步好转。认真执行人代会决定、决议，主动接受县镇人大代表监督，充分采纳人民群众的意见和建议。全面加强农村集体“三资”管理，充分发挥“三资”交易平台功能，及时纠正个别村财务报账程序不规范等问题，从源头上减少农村不和谐不稳定因素，营造风清气正、干群和谐的干事创业氛围。

【党廉建设】 2018年，水寨镇深入推动理论学习教育常态化、制度化，分层次、分阶段开展学习宣传活动，全年镇党委主要领导带头讲党课8场次，组织学习杰出党员干部先进事迹60场次，深入开展坚决全面彻底肃清李嘉、万庆良流毒影响民主生活会、镇村干部大会29场次；采取集中轮训、送课下乡等方式开展培训56期、培训镇村干部6828人次，发放党建学习“口袋书”8550本，实现基层党员教育培训“全覆盖”。全面加强基层党组织建设，着力打造大湖、罗湖、平湖等党建示范点，挑选大布村、澄湖村、西河社区党组织开展优化基层党组织设置试点工作，并将大布村党组织升格为村党委。着力解决软弱涣散基层党组织的突出问题，支持解决重点难点民生问题，投入2.3万元支持河尾村完成民生实事2件，投入25万元支持澄湖村完成民生实事6件；大力实施基层党组织“头雁”工程，狠抓村（社区）党组织书记队伍建设持续推进村级后备干部“123”工程，培育村级后备干部162人，其中村级党组织后备书记队伍27人。

【各项事业发展】 2018年，水寨镇民兵整组工作顺利开展，投入20多万元购置民兵装备；民兵预备役工作得到加强，征兵工作任务圆满完成。服务制度逐步完善，志愿者队伍不断壮大，志愿者、社工等开展公益性活动24场次。积极推进畜牧业发展，果断扑杀无检疫证的生猪110头，有效防控非洲猪瘟疫情。食品药品质量监管工作有序推进，市场秩序规范稳定。同时，妇女儿童、工会、侨务、统计、档案、关心下一代、残疾人等各项事业取得新发展。

（张宇华）

水寨镇2018年度领导名录

党委书记：詹庆东（4月任）
温　锋（任至4月）
党委副书记：彭龙华（任至11月）
黄文尖　曾汉强
林国标（挂职，任至8月）
党委委员：魏耿华　陈建辉
曾永红　戴　勇
朱清辉　何昭辉
林锐鑫（任至2月）
温铁皇　丘飞龙
人大主席：张仲坤
人大副主席：钟水清
镇　　长：彭龙华（任至11月）
副 镇 长：魏耿华　张定环
周展红　刘远新
纪委书记：何昭辉

河 东 镇

【简况】 河东镇位于五华县中部，地处县城，总面积236平方千米。辖43个村委会3个居委会。2018年年末，耕地总面积4793.76公顷，其中水田3345.87公顷、旱地1431.84公顷、水浇地16.05公顷。全镇有26312户152809人，其中农业人口82801人、非农业人口70008人。2018年，全镇农村经济总收入16.12亿元，农村人均纯收入11322元，均比增8%。全年一般公共预算总收入8080万元，国地两税收入2436万元。

【重点项目和基础设施建设】 2018年，河东镇在产业园区建设方面，完成生态工业小镇征地约400公顷、平整土地约133.33公顷；引进中科电工、富胜数字电视等11个先进装备制造项目落户。完成华兴东路东沿线、长乐大道全线征地。在新农村建设方面，全镇46个村（居）均建立农村生活垃圾收集长效机制，实现生活垃圾日产日清日运，广泛筹资实施污水处理设施、道路硬底化、河堤加固、水圳三面光。在交通基础建设方面，完成丰华高速河东段征拆任务，完成43%的工程建设任务；全镇完成乡村公路硬底化建设约35千米；聘请省公路工程设计院、大丰华管理中心、县交通局等部门对平南中学至联岭互通1.3千米公路进行绿色交通规划设计，完成勘踏测设任务。在水利能源设施建设方面，争取上级资金220多万元，完成3宗水利基础设施工程；持续做好“河长制”工作，全镇21名河长共巡河205人次，巡河发现问题15宗，河长办跟踪整改15宗；协助上级做好大中型水库移民人口核实工作和镇内崩岗治理工程选点，全镇2018年底治理崩岗6宗；协助上级做好平南片（约16千米管线）、油田片二期（约10.8千米管线）村村通自来水工程建设，已投入940多万元铺设管道约26.8千米，完成总工程量的90%，河东镇既未通自来水、又未实现村道路硬底化的省定贫困村林石村、黎塘村和三田村全面完成通水和实现村道硬底化；组织镇、村相关力量对辖区内128宗水利水电工程进行汛前全面安全生产大检查，完成修订编制预案60多份，更新责任人信息958条，树立警示牌60多个；按上级要求完成镇“三防”标准化建设。

【科教文卫事业】 2018年，河东镇完善镇村文化宣传阵地，安装大型户外LED显示屏1个、社会主义核心价值观公益宣传灯柱广告1200多块；成功创建牛石村综合性文化服务中心，黄湖村玹德楼正在积极创建农村文化俱乐部，全镇完成46个村级文化广场的建设，“一村一文化广场”做到全覆盖。积极创建22个村综合性文化服务中心建设任务，配合县抓好红色革命遗址保护和开发利用，推进化裕村红色革命遗址的保护。对全镇的党员进行“铭记光辉历史，传承红色基因”的革命文化教育。按照“六有”标准，把道德讲堂升级改造为新时代红色文化讲习所。积极开展“五华好人”“文明家庭”“好媳妇”等系列活动，树立先进模范典型，孕育良好村风民风。加快推进教育现代化先进镇创建工作，更加注重教育教学质量，蝉塘、澄塘、东溪3个村被县评为高考前二十名村居。河东镇第一小学被列入“五华县硬笔书法示范基地”。加强基层医疗卫生服务体系，改善群众就医环境，河东卫生院完成素英门诊楼改造，平南卫生院住院大楼完成建设投入使用，县重点项目油田卫生院综合住院大楼和职工宿舍楼，正在完善水、电设施。同时大力推进全国基层中医药工作先进单位、“卫生强县”创建工程，39个村级卫生站进行规范化建设，全面完成改建21个、新建村级卫生站18个，已投入使用36个，准备投入使用3个。全年办理符合“全面2孩”政策育龄夫妇登记手续1223对，育龄夫妇免费孕前优生健康检查328对，妇女“两癌”检查1236对。

【国土资源管理】 2018年，河东镇严把私人建设用地规划审批和乡村建设规划审批关，严控辖区内违章建筑增量和乱搭乱建现象。全年制止违建行为159宗，拆除违建房屋28座共4568平方米，有效遏制农村违章建房态势。对全镇生产环保空心砖的厂场进行网格化管理，加强土壤和环境污染监测，全部完成油田村锅塘机砖厂、平西第二机砖厂、平西村永福丰机砖厂、五华县展南环保建筑材料有限公司砖厂等4个生产黏土实心砖厂的升级改造，并经市、县相关单位验收。

【生态文明】 2018年，河东镇全力推进天云岭县级森林公园造林绿化工程，协助完成丰华高速公路沿线5个标段366.67公顷碳汇重点造林，完成再新、洋坑、万华、林石等村中央森林抚育约320公顷；投资9.8万元完成8.13公顷火烧迹地复绿工作，全面提升绿色生态环境。依法查处违规占用林地行为7宗罚款6.613万元。充实应急物资储备，投入9万多元添置4部风力灭火机、1部无人飞机、扑火把、灭火水枪、胶桶、背包、数码宣传喇叭、迷彩服及鞋等物资。强化野外火源管理，每天安排3部宣传车深入各村重点地段进行宣传巡查，安排14名护林员专职做好瞭望台值班值守工作。强化森林防火巡查、野外违规用火执法及护林员管理，配备森林消防大小水泵各1台，新建消防蓄水池14个，采取围、拦、堵、截林区水源点754个，森林防火的体制机制得到进一步完善；查处野外违规用火案件18宗，罚款1.77万元；4月和10月，破获故意放火案、失火案各1宗，刑拘1人，取保候审1人，有效遏制森林火灾的发生。

【精准扶贫】 2018年，河东镇坚持执行每月扶贫工作例会制度，全面开展精准扶贫“回头看”，对照上级巡视反馈意见逐一落实整改。严格落实干部“五包”责任，确保“三保障”政策落到实处。2017—2018年度落实教育补助1277人，动工危房改造户50户，为建档立卡贫困人员6441人购买2019年城乡居民医疗保险，全面落实贫困户大病医疗救助。大力开展产业帮扶，8个省定贫困村累计投入2700多万元，建立10多个产业项目，吸收贫困户参与项目建设和公益性岗位，增加贫困户收入。建立日常监管和专项检查相结合的扶贫开发资金筹集使用监督检查制度，科学谋划、合理安排精准扶贫资金2751.491万元。投入广东启辰云数据有限公司投资项目建立资产收益，预计实现年收益220.1万元，有劳动力贫困户人均收益560元；同时，宣传发动有劳动力贫困户参与培训，到县城工业园区和就近乡镇务工。2018年，河东镇脱贫人数419户1565人，全面完成年度计划脱贫任务。

【社会保障】 2018年，河东镇开展低保、五保核查，全年完成43个村、1个居委会的核查，取消低保户152户502人，新增低保户68户245人。及时发放五保户失能、半失能护理补贴，落实办理残疾人残疾各种证件及护理补贴发放工作，实现“应保尽保、规范运作、分类施保、动态管理”。精准服务复退军人和其他优抚对象，加大对困难群众、残疾人等救济力度，及时足额发放各类救助资金和津补贴。加强对敬老院日常管理，完善敬老院消防设施设备，对敬老院工作人员开展食品卫生安全培训。9月，为敬老院安装电梯和新建厨房，解决敬老院老人上下楼梯行动不便和吃饭不方便等问题。积极开展城乡居民社会养老保险工作，完成124785人参加2019年度城乡居民医疗保险费用收缴工作，占任务数的98.6%。全面完成35291名60周岁以上老年人的养老认证工作。加大就业帮扶力度，全年新增就业350人。

【基层治理】 2018年，河东镇积极做好综治信访、扫黑除恶、安全生产等工作。1.定期开展矛盾纠纷大排查，全面掌握辖区治安状况，及时有效化解不稳定因素，全镇共办结上级交办及自办案件172宗，指导协助各村调处矛盾纠纷268宗。强化特殊防护期间对涉军群体、民办教师及其他重点人员的维稳工作，严格落实领导带班防控制度，全面加强情报信息收集、重点线索核查、重点人员稳控、应急预案制定等工作，全年无越级到省进京上访事件。加强对严重精神障碍患者的救治管理，全年未发生精神障碍患者肇事肇祸。2.履行党政“一把手”第一责任人责任，建立“一级抓一级、层层抓落实、责任全覆盖”工作格局。开展涉黑涉恶腐败和“保护伞”问题的专项治理，摸排涉黑涉恶犯罪线索，做到底子清、情况明。镇、村共投入经费约23万元，设立大型宣传栏23块，固定宣传牌61块、悬挂扫黑除恶宣传横幅522条，张贴中央四部委联合通告411张，发放线索举报、奖励通告4.6万多份。排查涉黑涉恶线索36条，针对涉黑涉恶九类案件立案23宗（其中寻衅滋事案件6宗、非法持有枪支案件2宗、故意伤害案件6宗、毁坏财物4宗、强奸案2宗、开设赌场2宗，故意杀人案件1宗），办结22宗，抓获犯罪嫌疑人10人，刑拘10人，逮捕5人，取保候审10人，追逃3人，移送起诉11人，收缴枪支1支，群众主动上缴枪支2支，在全镇形成良好的扫黑除恶工作态势，对涉黑涉恶犯罪嫌疑人起到极大的震慑作用，维护社会稳定。3.全面落实安全生产工作责任制，联合安监办、科工商务、村建办、消防办、交管办、派出所等对违法建筑、违章操作建筑工地，非法营运、违规行驶，危险化学品，烟花爆竹，消防安全等进行整顿。全年河东镇共投入执法资金4万元，出动执法车辆68辆（次）、组织检查组8个，执法人员680多人次，警告违法违规64次、责令改正64起、责令停产停业6家，打击违法行为28

起，其中无证和证照不全的3起、非法用工的2起、管理措施不到位的21起、其他违法违规行为4起，有力地打击各行业的非法违法、违规违章行为，有效防范和遏制安全生产事故的发生。

【党的建设】 2018年，河东镇聚焦党的政治建设，把落实中央第十二巡视组、省委第九巡视组反馈意见和梅州市县级交叉巡察第六组反馈意见整改以及坚决全面彻底肃清李嘉、万庆良恶劣影响作为头等大事来抓，认真开好专题民主生活会，使全镇政治生态得到有效净化。按照基层党组织建设三年行动计划要求，切实落实村级换届选举“回头看”工作，加强基层党组织的战斗力、组织力和凝聚力。大力抓好机关干部职工、村“两委”干部依法行政执法主题学习培训，努力提升干部科学执政、依法行政、廉洁从政意识，推动科学发展的能力和水平。深化政务服务，加大“放管服”力度，科学运行“一门式一网式”服务模式，积极为群众办理便民业务23910件。加强镇领导干部日常管理，实行镇机关干部职工亮证、挂牌上岗，从8月开始实行镇干部职工打卡上下班制度，积极推进机关作风建设。全面加强农村集体“三资”管理，充分发挥“三资”交易平台功能，积极推进政务、村务、财务公开，保障人民群众的知情权、参与权和监督权。认真执行人代会决定、决议，主动接受县镇人大代表监督，充分采纳人民群众的意见和建议。严格落实党风廉政建设责任制，深入推进基层正风反腐机制，努力建设风清气正、廉洁务实的政府。

（张勇鹏 张百文）

河东镇2018年度领导名录

党委书记：魏 婷

党委副书记：叶定思 徐伟权 邓日新 廖建平（挂职）

党委委员：张裕琴 江志彤 张赛新 宋更杰 张锦贵 谢福金 邹定芳 魏智华 刘 斌

人大主席：张志英

人大副主席：黄坤荣

镇　长：叶定思

副 镇 长：江志彤 戴文平 胡高文 曾世田

纪委书记：张裕琴

转 水 镇

【简况】 转水镇位于五华北部，距离县城13千米，东北与兴宁市刁坊镇、福兴镇相连，全镇总面积158.5平方千米，辖21个村委会和1个社区。2018年年末，耕地总面积

2557.33 公顷，其中水（旱）田 1985.27 公顷、旱地 572.06 公顷。全镇有 18024 户 73235 人，其中农业人口 69963 人、非农业人口 3272 人。2018 年，全镇经济稳步增长，财政一般预算收入 8194 万元，一般预算支出 9081 万元。

【农业】 2018 年，在新丰寨农业旅游文化、强盛生态农林等省级农业龙头企业的带动下，一批县级农业龙头企业加快特色农业“跑步”升级。夆维村流塘排柚类基地集约土地 20 公顷，累计种植柚苗 1.5 万多株。益塘村梅州益龙生态农业承包水域 22 公顷，专业养殖“赤眼”等高效经济水产。益塘村梅州丰发示范基地专业种植“牛大力”53.33 公顷，种植规模还在不断扩大。实施“一村一品”以奖代补工作，有序推进年度耕地地力保护补贴面积核实工作。推广种植早、晚两造优质杂交水稻，加强农作物田间管理和虫害防控，全年全镇种植优质水稻 1533.33 公顷。狠抓动物防疫和规范生猪屠宰管理工作，确保不发生重大动物疫情。农村土地确权登记颁证 12747 本，超额完成县下达任务。全面完成转水镇 13 个有代表性粮食生产功能区农业污染源普查外业调查工作。

【产业发展】 2018 年，转水镇打通增收瓶颈，引进产业有效激活内动力。坚持追求绿色 GDP、可持续 GDP。突出发展休闲观光农业、高效精致农业，推进田园综合体项目建设，促进农业与旅游业的深度融合，转化生态优势为经济优势。广东汉光超顺农业股份有限公司获得首届中国农民丰收节系列评选活动“十佳最美农田”称号，成为梅州市唯一获评项目。梅州生长地农业开发有限公司在矮车村集约土地 20 公顷，科学种植优质、绿色、健康高端农产品。加快引进五华县华硕农业发展有限公司落户五星村，租地 16.67 公顷发展农旅项目，实现“致富耕山”带动“耕山致富”。组织开展“村民大讲堂”活动，邀请农业专家传授种植技术。举办电子商务综合示范县农村电子商务专题讲座，加大农村电商人才培训力度，加快电子商务发展，进一步做足一、二、三产业融合文章。鼓励和引导全镇 13 家充电器、伞骨、表芯装配等加工型作坊企业发展，不断拓宽用工需求，实现村民“家门口”就业。

2018 年 11 月 13 日，广东汉光超顺农旅园被评为广东省“十佳最美农田”（潘炜玲 摄）

【文化旅游】 2018 年，转水镇擦亮旅游名片，乡旅经济影响力凸显。整合现有旅游资源，优化园区硬件设施配套升级，提升品牌效应。继续加大新丰寨农业旅游文化项目投入，积极融入乡村旅游元素，带动乡村旅游业发展。广东美景天成投融资 9000 多万元建设益塘水库景区“美景驿站”项目，打造特色旅游酒店，修建游客服务中心、益塘广场和 1.5 千米休闲栈道，为申报国家 AAAA 级旅游景区奠定坚实基础。持续推进热矿泥景区基础设施建设升级改造。着力提升“山、水、泥”特色旅游品位和特色，切实增强可持续发展能力，带动更多的村民吃上“旅游饭”。

广东汉光超顺农旅园获评国家 AAA 级旅游景区（古木真摄于 2018 年 7 月）

【重点项目】 2018 年，转水镇全力推进征地拆迁，落地一批重点项目。按照县委、县政府的工作部署，全力推进红木二期产业园、热矿泥山庄升级改造、客天下文化旅游产业园、人武部和国防教育培训基地、公安战训基地等重点项目征地拆迁工作。采取有力措施，坚持“四个统一”工作原则，全程监管征地拆迁补偿款发放。吸引民营资本投资 300 多万元，在下潭村大坑里建设占地 1500 多平方米的现代化生猪定点屠宰场。

【交通路网】 2018 年，转水镇全力实现快速联通，建成一批交通路网。依托地理区位优势，扎实推进南塘至马河桥、黄龙桥至河里口、X034 线至新丰寨、河里口桥等 4 个新立项公路桥梁工程建设项目，积极争取县交通部门项目支持，进一步改善镇域交通路网。多方筹措资金抓紧实施圩镇河唇街、友谊一街、交通街共 1.3 千米道路改造项目，切实改善圩镇生产经营环境。完成约 9 千米水泥硬底化工程，涌现长源村曾运金老人等一批热心公益捐资捐物、乐善好施好人好事。

【水利建设】 2018 年，转水镇全力实施碧水攻坚，筑起一批水利工程。全面落实河长制巡河管护工作职责。加强汛期“三防”应急演练，提高应急救援能力。对水库、山塘、堤坝进行隐患排查和修复加固，设立或更新涉水项目警示牌 96 块，系固套牢有证船舶。成立夜间综合执法队，从严整治非法采砂行为。依法强制拆解“三无”船舶、鱼排。联合水政、公安、国土等部门依法打击建筑垃圾、废弃土石方入河违法行为。全面完成镇级污水处理厂调试工作并实现运行。转水村村通自来水工程累计完成 4.5 千米铁墨管道及 12.5 千米 315PE 管道铺设，益塘、矮车、黄龙等 11 个村管道正在施工中。全力推进益塘村水电自供区农网接管工作，加速城乡供电服务均等化进程。

【人居环境整治】 2018 年，转水镇拒绝脏乱差，全面整治提升人居环境。摸清“三清三拆三整治”底数共 2719 处 53 万多平方米，对照任务清单实施挂图作战。以“5+2+3”省级新农村连片示范村及练溪河流域 4 个村为示范点，带动全镇全域推进“三清三拆三整治”工作，坚持拆旧补绿建绿，农村面貌焕然一新。加大环境卫生设施建设力度，新建黄龙等 3 个垃圾中转站，购置垃圾清运车及配套设施一批，落实镇村生活垃圾收集清运和保洁员机制，基本实现日产日清。大力推进“以奖代补”和 EPC 项目建设，协调解决一些项目评审、施工等方面实际问题，高标准实施污水处理池、休闲公园、文体广场、道路提升、河堤升级、背街小巷、文化墙、绿道等项目建设至年底，完成“以奖代补”项目 32 个，完成率 84.2%，EPC 项目动工 50 个，动工率 78%。

【绿色生态建设】 2018年，转水镇重拳治毁林，绿色生态建设深入推进。持续开展森林防火宣传月活动和“严防严管严打”行动，大力宣传市、县森林防火条例，发挥应急队伍、护林员、镇村扑火队伍巡查监管作用，加强野外火源管理。处罚擅自改变林地用途案件11宗，处罚失火毁林行为5宗、违规野外用火6宗。全镇党员干部签署《森林防火承诺书》，模范带头文明低碳祭祀。成立违规建坟专项整治领导小组机构，分别与22个村（居）签订《转水镇殡葬管理目标责任书》，加强殡改政策宣传力度，严厉打击违规占地毁林建造坟墓行为。

【资源管理】 2018年，转水镇铁腕转风气，资源管理行动深入开展。依法有序贯彻落实农村私人建房专项整治暨违法建筑整治工作部署，加强巡查力度，积极发挥群众举报监督作用，依法拆除违章建筑14宗，共计2270平方米，拆除乱搭乱建100多宗，共计1380平方米，复耕推填土4宗共计480平方米，卫片查处3宗，有效扭转违法用地不良风气，规范农村住房建设秩序。抓好辖区内涉渣土、混凝土、砂石等道路运输企业安全教育培训和监督管理等工作，源头治理超限超载和违规建房行为。积极做好地质灾害风险防控工作，对227户高风险削坡建房户实施“一户一策”，引导群众开展专项整治，加强巡查防控，全年未发生地质灾害事故。

【脱贫攻坚】 2018年，转水镇全力攻坚克难，精准扶贫精准脱贫政策全面落实。开展精准扶贫“回头看”，清退贫困户数23户46人，新增贫困户6户28人，2018年计划预脱贫153户653人。全面落实教育、医疗、住房“三保障”政策，落实贫困户子女在校学生生活费补助727人；为3914名建档立卡贫困人口全额代缴城乡居民医疗保险；计划改造农村危房68户，竣工50户。深入开展扶贫领域作风问题专项治理、一户一档资料更新完善等工作。加强技能培训，发动426户有劳动力贫困户自我发展种养项目“以奖代补”，共发放奖补资金149万元。完成15项改善生产生活条件微小型项目。大力发展扶贫产业，统筹产业帮扶资金、扶贫小额贷款等投资入股汉光超顺、新丰寨等产业，有劳动能力贫困户可获得稳定分红，实现“输血”扶贫到“造血”扶贫。

【社会保障】 2018年，转水镇做到应保尽保，社会保障水平全面提高。提高救助对象准确率，新增低保64户161人，新增五保供养9人。严格落实重大疾病医疗救助政策，363人接受救助，共发放救助金125万元，确保符合条件的困难对象“应救尽救，不落一户，不少一人”。对25户贫困重度残疾人家庭进行无障碍改造工作，足额发放春冬季自然灾害应急生活救助金，以及棉被、毛毯等救助物资一批。筹集资金改善镇敬老院消防安全设施。完成城乡居民养老保险2018年度的认证工作6100多人，受理养老缴费5000多人，申领城乡居民养老保险待遇700人，核定死亡待遇80多人。受理城乡居民医疗保险2300多宗。

【平安法治】 2018年，转水镇加强平安法治，营造共建共治共享格局。全面落实安全生产责任。发放宣传资料3000多份，设立固定安全生产宣传栏15个，设置户外广告牌和悬挂安全标语、横幅一批。结合特别防护期安全生产专项检查工作，对全镇585个“三小”场所、17家烟花爆竹零售经营点、23家企业及人员密集地开展定期和不定期的消防安全隐患排查整治行动，全年未发生重特大安全生产事故。深入开展普法宣传教育，开展省级民主法治示范村创建活动，进一步提高宪法宣传普及率、群众知晓率。及时掌握、调处化解各类矛盾纠纷，受理率100%，重视做好初信、初访办理和信访积案处理。同时，扎实开展扫黑除恶、飓风2018、全民禁毒工程、无邪教“三个一”示范工程等重点工作。

【文教卫生】 2018年，转水镇推动协调发展，文教体等社会事业全面进步。全面建成16个村级文化广场，创建完成新丰、矮车、三源村等3个村级综合性文化服务中心示范点，在维龙、流洞、新华、里塘4个省定贫困村配套体育健身器材。加强镇村文化宣传阵地建设，安装大型户外LED显示屏、社会主义核心价值观公益宣传灯柱广告牌一批。组建长源村村级理事会文化艺术团，积极推动乡村文化振兴。全面建成21个村“公建民营”卫生站，镇卫生院综合住院大楼进入装修验收阶段。积极组织开展无偿献血活动。大力宣传引导群众参加免费孕前检查和农村妇女“两癌”筛查活动。积极宣传“全面两孩”政策，2018年全镇二孩出生人口占总出生人口比重43.95%。圆满完成2018年夏秋季征兵工作。开展中小学校食堂食品安全检查，督促推进校园阳光厨房建设。转水中学2018年上半年被评为梅州市文明校园。转水中心小学在乡镇毕业班水平测试综合评比取得第三名好成绩。弘扬崇文重教优良传统，捐资助学蔚然成风。

2018年11月17日，唱响新时代·迈向新征程—2018转水镇“迎新年·颂党恩·展新貌”大合唱比赛在转水中学圆满举行（何权 摄）

【作风建设】 2018年，转水镇深入推进作风建设，整治各种隐形变异“四风”问题，加快构建亲清新型政商关系。大力实施“一门式一站式”代办服务模式，积极优化办事流程、改进工作作风，提高政务服务水平。扎实推进涉农领域腐败问题专项治理工作和涉农惠民资金自查自纠工作。严格执行中央八项规定和“三重一大”集体决议制度，以及“镇账县管”、收支两条线和财务“一支笔”审批制度，进一步缩减行政成本。扎实推进政务、村务和信息公开，加强涉农领域资金监管，严格执行“村账镇管”制度，不断完善农村“三资”管理平台建设，维护群众利益，提高服务水平。

（潘炜玲 曾润标）

转水镇2018年度领导名录

党委书记：李文伟

党委副书记：张 勇 张思雄 黎碧尧

党委委员：邓文斌 林冠雄 程东雄 田润民 钟育钦 戴俊浩 魏明星 朱连辉

孔章城

人大主席： 李月容

人大副主席： 张晨辉

镇　　长： 张　勇

常务副镇长： 林冠雄

副 镇 长： 陈文锋　曾远洋　徐坤华

纪委书记： 邓文斌

华　城　镇

【简况】　华城镇地处五华县北部，是老县城，全国重点镇之一，距县城水寨 27 千米。全镇辖 34 个村、3 个居委会，现有人口 13.8 万人。总面积 247.5 平方千米，耕地面积 2866.67 公顷，山地 1.6 万公顷。2018 年全镇实现生产总值 17.32 亿元，同比增长 9.8%；财政收入 1479.1 万元，同比增长 10%；农村人均年收入 9655 元，同比增长 5.7%。华城国、地两税收入 9694 万元。

【产业发展】　2018 年，华城镇依托“大数据、大健康、大扶贫、大旅游、大养老”发展理念，大力推进贵澳农旅产业园、中草药育苗种植基地、天庄农业、天草农业及以鹰嘴桃为主打的果蔬基地等生态农业的建设，形成集群效应，带动农民增收，推动农村集体经济发展；实施乡贤能人“回归”工程，搭建商务交流平台，积极鼓励华城镇优秀企业家投身家乡产业建设，并于 10 月顺利成立华城商会。

【重点项目建设】　2018 年，华城镇依托华城中心镇“六个一”（一个可以落地的城镇规划、一片储备用地、一个有质量的住宅小区、一大批公共服务设施、一条商业街、一个政府服务节点）工程建设，华城镇战略储备粮仓、华城职业技术学校、华城区域性敬老院等项目建设进展顺利；益塘引水工程完成建设，已开始全镇供水作业；华城镇第三人民医院完成合作签约，即将投入使用；府前广场建设、乌陂河提升工程施工队进场施工。

贵澳农旅产业园

华城敬老院施工建设中

【精准扶贫】 2018年，华城镇全面落实包户责任，以党政主要领导示范带头深入基层一线，走访入户，掌握了解贫困户家庭情况、经济收入和遇到的困难；业务部门加强督查指导，分批次全面检查全镇“一户一档”台账资料和扶贫云系统，出具整改落实意见；整合民政、住建和社保等部门，形成工作合力，确保危房改造、低保五保、大病医疗救助等惠民政策落实到户、到人；加强产业帮扶力度，推进新桥豆制品、光伏发电和农家乐等产业发展，为贫困户脱贫拓宽收入来源。

2018年12月11日，梅州市委书记陈敏（右二）率队到五华县华城镇城镇村调研并看望慰问贫困户

【环境整治】 2018年，华城镇完善镇村生活垃圾收集机制，实现日产日清，在国、省道干线施行“无桶化”垃圾清运模式，扎实推进人居环境综合整治；持续开展“三清三拆三整治”，大力推进污水处理、农村公厕、村组道路、村村通自来水等新农村项目建设，完成17个污水处理点的主体工程，3个正在施工建设；抓实推进新桥垃圾中转站建设；扎实开展“美丽庭院”创建活动；总结城镇村“东一经验”并在全镇推广，营造出人人参与建设、人人出谋划策、人人享受新农村建设成果的良好氛围；严格落实“河长制”工作，全镇各级河长累计巡河约840次，投入约120万元对河道垃圾、水浮莲等进行清理，对全镇河道采砂和非法堆砂点进行全面清理整治，河道采砂得到全面禁止，河长制工作取得一定成效；严格按照禽畜养殖污染专项整治工作要求和时间节点，加快推进整治工作，全镇需拆除或整改养殖场156户，完成拆除或整改78户，关闭35户，其余43户正在进行整治。

【国土管理】 2018年，华城镇持续抓好非媒矿山、砖厂整治，严厉打击违法用地行为，强化巡查监管力度，全年发现175宗违章建筑，有效制止155宗，引导办理报建报批手续20宗；开展地质灾害防治工作，推进垦造水田和拆旧复垦工作，全年完成34公顷垦造水田任务，完成2.13公顷拆旧复垦的测绘工作；完成危房改造并通过县验收50户；全面抓实毁林建坟专项整治工作，落实包户责任，发挥村级护林员巡山管山作用，累计制止毁林建坟行为12宗，所有在建坟地实现停工并复绿整改。同时，组织开展森林防火应急演练5次，累计播放宣传语音3000次，悬挂防火宣传横幅500条。

【安全生产】 2018年，华城镇严格按照“一岗双责”和网格化管理职责要求，投入安全生产专项资金10万余元用于加强安全演练、人员培训和安全知识宣传等，提高干部群众安全应急应对能力。全年开展专项行动10次，共出动200人次、60车次；检查企业、商铺1020家，发现问题50家，现场整改32家，发出限期整改通知书18份，100%完成整改。

【综治维稳】 2018年，华城镇积极稳妥处置化解基层各类矛盾纠纷，按照“中心+网格+信息员”工作架构，加强源头治理，强化重点人员稳控、历史积案和初信初访的调处，全镇总体平稳有序。全年受理各类矛盾纠纷案件152宗，调处140宗，案件调处率92.10%，顺利解决历史遗留问题4件，其余未解决案件12宗已全部落实包案责任正在调处中。

【扫黑除恶】 2018年，华城镇多次召开专项斗争工作会议进行部署，强化宣传发动、线索排查和打击力度，深挖彻查黑恶势力、涉黑涉恶背后的保护伞，坚决铲除黑恶势力滋生土壤。华城镇在群众举报、镇级排查、上级交办、部门协办和转办的案件线索共有42条，已结案处理线索8条，已调查回复上级交办线索28条，协办线索4条，其他2条线索均落实专人调查取证。

【文教卫生事业】 2018年，华城镇华东中学运动场完成建设并投入使用，华城职业技术学校和禾岭小学建设加快推进；华城镇教育基金会创建工作稳步推进，已筹集教育基金约400万元；2018年度五华中学高考再创佳绩，本科入围186人，专科入围1360人，参加升中考试考上东山中学和宪梓中学重点高中的考生165人，教育教学水平有显著提升；成功举办“足协杯”“楚樊杯”等足球比赛，华东中学、高竹小学等一批足球场完成升级改造；公共文化设施不断完善，顺利完成12个村级文化广场、18个村综合性文化服务中心和1个农村文化俱乐部的建设，长乐学宫、李威光故居等人文历史古迹完成修缮；通过开展“五星级文明户”“星级商户”“十佳好老人”等系列评选活动，带动良好乡风文明培育；完成30个村级卫生站建设，中医药改革工作顺利推进，卫生“两基”示范镇顺利通过市级验收，同时，顺利创建市卫生村11个、省卫生村7个，创卫工作得到全面落实。

城镇村党建长廊

【基层党建】 2018年，华城镇对照上年度党建工作述职评议考核中存在的问题和县委巡察组督导反馈意见和中央、省委巡视反馈突出问题，成立整改领导小组，制定整改方案、整改任务和措施，明确责任人、时间表、路线图，建立巡视整改台账，整改工作取得阶段性成效；在推进“两学一做”基础上，结合“三会一课”、支部主题党日活动和“七一”建党等活动，深入学习党的先进理论知识，累计举办培训班30多期，培训党员干部5500多人次；结合城镇村红色资源，创建新时代红色文化讲习所、党史长廊和石柱塘党建公园等一批红色党建阵地；开创“微党课”专栏，利用现代媒体传播党的政策知识；投入180多万元完善齐乐、东区、西林、华安等5个村（社区）党群服务中心，强化党建阵地建设；高标准吸纳优秀党员，培训入党积极分子130多人，发展党员44名；定期督促检查各党组织党建工作开展情况，撤销5个不符合要求的“两新”党组织；扎实开展村（社区）优化党组织设置工作，全面完成5个村党组织升格为党委和20个村党组织升格为党总支的优化设置工作。

（陈威宏）

华城镇2018年度领导名录

党委书记：张晓山

党委副书记：曾　宏　王培金　吕中华

党委委员：黄伟权　池宇华　曾庆青　温捷兴　黎碧青　李小娟　李俊标　康　炜　李东升

人大主席：叶晨曲

人大专职副主席：钟志通

镇　　长：曾　宏

副 镇 长：李　勇　李茂青　曾振培

纪委书记：黄伟权

岐　岭　镇

【简况】　岐岭镇地处梅州市西部，五华县西北部，距县城49千米，总面积154.5平方千米，辖25个村民委员会和2个社区委员会。2018年年末，全镇有19513户、78843人，其中非农业户口15962人、农业户口62881人；山地面积10985.2公顷；耕地面积1783公顷，其中水田1515.93公顷、旱地267.07公顷。2018年，镇级财政收入5964.17万元；国、地两税收入1505.34万元。

【农业发展】　2018年，岐岭镇6个烟区村种植烤烟约98.67公顷，烟叶产量约20.5万公斤。福悦农业发展有限公司深入推进芭蕉芋深加工种植项目，种植芭蕉芋26.67公顷，各类芭蕉芋深加工产品均上架销售，极力打造成观光旅游、休闲、采摘于一体的种植示范基地，发展乡村旅游。龙岭村金丝皇菊种植基地有序发展，第一期规划种植皇菊面积约13.33公顷，并配套建设管养房、烤房、管道灌溉工程等基础设施，先后投入资金约200万元。

【乡镇企业】　2018年，岐岭镇镇内龙头酒企长乐烧酒业有限公司积极推进政产学研合作交流、酿酒工艺体验等活动，并亮相CCTV发现之旅频道《纪录东方》栏目，进一步扩大产品知名度，有效提升岐岭镇酒类企业的品牌形象。眉山水泥有限公司有序生产，充分利用年生产30万立方米搅拌站扩宽销售途径，销售市场不断扩大，产品知名度不断提升。

【基础设施】 2018年，岐岭镇新建成文体广场13个，进一步丰富群众业余文化生活。完成道路硬底化约21.5千米，有效解决群众出行难问题。总设计投资1600多万元的镇级污水处理厂进入试运行阶段。苏茅坳垃圾中转站投入使用，礤下乌田片区垃圾中转站建设有序推进。

【新农村建设】 2018年，岐岭镇以5个省定贫困村创建社会主义新农村示范村为重点，示范带动全镇各村推进新农村建设，3个污水处理设施正式运行；5个省定贫困村村村通自来水建设完成4个；建成综合性文体设施9个，进一步丰富群众休闲健身场所，初步形成新农村建设雏形。各分散贫困村广泛动员群众、多措并举，全面推进“三清三拆三整治”工作，“三清三拆三整治”工作完成 74 %。大力推进新农村“EPC”项目，省定贫困村52个“EPC”项目均完成项目设计、招投标等工作，部分项目开始进场施工。

2018年3月20日，梅州市委书记谭君铁（中一）到岐岭镇荷梅村调研乡村振兴发展工作（张炳锋 摄）

2018年2月24日，五华县委副书记、县长吴晖到岐岭镇荷梅村调研新农村建设工作（张想 摄）

【人居环境】 2018年，岐岭镇结合“两美”创建工作，着力抓好“八整治、四提升、三规范”工作，全域推进农村人居环境综合整治，建立“户集村收，村运镇处理”日产日清卫生处理模式，引导群众转变不良习惯，营造全民参与人居环境创建的良好氛围。全面推行“河长制”，全镇5条河流共设镇级总河长2名、村级河长14名，全年组织镇村干部巡河370多次，有效保护辖区河流、塘库的水环境，打好“碧水保卫战”。积极推进非法采砂管理专项行动，对5个非法堆砂点进行清理；加大对河道作业的监管力度，严禁电鱼、河道内采挖古木，做到发现一宗查处一宗。

【文教卫生】 2018年，岐岭镇各项升学考试再创佳绩：高考方面，本科线入围人数23人，省三A线入围179人，完成县下达管理目标154%；本科以192%，大专以128%的百分比超额完成县委、县政府下达的高考质量目标，喜获“高考大奖”；中考方面，东中、宪梓线以上有55人，水中线以上有88人。全力以赴做好创建卫生强镇的各项工作，25个村级卫生站全部完成改建任务；超额完成县下达的献血任务，献血人数达96人；完成“两癌”检查635人。

【生态建设】 2018年，岐岭镇不断强化森林防火的预防、管护及责任落实，在防火设备购置、防火隔离带建设、护林队伍补助等工作中投入资金近80多万元。全年完成王化马石岗、龙水上凹峰、皇华松柏嶂3个瞭望台建设；建设生物防护林带约13千米；投入资金39万元建成13个消防蓄水池，全面提升岐岭镇的防控应急能力。全年完成碳汇造林近333.33公顷；组织镇村干部及群众义务植树约4000株。

【精准扶贫】 2018年，岐岭镇扎实开展精准扶贫“回头看”工作，清退不符合条件贫困户6户20人。全面落实扶贫工作例会，着重抓好产业帮扶、农村“三变”、就业帮扶和“三保障”兜底帮扶工作，黄塔村百香果、黄福村南薯、荣贵村番薯等种植基地有序发展；皇华、荣贵、荣福光伏发电项目等有效实施。积极实施产业扶贫“以奖代补”，发动225户贫困户自主发展种植柚苗、养殖猪、鸡、牛、羊，共发放55.4万元的奖补资金。

【民生保障】 2018年，岐岭镇培训各类劳动力1052人（次）以上，转移就业1486人（次）以上。积极开展低保、五保清理核查工作，全年清退不符合条件低保户78户、237人，低保合格率排全县前列，全面实现“应保尽保，应退尽退”动态管理。至年末，全镇有在册低保户721户2342人，五保户200人，优抚定补对象423户，残疾人两项补贴对象1011人，发放补贴资金280多万元，发放医疗救助金115万多元。完成27户农村危房改造。发动群众参加城乡居民医疗保险57453人；受理养老缴费约1318人，申领城乡居民养老保险待遇人数498人。

【平安创建】 2018年，岐岭镇全面开展一村（居）一法律顾问工作，为符合条件的困难群众提供法律援助。切实落实综治信访“一岗双责”和领导包案制度。全年镇综治中心受理各类群众来访案件71件，调处53件，正在调处中14件，调处成功率80%。五华县信访业务管理系统受理信访案件56件，办结49件，正在办理7件，按时办结率100%。严格履行“一岗双责”制度，细化安全生产工作的任务要点，编制岐岭镇2018年安全生产监管工作要点，全年开展安全生产专项检查行动25次。督促各村（居）制定村规民约，成立村级安委会，让安全知识宣传进村入户；积极开展安全事故防范，全力排查安全隐患。依法对3家烟花爆竹零售点进行行政处罚，共罚款1000元，对1家无证经营烟花爆竹的经营点进行查处，没收销毁价值约10万元的烟花爆竹。全年未发生重大安全生产事故。

【社会治理】 2018年，岐岭镇以县基层治理“十项重点工作”和县“十大专项整治”工作为抓手，规范城乡建管秩序，提升治理水平。基层治理成效显著，良好村风民风孕育工程和平安社会工程创建工作取得实效；涉农领域腐败问题专项治理工程和惠农资金信息公开有序开展。大力开展扫黑除恶专项斗争，全年发放宣传资料1.6万多份、宣传海报100多张；接到相关举报线索4条，立案4宗。切实推进“十大专项整治”工作，人居泥砖房改造完成50户；削坡建房整治完成41户。拆除、关闭养猪户70户；整改养猪户102户，全面完成畜禽养殖污染专项整治工作任务。认真抓好火灾隐患安全专项整治工作，在圩镇205国道沿线、桥南街等

“三小”场所统一安装防火门；配备灭火器、应急灯、烟感报警器，进一步夯实安全生产工作基础。

【民生实事】 2018 年，岐岭镇进一步提升镇村两级公共服务平台的服务能力，实现公共服务事项一门式管理、一站式办理、一条龙服务，岐岭镇公共服务中心修缮工程基本完成。切实推进岐岭圩镇“一堤两岸”提升工程，已完成 60%工程进度。全面创建“平安村（居）”，投入 160 多万元对 16 个村（居）安装视频监控，实现“平安村（居）”全覆盖，进一步保障群众人身财产安全。有效推进省定贫困村农村饮用水工程，着力解决好群众饮水困难和安全问题。

（张　想　张海霞）

岐岭镇 2018 年度领导名录

党 委 书 记： 严季岳
党委副书记： 张景山　翁颖明　刘志标
党 委 委 员： 张子建　孔　荣　邓　讯　张雄光　魏青山　钟奇云　曾益锋　张小娟　张宏娟（任至 2 月）
人大主席： 梁桂华
人大专职副主席： 邓玉先
镇　　长： 张景山
副 镇 长： 孔　荣　钟录梅　张　燎　刘宝雄
纪委书记： 张子建

潭　下　镇

【简况】 潭下镇地处五华县西北部，距县城 35 千米，总面积 260.8 平方千米。辖 20 个村委会、1 个居委会。至 2018 年年末，全镇总人口 63515 人，有耕地面积 1496.60 公顷，其中水田 1367.33 公顷，年总产 2 万吨以上，素有“五华粮仓”之美誉；山地面积 2.07 万公顷，占全县山地面积的 1/10，森林资源丰富，森林覆盖率 75%。全镇实现生产总值 9.614 亿元，比 2017 年递增 10%；财政预算收入 2032.8 万元，其中：国、地两税本级地方预算税收收入共 210 万元，比 2017 年递增 5%；农村居民人均收入 10972.28 元，比 2017 年递增 10%。

【特色农业发展】 2018 年，五华县委十三届七次全会明确将潭下定位为发展特色农业。潭下镇依托资源优势，大力实施乡村振兴战略，以市场为导向，不断调整产业布局、改变单一产业结构和转变发展方式，推进产业升级，精准发展“鹰嘴桃、红薯、无花果、薏米”四大农业产业及其他适合潭下镇发展的产业，大力发展红薯产业，以镇电商创业孵化基地为载体，以农电商为重要手段和途径，成立潭下源红薯专业合作社，形成“生产过程统一种苗、统一农资、统一技术，销售过程统一包装、统一品牌、统一销售”的“六统一”产业抱团发展模式。成立潭下菩米制作专业合作社，引进企业建设菩米加工厂；引进惠州正道实业有限公司在适养区的中村、百安、光华、大玉等6个村，养殖蛋鸭，延长产业链，带领村民走出一条特色致富之路。抓住“乡村旅游热”的发展机遇，着力打造“桃花源”，推动特色农业发展和生态乡村旅游发展，不断拓宽增收致富路径。3月3日，在布坪村顺利举行五华县第三届潭下乡村旅游桃花节暨乡村振兴产业项目签约仪式，创新发展乡村特色旅游。全面推进“一村一品”产业发展，鼓励和引导村民发展“小而精”特色产业，助推产业兴旺。至2018年年末，潭下镇种植鹰嘴桃面积约133.33公顷；种植红薯约46.67公顷，产值超过400万元；种植无花果8公顷，产值600万元；实现菩米订单5万公斤。

【美丽乡村建设】 2018年，潭下镇坚持把落实“青山绿水就是金山银山”绿色发展理念，围绕“山更绿，水更清”目标，重点抓好三方面工作。1.全面落实人居环境整治三年行动，保护蓝天碧水净土，打造美丽新潭下。在全域开展“三清三拆三整治”工作，加快推进“党建+人居环境综合整治”和“洁净庭院”创建，大大改善全镇环境卫生。全镇聘请专职保洁员106名，投入30万元购置1000多个垃圾桶，各村生活垃圾实现日产日清；文里、品畲垃圾中转站建成投入使用；镇级污水处理厂完成建设，并试运行；5个省定贫困村的污水处理设施全面动工；完成面上村污水处理设施选址31个，7个村进场施工。2.抓好生态保护，落实最严厉的森林防火工作责任制，以零容忍的态度严厉打击山林失火肇事者，加大宣传力度，加强护林员队伍管理，严格管控违规野外用火，提高山火防控应对能力，保护绿水青山。大力发展林下经济，引导种植经济林木，做好耕山致富文章，实现经济效益与生态效益的“双赢”。狠抓违规建坟专项整治工作，严格落实殡葬改革工作，加强宣传、强化巡查、部门联动，坚决杜绝土葬和违规建坟行为。狠抓禽畜养殖污染整治工作，迅速排查摸底，突出重点、分类实施，制定工作实施方案，落实工作责任，列出任务清单，倒逼时间，有序推进整治工作，并形成长效管理机制。全镇需要整治养殖户43户(其中禁养区32户，已整治28户)，限养区、适养区11

2018年1月5日，潭下镇举行潭下源红薯专业合作社成立揭幕仪式

户，100%完成整改任务。3.抓好基础设施建设。全面推进村村通自来水、外环路升级改造、泥砖房改造、削坡建房整治等工作，基本完成中央福利彩票基金项目，建设生态宜居新潭下。外环路升级改造工程完成 80%；村村通自来水工程完成 80%；新农村建设各项工作稳步推进。

2018 年 8 月 25 日，潭下镇教育基金会举行 2018 年奖教奖学金发放仪式

【乡风文明建设】 2018 年，潭下镇坚持“共享发展”理念，以保障和改善民生为着力点，把改善民生福祉、提高群众幸福指数作为出发点和落脚点，营造良好的乡风文明，让广大群众共享发展成果。充分发挥党支部的引领作用，制作党建、社会主义核心价值观、家风家训等内容文化墙绘，不断加强精神文明建设，让文明传承擦亮党建底色。投入 70 多万元在布坪、乐道等 6 个村共制作 2000 多平方米的墙绘。重视抓好“讲习所”建设，不断丰富完善平台建设，党员带头开展移风易俗，在党员中率先推行文明祭祀、殡葬改革等工作。坚持教育优先发展，努力改善办学条件，加强教师队伍建设，发挥“镇村教育发展基金” 奖教奖学作用，促进教育事业新发展。自 2016 年起，累计对全镇 120 多名教师和 660 多名学生，发放奖教奖学金 50 多万元。深入推进“平安村居”建设。加强社会治安综合治理，年底实现“平安村居”创建视频工程全覆盖。充分发挥村理事会、村妇联作用，积极开展文明家庭、好媳妇、好乡贤、好婆婆、好少年等评选活动等引领乡风文明。全力做好社会保障工作，以保障困难群众基本生活需要，不折不扣落实社会救助制度体系，加强低保、五保、残疾人员的核查核定和基本生活保障工作。大力做好退役军人服务工作，全面完成信息采集工作。发动群众参加城乡居民医疗保险 4.9 万多人，100% 完成全年任务；受理养老缴费约 562 人，申领城乡居民养老保险待遇人数 700 多人，积极做好城乡居民基本养老保险待遇领取资格采集工作。积极开展文化下乡、送戏下乡活动，积极建设文化俱乐部，促进群众文化繁荣发展。

【基层治理】 2018 年，潭下镇创新基层工作治理机制，把提升基层治理能力作为提升政府管理职能。全面建立村民理事会。在全镇 21 个村（居）均成立村民理事会，广泛动员和鼓励老党员、老干部、老模范、乡村能人、外出乡贤等加入理事会，促进乡村和谐稳定，为村民做更多的实事，为家乡谋更多的利益。狠抓社会稳定工作。高度重视初信初访工作，充分发挥镇、村两级人民调解组织的作用，加大矛盾纠纷的排查调处力度。全年，潭下镇综治中心共受理群众信访案件56宗，办结53宗，办结率94.6%。充分发挥政府的主体作用，层层发动，广泛宣传，助推扫黑除恶专项斗争工作。本着有黑扫黑，无黑除恶，无恶治乱的要求，不放过任何一条涉黑线索，全年排查出4条线索，其中2宗线索已办结。采取高压严打的态势，共抓获并处罚27名违法犯罪嫌疑人，其中涉赌违法嫌疑人14名，寻衅滋事4名，故意损毁财物1名，吸毒3名，抓获网逃人员5人。全面推进农村私人建房工作，重点整治清理全镇在建或已建成的私人建房项目中违法推填土、占用耕地、林地、河道、道路和违反规划许可内容等建房行为，坚持“疏堵结合，标本兼治”原则，科学引导拆旧建新和统一规划居民新村，解决群众的建房出路。认真贯彻落实河长制工作，组织开展“五清”行动，重点抓好“生态保护、严禁垃圾入河、严禁沿河违章建设、严禁污水入河、加强河道管护”五方面工作，推动河长制落实到位。狠抓安全生产工作，全面落实“党政同责、一岗双责、失职追责”的安全生产责任制。加强重点行业、重点领域的日常监管和长效治理，特别是加强对石场、非煤矿山、公共场所安全的巡查监管，定期联合各部门开展各行各业的安全隐患和消防安全排查，全年排查出安全隐患123宗，全部整改完成，确保人民群众生命财产安全。

【精准扶贫】 2018年，潭下镇狠抓精准扶贫工作，聚力脱贫攻坚，注重把实现生活富裕作为潭下高质量发展目标，充分发挥党员干部在脱贫攻坚中的先锋模范作用，重点关注特殊群体（低保、五保），激发广大党员干部和群众的内生动力，产业引领，群众参与致富。围绕“两不愁、三保障、一相当”目标，压紧压实脱贫攻坚责任，创新开展产业帮扶、就业帮扶、资产收益帮扶、电商扶贫等多种模式，大力拓宽贫困户的增收渠道，建立贫困人口长效稳定脱贫机制，努力实现“小康路上一个都不能掉队”，逐步实现生活富裕。

（李广优　周韶钦）

潭下镇2018年度领导名录

党委书记： 李杜强

副 书 记： 翁俊峰　刘汉灵　李美华

党委委员： 陈国平　李常青　吴恺平　张文明　邓丽琼　翁近明　张育柱

人大主席： 温智坚

人大专职副主席： 钟宪华

镇　　长： 翁俊峰

副 镇 长： 李常青　罗胜东　刘新良

长 布 镇

【简况】　长布镇地处五华县西北部，距离县城 65 千米，总面积 284.1 平长布镇地处五华县西北部，距离县城 65 千米，总面积 284.1 平方千米，辖 25 个村和 2 个社区。2018 年末，有耕地面积 2267.07 公顷，其中水（旱）田 1843.27 公顷、旱地 423.8 公顷。有 13876 户、78163 人。农民人均纯收入 8031 元，同比增长 5.5%。

【农业】　2018 年，长布镇精心打造以大田柿花、梅塘金柚等为龙头的规模化农特产品企业，建设一批以夏威夷坚果、高山红薯、冰糖香芋等为代表的新型农产品种植基地，巩固提升以老禾仓蜂蜜、粘坑梅粘茶等为代表的富硒“山货”优势，依托农电商优势，大力发展推广特色富硒农业，助推镇域经济增收。2018 年，大田柿花销量约 2.5 万公斤，总收入约 500 万元；梅塘金柚种植面积约 60 多亩，产值 110 多万元；高山红薯和冰糖香芋种植面积分别是 8 公顷、6.67 公顷，产值分别约 86 万元、63 万元；夏威夷坚果种植面积达 66.67 公顷。

【基础设施建设】　2018 年，长布圩镇街道升级改造正在稳步有序推进。投入 410 万元，完成福兴、蓝塘、太平、青岗等 14 个村共 12 千米的村道硬底化工程；投入 160 多万元，新建加固长生、大客、横江、红旗、高福等 7 个村的桥梁，切实改善群众的通行条件；投入资金共 72 万元，维修改造高福、红旗、长安、福兴、中心等 9 个村的水圳、水陂。大田片、蒲江片村村通自来水工程已完成并通过验收；积极推进中小河流治理，大田河治理工程和周江河（长布镇段）治理工程已完成，等待验收；栋新河治理工程已完成 80% 的工程任务；大力推进新农村“EPC”项目建设，前期投入 880 万元，顺利推进太平、栋新、大客和樟村等 4 个省定贫困村的新农村建设。

【社会治安综合治理】　2018 年，长布镇全面推进平安村（居）创建，严格落实综治网格化管理工作，狠抓人防、物防、技防落实，目前 27 个村（居）分别已安装视频监控 10 个以上。实行领导包案责任制，每月定期召开综治联席会议暨扫黑除恶专项斗争工作会议研判当前矛盾纠纷事项。2018 年镇综治中心共新受理各类案件 74 宗，调处、办结成功 70 宗，调处、办结成功率 94.5%；受理梅州市信访业务系统案件 58 宗并已全部按照信访条例办结。2018 年，全镇无重大治安刑事案件、无民转刑案件。深入推进基层治理重点工作和规范城乡建管“十大专项整治”。进一步加强矿产资源管理，依法取缔 1 处非法开采瓷土矿场，收缴 2 批价值约 50 万元的采矿工具，切实保护镇矿产资源。重拳打击违规建坟，护青山树新风，成立专项督查小组，全面摸查违规建坟数量，全年共发现并打击违规建坟4宗。切实加强对校车交通安全、消防、危险化学品、企业特种设备、食品药品等重点行业和领域的监督管理，安全生产形势稳中向好，全镇未发生较大以上生产安全事故。

【民生发展】 2018年，长布镇压紧压实扶贫攻坚责任，严格执行镇村扶贫每月例会、书记遍访贫困对象制度，高标准做好"回头看"工作，狠抓资产收益脱贫、产业帮扶、金融扶贫、兜底帮扶等扶贫政策举措落地，确保如期实现脱贫。创新"党建+"模式推动精准扶贫精准脱贫工作，大力推广大田柿花协会"支部+协会"的发展模式，带动中心村、青岗村、高福村等周边几个村发展产业，有效促进贫困户增收。严格扶贫资金监管，投入283.45万元完成43个村级微小型公益性项目，投入1080.8万元建立四个精准扶贫固定资产收益项目，贫困户人均收入增加400元。2018年共脱贫996户3419人，脱贫率94%，无劳力贫困户全部实现政策兜底。扎实推进2019年度城乡居民医保基本医疗保险缴费工作。迁址新建长布敬老院，顺利施工，已建成二层。筹资340多万元，新建或扩建栋新、高福、樟村、梅塘、大客、五彩和大田居委7个村（居）办公大楼。积极组织应急演练活动，切实提升镇村干部及护林员应对突发事件的能力。扎实开展征兵工作，2018年圆满完成征兵任务。

（万嘉奇　张怡龙　张华宁　廖璇）

长布镇2018年度领导名录

党委书记： 曾繁展
党委副书记： 陈思德　张善初　吴振乐
党委委员： 李桂宗　李坤源　黄小勤　赖伟国　万新文　张立云　张海军　罗善文　曾丽婵
人大主席： 张春祥
人大专职副主席： 张旭华
镇　　长： 陈思德
副 镇 长： 徐捷礼　戴荣忠　曾国军　李坤源
纪委书记： 李桂宗

周　江　镇

【简况】 周江镇位于五华县西南部，距离县城38千米，总面积199.4平方千米，其中山地面积17266.67公顷，耕地面积2100.67公顷。全镇下辖22个村委会（新良、甘茶、冰坎、早成、龙堵、狮潭、兰鱼、溪口、黄布、黄华、蓝坑、联太、良宁、崀头、桂子、红源、中兴、龙洞、三河、利河、增洞、利洋）和2个居委会（周江居委、中兴居委）。

2018 年年末，全镇有耕地总面积 2100.67 公顷，其中水（旱）田 1517.47 公顷、旱地 583.2 公顷。全镇有 13097 户 64144 人，其中农业人口 61511 人，非农业人口 2633 人。2018 年全镇经济稳步增长，全镇农村经济总收入 4.8 亿元，同比增长 9.5%；镇级财政收入 2080 万元，同比增长 5.9%；农村居民年人均收入 8675 元，同比增长 7.4%。

【经济发展】 2018 年，周江镇大力发展精致高效农业，进一步擦亮百香果、鹰嘴桃、茶叶、辣木籽等本土品牌，新种植百香果 25.33 公顷、茶叶 30.53 公顷、辣木籽 53.33 公顷，粮食产量达 1.85 万吨，收购烟叶 11.15 万公斤。加快特色产业发展，突出“一镇一业”、“一村一品”建设，结合精准扶贫工作促进各村形成各具特色、有一定规模的农业产业基地，持续支持新良村鹰嘴桃、联太村茶叶、增洞村百香果、利河村辣木籽、龙洞村高山茶油等种植基地做强做大特色产业。

【项目建设】 2018 年，周江镇加快建设长 21 千米的华周公路，水泥路面铺设、配套设施建设等收尾工作有力推进，已实现全线双向通车。完成约 30 千米“四好农村路”建设，积极谋划圩镇街道升级改造、中兴村中心路等工程建设，不断完善全镇路网基础建设，助推周江发展新速度。完成周江境内 4 宗约 12 千米中小河流治理，镇级自来水厂土建和净化设备完成安装，“村村通”自来水管道铺设完成工程量约 70%，镇级污水处理厂建设扎实推进。加快县政府旧址（福庆楼）修缮、兰鱼生活垃圾处理场第二期升级改造、6 个垃圾中转站建设，结合圩镇街道升级改造强势推进“三线”管网整治工程。

【特色产业】 2018 年，周江镇继续做强做大“周江百香果”“鹰嘴桃”“辣木籽”等特色农业品牌，大力传承和擦亮周江“百年牙艺”品牌，成功举办口腔健康文化产业乡村振兴交流会系列活动，有序推进创建口腔健康特色小城镇各项工作。进一步统筹镇域特色资源，加强对缪培南故居、县政府旧址（福庆楼）等历史文物的修缮和有效保护利用，切实从传承红色基因中汲取砥砺前行的力量，提升周江广大干部群众干事创业的“精气神”，助力周江振兴发展。

2018 年 6 月 28 日，周江镇举行口腔健康文化产业乡村振兴交流会系列活动（陈庆绿 摄）

【精准扶贫】 2018 年，周江镇因户施策、精准发力，扎实做好教育补助发放、危房改造、就业帮扶“以奖代补”等工作，确保扶贫项目落到实处，让贫困户实现稳定脱贫。加快 4 四个省定贫困村新农村示范村建设，统筹推进 EPC 提升项目和“以奖代补”项目建设，支持面上村实施微小型项目，不断改善农村生产生活条件。

【生态环境】 2018 年，周江镇深入推进人居环境综合整治，强势推进“三清三拆三整治”工作，全年累计拆除破旧“三舍”2170多座、18万平方米。积极发动、全民参与，大力推进“美丽梅州·美好家园”城乡环境大提升行动，重点抓好本地籍镇村干部职工家庭房前屋后卫生整治工作、不文明上街（路）送葬行为整治工作和村级“三线”整治工作等工作，着力打造“干干净净、清清爽爽、整整齐齐、漂漂亮亮”的周江新面貌。全面推进“河长制”工作，全民动手、全面清理河道垃圾污染，营造良好河道生态环境。狠抓生态保护工作，严抓森林防火工作，投入36万元购置镇村两级护林防火设施装备，森林管护能力不断增强。全面开展畜禽养殖污染整治，严格规范养殖管理，已关闭拆迁25户、拆除栏舍面积达6000多平方米，有力促进农村环境保护和生态文明建设。

【民生保障】 2018年，周江镇继续做好民生保障工作。1.不断提升社会保障水平，进一步规范镇、村公共服务中心（站）工作机制，切实提升基层综合服务水平；进一步加强国土管理，规范农村建房秩序，扎实推进削坡建房整治、人居泥砖危房改造，落实优抚安置政策，实现符合低保、五保条件的困难群众应保尽保。2.认真开展基层治理重点工作。结合县直机关干部回乡联村，强力推进基层治理“十项重点工作”，持续开展驻点联系群众工作，镇村干部走访群众4.3万人次、解决群众反映问题672项，加快建立自治、法治、德治相结合的乡村治理体系。3.全面加强综治维稳工作，强化不稳定因素排查和社会矛盾纠纷化解，运用法治思维和法治方式加强基层群众矛盾纠纷专项治理，全年共计受理信访案件32宗（含上级转办、交办，五华民生、初信初访），办结信访案件31宗，1宗正在进行调查处理；镇级受理矛盾纠纷15宗，已调处办结15宗，调处、办结成功率100%。4.加大风险防控力度，推进平安村居创建工作，加大治安巡控力度，完成24个村（居）视频监控系统建设，全面提高各村（居）社会综合治理能力。深入开展扫黑除恶专项斗争，以党员干部涉黑涉恶问题作为执纪审查的重点，落实村（社区）“两委”干部人选条件县级联审制度，不断增强人民群众安全感。5.狠抓安全生产不放松。坚持“安全第一、预防为主、综合治理”方针，全面推进安全生产网格化管理，认真落实交通安全、建筑施工、消防安全、危险化学品和烟花爆竹等重点行业领域的监督管理，投入60万元对重点安全隐患进行整治，全镇未发生重特大安全事故。

【文教卫生】 2018年，周江镇加快发展文教事业，巩固扩展镇村两级文化阵地建设，管好用好党员阅览室、农家书屋、村级文化活动广场，大力弘扬传统优秀客家文化，定期举办各类群众喜闻乐见的文化展演活动。进一步完善中小学校硬件设施，巩固提升“教育强镇”复评成果，周江中学“慎思园”竣工使用，中兴中学和各小学、教学点校园环境提质升级；重视教育基金筹措工作，2018年共筹集教育基金125万元，加大奖教奖学力度，举办周潭兴创业交流协会奖教奖学大会、缪培基教育基金颁奖会及汉满爱心资金发放工作，学校教育教学质量稳步提升。有序推进卫生计生工作，全面推进“卫生强镇”创建，加快周江卫生院综合医技大楼建设、公建民营村级卫生站项目建设，完成21个村卫生站建设。抓好“三好一正”

活动。讲述好“五华好人”韩松娣孝老爱亲的好故事、和“五华最美民政人”张运华以院为家真情奉献敬老事业的好故事。在县“迎新年 送党恩 展新貌”大合唱比赛中周江镇代表队获得铜奖、优秀组织奖，用嘹亮的歌声唱出周江新风采、唱出周江好声音。在五华“客家菜师傅”工程评比中，周江镇代表赖惠康获得五华酿豆腐十大高手第七名的好成绩，五华县彩云百香果专业合作社入选梅州（五华）十大美食食材基地，树立周江的好形象，传递着周江的正能量，进一步凝聚人心、鼓舞士气、展现周江新气象。

【党的建设】 2018 年，周江镇从各方面做好党的建设。1. 坚持把学习宣传贯彻习近平新时代中国特色社会主义思想和习近平总书记对广东重要讲话精神作为首要的政治任务和头等大事，深入推进“大学习、深调研、真落实”工作。持续抓好“大学习”，镇领导班子带头学，带头讲，带头干，先后组织召开党委中心组学习会、党政联席会议、镇村干部大会等会议，有力带动全镇党员干部和全社会方方面面掀起学习宣传贯彻热潮。持续开展“深调研”，围绕当前教育弱、医疗缺、公共基础设施建设落后、精神文明发展滞后于物质文明发展等问题，坚持问题导向，聚焦关键环节，提高专项课题调研次数与质量，深化对镇情村情的认识，明晰周江镇今后发展的目标和思路。持续推动“真落实”，坚持把贯彻落实中央、省委、市委、县委的每一项决策部署都结合镇域实际，坚持以上率下抓落实，明确干什么、怎么干、谁来干、何时完成，凝聚真抓实干强大合力，确保不折不扣贯彻落实到位。2. 全面坚决彻底肃清李嘉、万庆良恶劣影响。不折不扣全面落实上级关于全面坚决肃清李嘉、万庆良恶劣影响的部署要求，认真研究制订具体工作方案，在全镇范围开展“查、调、清、纠”专项工作，深入开展以李嘉、万庆良案件为反面教材的纪律教育警示学习活动，3 月底全镇各支部均召开专题组织生活会，并延伸至党小组会议；4 月、8 月分别召开镇党政班子专题民主生活会，全镇党员进行深入对照检查，切实以最坚决的态度、最迅速的行动、最有力的举措，旗帜鲜明坚决全面彻底肃清李嘉、万庆良恶劣影响，营造周江镇风清气正的良好政治生态。3.稳步加强党的建设。全面落实新时代党的建设总要求和党的组织路线，坚定不移推进全面从严治党。在党风廉政建设方面，持之以恒正风肃纪反腐，认真贯彻落实中央八项规定精神，不断加强党员干部的党性修养，深化运用监督执纪“四种形态”，强化警示教育抓早抓小，对于干部队伍中存在的一些苗头性、倾向性问题多加警惕，及时教育提醒到位。2018 年纪检部门共处置问题线索 11 件，初核 11 件，转立案 4 件，给予党纪处分 4 人，协助县纪委查处案件 1 宗，党纪处分 6 人，党员干部谈话提醒 34 人次，实现了执纪审查安全零事故、执纪人员零违纪、执纪结果零申诉。在筑牢意识形态安全屏障方面，深入开展“铭记光辉历史、传承红色基因”的革命文化教育，抓好县政府旧址（福庆楼）、缪培南故居等重点阵地建设，加快建成镇级新时代红色文化讲习所并做好活化利用和品质内提升工作。在严格落实党建职责方面，强化抓好党建是天职、不抓党建是失职、抓不好党建是渎职的主业意识，严格执行“书记带头、班子挂村，书记抓、抓书记”党建工作责任制，采取不打招呼、不做方案、随机抽查、直插现场的方式，到各村（社区）、企事业单位检查基层党建工作。在规范全镇党务工作方面，狠抓各党支部“三会一课”、发展党员、教育培训、党费收缴、整顿提升软弱涣散党组织等党务工作，重点打造基础条件较好的村为党建示范村，进一步规范各村（居）党群服务中心建设和运行，加强各党支部经费和工作力量保障，每个村（居）配备1名党建指导员。

（刘 玲）

周江镇2018年度领导名录

党委书记：吴浪标

党委副书记：刘翠玉 李力文 谢如旺

党委委员：古惠雄 廖航如 翁强民 缪翠兰 黄国忠 汤燕雄 沈叶翠

人大主席：曾志雄

人大副主席：李国平

镇　　长：刘翠玉

常务副镇长：廖航如

副 镇 长：廖航如 薛 威 李伟生

纪委书记：古惠雄

横 陂 镇

【简况】 横陂镇位于五华县城西南8千米，总面积236平方千米，辖35个村委会、3个居委会、569个村民小组。2018年年末，全镇有总人口28104户117071人。有耕地面积3255公顷，其中水田2295.07公顷、旱地929.2公顷、水浇地30.73公顷。

【农业生产】 2018年，横陂镇认真抓好农田标准化建设，不断加强农田水利设施建设和农业综合开发项目建设，大力推广“一村一品”，杨恩南药、叶湖蔬菜大棚、东山草莓园等规模不断扩大，积极践行乡村振兴战略。全年粮食种植面积4630.27公顷，总产量30280吨，水稻种植4270.87公顷，总产27692吨；种植优质烤烟面积78.47公顷，烟叶产出228吨；种植玉米45.93公顷，总产215吨；薯类188.47公顷，总产1965吨；豆类116.27公顷，总产376吨。抓好畜牧防疫，全年牛存栏2564头，出栏674头；生猪存栏30845头，出栏47400头；山羊存栏1388头，出栏1602头；家禽存栏252511羽，出栏523033羽；全年肉类产量5006吨。

【重点项目建设】 2018年，横陂镇根据县委、县政府的统一部署，结合横陂实际，党政领导亲自抓，成立各项重点项目工作组，制定详细方案，细化目标、落实责任、分解任务、倒逼时间，全力抓好县经济开发区、琴江新城、丰华高速、教育城、球王广场、足球特色小镇、西山弃土场、双龙山旅游景区、光伏发电场等重点项目的征地拆迁及土地集约工作。抽调精干力量，重点推进教育城、球王广场、足球小镇的征地拆迁工作。利用横陂良好的交通区位优势，推进招商引资工作，积极拓展招商领域，优化招商策略，创新招商方法，大力实施亲情招商、精准招商、强力招商，积极引进优质企业，引进了广东宝泰园林有限公司，广东宝琴园林有限公司分别在崇文村、红光村、东山村打造集农产品生产、体验、休闲一体化的农业旅游观光项目。

【乡村振兴】 2018年，横陂镇积极推进乡村振兴战略实施，美丽乡村初见成效。全面提升人居环境，全域推进“三清三拆三整治”工作，大力开展爱国卫生运动，全力整治农村垃圾、生活污水、畜禽污染和“六乱”现象。常态化抓好日常环境卫生工作，建立长效环境保洁机制，加强对群众卫生费的收取，以奖补的形式保障村级经费运转，推进5个垃圾中转站建设。加快新农村建设步伐，大力宣传新农村建设相关政策，积极调动广大群众的参与热情，引导群众全力支持新农村建设。坚持治污先行，统筹推进污水处理设施、雨污分流管网铺设、村级道路硬化等基础设施建设。牢固树立“绿水青山就是金山银山”理念，立足生态优势，全力打好环境污染防治攻坚战，以“零容忍”态度对待环境污染问题。全面落实“河长制”，组织镇村干部、党员群众每月在不同河段做好河道保洁。严格落实森林资源保护目标责任制，深化森林防火责任网格化管理，按时建好3个瞭望塔、22个森林消防水池；加强林地保护管理，全力抓好违规建坟整治和森林防火野外火源整治工作。全力抓好农村建房管理秩序，坚决打击“未批先建”，严厉打击违法用地、违章建筑。全年共组织8次拆违行动，拆除违章建筑28处共3000多平方米。

【社会保障】 2018年，横陂镇加大医保工作宣传力度，全镇93304人参加2019年新型城乡居民合作医疗，圆满完成工作任务；积极抓好危房改造工作，验收合格97户；严格落实民政各项政策，努力实现低保户、五保户、残疾人、孤儿等贫困群体应保尽保，做好贫困群体动态管理工作，抓好敬老院的管理工作。深入推进脱贫攻坚，不断强化党员干部示范带动作用，合理调配党员干部驻村包户，因地制宜引导贫困户开展脱贫项目；全面开展精准扶贫“回头看”，对照上级巡视反馈意见逐一落实整改。严格落实干部“五包”责任，确保“三保障”政策落到实处。大力开展产业帮扶，逐步建立光伏发电、水果种植、灵芝种植、肉兔养殖基地、蜜蜂养殖和香猪养殖等多个扶贫产业项目，优先吸收贫困户参与项目建设和公益性岗位，增加贫困户收入。

【文教卫生事业】 2018年，横陂镇重视和加强球王李惠堂历史文化的保护、挖掘和利用，积极推进球王文化广场建设，充分发扬球王精神。球王广场项目已动工建设、完成李惠堂旧居修缮工作。同时，致力打造特色小镇，充分挖掘横陂传统足球文化底蕴，全力推进国家级运动休闲足球特色小镇建设，努力把足球赛事与健身休闲、旅游文化、健康养生、教育培训等项目有机融合起来，打造产业链、服务圈，带动经济发展。全镇积极发展旅游产业，不断完善双龙山旅游景区设施建设，打造集休闲、娱乐、观光、餐饮和住宿为一体的特色旅游景区，充分利用双龙山旅游景区、夏阜西门古寨、江南温泉、叶湖葡萄采摘园、叶湖光伏发电场等特色旅游景观光点打造横陂镇特色旅游路线。全力抓好人口计生日常服务管理工作，完成孕前免费健康检查、无偿献血等工作，组织适龄妇女开展“两癌”免费筛查工作；推进一村一卫生站建设，33个村卫生站建成使用，锡坑、小都卫生院建设完工，已投入使用；成功创建省卫生村6个，市卫生村7个。

【基层组织建设】 2018年，中共横陂镇党委下设党支部64个（“两新”组织5个），3070名党员，其中农村党员2370名，社区党员106名，机关企事业单位党员594名。横陂镇制定专题学习计划，全方位、多形式抓好习近平新时代中国特色社会主义思想、中共十九大精神、习近平总书记对广东重要指示批示精神、考察广东重要讲话精神等内容的学习。全年组织开展基层党员轮训班4次，实现全镇3070名党员的全覆盖培训。制定镇级党建三年行动计划，全面推进三年行动计划的实施。按要求完成红光村、横陂社区等2个点的升格工作，对38个村（社区）党支部进行规范化建设。指导各村（社区）完善议事决策、“三重一大”等制度，强化党的领导。抓好党风廉政工作，对巡视巡察发现的问题建立工作台账，逐一进行整改落实。对反馈的违规问题进行专案核查，处理7名党员干部，其中警告4人、严重警告3人。同时开展“每月一案例”等专题教育，落实约谈制度，共约谈干部56人。

【平安创建】 2018年，横陂镇认真推进社会治理工作，深入开展扫黑除恶专项斗争，全面加强信息摸查和宣传工作，排查涉黑涉恶线索28条，其中有效线索 3条，立案3宗，破案3宗，打掉 1个涉黑除恶团伙，抓获违法犯罪嫌疑人9人，缴获枪支 11支。扎实推进平安村（居）创建、民主法治村创建工作，高度重视初信初访工作，实施信访积案化解活动。严格落实安全生产工作，层层落实责任制，不断强化食品药品、烟花爆竹、道路交通、建筑施工、非煤矿山、危险化学品、民爆器材、人员密集场所等重点行业、重点领域、重点部位的隐患排查，不断健全完善突发事件的预警预防和应急处置机制，提高应对突发事件和风险的能力。

（魏国斌）

横陂镇2018年度领导名录

党委书记： 李国昌

党委副书记： 卓伟强　饶　科　张恕根　黄灿章（挂职，任至6月）

党委委员： 陈少波　钟伟东　李明新　李乃林　陈展芳　魏道波　李展培　周伟城

人大主席： 刘梅英

人大副主席： 周新辉

镇　　长： 卓伟强

副 镇 长： 陈少波　李茂浩　邹干友

纪委书记： 钟伟东

郭 田 镇

【简况】 郭田镇位于五华县东南部，距离县城25千米，与丰顺县、兴宁市相邻，是五华县三个革命老区镇之一，也是古大存入党介绍人、五华县第一个共产党员黄国梁的故乡。辖区总面积142平方千米，下辖12个村委会（湖华、再下、布美、硿南、龙潭、郭田、横塘、双光、坪上、三坑、蕉州、石团）和1个居委会，共250个村民小组。全镇耕地面积1177.07公顷，其中水田887公顷、旱地290.07公顷，山地面积10900.8公顷。2018年，全镇有5674户、45630人，其中农业人口38423人、非农人口7207人。全镇农村经济总收入3.58亿元，同比增长6.5%；农村人均收入9156元，同比增长6.2%。

【农业】 2018年，郭田镇全面完善土地确权后续工作，对农村土地承包经营证书基本信息遗漏、错误等现象进行修正，全镇共确权土地933.33公顷，完成颁证6082本。成立郭田镇农产品展示中心，集中展示高山红薯、黑糯米74度米酒、风流果酒、布惊茶、沉香茶、高山蜂蜜等郭田镇特色农副产品，其中高山红薯、风流果酒等参加五华县第二届电商节。引进梅州花树下生态农旅开发有限公司，以现有红薯种植基地为基础，整合资源打造生态农旅产业园。

【新农村建设】 2018年，郭田镇蕉州村作为新农村建设县级示范点，已完成村口公园、沿河绿道建设，并通过示范带动推动其他10个面上村开展“三清理三拆除三整治”工作，全镇共拆除629宗4万多平方米，清理面积约10万平方米；重点管控圩镇范围、交通干线等区域以及打击违规削坡建房、侵占河道、占耕建房等行为，全年共制止违章建房行为12宗，处理违法用地2宗，拆除违建面积230平方米；通过工程建设前期审查把关，配合设计单位完成10个面上村的初步村庄规划；积极对接EPC打包项目中标公司，确定EPC项目建设的基本规划设计框架，同时完成对2批8个自然村理事会申报的46个“以奖代补”项目清单的审核。位于布美、郭田、坪上村的3个生活垃圾分类中转站建设全面完成，在全县率先投入使用，日处理生活垃圾约25吨，清运管理制度逐步规范，基本实现生活垃圾“日产日清”；镇容村貌管理秩序得到加强，重点对圩镇及坪上街区的“六乱”行为进行集中整治，全年共开展大小整治10余次，行动共规范商铺经营400多宗，处理违规占道经营100多宗，清理违章搭建雨棚60多处，拆除广告牌50多个。

【基础设施建设】 2018年3月30日前，郭田镇顺利完成丰华高速郭田段全部征地拆迁任务，其中长度约 15.81 千米，征地 104.56 公顷，拆迁房屋 21 座，迁移地坟 644 座，完成补征地 16.78 公顷；郭双公路施工对接有序进行中，沿线管线迁移工作进一步完善；蕉州河治理工程全面竣工，完成 12 千米河道治理，大大提升蕉州河全线行洪能力；镇级污水处理厂厂房主体工程和管道铺设工程建设完成，各村按照新农村建设考核验收标准和一村一生活污水处理设施原则，积极开展招投标工作，已完成镇级污水处理设施，可处理郭田、居委、横塘 4000 余名群众生活污水；完成村村通自来水厂址的征地工作，厂房工程已完成，自来水管道已铺设至郭田村，一期工程完成 80%。

【生态建设】 2018 年，郭田镇牢固树立"绿水青山就是金山银山"理念，坚持人与自然和谐共生，严格落实"网格化"责任，严厉打击野外违规用火行为，加强对重点人员管控，加强应急扑火演练和资金保障，在重点区域建设森林消防水池 9 个，采购 30 把水枪、500 把扑火把，全年开展防火应急演练 10 余次；积极开展绿化造林工作，完成碳汇造林种植工程 80 公顷、生态景观绿道工程 50 公顷，送苗下乡超过 3000 株；全面落实河长制工作，结合河流"清四乱"专项行动，全年镇村两级河长共计巡河督查 706 次，发现并解决问题 203 个，组织开展集体"清漂"行动 2 次，各村居自行组织"清漂"行动 20 余次，清理漂浮物 10 余吨，制止违规占用河道建房行为和占用河堤圈养禽畜 2 起，查处盗采河沙行为 2 宗。

【科教文卫】 2018 年，郭田镇殡葬改革效果显著，6 月起，全镇遗体火化率实现 100%；城乡居民养老保险认证工作 100 %完成；投入约 10 万元资金对综合文化站进行全面升级改造，提高综合文化站服务群众的水平；7 月，成功举办"苏区人民跟党走"文艺会演；蕉州、坪上、石团等村连续多年举办"奖教奖学"活动；自主创建《文明郭田》报刊，已出版 2 期共 5000 余份，并为 13 个村(居)、企事业单位、中小学进行赠阅，大力弘扬社会主义核心价值观，讲述郭田好故事，传递郭田正能量，引领良好乡风民风，展现文明郭田新气象。

2018 年 7 月 1 日，郭田镇举办"苏区人民跟党走"文艺会演

【安全生产】 2018 年，郭田镇安全生产形势持续稳定向好，镇政府与辖区内的 13 个村居、8 间中小学校、1 个加油站、10 家烟花爆竹零售点、31 间小水电站等 60 多家单位签订责任书，构建起横向到边、纵向到底的安全生产责任体系，在元旦、春节、"五一"、国庆等节假日期间在全镇开展安全生产大检查，联合工商、派出所、供销等部门加强烟花爆竹、危险化学品运输、储存、销售管理工作，抓好经营门店的定点办证，全年共排查并整改各类安全隐患 129 处，8 处市县督办案件均已经整改到位；同时不断加强汛期地灾防治和削坡建房综合整治工作，

严守安全底线，全镇19户重大风险削坡户整治工作正在积极进行；全年共摸查出非法堆放、经营河砂10处，均已全面整改；联合县水务局水政大队对坪上村万猪场、蕉州村2处违法偷采河沙行为进行制止、处罚并捣毁作业工具。

【民生保障】 2018年，郭田镇12个村级卫生站建设任务全面完成，基层卫生医疗条件不断提升；全年认真开展低保、五保户核查工作，全年对弱势群体进行普遍的调查摸底，接受低保新申请56户，入户调查56户，准备公示后上报56户；经过调查，取消农村低保55户（共207人）、分散供养五保户30户；认真开展社会救助工作，扎实落实“惠民”政策，积极开展康园中心和康复站各项工作，为各类残疾人提供良好的康复服务，调查核对该镇750名残疾人，做好残疾人两项补贴申请，做好新增残疾人和取消死亡残疾人登记注销等工作；复退军人工作站工作顺利开展，对全镇复退军人信息进行全面采集，并建立复退军人信息库，共建立和采集429条。

【精准扶贫】 2018年，郭田镇深入贯彻落实中央和省、市、县关于精准扶贫精准脱贫工作各项部署。扶贫责任全面落实，全面贯彻落实镇村两级书记遍访贫困户制度，全面压实镇村帮扶干部包户责任制，坚持落实脱贫攻坚工作例会制度；与生长地公司加强合作，统筹扶贫资金约440万元，湖华村高山红薯种植基地每年按投资金额9%返还给贫困户，确保收益稳定长久；统筹坪上村扶贫资金入股坪上村集体苗圃场，并将收益反哺贫困户；积极探索“以短养长、长短结合”帮扶模式，发展传统种养来补足资产收益帮扶短板；从12个贫困村筛选18户精准扶贫户，与农村信用社进行对接，利用金融扶贫助推自身创业，实现自力更生，精准脱贫；落细落小落实“三保障”措施，全镇参加城乡居民基本医疗保险贫困户人数1552人，达到100%；60周岁以上贫困户参加养老保险的有280人，达到100%；全年落实教育补助政策338人，教育补助落实率100%。同时，积极帮助贫困户落实就业服务，开展镇级技能培训7场，培训551人次；在帮扶单位工作队和镇、村两级干部的共同努力下，顺利实现脱贫488户1536人的目标。

【社会治安】 2018年，郭田镇牢固树立“稳定压倒一切”思想，着力排查化解社会矛盾和安全风险隐患，深入开展扫黑除恶专项斗争，广泛宣传发动，党政班子定期研判，多次召开专题会议加以推进，深化线索摸排，派出所经办案件3宗，上报线索1条，维护特别防护期间全镇经济社会和谐稳定；积极开展郭田镇社区矫正、安置帮教工作，全年在册社区矫正人员18人，已解矫10人，对营造全镇法治氛围产生积极影响；认真学习枫桥经验，充分发挥镇、村信访维稳工作机制和“中心+网格化+信息化”平台作用，将矛盾化解在萌芽状态，全年受理各类矛盾纠纷案件80宗，其中79宗已按规定程序给予答复或作出处理；精神障碍患者救助监护工作全面落实，全年登记在册的精障患者195名，其中三级以上患者25人，落实监护人245人，均按规定签署监护人责任书及资金发放审批表，并完成2018年的监护资金发放工作。

【基层党建】 2018年，郭田镇打通全面从严治党“最后一公里”，全年稳步开展村级巡察工作，市委第五巡查组对郭田镇龙潭村进行为期15天的集中巡察；按照“六对接六查找”要求,对所辖13个村（社区）开展“拉网式”全面排查，确定1个县级和6个镇级软弱涣散党组织整顿对象，软弱涣散工作坚持因村施策、一村一策，并逐步完成整顿工作；全年坚决贯彻落实省、市、县委关于肃清李万恶劣影响的决策部署，扎实开展镇村两级肃清恶劣影响专题民主生活会，深入开展自纠自查，清理相关书籍一批；13个村（居）党群服务中心建设全面完成，规则制度和相关配套设施基本完善，党建氛围日益浓厚；采取“试点先行、逐步推进”的方式，全面推动全镇优化村（社区）党组织设置工作，双光、坪上、布美、硿南、郭田、蕉州等7个村党支部升格为党总支(党委)。

（陈汉森　张凌峰　江林樾）

郭田镇2018年度领导名录

党委书记：刘伟炎
党委副书记：张小玲　黄育辉　张美茹
党委委员：李冬强　朱志雄　黄文华　江锦文　黄运辉
人大主席：黄梅坤
人大副主席：田志平
镇　　长：张小玲
副 镇 长：李冬强　陈标坤　江　育
纪委书记：张美茹

双 华 镇

【简况】 双华镇位于五华县东南部，距县城28千米，总面积141平方千米，辖16个行政村（双华、大陂、禾沙、黄径、军营、冰塘、苏区、矮畲、富美、华东、华南、华拔、公平、虎石、福全、竹山）和1个居委会。2018年年末，全镇共有6597户43322人。耕地面积1346.67公顷，林地面积1246.67公顷。全镇农村经济总收入3.96亿元，同比增长5.6%，农村人均收入9141元，同比增长1.4%。

【农业】 2018年，双华镇积极实施“一村一品”战略，鼓励农民专业合作社抱团发展，不断壮大特色农业规模，辖区板栗、三华李、巴戟、茶叶等特色农产品种植面积大幅提升。积极争取上级“一镇一业、一村一品”项目，做强做精双华板栗、茶叶、巴戟、板栗、三华李等优势传统农业品牌的同时，创新农业发展模式，积极探索“果茶”、“林菌”等立体农业发展模式，通过建设板栗公园、精深加工产业链、扶持农村电商等方式不断增加产品附加值，鼓励群众扩大种植面积，打造农林经济连片产业格局。

【文教卫生】

文化事业　2018年，双华镇大力开展“铭记光辉历史，传承红色基因”主题教育实践活动，扎实推进镇村“新时代红色文化讲习所”“新时代文明实践中心”建设，强化镇村文化宣传阵地建设，牢牢把握意识形态工作的主动权；积极实施良好村风民风孕育工程，大力开展“好媳妇”“文明家庭”“道德模范”等评选活动，送采茶戏、木偶戏、电影等各类群众喜闻乐见的文体活动下乡，进一步丰富群众精神文化生活。

教育工作　2018年，双华镇教育质量稳步提升，双华中学初三升中考试，市县重点中学入围人数132人，其中东山中学、曾宪梓中学入围最低控制分数线42人，荣获2017—2018学年初中升学考试全县综合第三名，获评“五华县先进学校”。

卫计工作　2018年，双华镇按照“双创”目标要求，扎实推进“两基示范镇”创建活动，全面完成14个村级卫生站公建民营规范化建设，做到家庭有医生、村有卫生站。持续深化优质服务，不断提高群众健康水平。全年共发动224对育龄夫妇落实免费孕前优生健康检查，完成434名妇女免费“两癌”筛查，镇村共发动65人参加无偿献血，累计献血1.3万毫升。同时，扎实做好重大传染性疾病的预防控制，实现重大疫情零发生。2018年，全镇16个村被广东省爱国卫生运动委员会评为“广东省卫生村”，实现全覆盖。

【乡镇企业】　2018年，双华镇充分发挥水电、红木加工、石板石材等传统产业的优势，加大扶持力度，积极鼓励企业改进技术，树立品牌，做大做强。34间中小型水电站产能稳定，6间红木家具企业年销售收入超过3000万元，12间石板加工企业年销售收入达1500万元以上。

【新农村建设】　2018年，双华镇主动谋划，扎实推进4个省定贫困村的社会主义新农村建设，在自主推进新农村建设“以奖代补”项目中投入资金600多万元，实施一批综合文化场所等项目建设。新农村建设“EPC”项目共投入资金1500万元，实施一批自然村道路硬底化、村巷道硬底化和污水沟建设等项目。在推进社会主义新农村创建工作中，注重统筹山水林田湖草、革命遗址等历史人文自然资源，集中打造一批改善民生的示范点，如华南村合兴园综合文化长廊、立体农业观光试验田、竹山村板栗产业园等景观，让人民群众望得见青山绿水，记得住浓浓乡愁。

【生态建设】　2018年，双华镇牢固树立“绿水青山就是金山银山”理念，着力抓好绿化造林和生态管护等基础性工作，不断优化生态环境，大力开展林地管理专项整治，严厉打击13起非法占林毁林行为，“复绿”面积8亩，立案1宗，刑拘1人。狠抓森林防火工作，严格落实镇、村干部和护林员包山头、包重点地段巡山责任，强化队伍建设，足额配备扑救工具，充分发挥瞭望台作用，在防火期全天候安排人员值班监控，建立健全“一村有火警、多村联扑”的应急反应机制，严防死守，实现森林火灾“零发生”，获评五华县2018年度森林防火先进单位。

【人居环境建设】 2018年，双华镇认真开展人居环境综合整治工作，率先完成3个生活垃圾中转站建设并投入运营使用。统筹投入资金50多万元，购置环卫车1辆、环卫摩托车3辆、垃圾桶1300多个及其他环卫保洁工具一批，进一步健全生活垃圾“日产日清日运”长效机制。围绕“两美”行动“八整治、四提升、三规范”的工作目标，结合“三清三拆三整治”工作，深入开展“治污、治脏、治乱、绿化、美化、亮化”大行动，切实消除城乡“脏、乱、差”现象，全镇共完成“三清理”248处约3679平方米、“三拆除”537处约51733平方米、“三整治”137处约2264平方米，极大地改善人居环境，提升村庄品位。坚持每周五开展镇村干部大扫除活动，示范带动群众踊跃参与，群众环保意识进一步提升。建立圩镇“六乱”整治长效机制，加强专职城监队伍建设，圩镇管理秩序持续改善，城乡环境整治工作得到上级和人民群众的充分肯定。

【社会保障】 2018年，双华镇大力抓好城乡居民医疗保险和养老保险参保工作，实现城乡居民医保参保覆盖率100%，全镇60周岁以上老人100%享受新型农村养老保险；785名高龄老人全部得到津补贴发放；不折不扣落实惠民补贴资金，向全镇193名优抚对象发放抚恤金及优待金；认真做好五保、低保户评审工作和“回头看”工作，做到公平公正、应保尽保，全年向415户低保户1413人和119名五保户发放低保金、五保金共约528万元。全年共取消低保40户128人，五保17人。全面启动退役军人信息采集工作，力争做到宣传不漏户，登记不漏人，全年共采集登记458人。全面加强殡改管理，积极倡导厚养薄葬的新风尚，全年未发生违规土葬行为。

【民生实事】 2018年，双华镇坚持惠民生、促和谐的总体工作思路，充分调研讨论，把群众反映强烈，急需解决的问题作为民生实事工程，撬动资金1600多万元，全面完成2018年度“圩镇休闲绿道二期工程、大陂沿河休闲绿道、虎石岗休闲驿站”三大民生实事建设目标，解决圩镇周边1.5万名群众休闲无去处的问题，更好地推介双华独特的红色、绿色生态资源。同时，积极保障双棉公路、双郭公路无障碍施工，完成12.66千米乡村道路硬底化建设，进一步补齐交通基础设施短板；大力推进村村通自来水工程二期建设和圩镇自来水管道升级改造，解决群众饮水难问题；16个村全面建成“一村一文化广场”，不断改善精神文明建设设施条件。

【公共服务】 2018年，双华镇通过充分调研，收集群众意见，不断优化“马上办”和“一门式一站式”政务服务。充分发挥镇、村公共服务平台作用，积极开展村级服务群众代办业务，足额配备镇级专职工作人员和实行村级干部坐班制度，打造全方位、优质高效、便民利民服务。全年镇村两级服务平台分别受理群众办事2158件（项）和93件（项），为群众到县代办业务共934件（项），办结率100%，咨询845人（次）。同时，狠抓政务信息平台建设，及时发布和更新信息，打造权威信息发布平台，配合县级相关部门完善网上办事平台建设。

【社会综合治理】 社会发展环境稳定和谐。2018年，双华镇牢固树立“稳定压倒一切”的理念，坚持“控制增量，减少存量”工作思路，扎实推进信访工作法治化、制度化建设，加快“中心+信息化+网格化”工作体系建设，加快推进村级视频监控设施建设，加强群防群治队伍建设，加大治安防控力度，扎实推进平安双华、平安村居建设，坚决维护基层农村稳定和谐。持续保持高压态势，强势开展扫黑除恶专项斗争行动，从严从速打击村霸恶霸，严厉打击搞政商勾结、充当黑恶势力保护伞的行为，全面铲除黑恶势力滋生土壤。全年共受理各类民事纠纷54宗，成功调处52宗，调处成功率96.3%。受理治安案件30宗，查处25宗，查处率83%；立刑事案件13宗，破案8宗，破案率61%，抓捕犯罪嫌疑人9名、逃犯6名。

安全生产实现“零事故”。2018年，双华镇坚持“党政同责、一岗双责、齐抓共管”，突出重点行业领域，抓住关键环节，压紧压实责任，持续开展安全生产专项整治，防范化解安全生产重大风险，实现安全生产事故“零发生”，切实筑牢安全生产防线。全年组织开展各类专项排查12次，排查安全生产隐患156宗，立即整改115宗，限期整改41宗，整改率100%，并对安全隐患整改不到位的2间企业采取停业整顿措施。同时，全面落实消防安全责任制，组织开展灭火救援应急演练2次，定期组织联合执法检查队伍，全面排查和整治消防安全隐患，实现火灾事故“零发生”。

（陈少才　宋远娣）

双华镇2018年度领导名录

党委书记：张祝平

党委副书记：谢龙飞　戴天平　陈菊英

党委委员：张平锋　汤宇雄　钟　亮　孔治南　邓玉芳　邓焕均

人大主席：陈标文

人大副主席：古耀青

镇　　长：谢龙飞

副 镇 长：张平锋　李清华　魏伟雄

纪委书记：杨想青

安　流　镇

【简况】　安流镇地处五华县南部，距县城33千米，总面积238平方千米。辖42个村民委员会、4个社区居委会。全镇乡村人口119455人，城镇人口43359人。全镇有耕地面积4413.6公顷，其中水田3341.87公顷、旱地1013.06公顷、水浇地58.67公顷。

【农村经济发展】　2018年，安流镇始终坚持以经济建设为中心，以增强镇域经济总量，增加居民收入为目标，克服各种困难，加快特色农业经济发展。全年烤烟种植126.4公顷，探索木耳、红薯、黑凤鸡、有机猪、水蛭、灵芝等特色农业的发展，增加农产品的附加值，增加农民的收入。同时鼓励专业合作社创建、扩展。

【基础设施建设】 2018年，安流镇大力推进基础设施建设，补齐民生短板，增进民生福祉，不断提升人民群众幸福感。城镇提质工程成效显著。为进一步提升安流中心镇品位，该镇大力加强城镇公共基础设施建设，司前街至蛇头印4千米、S238线惠天地加油站至安流大桥1.1千米完成升级改造，铺设柏油路面，实现安流镇柏油路面零的突破。S120线惠天地至蓝田桥1.7千米进行扩宽改造工程，S238线安流大桥至半径大道3.2千米改造工程正在施工中。长江大桥已于2018年9月底建成通车，安顺大桥、秋前湖大桥、华清纪念大桥相继开工建设，解决群众出行难的问题，缓交交通压力。福江、青江亲水公园建设顺利推进，建成后解决圩镇周边3万多群众休闲无去处的问题。加快推进村村通自来水建设工程，解决群众饮水难问题。民生短板不断补齐。补齐教育短板，加快安流第一小学教学楼和教师宿舍楼的建设，谋划万塘小学的扩建，扩建一栋教学楼，改善师生的教学环境。补齐医疗短板，全力抓好安流中心卫生院升级县第二人民医院征地、拆迁工作，5月底全面完成征地2公顷，拆迁16户的任务，确保工程顺利推进。加快长塘堤大道建设。推动公共服务、基础设施和政策配套设施向农村不断辐射和延伸，变短板为潜力板，推动协调发展。

【民生保障】 2018年，安流镇全力做好精准扶贫精准脱贫工作，坚持分类指导，按照“一户一策”制定帮扶措施和脱贫计划，依托汉光超顺农旅产业园和安流工业园的建设，扩大就业，提供就业岗位，以产业带动脱贫。通过外出务工、发展生产、生态补偿、教育补贴、社会兜底、公益性岗位安排等方式实现脱贫，努力形成扶贫攻坚强大合力，实现“小康路上一个也不能掉队”的要求。抓好社会主义新农村示范村建设，突出“三清三拆三整治”工作，狠抓示范带动，落实以奖代补。11个省定贫困村共清理村乡道乱堆乱放24360平方米，清理房前屋后垃圾、卫生死角29822平方米，清理沟渠池塘淤泥30012平方米，拆除危旧房、废弃猪牛栏、露天厕所茅房49510平方米，整治垃圾10201吨。申报道路等公共小型建设以奖代补项目311个，申报奖补资金2392.53万元。抓好农村人居环境综合整治工作，积极抓好6个垃圾中转站选址，“三通一平”工作，督促施工队加快施工进度。

【文教卫生】 2018年，安流镇大力弘扬社会主义核心价值观和中华民族传统美德。开展好婆婆、好媳妇、好家庭评选活动，母亲节组织文艺晚会、重阳节敬老活动、开展广场舞、球类比赛，丰富群众文体生活。14个村完成“一村一文化广场”建设任务，26个村完成综合性文化服务中心建设任务。抓好39间公建民营村级卫生站规范化建设和投入使用。认真做好流行传染病防控工作，开展灭犬防病、H7N9人感染禽流感防控工作，提高群众健康水平。

【平安创建】 2018年，安流镇抓好综治信访维稳工作，牢固树立稳定压倒一切的思想，坚持每月抓好矛盾，信访事项排查、研制，实行综治网格管理，落实领导干部包案，做好信访、网访答复，抓好普法宣传、法律服务、社区矫正帮教、群防群治队伍建设，积极开展禁毒、禁赌、扫黑除恶专项斗争，严厉打击各种违法犯罪活动。全年受理信访案件155宗，办结139宗，办结率91%。大力开展平安村居创建活动，其中11个省定贫困村实现全覆盖。成功处置“6·3”万塘人质绑架案件，成功执结一宗长达9年房屋腾退案件。落实安全生产“一岗双责”责任制，认真贯彻安全生产法律法规，落实安全生产“党政同责、一岗双责、齐抓共管”责任制，实行安全生产网格化管理，加强对矿山、砖厂、石场、加油站、煤气站（店）、烟花爆竹批发零售店、饭店酒家、旅店、KTV网吧、道路交通、建筑工地等重要行业、重点部位的安全检查，共检查150多次，共排查出安全生产隐患210宗，立即整改170宗，限期整改40宗，整改率100%。全年未发生较大以上安全责任事故。不断加强森林防火意识，制定森林防火应急预案，认真落实森林防火工作责任，加强森林防火宣传，充分利用村村通广播、微信公众号、政府网站、宣传单、宣传标语等方式提高群众防火意识，镇级成立60人、各村成立15人以上的扑火队，加强培训演练，提高实战能力。加强野外火源管理和特殊人群管理。投入60多万元购置扑火装备，建设防火蓄水池13个。进一步加大野外火源管控，严厉打击各种野外违规用火行为，全年行政罚款9宗8900元，教育制止野外用火行为23例28人。

（陈周祥　李　娟　张　强）

安流镇2018年度领导名录

党委书记： 刘现松

党委副书记： 温全瑞　汤　华
李巧文　曾浪文（挂职）

党委委员： 古爱常　林建辉
陈志坚　陈伟华
宋锦棠　黄志平
李彩凌　张伟鹏

人大主席： 古志宗

人大副主席： 古远方

镇　　长： 温全瑞

副 镇 长： 古坤彪　李自雄
张宏南

纪委书记： 古爱常

棉　洋　镇

【简况】　棉洋镇位于县城南部45千米，总面积254平方千米。辖26个村委会、685个村民小组和2个居委会。2018年年末，全镇有耕地面积2908.4公顷，其中水（旱）田2332.4公顷、旱地576公顷；总人口有26324户114627人，其中农业人口102107人、非农人口12520人。2018年，全镇经济总产值实现9.1亿元，比增5.6%，农村居民人均收入8656元，比增7.9%，累计完成固定资产和市政工程投资3.9亿元。

【农业发展】 2018年，棉洋镇抓好烤烟生产的科学技术指导工作，确保烤烟的种植规模、产量和质量。全镇烤烟种植面积75.87公顷，收购烟叶170吨，产值450万元。因地制宜，打造擦亮特色产业，重点抓好以茶叶、桃驳果、柿花、百香果、禾梨、鹰嘴桃及红肉蜜柚等绿色精致高效农业发展，积极培育名优产品，全年新增水果、茶叶、油茶等特色农副产品215.07公顷，积极推动现代农业面向市场竞争。以茶叶为主导产业，实施优质茶叶基地创建、特色茗茶品牌创建、特色制茶工艺标准化和特色茶文化培育“四大工程”，对茶叶企业在基地建设、精深加工、市场营销、宣传推介、品牌创建等方面进行扶持，基本构建起较为完善的“生产+加工+研发+品牌”茶叶产业链体系，推动华顺富硒茶叶、新光万福春茶叶、七畲径茶叶、天柱山茶叶品牌化走向市场。成立镇级电商服务中心和17个村级电商服务站，通过完善产销体系，带动农产品的外销，促进农产品走出山区、走向市场。支持华顺农林发展有限公司与华南农业大学签订合作协议，筹建华顺农林产业学院，以产学研合作模式，在茶叶育苗、品种研发、种植、精深加工等方面开展校企合作。2018年，该基地培育茶苗2000万株。引进广东汉光超顺农业股份有限公司，在天柱山核心及周边“5+N”村集约打造中国天柱山田园综合体项目，建设以南药种植、特色水果生产、农产品深加工为主，供港养殖为辅，结合休闲养生、观光旅游、民俗风情的国家级特色田园综合体，已完成农村承包地经营权流转（包括林地、耕地等）约1866.67公顷。

【基础设施建设】 2018年，棉洋镇继续规范圩镇管理，完善圩镇配套设施，在升级改造原有菜肉市场的基础上，坚持以管理为抓手，建立健全整治圩镇“六乱”行为和卫生保洁长效机制，强化圩镇道路等基础设施日常管护，实现圩镇常态化、全方位动态巡查管理，逐步缓解圩镇交通拥堵状况，不断提升圩镇整体文明形象。不断完善基础设施，投入16.5万元建成残疾人康复中心并投入使用。投入440万元新建桥江卫生院门急诊综合楼，已完成主体工程。对全镇约32千米的村级道路进行硬底化，方便群众出行。严格按有关政策法规和程序全力抓好华陆高速征拆工作；强力推进西气东输三线闽粤支干线工程（棉洋段）项目，全面完成管线途径地35公顷的土地征收工作。抓好棉双线升级改造19千米道路建设，确保棉双线升级改造工程有序推进。村村通自来水工程稳步推进，水厂主体工程基本完成，水陂建设、55千米主供水管道和配水管道铺设基本完成，正在进行试水通水。做好中小河流治理前期清障工作，完成优河、平安水清障疏浚工作。抓好农田水利建设，对群星、水湖等村的水毁工程进行修复，保障基本农田灌溉。

【人居环境提升】 2018年，棉洋镇完成县级美丽乡村示范村规划编制，罗城、福城村美丽乡村建设成效凸显。结合“两美”行动，全域推进农村人居环境综合整治，全镇共发放圩镇倡议书3000多份，发出整改通告1000多份，出动1万多名党员干部群众师生参与。拆除圩镇违规广告牌380多块，清理搭建、堆放、沟渠960多宗，城乡环境得到大幅提升。通过镇级微信公众号、村级一盘棋管理平台、横幅、标语等方式，加大宣传力度，通过全方位多角度发动全体党员干部群众共同参与，合力推进人居环境综合整治。深入推进农村环境卫生保洁，大力开展“三清三拆三整治”工作，营造圩镇到农村、国道到村道、地面到水面干净整洁有序环境，提升村居建设品位，城乡环境得到大幅提升。加快完成镇村生活垃圾中转站建设，罗城、双璜村点投入使用，葵岭、平安村正在推进“三通一平”。

【生态环境建设】 2018年，棉洋镇加强林地资源保护管理，全面抓实毁林建坟专项整治工作，明确工作任务，落实镇村干部包户责任制，充分发挥村级护林员巡山管林作用，组织开展森林防火应急演练5次，悬挂张贴防火宣传横幅、标语200条，购置1.5万多个环保袋发放至农户，有效扩大宣传范围，提高群众森林防火意识；强化镇村干部、护林员的监督考核，及时消除森林火灾隐患，确保森林资源安全。牢固树立“绿水青山就是金山银山”理念，着力抓好绿化造林和生态管护等基础性工作，不断优化生态环境，大力开展林地管理专项整治，严厉打击19起非法占林毁林行为，复绿面积0.933公顷，立案1宗，刑拘1人。全面推行河长制工作，严格落实“河长制”工作，各级河长累计巡河约2000次，投入50多万元对河道垃圾、水浮莲等进行清理，对全镇河道采砂和非法堆砂点进行全面清理整治，河道采砂得到有效禁止。抓好畜禽养殖污染专项整治，严格按照畜禽养殖污染专项整治工作要求和时间节点，加快推进整治工作。全镇共拆除、关闭或整改养殖场165户，100%完成整治任务。

【民生服务】 2018年，棉洋镇强化群众服务，改善民生。提高社会保障水平，抓好城乡居民医疗保险和养老保险参保工作，至年底，全镇参加城乡居民医保85564人，完成参保任务数98.27%。宣传发动60周岁以上老人积极参加农村养老保险。认真做好五保、低保、优抚对象审核工作，落实救助政策，每月对全镇低保五保户1456户发放低保五保金122.75万元；对重点优抚对象、60周岁以上退役士兵、义务兵发放生活补助金共9万多元；发放大病救助120多万元。全面启动退役军人信息采集工作，力争做到宣传不漏户，登记不漏人，全年共采集登记1326人。全面加强殡改管理，大力倡导厚养薄葬的新风尚，未发现有违规土葬行为，积极谋划启动骨灰楼、生态墓地选址建设。坚决打赢脱贫攻坚战，开展多种形式的扶贫帮扶措施，通过多渠道开展产业收益扶贫，发展“传统种养+资产收益帮扶”有机结合的产业帮扶新模式，筹资2600万元投入到广东汉光超顺农业生态有限公司、广东粤晟建设有限公司。2018年，全镇有劳动能力贫困户发展种养产业1226项；50万元以上资产收益项目3个；开展党员干部与贫困户结对帮扶活动，结成1685对帮扶对子，要求党员干部定期走访，落实“四个一”工作举措，即每月开展1次入户走访、每月进行1次交心谈心、每月宣传1次脱贫政策、帮助落实1项脱贫措施。并大力宣传金融扶贫政策，积极发动有创业需求，有劳动能力的建档立卡贫困户实行贷款贴息，有9户贫困户贷款21.07万元；全面落实“三保障”政策。全镇落实1222名建档立卡贫困学生的教育补助；落实贫困户危房改造共97户；全镇建档立卡贫困户5715人实现医疗保险全覆盖。

【文教卫事业】 2018年，棉洋镇公共文化服务体系逐步建立，规划筹建一村一文化广场，已完成21个村的文化活动广场建设。重教兴学，学校的办学条件明显改善，教师队伍整体素质得到较大提高，教育教学质量稳步提升，有力地巩固教育创强成果。棉洋中学2018年高考成绩重本线以上共有8人，同比增长300%；本科线以上共有28人，同比增长27.3%；大专线以上共有178人，同比增长21.1%，教育教学水平显著提升。棉洋镇第一小学获认定为广东省中小学艺术教育特色学校。棉洋中学、棉洋第一小学荣获“广东省硬笔书法教育示范基地”。棉洋中学老师魏金兰荣获梅州市优秀教师，棉洋中学宋涛龙获得广东省“新时代好少年”称号、桥江中学宋滢滢获得梅州市“新时代好少年”称号。贝尔乐幼儿园参加CCTV《向阳花开》“我的舞台·我的梦”2019春晚海选赛获梅州赛区银奖，成功晋级“广东卫视”少儿春晚。扎实推进卫计工作，“全面两孩”政策得到有效落实；“两癌”检查工作完成1863人，计生服务管理工作全面提升；完成19个村级卫生站建设，创建市卫生村4个、省卫生村6个，创卫工作取得显著成效。全面做好重大传染性疾病的预防控制，确保无重大疫情发生。

【社会基层治理】 2018年，棉洋镇加强国土管理工作，严格按照土地利用总体规划审批用地，全面开展规范农村建房管理秩序专项整治，严厉打击违规违章占地建房行为，坚守耕地保护红线。全面落实网格化管理职责，强化镇村干部责任落实，加强国土巡查监管力度，做到发现一宗制止一宗。全年全镇发现违章建筑30宗，有效制止30宗，引导办理报建报批手续10宗，拆除11宗。扎实开展地质灾害防治工作，强化政策宣传、动态巡查、灾情速报和防灾减灾工作，对362户农户发放地质灾害防灾责任卡和防灾避险明白卡，完成危房改造并通过县验收共97户，完成高风险削坡建房整治10户。严格落实安全生产工作，按照“党政同责、一岗双责、齐抓共管”和网格化管理职责要求，突出重点行业领域，抓住关键环节，压紧压实责任，持续开展安全生产专项整治，防范化解安全生产重大风险，实现安全生产事故“零发生”，切实筑牢安全生产防线，投入安全生产专项资金19.6万余元用于加强安全演练、人员培训、安全知识宣传和安全隐患整治等，提高干部群众安全应急应对能力。2018年，全镇开展专项行动15次，共出动356人次；检查企业、商铺368家，发现问题119宗，现场整改77宗，发出限期整改通知书42份，完成整改42宗，100%完成。做好综治信访维稳工作，按照“中心+网格化+信息化”工作架构，加强源头治理，强化重点人员稳控，重视历史积案和初信初访的调处化解，全镇总体平稳有序。全年受理各类矛盾纠纷案件223宗，办结223宗，案件办结率100%。其中，上级交办转来68宗，来镇上访以及村级移交矛盾纠纷案件155宗。镇级调解成功案件74宗。狠抓扫黑除恶专项斗争工作，强化组织领导，多次召开专项斗争工作会议进行部署，并通过压实工作责任，强化宣传氛围，确保扫黑除恶工作落到实处。2018年，棉洋镇有群众举报、镇级排查、上级交办、部门协办和转办的案件线索13条。其中，核查上报县扫黑办3条，对涉案5人给予开除党籍处分；办结一般性矛盾纠纷9条，1条正在核查中。提升公共服务效能，通过充分调研，收集群众意见，致力于优化“马上办”和“一门式一网式”政务服务，充分发挥镇、村公共服务平台作用，积极开展村级服务群众代办业务，足额配备镇级专职工作人员和实行村级干部坐班制度，打造全方位、优质高效、便民利民服务。全年镇、村两级服务平台分别受理群众办事 4953 件（项）和 315 件（项），为群众到县代办业务共 2325 件（项），办结率 100%，咨询 1083 人（次）。同时，狠抓政务信息平台建设，及时发布和更新信息，打造权威信息发布平台，配合县级相关部门完善网上办事平台建设。做好“三资”管理工作，严格执行“村账镇代管”制度，全面实行村级会计委托代理制，坚持“每月结算、季度审计”，加强和规范各村（社区）财务管理。充分发挥村监委监督作用，及时召开党员、村民代表会议通报村级财务，迅速上墙、上网公开公示结算情况，主动接受群众的监督，做到日清月结，账款相符、账实相符，让群众明白，促干部清白。全面完成涉农惠农资金核查工作，发现问题 77 宗，责令当事人退回资金 58.5823 万元；镇“三资”平台共完成 7 宗村级工程公开招投标，招标金额约 372 万元；规范村级票据 60 多张，退回不合理支出 6 万多元。

【党风廉政建设】 2018 年，棉洋镇自身建设不断增强，自觉接受人大的监督，大力开展“四风”问题专项整治，着力整治干部队伍中的“庸懒散奢”和“四风”问题。严格执行《棉洋镇镇村干部管理制度》、微信群管理制度，强化干部日常管理，着力提升党员干部为民务实的工作能力和水平，以制度管人、以制度管事，不断提高领导干部宗旨意识和执行力。不定期地对职能部门进行评议，有效地推进依法治镇工作。配合镇党委对镇村干部进行考核，促进干部作风转变，推动工作落实。同时，深入推进反腐倡廉，严格落实中央八项规定，大力压减“三公”经费。

（胡海标　黄文丹）

棉洋镇 2018 年度领导名录

党委书记：万均辉（任至 8 月）

党委副书记：古菊开　廖赛增　吴国华

党委委员：罗灵敏　李汉文　谢宁华　陈捷灵　廖远枢　古晋怀　丘翠娇　李保中

人大主席：陈展略

人大专职副主席：杨帆豪

镇　　长：古菊开

副 镇 长：李汉文　张广秋　谢乃溪　周益恒

纪委书记：吴国华

梅 林 镇

【简况】 梅林镇位于五华县城西南部51千米，总面积128.4平方千米。辖18个村委会和1个社区居民委员会。2018年年末,耕地总面积1823.33公顷，其中水（旱）田1491.2公顷、旱地332.13公顷。全镇有1490户、61786人，其中农业人口42743人、非农业人口19043人。2018年实现地方生产总值4.5亿元，比上年增长10%；农村人均年收入9913元，比上年增长11.2%；镇机动财力414万元，比上年增长12.4%。

【农业】 2018年，梅林镇巩固发展壮大具有梅林特色的松桂园名贵树木育苗基地、凯亿达油茶基地、琴江园油茶基地、梅东蔬菜基地，不断扩大规模，加强管理和经营，形成一批辐射带动能力强的示范基地。鼓励和引导企业突出特色，提高农产品的竞争力和影响力，充分利用农产品电子商务平台，助推农业产业化经营。

【党建】 2018年，梅林镇加强基层组织建设，提升基层党组织组织力。全年加大投入，突出重点，认真抓好村党支部规范化建设。梅林镇党委投入60多万元对梅东、尖山、琴口、梅北、福新、三乐、福塘、新塘、金坑、新成、招田、上礤12个村党支部完成规范化建设，规范设置党员活动室、上墙制度、党建宣传长廊等。狠抓党建工作，规范党内组织生活。促抓党建工作制度化、常态化，坚持每月主持召开1次党建专题工作会议，研究布置党建工作，组建2个督查组，每季度开展督促检查一次，促进党建工作制度化、常态化。加强学习教育，持续改善干部作风。严格执行“三会一课”和“三重一大”制度，落实班子成员抓“三会一课”制度责任，全镇各党组织坚持每月开好支委会和党小组会，每季度召开一次支部党员大会和上好一堂党课。镇党校举办镇村干部专题培训班8期，培训镇村干部1300多人次，不断增强党员执行党章的意识。

【新农村建设】 2018年，梅林镇坝尾岗生活垃圾中转站投入运营，南沣山垃圾中转站完成装修待安装设备，尖山村垃圾中转站主体正在施工建设。加大“三清三拆三整治”工作力度。全镇共清理卫生死角1200多处，拆除废旧危房猪舍320多座4万多平方米。稳步实施“以奖代补”，加快“EPC”工程建设。5个省定贫困村共申报新农村建设项目134个，各村“以奖代补”项目实施完成18个，正在实施54个。

【社会平安稳定工作】 2018年，梅林镇认真做好社会平安稳定工作。1. 不断规范国土管理工作，扎实开展违法占用耕地建房清理清查行动，全年制止耕地违法建房15宗，依法实施拆除违法建筑2宗，拆除违法石场1宗。同时，积极做好旱改水工作，梅东村完成集约土地30.87公顷，琴口村旱改水工作全面启动。2. 狠抓综治信访维稳，全年化解矛盾纠纷87宗，化解率92.6%；同时，加强对重点人员、群体管控，在中共十九届三中全会召开和省、市重要会议期间，实现零上访。3. 落实安全生产“一岗双责”。对重点行业、重点地带坚持日常监管、定期检查与专项排查相结合的方式加强监管，全年排查出安全隐患22宗，现场整改15宗，发出责令整改通知书7份，全面落实整改，全镇安全生产形势总体平稳。

【基础设施建设】 2018年，梅林镇认真做好全镇基础设施建设。1. 强力推进优河村至黄沙村旅游公路建设,完成土地征收28.11公顷，占任务85.17%，完成红十一军纪念大桥25%的工程量，优河、梅南境内已对土地进行平整，盖板涵已建设3座。2. 扎实推进省道120线升级改造工程，全面完成征地工作，拆除房屋14座，新成、福新、金坑3个村完成铺设路面3.5千米。3. 稳步推进以乡村道路升级改造为重点的交通基础设施建设，大力改善农村交通条件。三乐、尖山、福塘、金坑、上礤、琴口等村积极筹措资金，搞好村道硬底化建设，新建村道21.8千米。4. 大力推进文化广场建设。镇府门前广场完成水泥硬底化、路沿石铺设、绿化和池塘修葺等工程。新成、福新、梅南、梅林等村积极推进文化广场建设，并通过县初步验收。5. 加快推进村级公建民营卫生站规范化建设，完成优河、新成、华光、黄沙、招田、上礤等16个村的建设任务，有效改善梅林镇医疗卫生服务条件。

【扫黑除恶专项工作】 2018年，梅林镇以“稳定压倒一切”为总基调，将扫黑除恶与反腐败、基层“拍蝇”、打击“保护伞”结合起来，加大扫黑除恶的宣传发动力度，在全镇中心地段、企事业单位和各自然村张贴海报230张、《梅林镇扫黑除恶专项斗争线索举报通告》30张，向全镇每户群众发放《五华县扫黑除恶专项斗争线索举报、奖励通告》的宣传资料近1.5万份，分别在镇机关和派出所设置举报箱2个，在全镇主要道路和各行政村显著位置悬挂横幅42条、张贴标语360张、竖立固定宣传牌25块，企事业单位LED户外显示屏3个。全年未发现重大的涉黑恶线索。

【森林防火工作】 2018年，梅林镇严格按照县委、县政府有关做好森林防火的工作要求，做好森林防火工作。1. 进一步压实森林防火“网格化”责任，护林员分区域加大巡山、查山密度，确保及时发现责任区域的火情，实现“打早、打小、打了”。2. 进一步加大野外火源管控执罚及违法占林毁林行为打击力度，联合县森林公安在全镇范围开展打击涉林违法行为的行动，执罚26万元，对各类涉林违法行为起到强大震慑作用。3. 进一步加大投入强化基础设施建设。投入21万元在原有3个的基础上新增建7个森林消防水池，进一步完善应急快速反应机制。4. 加强扑火器械的配置，同时对扑火器械定期进行检查，确保扑火器械能正常使用。5. 加大火案查处力度。对发生火警的村及当事人进行严肃查处。

（王宇辉）

梅林镇 2018 年度领导名录

党委书记：张国标
党委副书记：宋国强　廖旭辉　陈活祥
党委委员：李华中　古汉红　刘发胜　温肖华　张秀华　宋振团　廖许新
人大主席：张坤祥
人大专职副主席：廖仲权
镇　　长：宋国强
副 镇 长：古汉红　吴志平　黄学道
纪委书记：李华中

华　阳　镇

【简况】　华阳镇位于县城西南部，距离县城 62 千米，东邻梅林镇、南邻龙村镇、北连周江镇、长布镇，西与河源市紫金县接壤。下辖 13 个村委会（坪南村、太坪村、高塘村、叶新村、红洞村、小拔村、华阳村、华南村、华新村、莲高村、大拔村、社径村、陂坑村）和 1 个居委会（华阳居委），166 个村民小组。总面积 153.5 平方千米，其中山地面积 1.2 万公顷、耕地面积 1466.67 公顷，境内主要有花岗石、大理石、稀土矿和水晶石等矿产资源。2018 年，全镇工农业总产值 6.55 亿元，同比增长 6.2%；其中工业总产值 2.43 亿元，同比增长 5.4%；农业总产值 3.26 亿元，同比增长 4.6%；农村居民年人均收入 7554 元，同比增长 5%；全年财政收入为 376 万元。

【基础设施建设】　2018 年，华阳镇交通路网不断优化。积极推进省道 120 线升级国道 355 线华阳段全程约 16 千米工程建设，征地拆迁任务基本完成，高塘村、叶新村、大拔村和社径村段实现路面硬底化约 7 千米，其余各路段的路基铺设、排水设施、管线迁移等工程有序推进；华周公路（华阳新田至周江冰坎）华阳段全程约 8 千米的公路基本完成路基铺设工作，实现路面硬底化约 7.5 千米；同时进一步完善乡村交通网络，抓好“四好农村路”建设，破解群众出行难的问题，2018 年全镇共完成村道水泥硬底化总长约 21.7 千米，共建设沿河村道防护栏约 4 千米，有效保障人民群众出行安全。持续推进河道疏浚、河堤加固等工程。全面完成涉及北琴江及九龙河共 4.42 千米的中小河流治理任务。红洞、小拔和叶新等村总长约 31.7 千米的农田灌溉水渠三面光建设全面完成。环卫基础设施不断完善。华阳镇按规划应建设垃圾中转站 3 个，分别为坪南村垃圾中转站、华新村垃圾中转站（二合一建设）和社径村垃圾中转站。投入资金 300 多万元的坪南村垃圾中转站建设完成，已投入使用；投入资金 400 多万元的华新村垃圾中转站主体工程建设基本完成；社径村垃圾中转站征地工作已完成，正在进行规划测设。

【农业发展】 2018 年，华阳镇粮食生产功能区划定耕地面积 1270.04 公顷；优质稻种植面积 2200 公顷，粮食总产量约 1.5 万吨；耕地地力保护补贴户数 6881 户；全镇有大棚蔬菜基地 33.33 公顷，油茶种植有 106.67 公顷，柚树种植有 33.33 公顷，三华李种植有 20 公顷，百香果种植有 10.67 公顷，坪南村、华新村烟区种植烤烟 20 公顷，烟叶产量约 5 万公斤。全镇有养龟示范基地 2 处，总占地面积约 2 公顷，投入资金 430 多万元，现养殖有中华草龟和金钱龟等品种共 40 多万只。同时镇鼓励企业引进气雾栽培等高新技术，培育高附加值和高产值农业产业，推动农业增效、农民增收，加强农业特色品牌培育创建，2018 年，华阳镇俊丰园蔬菜种植专业合作社被评为省级“菜篮子”基地。

【人居环境】 2018 年，华阳镇为切实改善人居环境面貌，改变人居环境落后局面，彻底治理脏、乱、差的现象，推动华阳美丽乡村建设，严格遵照上级指示，积极作为，以开展广东省卫生镇创建活动及“两美”行动为契机，专门出台《华阳镇环境卫生整治工作办法》，层层压实责任，强化责任担当和进取意识，着力形成“处处区域有人管、人人肩上有责任、件件问题有整治”良好氛围，不断完善环境卫生整治长效机制。按照“户投放、村收集、镇转运、县处理”模式，在该镇垃圾中转站未建成投入运营前，镇政府每月均专门投入 10 多万元经费确保生活垃圾能顺利从镇转运至县处理。要求各村（居）坚持每周周五开展环境卫生整治大行动，努力实现洁净、卫生的农村人居环境。加强圩镇街道秩序管理，打造整洁优美、和谐有序、宜居宜业的人居环境，大力整治圩镇“六乱”行为，努力提升圩镇秩序。积极响应上级号召，以打造“干净整洁村”为目标，进一步压实责任，大力发动群众，以省定贫困村为示范带动，辐射全镇范围，全面推行 “三清三拆三整治”工作，全年累计拆除危旧房和破旧“三舍”400 多间，共 3 万多平方米。

【扶贫攻坚】 2018 年，华阳镇围绕扶贫脱贫攻坚“八有一超”标准，切实下一番“绣花”功夫，做精细工作，全面推进贫困户安全住房、饮用水、道路、供电、电视信号、教育、医疗、稳定收入等指标的完成工作。2018 年，全镇贫困人口 2467 人全额参加城乡居民基本医疗保险；危房改造户共计 23 户，已全部竣工验收。积极落实贫困户教育补助政策，符合发放标准人数 499 人，均已落实教育补助。共开展有劳动力贫困户技能培训 13 场，参加人数 580 多人次，不断提升贫困人口就业水平；认真落实产业项目收益和就业补助，开展就业帮扶、产业帮扶达 471 户共 2104 人。加快推进两个省定贫困村新农村示范村建设，统筹推进 EPC 项目建设。同时，支持和鼓励面上村实施微小型项目，进一步改善农村生产生活条件。

【风险防范】 2018 年，华阳镇加强风险调查研判，善于从各种苗头中甄别信息，查找可能引发风险的各种隐患，不断提高防范社会政治风险、阻挠重点项目施工、群体性事件等信访维稳领域及政府债务风险防范和处置的能力，进行常态防控，不留隐患，有效化解粮管所旧址地坟纠纷引发的群体性事件；妥善处置社径石场矿农纠纷；积极跟进坪南村甘某双方土地纠纷进展情况；争取县财政支持，解决镇政府历史遗留债务500多万元。大力开展基层应急规范化建设，着力提升综合应急救援能力，全力保障人民群众生命财产安全，实现“无急可应，有急能应”目标。完善镇级防灾减灾、抢险救灾以及森林防火等各类应急处置预案，健全应急机制，充实镇、村两级应急队伍，全面提高应对各种灾害的综合管理水平和应急处置能力。全年投入资金160多万元，完成防火瞭望塔建设，完成4个消防蓄水池建设，在建的消防蓄水池8个，购置一批抽水机、扑火队员服装、宣传喇叭、水枪、扑火把、胶桶等设备装备，做好各村森林消防水源点摸底造册工作，完成全镇9个森林消防水池建设，森林管护能力不断增强。完成镇三防办公室标准化建设，充实一批防汛应急救援设备设施。全年共开展消防、防火、防汛等各类应急演练6场，参与人数820人次。

【生态保护】 2018年，华阳镇不断加强山地、林地管理和森林资源管护工作，认真抓好森林抚育、生态景观林带建设、乡村绿化美化等林业生态工程，深入抓好禁止露天焚烧秸秆等工作，空气质量不断改善。对中央、省环保督查组交办案件高度重视，迅速组织相关部门、人员现场核实，认真分析研判，制定有效措施妥善处置，现中央环保督查组交办2宗案件均已结案，省第四环保督查组交办3宗案件均已结案。全面落实河长制管护责任，大力实施河道保洁和水浮莲清理等专项行动，抓好水源地保护。全年共召开河长制工作会议、工作推进会、河长会议等专题会议共12场次；挂镇县领导带队到镇督查9次；镇、村两级河长开展巡河活动共620多人次，发现问题46个，整治46个；开展清理河道漂浮物5次，整治非法占用河道种植行为6次约6100平方米。整治非法占用河道填土3处约2400平方米；整治生活垃圾非法入河22处；开展河道清淤、疏浚、河堤加固7处约8千米。大力开展河沙整治工作，组织人力590多人次，汇同县水务部门联合执法11次，依法暂扣铲车4台、挖掘机8台、运输车辆18辆，有力震慑非法采砂行为。积极开展畜禽养殖污染整治，发动群众于限定时间内完成拆除任务，争取县财政支持，据统计共拆除不合格养殖户27户，拆除面积6400多平方米，转移种猪240多头，共发放60多万元补偿款。深入开展违规占耕毁林建坟专项整治工作，共整治违规建坟48座、恢复山地和林地1866.67公顷。实施土壤污染防治，遏制非煤矿山和砖厂违法取土破坏生态行为，推进水土流失整治和生态修复，华阳镇土壤环境质量总体优良。

【科教文体】 2018年，华阳镇华阳中学、太坪学校考入梅州市东山中学、曾宪梓中学入围线以上30人，水寨中学入围线44人，县重点入围线以上185人，同比上年略有提升。为弘扬“尊师重教”优良传统，营造重教重学的良好社会氛围，29日，华阳镇举办教师节表彰大会，共表彰优秀教师21名、优秀班主任21名、先进单位7个。大力推进文体设施建设，完成4个村级文体广场标准化建设，基本实现“一村一广场”全覆盖。管好用好各村（居）党员阅览室、农家书屋、村级文化活动广场，大力弘扬中华优秀传统文化和优秀客家文化，不定期举办各类群众喜闻乐见的文化展演活动。

【卫生事业】 2018年，华阳镇围绕省、市、县有关创建“卫生强市”和“卫生强县”目标要求，扎实推进镇卫生院综合大楼和12个村级卫生站建设（含新建和改建）。通过镇党委政府大力发动乡贤捐款，共筹得资金290多万元，基本解决镇卫生院综合大楼建设缺口资金，镇卫生院综合大楼主体工程已完成，正在进行室内装修。至2018年年底，坪南、太坪、高塘、叶新、红洞、小拔、华南、莲高、大拔、社径、陂坑等11个村卫生站建成投入使用；华新村卫生站主体工程已建成。同时深入开展爱国卫生运动，落实人口卫生健康政策，扎实做好计划免疫、“两癌”筛查等工作，完成“两癌”筛查500多人次。积极响应上级号召，发动广大干部群众参与献血工作，全年参与献血72人，超额完成上级下达任务。

【社会保障】 2018年，华阳镇加大对特殊人群抚恤力度，改善困难群众生活水平。全年农村医保参保人数6.1万多人，参保率99.9%；社会养老保险1.5万多人，参保率较2017年有所提高。2018年低保核查工作中共取消清退82户不符合享受低保准入条件的农户，新增低保、五保户45户。全年为五保、因灾困难户发放春季救助金66750元，为残疾退伍军人、带病回乡军人、五老人员、老烈子女等发放抚恤金123764元。全年共组织白内障患者到镇卫生院进行集中筛查2次，参与人数88人，免费手术45人。为残疾人居家无障碍改造22户，残疾人动态更新1100人，实行精准康复人员512人，发放残疾人辅助器材379件。对符合条件的残疾人申请护理补贴、困难生活补贴共729人，护理贴补每人每月210元，困难生活补贴每人每月157.5元。镇社区康园、康残中心完成建设、投入使用，提高特殊群体服务水平。

【专项整治】 2018年，华阳镇加强安全生产专项整治，全年组织检查排查工作212人次，排查出安全隐患58宗，全面完成整改。严格国土管理秩序，打击违法违规建筑行为，拆除和叫停违法占用耕地建房行为9宗，涉及建筑面积3800多平方米；认真落实殡改工作，全镇死亡人口火化率大幅提升。

【扫黑除恶】 2018年，华阳镇根据中央和省委、市委、县委决策部署，2月，召开扫黑除恶专项斗争动员大会，成立扫黑除恶专项斗争工作领导小组。针对“把持基层政权、操纵破坏基层换届选举、垄断农村资源、侵吞集体资产的黑恶势力”等现象进行全镇摸排整治，坚决向黑恶势力宣战，坚决做到“发现一起、查处一起”，确保基层环境和谐平安稳定。全年共召开12次党委会议、21次部门联席会议研究扫黑除恶专项斗争工作，共开展扫黑除恶专项宣传6场次，树立大中小型宣传牌22个、大型LED1个等；同时，积极开展入户宣传，参与群众4万多人次。

【平安创建】 2018年，华阳镇认真推进民主法治镇、民主法治村（居）、平安村（居）创建工作。太坪村、高塘村、红洞村、社径村、陂坑村5个村列为民主法治村建设对象，太坪村、高塘村、红洞村、华阳居委、社径村、陂坑村6个村（居）列为“平安村居”建设对象，创建工作稳步推进。深入开展“全民禁毒工程”。发放禁毒宣传资料1.9万多份，同时，依托镇远程教育办公室利用农村党员干部现代化远程教育设施和网络，组织全镇农村党员收看禁毒宣传光碟18场次。开展“无邪教示范村”建设活动，在各村活动室利用远程教育电脑组织播放反邪教光盘，受教育群众4500多人次。

【基层治理】 2018年，华阳镇结合县直机关干部回乡联村，强力推进基层治理“十项重点工作”，持续开展驻点联系群众工作，不断完善密切联系群众制度。全年镇村干部走访群众4.4万人次、解决群众反映问题352项。结合党建重点内容，持续开展4个软弱涣散党组织整顿提升工作，不断巩固基层党组织的战斗堡垒作用和核心地位。进一步完善“一村（社区）一法律顾问”机制，积极开展学宪法、“送法下基层”等活动，加快建立自治、法治、德治相结合的乡村治理体系。

【行政效能建设】 2018年，华阳镇公共服务中心社保、医保、民政、国土、计育等业务办事效率不断提升，“进一扇门、办一系列事”便民服务水平不断提高。自助服务平台运转良好，办事柜台人员素质不断提高，群众办理业务的时间成本持续减少。全年接受咨询2985人次，受理群众业务2142件，办结率100%，群众满意度99.9%。

【其他工作】 2018年，华阳镇红洞村镇级“村村通”自来水工程项目建设顺利推进，基本完成水土保持措施，水厂、蓄水池和过滤池等主体工程建设任务完成70%以上，自来水管道已铺设约6千米；太坪片“村村通”自来水工程稳步推进。镇级污水处理厂主体工程和设备安装基本完成，管网铺设工程有序推进。切实发挥服务退伍军人职能，退役军人和其他优抚对象信息采集工作有序推进。此外，村民理事会培育工作全面开展；民族宗教、妇女儿童、征兵、统计、物价等社会各项事业全面进步。

（何汉英　夏科峰　王　安）

华阳镇2018年度领导名录

党委书记：古文柳
党委副书记：张建城　邹焕模　李来泉
党委委员：甘远玲　刘伟枢　张丽娟　严汉云　古玉轩　李汉高
人大主席：张学政
人大专职副主席：甘惠明
镇　　长：张建城
副 镇 长：甘远玲　曾志辉
纪委书记：赖志宏

龙　村　镇

【简况】 龙村镇地处五华县最南端，镇府驻地距离县城65千米，距离汕湛高速华阳出口8千米，毗邻揭阳市揭西县上砂镇，河源市紫金县龙窝镇、水墩镇、南岭镇，汕尾

2018 年 11 月 23 日，市长张爱军到龙村镇调研梅蓄项目（钟友清 摄）

市陆河县螺溪镇，区域面积 349.1 平方千米，是梅州市第一大乡镇，下辖 37 个村委会、3 个居委会、709 个村民小组。梅州市“一号工程”——梅州（五华）抽水蓄能电站项目及龙狮殿风电场项目落户该镇黄狮村。至 2018 年年末，全镇有山地面积 2.8 万公顷，耕地面积 2672 公顷，其中水（旱）田 2192 公顷、旱地 480 公顷。户籍人口有 21898 户、111056 人，其中非农业人口 13463 人、农业人口 97593 人。全镇工农业总产值 8 亿元，对比上年增 10.2%；镇级财政总收入 8393.79 万元，对比上年增长 46.8%。农村居民年人均纯收入 7909 元，对比上年增长 6%。

【重点项目建设】　2018 年，龙村镇稳步推进各项重点项目建设。1. 梅蓄电站项目建设，立足“三组团”之一的核心镇、中心镇，积极抢抓发展机遇，举全镇之力服务保障总投资 120 亿元的市县“一号工程”梅蓄电站项目，落实征地拆迁主体责任，进一步加大力度推进用地征收、房屋拆迁、政策宣传、移民资格核实、临时安置等各项工作，严格执行“封库令”，严厉打击库区“三抢”行为，巩固实物指标调查成果，全面发放生产生活受影响补助，主动沟通协调解决施工引发的各种问题，切实维护群众合法权益。按照有关规定做好档案资料、征地补偿款的规范管理使用，切实防范发生各种风险，确保梅蓄项目各项工作有序有效推进。至 2018 年年底，累计征地面积 556.65 公顷（其中，2018 年梅蓄项目全年总征地面积 337.29 公顷），迁移地坟 445 处，拆除房屋 110 座，“三洞两路”前期工程、主体工程和断掌凹移民安置区建设稳步推进。在县镇村的共同努力下，春节前，梅蓄项目三坑移民新村首批 408 户移民通过现场抽号分房的方式分到自己的新房，部分村民喜迁新居欢度春节。2.中心镇“六个一”项目有序推进。统筹各方资源力量，分类分步推进实施计划总投资

梅州（五华）抽水蓄能电站下库区一角（钟友清摄于 2018 年 11 月 5 日）

12.03亿元的中心镇“六个一”项目，完成龙村圩镇临时农贸市场建设，完成金龙小学标准运动场建设，加快推进硝芳群众文化活动中心建设，完成龙村镇政务中心建设项目的可研立项，完成发展储备用地的规划选址，全面整治并整体设计圩镇广告牌，3个圩镇的集中供水工程正加快推进，并积极争取组织实施圩镇街道升级改造。

【基础设施建设】 2018年，龙村镇积极推进交通公路建设。扎实推进X960线华阳华南村至龙村大桥约19千米的道路升级改造征地拆迁工作，基本完成征地拆迁和路基铺设；积极争取X960线接宫前凹上经连塘、樟华至梧溪黄田岗衔接X003线的西外环过境公路，以及X003线龙村大桥至坳巷段扩宽改造工程的落地建设；积极推进“农村四好路”建设，全年累计完成村道硬底化建设38千米，境内路网持续完善。积极推进水毁桥梁和危桥重建，完成吉祥村上坑桥、先河村河口桥和罗群桥建设，基本完成湖中村独岭桥重建工程。

【水利电网建设】 2018年，龙村镇积极推进水利工程建设。实施13千米先水河小流域综合治理工程，全面完成营田河清淤及4千米宾格网河堤建设，高标准建成60千米长的水圳，并结合艳桑河治理工程新建柏溪公园、硝芳亲水休闲绿道。积极推进电力通信设施建设，配合实施新一轮农村电网改造升级工程，完成圩镇范围及部分村的农村电网改造，完成高压110千伏安龙线9座铁塔基础土地征收和5座铁塔基础浇灌、安装，完成高压110千伏龙狮殿风电场接入系统53座铁塔基础土地征收和48座铁塔基础浇灌，完成硝芳供电技术用房建设用地的选址工作；进一步推进原中央苏区农村超高速无线局域网应用工作，加强对无线信号覆盖薄弱地区和盲点区域的通信基站补点工作，提高信号覆盖质量，保障通信畅通，加大有线电视小片网整合力度，推进有线电视网络全覆盖，极大提升群众在信息化、数字化生活方面的获得感。

【乡村产业发展】 2018年，龙村镇充分发挥山地资源优势，积极实施“一村一品、一镇一业”工程，立足打造“万亩茶叶、万亩油茶、万亩三红柚、万亩三华李”目标，鼓励引导本地经营大户扩大传统农业产业的种植规模，并瞄准生态农业产业，加大招商引资力度，大力引进企业开发现代农业，进一步壮大发展农业产业。全镇茶叶、油茶、三红柚、三华李种植面积约10000亩，引进梅州鹏祥农业科技发展有限公司在大坑村集约10公顷土地养殖蛋鸭、五华县鑫葵峰农业科技发展有限公司在黄洞村集约20公顷土地种植有机蔬菜、五华新光绿野生态农业发展有限公司在三湖村集约73.33公顷土

2018年7月20日，县委书记、县长吴晖到湖中村兰花种植基地调研

地种植百香果、火龙果，以及一批企业分别在洞口村种植茶叶及养殖乌龟、留畲村种植红薯及茶叶、水南村种植脐橙、南中村种植沙糖橘、南口村种植牛大力、湖中村种植兰花等农业产业，推动乡村产业振兴。按照县级部署要求，于9月5日成功举办2018五华“球王金柚节” 开园仪式，大大提升龙村镇三红柚的知名度。

【社会各项事业】　2018年，龙村镇加大对教育事业的支持力度，完成龙村中学、登畲中学标准足球场建设。积极推进“一村一文化广场”建设，充分发挥足球协会、书法协会、志愿者协会等社会团体作用，举办第三届贺岁杯足球联赛、“球王金柚杯”足球联赛、中秋足球联赛、庆祝“六一”小学生校园足球联赛、书法进校园、“进机关·下基层”送春联等文体活动，组织参加县级“迎新年·颂党恩·展新貌”大合唱活动，并开展2018龙村镇“迎新年·颂党恩·展新貌”大合唱活动，全镇19支队伍、700多名干部群众参加活动，极大丰富群众的文化体育生活。全面完成民兵整组、兵役登记、征兵等武装工作，继续做好农房抵押贷款、第四次全国经济普查等工作。2018年度，龙村镇的征兵、民兵整组、兵役登记三大方面工作均取得较好成绩，镇武装部被评为2018年度“先进基层武装部”荣誉称号。医疗卫生事业持续发展，完成镇中心卫生院医技楼建设并投入使用，建设面积3000平方米的登畲卫生院综合大楼全面完成主体装修，完成36个村级卫生站建设，并加强乡村医生队伍建设，进一步提升村级卫生站卫生服务水平。关心关爱妇女群众，积极组织妇女群众参加“两癌”筛查，2018年累计参与筛查妇女1579人。积极开展中医药文化科普宣传活动，促进中医药事业的继承、发展与推广。邀请中山大学附属第一医院专家教授团队到龙村镇中心卫生院坐诊，实现镇域及周边乡镇群众不出远门看大病的愿望，极大减轻群众医疗费用负担，进一步带动提升全镇医疗服务水平，为患者减轻经济负担1000多万元。

2018年12月30日，龙村镇举办“迎新年·颂党恩·展新貌”大合唱活动（钟友清 摄）

【民生保障】　2018年，龙村镇不断完善社会保障体系，严格落实“应保尽保、应退尽退”的低保五保救助政策，加大对五保、低保救助对象的核查力度，实行动态管理。严格执行低保救助对象申请、调查、核实、审批等环节的规定要求。2018年度全镇取消低保141户496人、五保21户21人、优抚定补对象7人、残疾人两项补贴35人，截至2018年10月底，全镇共有低保户979户3305

人、五保户302户302人、优抚定补对象446人、残疾人两项补贴1115人。为敬老院值班办公室、食堂添置一批办公桌凳、文件柜、餐桌椅等办公和生活家具，进一步改善集中供养人员生活条件。完成30户危房改造户改造。认真做好医疗救助、保险报销和2019年度城乡居民医疗保险收缴工作，发动全镇干部群众积极参与2018年“广东扶贫济困日”捐款活动，累计捐款金额153680元。围绕“两不愁、三保障、一相当”的脱贫目标要求，精准施策、集中攻坚，压紧压实镇村两级的脱贫攻坚主体责任，认真落实精准扶贫各项政策，建立健全贫困村和贫困户产业帮扶长效机制、资产收益长效机制、转移就业扶贫机制，帮助贫困户脱贫增收。鼓励以保底收益的方式建设光伏发电项目，组织实施22个光伏发电项目，年底完成并网发电并产生投资效益。加快推进完成10个省定贫困村集中供水工程，并全面完成200人以上自然村道路硬底化工程。加强与种养合作社或农业基地合作，大力发展种养项目，积极推广养龟产业，认真办好洞口村电子加工厂，增强造血功能。引导当地农业经营大户积极参与扶贫产业发展，加强与农业龙头企业的合作，统筹产业扶贫资金投入到茶叶、百香果、火龙果、油茶、兰花等农业产业，建立风险可控的投资收益，并优先安排有劳动能力贫困户就地就业，切实帮助贫困户增加收入，确保全镇2044户7992人贫困户如期实现稳定脱贫。至2018年年底，该镇实现1963户7567人的贫困户脱贫目标，约占全镇建档立卡贫困人口的94.7%。

【基层治理】 2018年，龙村镇继续大力推进基层治理工作。1.进一步完善平台建设。利用镇级农村集体招标采购交易中心，完成睦贤村卫生站建设、黄洞村委办公楼重建、南中村卫生站及老人活动中心建设等16单基础设施建设招标项目，累计交易金额689.7万元，进一步强化农村集体“三资”管理。利用村级微信公众平台及村务公开栏对低保救助补助、五保供养补助、优抚对象补贴、医疗救助、生态公益林补偿、种粮直补、泥砖危房改造补贴等涉农惠农补贴进行公示，接受群众监督，并充分发挥村（居）村务监督委员会职能，强化村务决策、村务公开、村集体“三资”管理、村工程建设项目等方面的管理，确保村务财务管理公正公开、阳光透明。发挥硝芳、登畲片区管理服务中心的平台作用，通过建立“一门式”办事大厅，提供“一网式”政务服务，实现“一条龙”综合管理服务，并不断提高业务员的业务能力、办事效率和服务质量，全心全意为群众办结5754件业务，有效推动公共服务中心向基层延伸覆盖，打通服务群众“最后一公里”。2.“直联制”工作扎实开展。充分发挥直联制在服务群众、解决农村矛盾纠纷的重要作用，40个驻点团队在村（居）定点接访群众588人，分片走访群众12398户41525人，召开座谈会715场次，解决群众反映的问题486件，其中化解矛盾纠纷61件。坚持通过干部职工例会抽查、不打招呼直接到村督查等方式对驻点团队工作进行考核监督，对工作不落实的给予全镇通报批评，进一步强化干部职工的监督管理。

【新农村建设】 2018年，龙村镇按照《关于全域推进农村人居环境整治建设生态宜居美丽乡村的实施方案》要求，以“三清三拆三整治”为重要抓手，突出“治脏、治污、治乱”，采取强力措施推进人居环境整治取得实效。镇级层面，投入 3 万多元购置 200 个垃圾桶及时更换境内主干道沿线的破烂垃圾桶，投入 30 多万元购置镇级垃圾运输车，投入 12 万元全面清理主干道及圩镇范围的卫生死角，以奖补形式投入 20 多万元整治 3 个圩镇的商业广告牌，全面整治圩镇乱搭乱建、乱堆乱放现象，建立生活垃圾日产日清长效机制，镇容镇貌得到有效改观。全力做好垃圾中转站建设，至年底，龙村片、硝芳片、塘湖片 3 个垃圾中转站正式投入使用，登畲片的垃圾中转站完成主体工程并正在装修。全力推进镇级污水处理厂建设，完成圩镇污水处理厂主体建设和排污主管道铺设，管网工程正加快推进。村级层面，37 个村均已建立生活垃圾处理长效机制，并且以 10 个省定贫困村率先掀起“三清三拆三整治”热潮，特别是通过打造大梧村为示范点，带动面上其他村积极开展人居环境整治。全年清理村巷道乱堆乱放 1451 处，清理房前屋后垃圾、卫生死角 1286 处，清理沟渠池塘溪河淤泥、垃圾 402 处；拆除危旧房、废弃猪牛栏、露天厕所茅房 1633 处，拆除乱搭乱建、违章建筑 303 处，拆除非法违规商业广告、招牌 146 处，拆除金龙村违法搭建的龙门吊 3 处；整治垃圾 678 处，整治污水 90 处，整治水体污染 43 处。按照省市县关于省定贫困村创建社会主义新农村示范村的部署要求，结合镇村实际，围绕建设干净整洁村的标准先行进行打造，在推进完成“三清三拆三整治”的基础上，认真组织实施新农村建设“以奖代补”项目，积极推进 EPC 项目加快实施，全力推进新农村建设取得新成效。全镇累计申报项目 981 单，资金总额 3373.86 万元，完成资金拨付 632.38 万元；在 10 个省定贫困村中，大梧村被评为 2018 年县级“三清理三拆除三整治”示范村，三湖村被评为县级现代农业创新示范点，新农村建设取得了阶段性工作成效。大力培育乡风文明，弘扬社会主义核心价值观，注重孕育良好的村风民风，在主干道沿线竖立体现时代性、正能量的宣传广告和标语，组织开展主题文艺活动送戏下乡活动和道德讲堂活动，充分利用“一村一文化广场”组织民间演艺团演出，认真组织“好媳妇”“好少年”“文明村”“文明户”评选活动，通过选树典型先进人物，广泛宣扬向上向善的村风民风，推动村风民风进一步转变。充分借助中小学校的孔子圣像进行儒家思想传播教育，并深入挖掘登畲温训、宫前邹潜斋公祠、大梧祥裕楼等历史名人古建筑文化，引导群众继承和发扬优秀传统文化，推动乡村文化振兴。同时，积极培育发展乡村旅游，依托龙狮殿、登畲嶂、葵嶂、睦贤水库等区域良好的自然生态环境，借助梅蓄项目的影响力，计划先行开发利用睦贤水库库区的生态资源，在睦贤村、先河村、吉祥村开发乡村旅游线路，吸引更多外来人口到龙村观光旅游，促进乡村加快振兴。

【资源管护】 2018 年，龙村镇积极践行“绿水青山就是金山银山”理念，落实生态环境保护属地责任，认真落实河长制职责，全力抓好森林资源和矿产管护，切实守好自然生态资源。1.抓好森林防火工作。投入 20 多万元添置一批高压水泵、风机、扑火把、水枪、镰刀、塑胶桶等扑火工具，悬挂 200 多条横额、张贴近 1000 条标语、发放 2 万份宣传画，并通过发动学校组织防火游行、出动宣传车进村入户、播放“喇叭村村响”、微信公众号等平台方式，掀起森林防火铺天盖地的宣传；落实镇村干部和护林员网格化管理责任，坚持巡山严查野外违规用火行为，严禁露天焚烧秸秆，在重要路段设岗检查，严防死守，坚决防止发生森林火灾。2.抓好殡葬改革工作。坚决打击违规占用林地建坟和违规土葬行为，全面推行遗体火化，实现遗体火化率100%。3.抓好国土资源管护。依法打击取缔非法采砂和堆沙行为，大力开展河道内非法营运船舶专项整治，加强涉水涉河工程施工现场管理，坚决遏制非法河道采砂行为；加强矿产资源保护管理，组建专门工作组全天候监管梅蓄项目开关站瓷土（高岭土）开采、运输和堆场工作，并按规定进行拍卖上缴国库，确保国有矿产资源不流失。

2018年7月18日，梅州市监察委员会委员谢传兰到梅蓄项目调研（钟友清 摄）

【社会稳控】 2018年，龙村镇强势推进扫黑除恶专项斗争。严格落实镇村干部包片、包户责任，滚动摸查涉枪、涉赌、涉毒人员，排查登记废弃厂房、水库管养房、荒废养殖场、县域交界处等制毒隐患点，严防发生涉枪、涉毒、涉赌等违法犯罪行为。广泛发动群众积极参与，进村入户发放5万余份扫黑除恶专项斗争宣传资料，张贴482张通告，悬挂横幅标语152份，制作41块宣传栏，竖立20块宣传牌，设置2块大型电子屏幕，利用“喇叭村村响”循环播放，发起扫黑除恶强大宣传攻势。通过发动群众举报，多渠道多手段的线索摸排和研判，共受理群众举报的线索6宗，其中有效线索3宗，受理上级交办的线索15宗，其中有效线索8宗。特别是配合上级成功对湖中村寻衅滋事案、梅蓄项目“9·26”违法案件涉嫌违法犯罪人员实施收网抓捕，依法行政拘留和刑事拘留共30多人，有力震慑社会黑恶势力和宗族恶势力，净化社会风气。加强管控社会重大风险，着力防范化解社会各项风险。严格履行安全生产“党政同责、一岗双责”责任制，坚持定期排查、定期研判制度，积极开展非煤矿山、危险化学品、烟花爆竹、特种设备、建筑工地等重点领域和行业的安全生产检查整治，完成12宗重点安全隐患整改，全镇未发生重大安全生产事故。积极推进地质灾害防治工作，加强防灾减灾知识宣传，完成削坡建房户边坡整治289户。落实385名智障精神病患者的监护人和村干部监护责任，切实防止发生精神病人肇事肇祸行为。认真做好道路交通安全各项工作，共查处酒驾48人、无牌无证驾驶390人、不戴安全头盔520人，超速超载超限运输51人，依法行政拘留无牌无证驾驶16人。抓好信访维稳工作，注重源头预防和化解社会矛盾，发挥“中心+网格化+信息化”和“一村一法律顾问”作用，滚动摸排矛盾纠纷和社会隐患，定期分析研判重点信访案件，坚持做好群众初信初访事项的受理办理，全力确保不出现非法越级上访现象。扎实推进平安村（居）建设，完成镇综治信访维稳中心升级改造和 7 个村平安村（居）创建验收，成功化解 2 件信访积案，调处 55 宗矛盾纠纷中的 42 宗，处置网上信访 41 宗。

2018 年 12 月 1 日，县委书记吴晖到挂点的龙村镇湖中村宣讲习近平总书记考察广东重要讲话精神（钟友清 摄）

【基层党建】 2018 年，龙村镇建立健全工作机制，明确各村（社区）挂村（社区）领导是党建责任人，驻村（社区）组长是党建指导员，协助抓好党建工作，进一步完善“三重一大”“民主评议党员”“三会一课”“两联席会议”等制度，严格落实组织生活制度。狠抓学习教育宣传，组织举办各类专题培训班 30 多场次 5000 多人次，发放各类口袋书学习资料 9200 多册，通过发放学习资料、举办培训班、挂村领导到所挂点村上党课的形式，持续推进“两学一做”学习教育常态化。强化基层组织班子建设。调整 2 名不合格、不廉洁、不胜任、不尽职的“四不”支部书记，在 7 个由镇领导干部挂任支部书记的村党组织支委中培养选出新的支部书记。抓好标准化规范化建设，规范“三会一课”会议记录，完善村级各项制度建设，并做好制度上墙；抓好“党群服务中心”的挂牌及党建宣传栏、党建元素宣传牌的建设，营造浓厚党建氛围。至 2018 年年底，除村址正在新建的 6 个村外，其他 34 个村（社区）基本完成规范化建设。持续整顿转化软弱涣散党组织，狠抓湖中村、黄狮村党支部这两个县级软弱涣散党组织及塘湖村、大梧村、睦贤村、南中村党支部这 4 个软弱涣散党组织的整顿，在湖中、黄狮现任支委中通过民主选举配齐这两个重点村出缺的村委干部，选优配强党支部书记，加强后备干部培养，配齐配优干部队伍，增强为民服务能力。通过整顿，进一步提升软弱涣散党组织的凝聚力、号召力、战斗力，推动该镇党组织建设上新台阶，促脱贫攻坚和乡村振兴。抓好巡察整改工作。针对中央和省委巡视反馈八大方面问题、中央和省环保督察组交办的 4 宗案件、市委第五巡察组巡察湖中村反馈的问题，该镇迅速成立整改工作领导小组，制定整改方案，明确责任人、整改时限，细化整改措施，全力抓好整改。

（钟友清　温腾辉）

龙村镇 2018 年度领导名录

党委书记：曾映贤

党委副书记：李世忠　龙夏辉　邹伟鹏（挂职）　刘申仪（挂职）

党委委员：刘晓宇　温跃胜　田细文　田永青　宋红扬　黄兴福　李嘉彬　刘锡贤

人大副主席：黄赐奎

镇　　长：李世忠

副 镇 长：温跃胜　黄伟雄　黄益宁　廖天华

纪委书记：刘晓宇

名　录

五華年鑒

2019

2018 年度五华县获国家级先进单位一览表

表 8

单位名称	授予单位	荣誉称号	授予时间
五华县工商业联合会	全国工商业联合会	调查点工作先进基层单位	2018 年 12 月
五华县农业局	农业部种植业管理司	农业部表扬农情基点县	2018 年 2 月
华城镇西区居委	中华人民共和国司法部 中华人民共和国民政部	全国民主法治示范村（社区）	2018 年 7 月
五华县人民检察院	最高人民检察院	全国检察机关“集体一等功”	2018 年 11 月
五华县	全国普法办公室	第四批“全国法治县（市、区）创建活动先进单位”称号	2018 年 6 月
华城镇西区社区	司法部、民政部	第七批“全国民主法治示范社区”	2018 年 7 月
五华县司法局	中华全国人民调解员协会	全国人民调解宣传工作先进集体	2018 年 10 月

2018 年度五华县获市级先进单位一览表

表 9

单位名称	授予单位	荣誉称号	授予时间
五华县春日高新农业发展有限公司	梅州市人民政府	梅州市科学技术奖三等奖	2018 年 1 月
梅州市松岗嶂绿色生态茶园有限公司	梅州市人民政府	梅州市科学技术奖三等奖	2018 年 1 月

续表 9

单位名称	授予单位	荣誉称号	授予时间
五华县林业科技推广站	梅州市人民政府	梅州市科学技术奖三等奖	2018 年 1 月
转水镇流洞村流动渡槽	梅州市人民政府	梅州市历史建筑（第三批）	2018 年 11 月
转水镇蛇塘村廖昌记	梅州市人民政府	梅州市历史建筑（第三批）	2018 年 11 月
转水镇黄龙村誉著干城	梅州市人民政府	梅州市历史建筑（第三批）	2018 年 11 月
转水镇矮车村九思楼	梅州市人民政府	梅州市历史建筑（第三批）	2018 年 11 月

2018 年度五华县获国家级先进个人一览表

表 10

姓 名	单位及职务	授予单位	荣誉称号	授予时间
邓振流	华城司法所所长	司法部	“全国人民调解工作先进个人”称号	2018 年 5 月

五华县国家地理标志保护产品名录一览表

表 11

产品名称	授予单位	授予时间
长乐烧酒	国家质检总局	2016 年 11 月
大田柿花	国家质检总局	2018 年 1 月
七畲径茶	国家质检总局	2018 年 1 月

五华县非物质文化遗产名录一览表

国家级保护项目 1 项，省级保护项目 6 项，市级保护项目 4 项，县级保护项目 41 项。

表 12

序号	名称	级别	类别	保护单位
1	木偶戏（五华提线木偶）	国家级	传统戏剧	五华县提线木偶传习所
2	竹马舞	省级	传统舞蹈	五华县文化馆
3	五华石雕	省级	民间美术	五华县一建工程有限公司
4	采茶戏	省级	传统戏剧	五华县采茶戏演艺有限公司
5	锣花舞	省级	传统舞蹈	五华县文化馆
6	蒸馏酒酿造技艺（长乐烧酒制作工艺）	省级	传统技艺	广东长乐烧酒股份有限公司
7	下坝迎灯	省级	民俗	五华县文化馆
8	七盏灯	市级	民俗	五华县文化馆
9	梅石宫醮会	市级	民俗	五华县文化馆
10	五华酿豆腐	市级	传统技艺	五华县华城镇文体活动中心
11	五华金木雕工艺	市级	传统技艺	广东薪火文化传媒有限公司
12	花潮戏	县级	传统戏剧	五华县安流镇文体活动中心
13	春牛舞	县级	传统舞蹈	五华县华阳镇文体活动中心
14	华城老子寿诞	县级	民俗	五华县华城镇文体活动中心
15	周潭文昌祠	县级	民俗	五华县长布镇文体活动中心
16	安流竹器编织	县级	传统技艺	五华县安流镇文体活动中心
17	扮古事	县级	民俗	五华县安流镇文体活动中心

续表 12

序号	名称	级别	类别	保护单位
18	华城“三月三”	县级	民俗	五华县华城镇文体活动中心
19	尖山草席	县级	传统技艺	五华县梅林镇文体活动中心
20	彩旗岭重阳庆典	县级	民俗	五华县水寨镇文体活动中心
21	长布山歌	县级	曲艺	五华县长布镇文体活动中心
22	水草席制作工艺	县级	传统技艺	五华县潭下镇文体活动中心
23	客家床画	县级	民间美术	五华县河东镇文体活动中心
24	长布花灯	县级	传统技艺	五华县长布镇文体活动中心
25	大田柿花制作工艺	县级	传统技艺	五华县长布镇文体活动中心
26	青塘舞龙	县级	传统舞蹈	五华县转水镇文体活动中心
27	郭田舞狮	县级	传统舞蹈	五华县郭田镇文体活动中心
28	上刀山	县级	民俗	五华县棉洋镇文体活动中心
29	毛糕制作工艺	县级	传统技艺	五华县岐岭镇文体活动中心
30	岐岭杂技	县级	传统技艺	五华县岐岭镇文体活动中心
31	石楼伯公坛	县级	民俗	五华县横陂镇文体活动中心
32	泥塑	县级	民间美术	五华县转水镇文体活动中心
33	坐刀轿	县级	民俗	五华县棉洋镇文体活动中心
34	石灰制作工艺	县级	传统技艺	五华县潭下镇文体活动中心
35	红木家具制作工艺	县级	传统技艺	五华县双华镇文体活动中心
36	七圣仙娘巡游庆典	县级	民俗	五华县周江镇文体活动中心

续表 12

序号	名称	级别	类别	保护单位
37	洛阳围庙会	县级	民俗	五华县棉洋镇文体活动中心
38	红曲制作工艺	县级	传统技艺	五华县转水镇文体活动中心
39	锡制品制作工艺	县级	传统技艺	五华县周江镇文体活动中心
40	天柱山绿茶制作技艺	县级	传统技艺	五华县棉洋镇文体活动中心
41	紫云洞观音庙会	县级	民俗	五华县周江镇文体活动中心
42	大布七月七药粄制作技艺	县级	传统技艺	五华县水寨镇文体活动中心
43	雕塑	县级	传统技艺	五华县河东镇文体活动中心
44	三山国王庙会	县级	民俗	五华县周江镇文体活动中心
45	华光大帝巡游庆典	县级	民俗	五华县梅林镇文体活动中心
46	邹公宫庙会	县级	民俗	梅林镇宣优村文化艺术研究会
47	“廖昌记酒饼”制作技艺	县级	传统技艺	五华县转水镇文体活动中心
48	花灯版画	县级	传统技艺	五华县龙村镇文体活动中心
49	五华足球	县级	传统体育和游艺	五华县体育局
50	奇怪酒制作工艺	县级	传统技艺	五华县棉洋镇文体活动中心
51	义学客家老酒制作工艺	县级	传统技艺	五华县河东镇文体活动中心
52	柯树潭糯米醋酿制工艺	县级	传统技艺	五华县转水镇文体活动中心

五华县非物质文化遗产项目代表性传承人名录一览表

国家级代表性传承人：1 人；省级代表性传承人：4 人；市级代表性传承人：7 人；县级代表性传承人：44 人。

表 13

序号	项目名称	级别	类别	传承人
1	木偶戏（五华提线木偶）	国家级	传统戏剧	李新贤
2	五华石雕	省级	民间美术	朱镜文
3	采茶戏	省级	传统戏剧	魏远芳
4	竹马舞	省级	传统舞蹈	罗爱青（女）
5	锣花舞	省级	传统舞蹈	黄永红
6	竹马舞	市级	传统舞蹈	吴小雄
7	七盏灯	市级	民俗	彭炽宏
8	蒸馏酒酿造技艺（长乐烧酒制作工艺）	市级	传统技艺	詹汉林
9	采茶戏	市级	传统戏剧	陈翠媚（女）
10	蒸馏酒酿造技艺（长乐烧酒制作工艺）	市级	传统技艺	黄名扬
11	下坝迎灯	市级	民俗	周林叨
12	梅石宫醮会	市级	民俗	宋杏文
13	采茶戏	县级	传统戏剧	邓苑雄
14	采茶戏	县级	传统戏剧	李展锋
15	五华石雕	县级	民间美术	李思焕
16	客家床画	县级	民间美术	曾华金
17	泥塑	县级	民间美术	范松先
18	五华酿豆腐	县级	传统技艺	曾梅迁（女）
19	五华酿豆腐	县级	传统技艺	詹阿文
20	木偶戏（五华提线木偶）	县级	传统戏剧	钟远香（女）
21	七盏灯	县级	民俗	彭让先
22	客家山歌	县级	曲艺	彭强

续表 13

序号	项目名称	级别	类别	传承人
23	竹马舞	县级	传统舞蹈	钟远泉
24	五华石雕	县级	民间美术	曾柏强
25	五华石雕	县级	民间美术	赖伟军
26	五华石雕	县级	民间美术	赖汉杰
27	尖山草席	县级	传统技艺	黄国方
28	毛糕制作工艺	县级	传统技艺	黄雄涛
29	水草席制作工艺	县级	传统技艺	陈献中
30	水草席制作工艺	县级	传统技艺	陈景荣
31	竹马舞	县级	传统舞蹈	卓尚基
32	竹马舞	县级	传统舞蹈	魏伟霞（女）
33	春牛舞	县级	传统舞蹈	邹灵祥
34	青塘舞龙	县级	传统舞蹈	吴展洪
35	下坝迎灯	县级	民俗	周玉胜
36	长布山歌	县级	曲艺	曾国香（女）
37	五华石雕	县级	民间美术	李国雄
38	五华石雕	县级	民间美术	赖会龙
39	水草席制作工艺	县级	传统技艺	孔远良
40	洛阳围庙会	县级	民俗	曾培方
41	五华酿豆腐	县级	传统技艺	周宝光
42	酒饼制作技艺	县级	传统技艺	廖新禄
43	泥塑	县级	民间美术	范国辉
44	花灯版画	县级	民间美术	温治邦
45	邹公宫庙会	县级	民俗	彭伟华
46	下坝迎灯	县级	民俗	周利泉
47	五华金木雕工艺	县级	民间美术	陈汉标

续表 13

序号	项目名称	级别	类别	传承人
48	木偶戏（五华提线木偶）	县级	传统戏剧	魏明华
49	木偶戏（五华提线木偶）	县级	传统戏剧	钟广新
50	木偶戏（五华提线木偶）	县级	传统戏剧	李广云
51	采茶戏	县级	传统戏剧	罗美青（女）
52	五华石雕	县级	民间美术	杨育林
53	锣花舞	县级	传统舞蹈	黄焕君
54	五华金木雕工艺	县级	传统技艺	陈杰
55	五华酿豆腐	县级	传统技艺	张志雄
56	义学客家老酒制作工艺	县级	传统技艺	陈文锋

五华县文物保护单位名录一览表

省级文物保护单位 8 个，市级文物保护单位 11 个，县级文物保护单位 67 个。

表 14

序号	名称	级别	年代	类别	所在地
1	长乐学宫	省级	明代	古建筑	华城镇十字街
2	狮雄山塔	省级	明代	古建筑	华城镇塔岗村
3	英烈庙	省级	明代	古建筑	双华镇大陂村
4	狮雄山建筑遗址	省级	西汉	遗 址	华城镇塔岗村
5	李惠堂旧居	省级	清代	古建筑	横陂镇老楼村
6	李威光故居	省级	清代	古建筑	华城镇黄埔村
7	荣槐楼	省级	清代	古建筑	转水镇三源村
8	兰芳楼	省级	清代	古建筑	安流镇楼江村
9	水寨大桥	市级	近代	代表性建筑	河东镇居委会
10	古氏宗祠	市级	清代	古建筑	华阳镇华新村
11	潜斋邹公祠	市级	清代	古建筑	龙村镇宫前村

续表 14

序号	名称	级别	年代	类别	所在地
12	魏大斌故居	市级	清代	古建筑	横陂镇夏阜村
13	古大存故居	市级	民国	近现代重要史迹及代表性建筑	梅林镇优河村
14	东征军政治部旧址（宗圣祠）	市级	清代	古建筑	华城镇城镇村
15	皇恩宠锡	市级	明代	古建筑	棉洋镇联西村
16	坑口刘氏宗祠	市级	明代	古建筑	棉洋镇棉洋村
17	元坑足球旧址	市级	清代	遗址	长布镇元坑村
18	新一戴氏宗祠（桂园围）	市级	清代	古建筑	华城镇新一村
19	刘氏二世祖墓	市级	清代	古墓葬	棉洋镇罗城村
20	联珠塔	县级	清代	古建筑	水寨镇坝心村
21	布美红军标语	县级	民国 18 年（1929）	革命文物	郭田镇布美村
22	烈士纪念碑	县级	1958 年	纪念建筑	水寨镇祖狮岭
23	风围水口碑	县级	明代	石刻	双华镇军营村
24	喜雨宫	县级	清代	古建筑	棉洋镇罗城村
25	矮车塔	县级	清代	古建筑	转水镇矮车村
26	培风塔	县级	清代	古建筑	岐岭镇联安村
27	董源桥	县级	明代	古建筑	华城镇董源村
28	龙门第牌坊	县级	明代	古建筑	水寨镇七一村
29	李江墓	县级	清代	古墓葬	安流镇低坑村
30	五华县农民自卫军训练旧址	县级	清代	古建筑	梅林镇梅中内
31	缪培南故居	县级	民国	近现代重要史迹及代表性建筑	周江镇早成村
32	五华县人民政府旧址	县级	民国	近现代重要史迹及代表性建筑	周江镇冰坎村
33	钟天心故居	县级	民国	近现代重要史迹及代表性建筑	周江镇冰坎村
34	百安烈士纪念碑	县级	1970 年	近现代重要史迹及代表性建筑	潭下镇百安村
35	五华县农军指挥部旧址	县级	清代	古建筑	潭下镇百安村

续表 14

序号	名称	级别	年代	类别	所在地
36	李尧用夫妇墓	县级	清代	古墓葬	潭下镇南华村
37	转水光德楼	县级	清代	古建筑	转水镇龙洞村
38	新月桥	县级	明清	古建筑	横陂镇双联村
39	李南馨墓	县级	清代	古墓葬	横陂镇罗陂村
40	儒林第	县级	清代	古建筑	横陂镇近江村
41	中共五华县委旧址	县级	民国 17 年（1928）	近现代重要史迹及代表性建筑	梅林镇琴口村
42	黄国梁故居	县级	民国	近现代建筑	郭田镇龙潭村
43	湖华村战壕遗址	县级	民国 16 年（1927）	遗址	郭田镇湖华村
44	薛云端夫妇合葬墓	县级	明代	古墓葬	水寨镇岗阳村
45	五云楼	县级	清末	古建筑	水寨镇良美村
46	五华革命烈士纪念碑	县级	2006 年	近现代重要史迹及代表性建筑	水寨镇七都村
47	李敏公石墓	县级	明代	古墓葬	水寨镇协和村
48	平安寺	县级	明代	古建筑	水寨镇大沙村
49	李槐千长仁爷纪念亭	县级	明代	古建筑	水寨镇协和村
50	张慎故居	县级	明代	古建筑	长布镇大客村
51	基督教堂	县级	清代	古建筑	长布镇樟村村
52	张洪恩墓	县级	明代	古墓葬	长布镇大客村
53	峰公祠	县级	明代	古建筑	长布镇栋岭村
54	曾国华故居	县级	民国	近现代重要史迹及代表性建筑	岐岭镇凤凰村
55	岐岭大夫第	县级	清代	古建筑	岐岭镇凤凰村
56	鳌背乡农民协会旧址	县级	民国	近现代重要史迹及代表性建筑	龙村镇大梧村
57	石铺古驿道遗址	县级	清代	古遗址	龙村镇塘湖村
58	徐良宽墓	县级	民国	近现代重要史迹及代表性建筑	安流镇楼江村
59	秋前湖义冢	县级	清代	古墓葬	安流镇三江村
60	白云庵	县级	明代	古建筑	双华镇军营村

续表 14

序号	名称	级别	年代	类别	所在地
61	三僧库冢	县级	清代	古墓葬	双华镇军营村
62	凤凰台摩崖石刻	县级	明代	石刻	华城镇城东村
63	新民楼	县级	清光绪 28 年（1902）	近现代重要史迹及代表性建筑	华城镇西林村
64	上新屋	县级	清代	古建筑	华城镇河坑村
65	观音宫	县级	清代	古建筑	棉洋镇溜沙村
66	福寿宫	县级	清代	古建筑	棉洋镇绿水村
67	曾国士墓	县级	清代	古墓葬	棉洋镇洛阳村
68	水寨门楼	县级	明代	古建筑	河东镇寨顶巷
69	熊德楼	县级	明代	古建筑	河东镇高榕村
70	亢公祠	县级	明代	古建筑	河东镇下二村
71	城隍庙	县级	明代	古建筑	华城镇城镇村
72	监公祠	县级	明代	古建筑	水寨镇坝尾村
73	罗城张氏宗祠	县级	明代	古建筑	棉洋镇罗城村
74	碗窑坪窑址	县级	明代	古建筑	梅林镇梅南村
75	魏言兴墓	县级	明代	古墓葬	横陂镇杨恩村
76	张慎墓	县级	明代	古墓葬	长布镇大客村
77	张氏宗祠	县级	清代	古建筑	棉洋镇罗城村
78	保太楼	县级	清代	古建筑	双华镇虎石村
79	健德楼	县级	清代	古建筑	横陂镇崇文村
80	县农会、苏维埃政府旧址（东灵寺）	县级	民国 15 年（1926）	近现代重要史迹及代表性建筑	安流镇福岗村
81	弹亭	县级	民国 28 年（1939）	近现代重要史迹及代表性建筑	横陂镇崇文村
82	诏诒楼	县级	民国	近现代重要史迹及代表性建筑	周江镇艮头村
83	李法宠公祠	县级	明代	古建筑	横陂镇石下村
84	李大超故居（光华楼）	县级	民国	近现代重要史迹及代表性建筑	横陂镇湖塘村
85	戴恩赛·孙婉故居	县级	清代	古建筑	河东镇澄塘村
86	大夫第（新屋嘴）	县级	清代	古建筑	转水镇黄龙村

文献选编

五華年鑒

2019

关于表彰第一届五华县道德模范的决定

华文明委〔2018〕19号

各镇党委、人民政府，县直部委办局和中央、省、市驻五华各单位：

为深入学习贯彻习近平新时代中国特色社会主义思想，推动落实党的十九大精神和习近平总书记对广东工作的重要指示批示精神，大力培育和践行社会主义核心价值观，加大先进典型的选树力度，进一步发挥道德模范的示范引领作用，提高公共文明素养，树立文明新风，五华县精神文明建设委员会组织开展了第一届五华县道德模范评选活动。经民主推荐、遴选审核和社会公示，五华县精神文明建设委员会决定，授予谢国东等10名同志第一届五华县道德模范荣誉称号，严满风等6名同志第一届五华县道德模范提名奖。

希望受到表彰的同志珍惜荣誉、再接再厉，矢志不渝践行社会主义核心价值观，高扬道德旗帜，倡树时代新风，用先进思想、模范行动影响和带动广大群众，激励五华人民更加奋发有为，为我省实现“四个走在全国前列”做出新的贡献。

各镇各部门要高度重视道德模范的培养选树，充分发挥先进典型示范引领作用，积极开展道德模范宣传学习活动，切实做好道德模范礼遇和帮扶工作，把道德模范的榜样力量转化为亿万群众的生动实践，在全社会形成崇德向善、见贤思齐、德行天下的深厚氛围，着力提高全县公民文明素质和社会文明程度，为实现中华民族伟大复兴的中国梦和我县创建全国县级文明提名城市提供强大精神动力和有力道德支撑。

附件：1. 五华县第一届道德模范名单

2. 五华县第一届道德模范提名奖名单

五华县精神文明建设委员会

2018年9月25日

附件 1

第一届五华县道德模范名单

（共 10 名）

一、五华县助人为乐模范（2 名）

谢国东　　五华县水寨中学副校长

翁天良　　五华县汽车运输有限公司驾驶员

二、五华县见义勇为模范（2 名）

陈秀英（女）　　五华县城镇环境卫生管理所职工

黄泽华　　原五华县郭田中学学生

三、五华县诚实守信模范（2 名）

李云凤（女）　　广东富胜实业股份有限公司董事长

曾庆平　　五华二建工程有限公司总经理

四、五华县敬业奉献模范（2 名）

蔡仕芳（女）　　五华县图书馆馆长

吴汉聪　　五华县公路局副局长

五、五华县孝老爱亲模范（2 名）

张大超　　五华县长布镇红旗村村民

朱辉源　　五华县转水镇新民村村民

附件 2

第一届五华县道德模范提名奖名单

（共 6 名）

一、五华县助人为乐模范提名奖(2 名)

严满凤（女）　　五华县志愿者联合会会长

邓国胜　　五华县岐岭镇朝阳村老邓屋村民

二、五华县见义勇为模范提名奖

空缺

三、五华县诚实守信模范提名奖(1 名)

张俊杰　　五华县新世纪通信总经理

四、五华县敬业奉献模范提名奖(1 名)

张金波　　五华县中医医院小儿科主任

五、五华县孝老爱亲模范提名奖(2 名)

张育萍（女）　　五华县南山小学教师

廖会嫦（女）　　五华县长布镇红旗村村民

五华县人民政府关于公布五华县第八批县级非物质文化遗产代表作名录的通知

华府〔2018〕15号

各镇人民政府，县府直属和中央、省、市属驻五华各单位：

为贯彻落实《国务院关于加强文化遗产保护的通知》（国发〔2005〕42号）和《国务院办公厅关于加强我国非物质文化遗产保护工作的意见》（国办发〔2005〕18号）精神，结合我县非物质文化遗产代表作名录评审小组意见，经研究，确定五华足球等4个项目为五华县第八批县级非物质文化遗产代表作名录。现公布如下：

一、五华足球（县体育局）；

二、奇怪酒制作工艺（棉洋镇）；

三、义学客家老酒制作工艺（河东镇）；

四、柯树潭糯米醋酿制工艺（转水镇）。

五华县人民政府

2018年8月15日

主题索引

☆☆☆☆☆☆☆☆☆☆☆☆☆☆☆☆☆☆☆☆☆☆☆☆☆☆☆☆☆☆☆☆☆☆☆☆☆☆☆

索引说明：

一、本索引采用主题分析方法，款目按汉语拼音字母（同音字按声调）顺序排列。

二、文中的类目题、分目题用黑体排版，其余用宋体排版。表格在其款目后注明“表”。

三、索引款目后的数字表示内容所在的页码，数字后面的拉丁字母（a、b）表示栏别（即版面的左右栏）。

四、同一主题的内容在文中多次出现的，在其款目后用不同的页码标明。

五、本索引对《大事记》《名录》《文献选编》等篇不做内容主题分析。

☆☆☆☆☆☆☆☆☆☆☆☆☆☆☆☆☆☆☆☆☆☆☆☆☆☆☆☆☆☆☆☆☆☆☆☆☆☆☆

A

B

E

F

K

X

Y

Z